U0593204

掌尚文化

Culture is Future

尚文化·掌天下

本专著受 2020 年广东普通高校创新团队项目"区块链和科技金融研究团队"（项目编号：2019WTSCX080）、2020 年广东省哲学社会科学规划项目一般项目"我国债券市场的风险传染与危机处理机制研究"（项目编号：GD20CYJ35）、东莞理工学院"科技金融重点实验室项目"（合同编号：KCYXM2019001）、2020 年东莞理工学院特色学科建设"应用经济学"（经费编号：2061008014）、2018 年广东省自科基金"金融去杠杆背景下地方政府债券创新与风险管理研究"（项目编号：2018A030313039）、广东省教育厅重大项目"市政债券产品创新、发行交易与监管机制研究"（项目编号：2016WZDXM028）的资助。

REAL LOGIC OF THE BOND MARKET

Market-making system,
Risk prevention,Trend analysis

李 湛
唐晋荣
方鹏飞
著

真实的债券市场逻辑

做市商制度、风险防范及走势分析

经济管理出版社
ECONOMY & MANAGEMENT PUBLISHING HOUSE

图书在版编目（CIP）数据

真实的债券市场逻辑：做市商制度、风险防范及走势分析/李湛，唐晋荣，方鹏飞著.
—北京：经济管理出版社，2021.1
ISBN 978-7-5096-7699-8

Ⅰ.①真…　Ⅱ.①李…　②唐…　③方…　Ⅲ.①债券市场—研究—中国　Ⅳ.①F832.51

中国版本图书馆 CIP 数据核字（2021）第 022005 号

组稿编辑：宋　娜
责任编辑：张　昕　詹　静
责任印制：黄章平
责任校对：陈　颖

出版发行：经济管理出版社
　　　　　（北京市海淀区北蜂窝 8 号中雅大厦 A 座 11 层　100038）
网　　　址：www.E-mp.com.cn
电　　　话：(010) 51915602
印　　　刷：唐山昊达印刷有限公司
经　　　销：新华书店
开　　　本：720mm×1000mm/16
印　　　张：28.5
字　　　数：409 千字
版　　　次：2021 年 9 月第 1 版　　2021 年 9 月第 1 次印刷
书　　　号：ISBN 978-7-5096-7699-8
定　　　价：98.00 元

·版权所有　翻印必究·
凡购本社图书，如有印装错误，由本社读者服务部负责调换。
联系地址：北京阜外月坛北小街 2 号
电话：(010) 68022974　　邮编：100836

序　一

习近平总书记指出，深化金融供给侧结构性改革必须贯彻落实新发展理念，强化金融服务功能，找准金融服务重点，以服务实体经济、服务人民生活为本。在深化金融供给侧结构性改革的要求指引下，近年来我国推出一系列举措，推动债券市场深化改革：完善统一的市场化、法治化违约债券处置机制，建立债券市场统一执法机制，实现银行间和交易所市场信用评级互认和统一的市场化评价体系，推动基础设施互联互通等。这些举措有效地解决了债券市场发展过程中面临的堵点、痛点，提升了债券市场的服务能力和效力。2020年，社会融资规模增量累计为34.86万亿元，其中企业债券净融资4.45万亿元、政府债券净融资8.34万亿元，债券市场为实体经济提供了约37%的融资。

交易所债券市场是我国债券市场的重要组成。近年来上海证券交易所债券市场发展迅速，利率债与信用债品种齐全。银行间市场相比沪深交易所债市自有特色：一是拥有股债结合类产品，如可转债、可交债等。随着资本市场发展趋于成熟，上市公司和非上市公司对可转债、可交债等资本运作工具的需求将进一步增加，可转债、可交债市场的发展有着广阔空间。二是交易所公司债市场发展较快，是企业通过资本市场融资的重要渠道。2020年，交易所公司债发行规模约3.4万亿元、净融资额超2万亿元，占企业信用类债券总融资规模约30%。

债券市场的发展可以提升直接融资比重，逐步降低对间接融资体系的依赖，这是我国经济金融发展的重要趋势，也是构建新发展格局的需要。随着债券市场的发展，债券市场将在国民财富的配置中占据越来越重要的地位。不管是债券市场的制度安排或是市场形势分析，都有许多值得关注和研究的地方。李湛博士深耕债券领域多年，其新书内容覆盖债券市场的做市商制度、债券市场风险防范、股债联动、市场走势等，是读者深入了解中国债券市场的重要参考，值得一读。

蔡建春

上海证券交易所总经理

序 二

我国债券市场的发展过程和改革开放紧密联系。1994年，上海和深圳证券交易所的国债交易开通，交易所债券市场开始发展；1997年，为抑制当时的股市过热，根据国务院的统一部署，中国人民银行决定商业银行全部退出沪深交易所的债券市场，建立银行间债券市场。自此，我国债券市场形成了由交易所债券市场和银行间债券市场共同组成的局面。经过近30年来的快速发展，我国债券市场已成长为规模仅次于美国的全球第二大债券市场。截至2020年底，我国债券市场规模约103万亿元。

我国债券市场体制机制仍有进一步完善的空间。从2018年开始，中国人民银行、证监会、发展改革委等部门着力促进债券市场在执法机制、信用评级、信息披露、违约处置等多方面进行统一。2020年7月，中国人民银行、证监会联合发布公告，同意银行间债券市场与交易所债券市场相关基础设施机构开展互联互通合作。此举旨在贯彻落实全国金融工作会议关于推进金融基础设施互联互通的要求，进一步便利债券投资者，促进我国债券市场高质量发展。近年来我国债券违约事件有所增多，债券违约进入常态化阶段，过程中暴露出处置效率不高、处置周期长等问题。为此，中国人民银行、国家发展和改革委、证监会联合发布《关于公司信用类债券违约处置有关事宜的通知》，就违约处置的基本原则、投资者保护制度等做出了要求。随着体制机制更加趋于完善，债券市场可以在服务实体经济和加快资本市场对外开放等方面做出更大贡献。

在众多关于中国债券市场发展的研究文献中，李湛博士所著新书问题思路清晰，研究指向明确，对中国债券市场发展中面临的障碍和市场关心

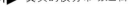

的热点做了详尽而深入的分析，研究方法和政策建议具有较强的理论价值和现实意义。

该书在梳理国内外做市商制度的基础上，立足于国内债券市场做市商制度效果发挥不佳的现实，提出了改进做市商制度、完善债券市场交易机制的政策建议，具有较高的现实意义。针对债券市场风险防范压力增大的问题，该书以公司债市场为研究对象进行了全面研究并测算了公司债市场的流动性风险、信用风险和系统性风险，为监管层防控风险提供了参考。

债券市场投资是资产配置的重要内容，该书对债券市场投资者也有较好的参考意义。从债券市场走势分析到股债联动，从债券市场违约分析到债券市场创新，该书对近年来引起市场关注的热点问题进行了深入分析，为投资者改善资产配置、做好债券市场投资提供了有价值的分析框架。

李湛博士著作的研究方法可取，态度严谨，坚持理论联系实际，政治理论倾向公允客观而积极，在深入研究的基础上，为促进中国债券市场平稳健康发展、帮助投资者分享债券市场发展红利提供了有价值的研究参考。尤其是关于做市商制度的研究，发挥了学术研究和政策研究服务金融市场发展的功能。

李湛博士研究债券市场多年，曾在深圳证券交易所综合研究所负责债券研究工作，参与了中小企业私募债、《公司债券发行与交易管理办法》修订、创新创业公司债券试点等改革创新工作，是债券市场发展的亲身见证者。李湛博士的专著是其最新研究和思考的总结，对于读者认识、理解中国债券市场的发展过程和现状多有裨益，值得大家细细品读。

陈　飞

中国证监会公司债券监管部主任

前　言

近年来中国债券市场发展迅速，已成为金融市场的重要组成部分。2020年，中国债券市场发行规模约 38 万亿元，全市场现券交易规模达 241 万亿元，债券市场提供的社融增量约占总社融增量的 37%。截至 2020 年末，中国债券市场存量规模约 103 万亿元，是仅次于美国的全球第二大债券市场，其中银行间债券市场规模约 89 万亿元，沪深交易所债券市场规模约 14 万亿元。当前，中国债券市场正面临交易制度有待进一步完善、市场规模快速增长的同时风险防控压力增大等问题，并且股债之间联动关系日趋复杂，债券创新品种发展迅速，市场走势波动较大，这引起了市场的广泛关注。针对上述问题和现象，本书以做市商制度、公司债市场、债券品种创新以及 2017~2020 年债券市场走势等为研究对象进行深入透彻分析，并提出可供选择的政策建议。

做市商制度是我国债券市场交易机制的重要组成。为改善债券市场流动性，我国银行间和交易所债券市场先后从交易平台建设、交易机制完善和做市商制度的构建等方面进行了探索和改进，但整体来看，我国债券市场的流动性仍然欠佳，二级市场价格发现功能仍不完善，本书先对如何完善债券市场做市商制度进行研究。通过对境外债券市场的做市商制度进行深入分析，并结合我国现有做市商制度的运行经验和我国债券市场的发展实际，提出完善我国债券交易制度的建议，包括健全投资者适当性制度、完善做市激励机制、培育做市商群体、建立统一的监管体系。

债券市场快速发展的同时风险也在积聚，风险防范成为债券市场重要的课题，本书对公司债市场的风险预警与控制进行了研究。2015 年公司债发行与管理制度改革实施以来，公司债市场规模快速扩容。房地产相关行业、制造业等周期性行业的发债余额占公司债存量余额的58.93%，周期性行业的集中度过高不利于公司债信用风险的控制。中国公司债换手率大幅低于海外市场，换手率过低导致流动性风险较高。交易所债券市场的加权平均杠杆和净杠杆持续下降，来自回购市场的风险相对可控。从风险控制角度来看，有必要继续着力改善公司债市场的流动性，对发债的行业集中度进行必要控制，确保公司债市场的杠杆风险保持在可控水平。

债券市场和股票市场共同构成了资本市场的主要部分，随着债券市场的快速发展，股债之间的联动关系也在发生变化。本书对2006年以来的中国股债联动关系的分析表明，股债市场之间的长期相关性不高，可能存在时变特征，且在股市平稳和非平稳时期，股债联动机制存在显著差异。进一步使用事件研究法和相应统计检验方法，对2007~2008年与2015年两次典型股市异常波动的分析表明，2007~2008年与2015年的股市波动不存在显著差异，但股债联动关系存在显著差异。相对于2007~2008年的股市异常波动，在2015年的股市异常波动期间，国债的避险功能十分突出，且信用债市场也起到一定程度的"资金避险池"作用。

民企与国企债务规模是研究债券市场的重要方面。本书从产出效率的视角初步分析了国企改革进程中减负债、"去杠杆"等问题，并对国有企业合理的债务规模和产出水平进行了经验测算。研究结果表明，相比于民营工业企业，国有工业企业的债务规模扩张明显，销售产值先增后降，产出效率始终偏低。从37个细分工业行业来看，国有企业的产出效率整体较差，且波动幅度较大。大部分行业的国有企业与民营企业之间存在较大的产出效率差异，但个别行业有微弱的好转迹象。根据经验测算，整个工业部门，尤其是国有工业企业部门的债务规模理应更小，或销售产值理应更高。从产出效率的角度来看，部分行业很有必要引入民营企业的竞争以提升国企效率。

债券品种创新是债券市场发展的重要方面，本书对近年来具有市场影响力的绿色债券、可转换债券、交易所地方债等债券创新品种进行了研究。2016 年，中国绿色债券市场启动，受政策利好驱动中国绿色债券发展迅速，市场规模跃居世界第二，发行主体增多，券种结构逐渐丰富，绿色非金融债发行利率较低，二级市场交易逐渐活跃。虽然存在认定标准不统一、监管内容不够细化等问题，但绿色债券市场未来仍有较大发展空间。2017 年，可转债吸引了市场的注意，可转债的融资优势逐渐获得市场认可，发行规模处于历史高位。在 2018 年股票市场熊市的背景下，可转债抗跌性明显的特征使得市场日益重视可转债的投资价值，分享可转债市场发展红利可以从主题投资机会、条款博弈等方面着手。交易所地方政府债市场自 2016 年以来实现快速发展。交易所地方政府债具有在交易所发行、券商参与承销并直接向个人投资者分销等特征。双创债诞生于2016 年，具有以私募发行为主、新三板企业为发行主力等特征。双创债市场存在发行难度大但融资金额不大、对投资者吸引力不足等问题。通过明确双创企业认定规则，完善发行制度和探索增信与偿债保障机制，能够更好地助力双创债市场发展。

市场走势分析是债券市场投资的重要内容，本书对 2017 年以来的债券市场走势进行了研究。2017 年全年债券市场呈下行走势，10 年期国债收益率上行 87BP。这样的走势和新周期之争、美林时钟之争以及大宗商品价格上涨背后原因之争、全球货币政策转向有关。2017 年中国经济出现周期性上行，处于美林时钟复苏阶段，因此债券市场"走熊"。交叉验证大宗商品价格和企业盈利数据可发现中下游行业出现有力的需求复苏。2017 年债市熊市也是"全球加息"的结果。2018 年债券市场为小牛市。投资不稳和金融不稳导致经济下行压力增大、中美贸易冲突引发市场恐慌和全球经济复苏势头显著放缓是债券市场"走牛"的原因。受金融严监管导致的融资环境收紧影响，2018 年信用债市场出现大量违约事件。2019年受稳增长发力、金融供给侧结构性改革推进扭转金融体系信用紧缩局面和中美贸易冲突等因素影响，利率走势一波三折，整体呈震荡格局。新冠肺炎疫情成为影响 2020 年债市走势的主要因素，疫情的暴发和扩散导致债市利率快速、大幅下行。随着疫情得到控制、经济秩序恢复，债市利率转而上行。

　　信用债违约处理机制是研究债券市场的重要方面,本书以我国债券市场的违约概况为基础,深入分析了 2018 年以亿阳集团、永泰能源、金鸿控股为代表的债券违约案例。针对银行间债券市场、交易所债券市场与地方政府融资平台三者的不同交易场所及不同监管机制,对债券违约风险进行分析,同时归纳总结了我国信用债市场债券违约处理方案,并对债券违约事件进行对比分析。此外,回顾了中国企业海外债券违约事件,分析境外债券违约处理机制并总结相关启示,并提供了有关信用债市场防范风险的建议。

　　最后,本书总结了我国信用债市场存在的问题,包括发债主体和债券品种的逐步扩大增加信用风险出现的概率、债券市场体系和机制的不成熟放大信用风险的影响等。通过以上研究并结合国内债券市场现状,我们提出以下政策建议:推进公司债券发行定价的市场化;加强投资者教育,大力发展机构投资者;完善信息披露要求,加大信息披露力度;加强信用评级机构管理,降低对信用评级的依赖度;积极采取多种措施,健全投资者保护机制;建立并完善司法救济和破产制度;建立科学合理的公司债券风险基金;充分发挥综合监管体系在债券市场风险防范中的作用。

目　录

第一章　导　论

近年来，中国债券市场发展迅速，已经是资本市场的重要组成部分。截至 2020 年末，中国债券市场余额（含同业存单）为 114.29 万亿元，约为 2014 年末的 3.2 倍。其中，利率债和信用债余额分别为 64.48 万亿元和 22.90 万亿元，占比约为 56.42% 和 20.04%。2020 年现券和回购交易量达 241.07 万亿元和 893.97 万亿元，分别约为 2014 年的 6.0 倍和 2.9 倍。在规模扩大和交易量剧增的同时，中国债券市场创新也在不断发生。交易安排方面，中国外汇交易中心于 2016 年 9 月推出现券匿名点击业务（X-bond），以"匿名报价+自动匹配+点击成交"为交易特征，更高效地满足了活跃机构之间的活跃证券交易需求，成为银行间债券交易的第四种方式。信用债方面，2015 年 1 月，中国证监会修订并发布了《公司债券发行与交易管理办法》，新管理办法取消了公司债券公开发行的保荐制和发审委制度，具有鲜明的注册制特征，此后公司债市场实现快速发展，公司债未偿余额从 2014 年末的不足 0.8 万亿元快速增长至 2020 年末的 8.9 万亿元，成为企业信用融资的重要渠道。利率债方面，2016 年 11 月 11 日，首单上海政府债券在上海证券交易所（以下简称"上交所"）成功发行，地方政府债券首次通过交易所市场招标发行；2017 年 7 月 7 日，上海证券交易所试点个人投资者通过网上、网下分销的方式参与认购地方政府债券，首批试点债为浙江省和内蒙古自治区地方债，首批试点券商为华融证券、中信证券、海通证券、财通证券、广发证券等，实现了个人投资者和一般法人机构投资者参与地方政府债认购的重大突破。

债券市场对外开放实现新进展。2017 年 7 月 3 日，内地与香港债券市场互联互通合作（以下简称"债券通"）正式上线试运行，同日国家开发银行、华能集团等机构宣布通过"债券通"发行债券。债券通运行后，境外投资者可在不改变业务习惯的基础上高效、便捷地通过香港投资于内地银行间债券市场，是我国资本市场对外开放的重大事件。债券通运行一年后，根据债券通公司的数据，截至 2018 年 6 月底，一共有 497 家境外机构申请参与债券通业务，其中已经获得央行备案开展投资业务的共 356 家，涵盖 21 个国家和地区。其中，中资海外机构和外资机构约各占一半，参与者涵盖了银行、证券公司、保险公司和其他中长期的投资机构。境外机构持有银行间债券市场的总额保持连续 15 个月上升，比债券通启动前增加超过 70%。

债券市场统一监管迈出实质性步伐。2018 年 12 月 3 日，经国务院同意，中国人民银行、证监会、国家发展改革委联合发布《关于进一步加强债券市场执法工作有关问题的意见》（以下简称《意见》），强化监管执法，加强协同配合，建立统一的债券市场执法机制。根据《意见》，中国人民银行、证监会、国家发展改革委继续按现行职责分工做好债券市场行政监管，中国人民银行、国家发展改革委发现涉及债券违法活动的线索，及时移送证监会；《意见》明确了证监会依法对银行间债券市场、交易所债券市场违法行为开展统一的执法工作；确立了中国人民银行、证监会、国家发展改革委协同配合做好债券市场统一执法的协作机制。《意见》的发布表明我国债券市场迈出了解决长期以来存在的市场分割、监管分割问题的步伐。

由不同维度见证中国债券市场的快速发展。第一，从市场组织者的维度来看，债券市场需要有高效、便利并不断改进的交易制度。做市商制度是中国债券市场交易制度的重要组成，本书首先对债券市场做市商制度进行研究，包括我国债券市场做市商制度的当前现状和存在问题，其次阐述了海外做市商制度的经验借鉴，最后提出完善我国做市商制度的建议。第二，从市场监管者的维度来看，需要为快速发展的中国债券市场构建较好的风险防控机制，确保债券市场风险在可控水平，不引发系统性风险。本书以公司债市场为研究对象，对债券市场风险防控进行了深入研究，包括风险来源、风险规模、防控机制等。第三，从市场联动的维度来看，债券市场和股票市场共同构成了资本市场的主要部分，随着债券市场的快速发展，股债之间的联动关系也在发生变化。特别是在股票市场大幅波动期间，深入研究股债之间如何联动对于市场参与者来说有着重要价值。第四，从创新的维度来看，受益于政策红利，近年来一些债券创新品种发展迅速，引起市场广泛关注，本书对绿色债券、可转换债券、交易所地方政府债等创新类债券品种进行了针对性研究，对其创新背景、发展现状和未来趋势等进行了考察。第五，从市场参与者的角度来看，2017 年以来的债券市场波澜壮阔，短短两年时间经历了比较完整的熊、牛市，期间市场上出现了如新周期之争、美林时钟之争等著名的争论，具有较高的研究价值。为此，本书从宏观经济形势和政策演变等角度着手，对 2017 年以来的债券市场走势和违约情况进行了分析。

第二章 中国债券市场的做市商制度研究[①]

做市商制度是我国债券市场交易制度的重要组成部分。本章对我国债券市场做市商制度的现状、存在的问题进行了分析，在对海外市场做市商制度进行考察借鉴的基础上，提出完善我国债券市场做市商制度的具体建议。

第一节 中国债券市场与做市商制度

一、研究背景

（一）我国债券产品二级市场流动性相对不足

债券产品二级市场流动性一直是监管机构关注的重点问题之一。由于债券产品的交易一般具有大宗、低频的特点，使债券的流动性相对于权益类证券相对较低，而在我国债券市场的流动性又明显低于发达国家债券市场。

为改善债券市场流动性，银行间债券市场和交易所债券市场均先后从

---

① 感谢郑雪晴的文献资料收集和观点整理。

交易平台建设、交易机制完善等方面进行了探索和改进。银行间债券市场从 2000 年开始推出双边报价概念，2001 年正式批准我国首批双报价商，标志着我国银行间债券市场做市商雏形的诞生。2007 年中国人民银行颁布《全国银行间债券市场做市商管理规定》，宣告我国银行间债券市场做市商地位的确立。为进一步促进做市业务规范发展，完善做市机构激励约束机制，2016 年 8 月 4 日，银行间市场交易商协会修订了《银行间债券市场做市业务指引》及《银行间债券市场做市业务评价指标体系》。截至 2016 年 7 月底，银行间债券市场拥有了 30 家做市商和 50 家尝试做市商。

上海证券交易所也于 2007 年 7 月推出固定收益证券交易平台（以下简称固收平台），该平台采用一级交易商做市机制，一级交易商承担了维持固定收益平台挂牌债券的流动性职责，并且平台采用多个交易商共同为基准的产品做市，形成了竞争性的做市制度。虽然这一系列的改革在一定程度上促进了债券二级市场效率的提升，但整体上看，债券流动性仍然欠佳，二级市场价格发现功能仍不完善。

如何从根本上促进债券市场流动性的提升，是我国债券市场面临的一个重要课题。2015 年 1 月，新《公司债发行与交易管理办法》公布实施，公司债券一级市场发行规模迅速增长，同时带动了国家发改委、交易商协会等一级监管审批部门效率的提高，债券市场规模扩容明显，但二级市场现券的流动性仍需提升，市场效率有待提高。虽然我国前期已有了银行间债券市场和上交所固收平台的相关经验，但缺乏对这两个市场的发展经验进行综合的、量化的研究。在充分吸收国际发达债券市场经验的基础上，对我国现有债市做市商交易机制进行分析与完善，将是下一阶段提高市场流动性的必要措施。

（二）进一步完善利率债的交易机制是债券市场发展的重要课题

我国债券市场结构正在不断地调整与完善之中，随着地方债发行的常态化，利率债在整体债券市场中的比重进一步提高。2015 年，国债和地方债的发行规模分别为 2.12 万亿元和 3.84 万亿元，占比为 9.15% 和 16.53%，地方债发行规模已明显超过国债；2016 年 1~6 月，地方债规模进一步扩

张，国债和地方债发行规模分别为 1.37 万亿元和 3.58 万亿元，占比为
7.45% 和 19.49%。利率债迅速增加的同时，内部结构也在发生变化，地方
债所占比重迅速增加。

　　然而交易所债券市场目前仍以信用债为主，利率债更多的是在银行间
市场。根据《中国债券市场统计月报》，截至 2016 年 5 月底，国债在银行
间市场和交易所市场的托管量分别为 9.26 万亿元和 0.61 万亿元，地方债
在两个市场的托管量分别为 7.1 万亿元和 0.12 万亿元，交易所利率债规模
仅占全市场的 4.01%。随着利率债规模的不断增长，两个市场的差距将越
来越大，更为严重的是这将加剧交易所债券市场产品结构的失衡，影响市
场的健康发展。因此，加大对利率债的引入力度应该是交易所债券市场的
工作重点之一。[①]

　　要加大利率债的引入，必须做好前期的基础制度准备。作为债券信用
水平最高的券种，利率债的流动性也最强，其交易活跃度对市场参与者是
非常有吸引力的。交易所要引入利率债，需要对提供何种交易机制能够提
高利率债的流动性进行研究。国外利率债的交易机制包括询价交易制度、
做市商制度和订单驱动制度等。以美国的国债为例，做市商制度在传统
B2C 市场中占据了主要地位，而 B2B 市场中则以询价交易为主。然而伴随
着信息技术的迅猛发展，电子交易份额明显提升，订单驱动制度逐渐成为
主流，显著地提高着交易效率。目前交易所债券市场有集合竞价（订单驱
动）和询价交易（协议交易）两种交易机制，做市商制度尚未在深圳证券
交易所（以下简称深交所）落地，通过比较国内外债券做市商制度的运行
状况，对交易所债券市场是否有必要引入做市商制度进行客观的评价。

二、研究问题

　　观察银行间债券市场，目前主要有直接的询价交易、做市商制度和以

---

① 自 2016 年下半年开始，地方政府债、政策性银行债开始通过交易所债券市场发行。

货币经纪商为中介的询价交易三种交易方式，并且以第三种交易机制为主。[①] 但实际上，做市商制度的引入比货币经纪商（2005 年引入）更早，并且相对来说，监管部门的推动力度也更大。2000 年，中国人民银行（以下简称"央行"）在《全国银行间债券市场债券交易管理办法》中明确了双边报价商的概念，也就是做市商的雏形。2007 年，央行颁布《全国银行间债券市场做市商管理规定》，正式宣告我国银行间债券市场做市商制度的确立，但做市商制度的实际效果却差强人意，理想与现实的差距让市场组织者对做市商制度产生了质疑。究竟问题在哪儿？是我国的市场环境不适合做市商制度，还是做市商制度规则的设定对于做市商没有形成足够的激励？是我国做市商制度的实践问题，还是做市商制度真的已经与整个技术环境和市场参与者的需求脱钩，被电子化时代所抛弃？深入分析这些问题，将能为深交所是否有必要引入做市商提供一定借鉴，有助于市场组织者做出客观判断。

另外，上交所的债券交易机制较为丰富，在银行间债市交易机制的基础上，还拥有集合竞价方式。不过单独以做市商制度来看，其效果更差。上交所的债券市场结构和环境与深交所类似，通过对上交所交易机制的效果进行比较分析对于深交所而言具有借鉴意义。需要重点关注的问题在于：上交所做市商的效率高低？做市商制度是否对做市商有足够激励？市场参与者是否有足够动力从其他的交易方式转入做市商制度？做市商制度引入是否提升了交易效率？

与此同时，本章对美国、欧洲和日本的国债做市商交易制度进行了深入分析，总结债券做市商一度占据主流交易机制的推动因素，以及受到信息技术冲击后交易机制的发展方向。在经验借鉴中，对于境内外债券市场整体市场环境和制度环境差异的把握不可或缺，注意因地制宜。整体来

[①] 2016 年 9 月，中国外汇交易中心推出现券匿名点击业务（X-bond），以"匿名报价+自动匹配+点击成交"为交易特征，成为银行间债券交易的第四种方式。X-bond 上线以来，参与机构已由最初的 252 家增长至 2018 年初的 1410 家，其中非法人产品占比达 80% 以上。2018 年 2 月，X-bond 的市场占比增长至 10% 左右，最高达到 16%。

看，为了提高我国债券市场交易效率，本章重点分析做市商制度的基础规则、实际运行效果和未来发展趋势。

三、文献综述

（一）交易机制与市场效率

市场微观结构理论认为，交易机制直接关系到市场的价格形成过程，对市场效率具有不可忽略的影响。做市商制与竞价制代表了两种不同的价格发现方式，信息反映到价格中的方式、速度、成本都不尽相同，这直接导致两种交易机制下市场效率的差别。在一定流动性保证下，竞价的结果是市场对债券走势的一致性预期，报价则体现为做市商对市场行情的判断（吴蕾等，2011）。

1. 连续竞价市场与集合竞价市场的效率比较

关于不同交易机制下市场效率的优劣，理论界至今没有一个统一的结论（刘逖，2002）。目前为止，对这个问题的研究主要集中在比较连续竞价和集合竞价的效率差别方面。

Madhavan（1992）从理论上证明了集合竞价市场比连续竞价市场具有更高的效率。Amihud 等（1990）对米兰证券交易所、Chang（1999）等对台湾证券交易所、Comerton-Forde（1999）对澳大利亚和雅加达证券交易所的实证研究都得到了类似的结果，证实了这一结论。

但是，Amihud 和 Mendelson（1987）的研究却得到了相反的结论，他们对纽约证券交易所的研究发现，连续竞价的价格比集合竞价更有效。Amihud 等（1997）对 Tel Aviv 证券市场的研究也发现，连续竞价时股价对信息的反应更快，价格发现效率更高。

2. 做市商与市场效率

对于做市商制度下的市场效率研究相对较少。Theissen（2000）的试验研究指出，做市商市场的交易成本较高，但价格的信息质量也很高，而集合竞价尽管交易成本很低，却表现出对于新信息反应不足的缺点。

一般而言，做市商能够从以下三个方面提高市场效率：

第一，通过提高市场的流动性增进市场效率。做市商最重要的作用是提高流动性，而流动性对市场效率具有直接影响。Glosten（1989）的研究显示，在信息不对称的情况下，做市商能够提高市场的流动性，从而提高市场效率。Maug（1998）的研究表明，流动性与价格的信息含量呈正相关，这是通过知情交易者的交易实现的；知情交易者具有资产真实价值的私人信息，在证券被低估时买入高估时卖出，从而将私人信息不断反映到价格中去，而知情交易者的收集信息的动力与市场流动性密切相关。在流动性越高的市场上，知情交易者能更好地隐藏私人信息并从中获利，就越有动力收集信息并进行交易，这样，价格中的信息含量就越高，市场效率也就越高。Glosten 和 Milgrom（1985）、Kyle（1985）也指出，只有当交易能够产生大于交易成本的收益时，边际知情交易者才会对那些未被价格反映的信息进行交易，从而使之反映于价格，从而提高市场的信息效率。

第二，通过降低市场波动增进市场效率。如果市场波动过于剧烈，一方面会导致某些风险承受力弱的投资者退出市场，另一方面也会导致价格的失真和扭曲，这都会降低市场效率。在做市商市场，当市场出现买卖指令失衡时，做市商可以承接过多的买单或卖单，缓和买卖指令的不均衡，抑制相应的价格波动。同时，当投资者的非理性导致证券价格过度反应时，做市商能通过报价的调整和利用自身账户的买卖，缓解价格的非理性波动，从而使价格尽量反映其真实价值，提高价格的信息效率，特别是在市场出现恐慌时，做市商的这一作用尤为重要。

第三，通过提供报价信息增进市场效率。做市商都是经验丰富、有实力的大型机构，在资金、人才和专业知识等方面具有明显优势。更重要的是，做市商集中掌握着市场的买卖指令和订单流的信息，对市场行情能够准确把握。所以，做市商比一般投资者更能准确判断证券的真实价值，能够通过报价的连续调整为投资者提供更好的价格信息，不断地将价格推向真实水平，从而提高市场效率（冯用富，2001）。

3. 做市商竞争与市场效率

上面分析了做市商对提高市场效率的积极作用，但这仅仅是一种理想情况下的可能。要真正起到作用需要满足诸多前提条件，比如做市商比一般投资者更能准确判断证券的真实价值，做市商不能利用其信息垄断优势非法获利，做市商之间不存在合谋串通，不能操纵市场等。

根据每只证券做市商数量的不同，做市商制度可以分为垄断性做市商制度和竞争性做市商制度：垄断性做市商制度下每只证券只有一个做市商，美国 NYSE 市场的专家就是一种特殊的垄断性做市商；竞争性做市商制度下每只证券有多个做市商，他们可以选择对同一只证券报价，绝大部分的做市商市场如纳斯达克（National Association of Securities Dealers Automated Quotaions，NASDAQ）都采用这种制度。

需要指出的是，这两种制度只是根据做市商数目来命名，并不必然与垄断或竞争相联系。垄断性做市商制度并不必然带来垄断利润，竞争性做市商制并非完全是竞争，如果做市商相互串谋，也能产生超额垄断利润。

关于两种制度的比较主要集中在是否有利于减轻信息不对称而导致的定价困难。Glosten 和 Milgrom（1985）指出，当存在严重的信息不对称情形时，垄断性做市商制度能提高市场的连续性和稳定性，有利于解决信息不对称所导致的流动性不足问题，从而带来更大的社会福利。这是因为，作为垄断性的价格设定者，垄断性做市商在设定买卖报价时不必考虑来自单笔交易的利润，而只需要考虑使全部交易的总利润最大。此外，垄断做市商还可以获得知情交易者的一部分信息，以减轻信息不对称的程度。这种定价策略可以使市场在信息严重不对称的情况下继续运行，而此时竞争性做市商市场可能已经关闭。但是，垄断性做市商制度的优势仅在于信息方面。Glosten（1989）进一步证明，如果信息不对称问题不严重，则垄断性做市商制度就并不比竞争性做市商制度有优势。

（二）做市商与债券市场效率

尽管全球债券市场的规模比股票市场大得多，但是与涉及股票交易机制的研究数量相比，对债券交易机制等债券市场微观结构的研究较为缺乏。

Dattels（1995）提出了债券市场微观结构分析的基本框架。他分析了债券市场微观结构的特点，比较了不同的债券市场交易制度，指出了交易机制选择的考虑因素，提出了建立高效的债券市场的制度。在 Dattels 之后，关于债券市场微观结构的研究逐步增加。

1. 做市商与其他交易机制的效率比较

目前，债券市场的交易机制大致可分为指令驱动制和报价驱动制。指令驱动制即为竞价机制。按流动性提供方的不同，报价驱动制又分为简单的询价交易机制和做市机制（张蓓，2013）。通过分析全球债券市场交易制度发展现状，国内外学者普遍认为报价驱动制比指令驱动制更加适合债券市场，其中做市商制度对提升债券市场效率有明显作用。

对比竞价机制与报价机制，刘俊山等（2015）认为，报价驱动交易机制较指令竞价交易机制能更好地适应债券二级市场交易，在报价驱动交易机制下，做市商承担向市场提供连续报价的义务，理论上可以在任何市况下满足市场的流动性需求，市场的稳定性更好，虽然竞价交易机制具有较高的交易执行效率，但这一优势只在市场交投活跃的情况下才能实现。

对比集中竞价机制与询价机制，申世军等（2013）认为，债券产品结构差异明显，产品要素很难固定，交易需求多样化，因此更适合以询价方式交易。与集中竞价相比，询价交易更为灵活，也更能快速地实现买卖双方的匹配，高质量询价机制在价格发现的有效性和透明度方面并不输于集中竞价。

对比询价机制与做市商制，马永波等（2016）认为，询价交易的市场价格发现功能较差，而且搜寻交易对手并与之谈判的时间成本高，采用做市商双边报价制度可以增强价格的发现能力，提升场外市场的流动性水平。Madhavan 等（1998）也认为做市商制度的引进使市场呈现出较高的连续性和稳定性。此外，询价交易机制为利益输送、损公肥私提供了便利，一对一的询价交易天然具有隐蔽性，在市场价格不断波动的情况下，可以较容易地通过交易价差实现利益输送（刘纪学，2013）。

2. 做市商在我国债券市场的实践情况

1997 年，随着商业银行全线退出交易所债券市场，机构交易者进行债券大宗交易的场外市场（即银行间债券市场）正式启动，由此也形成了目前我国交易所和银行间债券市场并存的局面。

由于历史的沿革，交易所和银行间债券市场形成了不同的交易机制。银行间债券市场采取询价制和做市商双边报价制度，报价体现为做市商对市场行情的判断。交易所的集中竞价系统和大宗交易系统采用竞价交易，而固定收益平台采用做市商制度（姜雪伟，2013）。根据不同文献中的实证结果来看，关于我国债券市场做市商制度和竞价制度效率的对比，国内学者尚未达成一致的结论。

黄玮强和庄新田（2006）发现交易所债券市场的价格发现效率高于银行间债券市场。袁东等（2004）对交易所债券市场与银行间债券市场进行比较，认为由于组织方式不同，交易所债券市场机制的功能和效率更强。宋芳秀等（2012）指出，询价交易虽不用缴纳手续费，但是实际交易成本较高，影响了银行间债券市场的有效性，交易所市场则在场内采取集中撮合竞价交易，市场效率和有效程度较高。吴蕾等（2011）通过将交易价格分解为债券的公允价值和偏离误差将交易机制的效率进行了量化，他们的研究结果显示，交易所市场的竞价机制价格误差更小，交易机制效率更高。

但姚秦（2007）得到不同的研究结论。他较系统、全面地梳理了银行间债券市场的微观结构和做市商制度，并结合中国市场的实践进行了实证研究，认为做市商交易机制降低了交易成本、提高了市场流动性、增进了市场效率。

不同的交易机制各有优劣，并没有绝对的好坏之分，对交易机制的选择，要充分考虑本国的经济金融发展水平、不同的市场和各市场不同的发展阶段。对比世界发达经济体债券市场做市商制度的发展水平可知，做市商制度在我国债券市场的实践仍有需要完善之处。

（三）美欧日债券做市商研究

从历史上看，做市商制度最早产生于场外柜台交易。在欧美证券市场发展早期，交易所还未建立，一些实力较强的经纪人同时买卖某种证券，用自己的库存同客户进行交易，并逐步定期报出买卖价格，成为最早的做市商。在20世纪70年代初，美国NASDAQ市场引入了电子化自动报价系统，传统的柜台做市商制度逐步演变为规范的现代做市商制度（姚秦，2007）。

目前，发达国家的债券市场大多采用场外做市商制度。通过对比研究10个发达国家的国债市场交易机制，Inoue（1999）发现美国、英国、日本、德国、法国等国家都采用了做市商制度，只有荷兰等国家部分采用了竞价制度。在美国，几乎所有的联邦政府债券、所有的联邦机构债券、所有的市政债券以及大部分公司债券，都是通过做市商在场外市场进行交易（龚亮，2004）。在交易所债券市场，很大比例的债券交易也是通过做市商进行的，以伦敦证券交易所为例，约80%的债券交易是通过做市商进行的（王一萱等，2005）。因此，从全球范围各国的实践来看，债券市场总是与场外交易和做市商制度联系在一起的，它们之间有一种天然内在的联系（姚秦，2007）。

1. 美国债券市场做市商

做市商制度是美国债券市场分层的核心，并以国债市场为主要载体。在美国国债二级市场上，做市商负责向客户进行做市报价并保证成交，做市商内部经济商负责提供做市商之间的交易服务。在承担做市义务的同时，做市商在一级市场上享有一些隐形收益。1992年以前，美国只有做市商可以参加国债发行和招投标，1992年以后仍然拥有相关业务的优先权，债券做市商还有优先开展新业务的权利（刘延斌等，2005）。

国内外研究表明，美国国债做市商制度中的做市商内部市场对于债券交易具有重要的作用。Dattels（1995）指出，有效的做市商内部市场对于场外交易的价格发现作用明显，通过内部市场，做市商能根据其他做市商的供给报价迅速调整自己的存货头寸，从而促进价格发现。Hansch等（1998）的实证研究表明，在存在做市商内部市场的情况下，做市商可以承担较大的存货头寸风险。通过内部市场，做市商还可以获取市场信息，比如被交易者点击某个报价的速度和频率，从而为接下去的报价提供参考。Garbade（1978）发现，在美国国债的做市商内部市场上，内部经济人一方面通过提供报价和交易信息降低了搜寻成本，另一方面通过做市商之间的竞争降低了同类报价的价差。

2. 欧洲债券市场做市商

欧洲债券市场存在一定程度的分割现象，欧洲各国的国债发行制度和做市商规则各不相同，部分欧洲国家采用做市商分层制度。

欧元区国债交易系统 Euro MTS 将做市商分为两类，各自的资格要求和做市义务都不相同。一级做市商对 Euro MTS 分配的债券承担做市义务，在资本金和交易规模等方面的要求较为严格，单个市场做市商则仅需对本国国债市场进行做市，必须至少是一个欧洲国债债券市场的做市商（刘延斌等，2005）。

英国的做市商内部市场采用了匿名交易制度。Vitale（1998）研究表明，在英国国债市场上，做市商通过内部市场以及其他衍生工具来管理存货，减少存货风险。Viswanathan 和 Wang（2004）指出，由于债券交易规模大、频率低、订单流的变化集中，与一对一的实名交易相比，债券做市商更愿意通过内部市场的经纪人进行匿名交易。Harris（1993）关注了做市商内部经纪人在做市商交易议价中的作用，指出内部经纪人制度为做市商提供的匿名性特点，对于一个由知情交易者或做市商主导的市场而言是非常关键的。通过比较交易时间序列数据，Albansei 和 Rindi（2000）发现意大利债券市场在 1997 年实施做市商内部市场匿名制改革后，市场质量得到了改善。

3. 日本债券市场做市商

日本国债市场采用一级做市商制度，由特殊参与人与日本央行共同负责发行国债，以及维持国债市场的流动性。在 20 世纪 80 年代末期，日本对除 10 年期以外的国债实行公开竞价机制，到了 21 世纪初期，日本 10 年基准国债采用两种方式承销，其中 60%通过部分竞价，剩余 40%以竞价的平均价格由财团承销（Asami and Mori，2001）。面对日本国债市场流动性低且买卖价差较大的情况，Ghon（2001）指出引入一级做市商制度的重要性。他认为，日本国债市场采用一级做市商制度能实现至少三个目标：一是通过交易商之间的激烈竞争实现有效的价格发现；二是通过交易商做市为市场提供流动性；三是扩大政府债券的分销。此外，一级做市商还能作为央行公开操作的对手方。2004年10月，日本国债市场建立一级做市商制度，除少数交易主要在交易所进行之外，大多数国债交易都是在交易商市场完成（Fukuta，Saito and Takagi，2006）。

（四）对我国债券做市商制度的借鉴意义

借鉴美国、欧洲和日本等发达国家发展债券做市商的经验，根据我国目前债券做市商制度的执行情况，国内学者从多方面对我国债券做市商制度提出了建议。

1. 建立做市商内部市场

通过理论分析和国际经验总结，姚秦（2007）指出做市商内部市场具有非常重要的作用，绝大部分发达国家都存在做市商内部市场，而且各国相当比例的债券交易都发生在做市商内部市场，这个市场可以为做市商提供平衡存货头寸和提炼价格信息提供渠道。马永波（2014）也表示，目前我国银行间债市流动性不足的原因之一是缺乏直接交易市场，做市商也缺乏及时调节做市头寸的有效手段，因此做市商在实际运作过程中，为了尽可能地满足做市商评价要求或者为了排名，只能争取报更多的债券。但实际上库存头寸不足，一旦卖出报价被点击成交，只能迅速拉大价差，或者立刻从其他做市商再反方向等额点击买入，以避免债券卖空，但这实际上是加大了市场波动的风险，而非起到稳定市场的作用。目前债券做市商基本各自为战，相互之间极少有调节行为的情况下，管理层需要采取相关扶持措施推动做市商之间交易市场的建立。

2. 市场准入与考核机制

在与纽约联邦储备委员会（以下简称纽联储）等美国主要金融机构交流后，周广翔等（2013）认为，美国国债市场流动性较好的重要原因之一在于美国国债的做市商制度。在美国，为保证国债市场的流动性，承销商是从做市商中选出来的，即先要成为做市商，才能成为国债承销商。然而由于制度设计的差异及市场成熟度不同，我国国债做市商数量少于承销商，且做市商缺少实质利益，履行做市义务时还需承受市场风险，使做市商制度的作用发挥有限，因此建议国债发行和市场主管部门可以将做市商资格与债券承销商资格、一级交易商资格三者相结合，吸引更多市场机构成为做市商，激励其履行做市义务。

比较中美债券市场制度，李远航等（2011）指出，我国债券市场应完善做市商准入机制，健全做市商考核体系。除商业银行之外，应当积极吸收基金、保险公司、券商等机构进入做市商行列，同时增加市场报价券种和单一券种的报价商数量，从而在做市商中引入有效竞争机制，提高债券价格发现功能和市场稳定性。做市商做市的好坏应通过建立相应的做市考评体系来执行，全面反映出每个做市商的绝对和相对做市成绩并定期排出名次，对做市商资格设立合理的挑选和淘汰机制，筛选表现突出的市场成员作为做市商，迫使做市商积极提供市场流动性，逐步树立做市商队伍的市场良好形象。

3. 政策支持

对比发达债券市场做市商制度的基本经验，冯光华等（2007）指出应对做市商提供较多的政策支持：一是债券承销和配售便利，让做市商能持有一定债券头寸以维持市场流动性，以意大利为例，做市商可通过非竞争性投标获得按其前三次承销平均份额计算的债券；二是融资融券便利，为做市商因做市而产生的资金或债券需求提供支持，在美国，监管当局就允许做市商通过信用或贴现方式向美联储融资或融券；三是信息便利，为支持做市商履行维持市场流动性的义务，各国往往在不涉及内幕交易的前提下给予做市商一定的信息便利，使做市商享有一定的信息优势，以利于做市商根据市场供求形成自身报价，实现市场的报价驱动；四是特殊业务便利，如在英国，只有做市商才能参与金边债券的临时小额发行、窗口配售、债券交换等。

第二节　境外发达债券市场做市商制度发展经验

自 20 世纪 40 年代以来，OTC 市场一直是境外债券市场的主要交易场所。在第二次世界大战以前，交易所是债券交易的主要场所之一，20 世纪 30 年代纽约证券交易所的债券交易量占股票交易量的 1/4~1/3，直到 1946 年，纽交所仍存在交易活跃的公司债市场，但随着债券市场中机构投资者重要性的提升，OTC 市场逐渐成为债券市场主要的交易场所。[1] 债券交易以 OTC 平台为主导是债券的市场特征所导致，其特征包括：①债券具有高异质性，债券交易匹配难度大；[2] ②债券具有还本付息的固定期限，投资者无须通过二级市场买卖即可匹配其投资期限需求；③债券投资者主要是机构投资者，他们不希望在大宗交易价格影响大、信息完全透明的集中撮合交易平台（Central Limit Order Book，CLOB）进行交易。[3]

由于 OTC 市场不存在连续成交机制，交易商成为 OTC 市场中债券交易的流动性提供者。交易商的流动性提供有两种形式：一是在市场现有买卖订单中匹配，为客户代理交易；二是交易商做市交易，直接成为客户订单的交易对手方。[4]

做市商同时参与债券一级市场和二级市场。一般而言，债券发行人希望其发行的债券具有良好流动性，以增强对投资者的吸引力进而降低发行成本。因此，通过二级市场的做市交易，做市商可以获得债券发行人青睐进而获得一级市场业务；通过一级市场的参与，做市商可以获得债券交易

---

①③ Biais Green. The Microstructure of the Bond Market in the 20ᵗʰ century ［R］. Working Paper, 2007.

② 根据 International Capital Market Association（ICMA）的统计，以 2009 年 7 月数据为例，欧洲股票市场共有 6810 只股票可供交易，债券市场则有 150000 只以上债券。

④ BIS, Market‐making and Proprietary Trading: Industry Trends, Drivers and Policy Implications, November 2014.

的做市"库存"。

许多国家的国债发行采用了一级交易商制度（Primary Dealer），在一级市场发行和二级市场流动性维持等方面对做市商进行了制度安排。其他发行频率略低的发行人，如地方政府、超政府组织、大型企业，也有与一级交易商制度相类似但非正式的制度安排。

国债交易是各国债券市场交易的核心市场，一级交易商制度又是国债交易的核心制度。随着市场的发展，国外做市商的市场作用、盈利模式、市场地位等都在不断发生演变，并逐渐趋于成熟。从债券市场规模来看，美国、欧洲、日本是债券市场发展最为成熟的国家和地区，为此我们选择这三个国家和地区的债券市场做市商制度进行研究，以作为改善我国债券市场做市商制度的借鉴。

一、美国债券市场做市商经验

在美国，做市商制度是债券市场分层的核心，并且主要以国债市场为载体而建立，公司债方面并未形成类似政府债券市场的做市商体系。

（一）做市商市场参与者的行为模式

1. 国债做市是一级交易商的重要职能之一

国债做市是美国一级交易商的重要职能之一，并不作为一个独立的职能存在。一级交易商是集一级市场承销商、二级市场做市商和公开市场操作对手方于一体的一种制度设计，这种安排为做市商提供了权利与义务对等的激励制度，也成为了境外发达债券市场效仿的对象。一级交易商体系由纽联储于 1960 年建立。为便利货币政策公开市场操作，并获取及时准确的国债市场信息，纽联储从国债交易商中选取 18 家财务状况良好、债券业务结算量大、市场表现活跃且做市积极的机构成员作为一级交易商。1988 年，一级交易商的数量最多达到 46 家，之后因为金融机构的合并和主营业务转移，数量有所减少，2009 年底一级交易商仅为 18 家。截至

2016 年 7 月初，一级交易商共 23 家。①

一级交易商制度建立初期，为鼓励和发展该制度，美联储和财政部均对其进行了严格规定，并赋予一定权利。不过随着国债市场不断发展完善，一些强制规定和优先权利开始逐步取消。例如，过去财政部需要交易商掌握的渠道进行国债承销，而现在通信科技的进步使信息的交换更加透明，财政部对承销商的依赖正在减弱。现在对冲基金也可以在一级和二级市场享有承销商和做市商类似的待遇，无须像过去那样只能从承销商手中购买，2013 年发售国债时直接出售给投资者的国债规模攀升至 3511 亿美元，占比约 17%，而 2008 年时这一数字仅为 2.5%。

2. 做市商需要通过买卖价差获得利益补偿

对于做市商而言，承担做市义务主要有三种成本：订单处理成本、逆向选择成本和存货成本（Campbell et al.，1997）。订单处理成本覆盖了交易中的基础设施和执行成本，如人力和电脑配备等。逆向选择成本主要是指当市场中出现比做市商拥有更多信息的投资者时，这些投资者与做市商的交易将会导致做市商产生损失。存货成本是指做市商为了保持市场流动性而必须持有足够的证券存货所产生的成本与风险。这三类成本决定了做市商需要通过买卖价差来获得收益，同时决定了市场的流动性水平。

图 2-1 是做市商盈利的一个简单模型，做市商的买卖价差主要由以下三方面因素决定：第一是存货导致的利润损失。为了维持充足的流动性，做市商可能需要持有他本来并不愿意持有的存货数量，而且即使通过该资产的收益补偿了其价格风险，该证券的风险状况也将影响做市商的资本质

---

① 截至 2016 年 7 月初，纽联储批准的 23 家一级交易商主要包括：Bank of Nova Scotia, New York Agency；BMO Capital Markets Corp.；BNP Paribas Securities Corp.；Barclays Capital Inc.；Cantor Fitzgerald & Co.；Citigroup Global Markets Inc；Credit Suisse Securities （USA） LLC；Daiwa Capital Markets America Inc.；Deutsche Bank Securities Inc.；Goldman, Sachs & Co.；HSBC Securities （USA） Inc.；Jefferies LLC；J.P. Morgan Securities LLC；Merrill Lynch, Pierce, Fenner & Smith Incorporated；Mizuho Securities USA Inc.；Morgan Stanley & Co. LLC；Nomura Securities International, Inc.；RBC Capital Markets, LLC；RBS Securities Inc.；Societe Generale, New York Branch；TD Securities （USA） LLC；UBS Securities LLC.；Wells Fargo Securities, LLC。

量。第二是资金成本或机会成本。做市商的资金成本越高意味着持有存货的成本越高。第三是对冲成本。做市商期望能够对冲交易降低其资产组合中存在的风险，这意味着买卖价差也依赖于其他金融市场，如期货市场和衍生品市场。

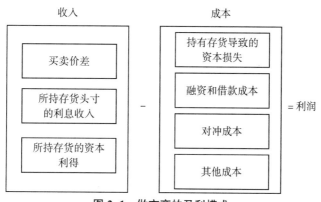

图 2-1　做市商的盈利模式

3. 机构投资者在做市商市场上更为活跃

在债券交易中大型机构尤为注重交易机制的便利性与灵活性，其在做市商市场上较为活跃。Bernhardt 等（2005）指出，大型机构在做市商市场上比个人投资者更加活跃、交易量更大、交易成本更低。Gellerman（1957）对个人投资者在做市商市场上交易时面临的劣势进行分析，认为场外交易没有交易信息发布，个人投资者面临的信息不对称问题尤为严重，而专业的大型机构投资者仍可以在平等的市场位置与对手方交易。

究其原因，主要有以下三方面：其一，机构投资者的单笔交易规模大，为避免逆向选择或者市场价格波动，不希望其订单信息在市场公开。在场内市场，机构的限价指令面临着其他小额订单的价格竞争，很难及时在其意愿价格水平达成交易。其二，由于机构投资者的定价、议价能力较强，场外市场的议价方式使其在对交易佣金等成本的把控上更具主观能动性。其三，机构投资者对债券价格和市场走势的把握程度更高，市场透明度对他们的重要性远小于非专业的个人投资者。因此，做市商机制可以更好地为机构投资者提供服务，小型机构和个人投资者则更加偏好透明度更高的交易机制，如订单驱动等。

4. 金融危机后做市商风险容忍度明显下降

2015 年国际清算银行年度报告指出，金融危机以后，做市商减少了做市活动，固定收益市场流动性整体减少。以国债换手率来看，2008 年该数值为 23.91 倍，其后明显下降，2009~2011 年维持在 14.5 倍左右，2011年后继续下降。2015 年，国债换手率虽仍然高于其他券种，但绝对值仅为 9.29 倍[①]。出现这种结果的部分原因为交易商的风险容忍度下降，商业模式调整。其他因素还包括更为严格的监管规则，旨在将做市活动的成本提高，使其与给金融体系带来的潜在风险相一致。此外，公共机构持有更多政府债券，也可能导致市场流动性下降。

金融危机后，做市商行为发生显著变化，他们更愿意将经营重点聚焦于需要更少资本和承担更少风险的业务，这种变化对不同种类债券市场的流动性影响不同。美国的做市商减少了公司债等风险较高资产净头寸，但增加了美国国债净头寸，同时他们还减少了美国投资级公司债大额交易的平均交易量（见图 2-2）。许多做市商将重心更多地放在核心客户和核心市场上，更有选择性地提供服务。在很多机构中，做市业务已经从之前的核心业务转变为为满足客户需求而存在的经纪业务。在业务模式转变后，许多做市商不再愿意吸纳大的头寸，因而执行交易尤其是大额交易时也就需要更多时间，交易效率有所降低。

（二）美国国债市场的交易机制安排

国债在美国经济中扮演着众多角色，是联邦政府弥补联邦赤字、再融资到期债务的主要工具。同时全球投资者利用国债进行投资和对冲操作，并将其作为其他类型资产的定价基准。多重角色使美国国债市场成为全球最大和最具流动性的主权债务市场。截至 2015 年底，可交易国债的市场存量为 13.19 万亿美元，一级交易商与他们的客户及其他交易方平均每天

---

① 数据来源为 Sifma。

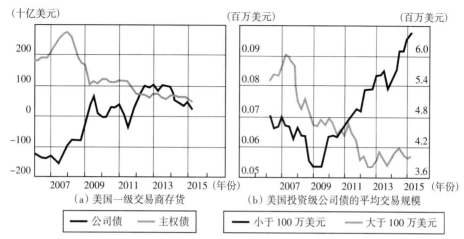

（a）美国一级交易商存货　　　　（b）美国投资级公司债的平均交易规模

| —— 公司债 | ⋯⋯ 主权债 | —— 小于100万美元 | ⋯⋯ 大于100万美元 |

图2-2　金融危机后做市商的存货规模和交易规模下降

资料来源：BIS 2015年年报。

交易5000亿美元左右。国债的换手率也是所有债券品种中最高的，2015年其换手率达到9.29倍，而同期公司债券的换手率仅为81.52%。

1. 多级托管体制促进美国国债市场的层次化发展

美国国债二级市场的运作是基于OTC市场，市场交易主要有三类参与群体：一是客户，即需要买卖债券的投资者及其经纪商；二是做市商，向客户进行做市报价并保证成交；三是做市商内部经纪商，提供做市商之间的交易服务。美国国债实行多级托管体制，其中美联储的全国债券簿记系统（NBES）负责登记托管存款类交易商的国债，存款类交易商负责登记托管客户（包括非存款类交易商和一般投资者）的国债，非存款类交易商也对自己客户的国债进行登记托管。这种多级托管体制促进了美国国债市场的层次化发展：一是投资者和交易商之间的零售市场，二是交易商之间的批发市场。美国场外债券市场由此形成了多层次结构：第一层次是交易商之间的交易，第二层次是交易商与客户之间的交易。

交易商与客户之间的交易包括经纪自营商（Broker-dealer）和最终投资者之间的直接交易，交易活动分散在"当期国债"（指新发行的国债）和"非当期国债"（指已经发行了的国债）的交易上。美联储交易办公室进行的直接购买国债的货币政策操作就属于交易商和客户交易的类别。然而交易商之间的大部分交易需要在平台上展开，中心位置是一个经纪人（Broker），各做市商均在平台上匿名交易。由于交易商是其传统的参与者，在这些平台发生的交易称为交易商间（Interdealer）市场。交易商间市场的绝大部分交易往往集中在当期国债，因为这些国债的流动性极好。

2. 交易商之间市场的交易机制：匿名撮合与直接询价

交易商内部市场可通过经纪商和询价方式达成交易。据统计，美国交易商内部大约 2/3 的交易均通过经纪商进行，另外 1/3 通过交易商之间直接达成交易，即交易商之间交易主要通过交易商的经纪商（Inter Dealer Broker，IDB）进行。每个 IDB 都拥有一定数量的会员，主要是一级交易商和规模较大的交易商。IDB 在对会员买卖报价进行搜集整理后，通过自己的信息发布系统向会员公布最优报价和数量，但不公布报价方名称。会员获得最优报价后，可以方便地通过 IDB 与其他交易商进行匿名交易。美国债券市场主要有 5~6 家经纪机构，如 ICAP、Garban-Intercapital 和 Cantor-Fitzgerald 等，形成了竞争性的经纪市场[①]。然而交易商之间的直接交易主要通过询价方式进行。

3. 交易商对客户市场的交易机制：做市商制度

由于美国国债的多级托管体制，投资者进行国债交易，必须在交易商处开立账户。当投资者需要买入债券时，可通过向做市商询价或委托零售经纪商（彭博、路透等）向做市商进行询价或者点击成交。交易商为扩大客户群，增加差价收入，会自愿进行国债双边报价，为特定区域的中小投资者或中小经纪商提供买卖服务（见图 2-3）。同时美联储规定，其认可的一级交易商必须对所有可交易国债进行双边报价，为市场提供充足的流动性，并将二级市场做市质量作为考核一级交易商的重要指标。

---

① 目前，为保证投资人利益，内部网络中限价委托的最优报价信息也应在 FINRA（美国金融管理局）的信息披露平台公布。

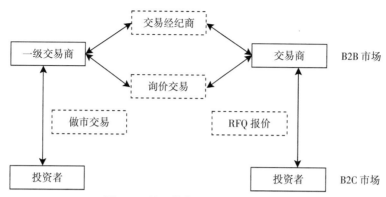

图 2-3　美国债券市场分层交易模式

（三）做市商的具体管理

美国的国债做市商是一级交易商的重要职能之一，其并不作为一个独立的职能而存在。具体而言，美国的做市商管理体系有以下四个特征：

1. 涵盖义务做市商和自愿做市商，实行动态分层管理

作为交易商市场的主要参与者，交易商分为一级交易商和一般交易商。一级交易商是义务做市商，为政府融资平台提供支持，为中央银行的公开市场操作提供吞吐支持，同时承担对债券市场的做市义务。一级交易商是由美联储在一般做市商中选择的债券业务量较大、市场表现较活跃、可直接和美联储发生交易的金融机构。一级交易商必须对所有可交易国债进行双边报价并积极参与国债的竞标等。一般交易商为自愿做市商，自愿选择国债券种并进行做市。对于一般做市商，美联储规定满足资本充足率等特定要求的金融机构均可申请。

美国一级交易商和一般交易商的名单并没有固化，而是实行动态管理，强者进阶，弱者退出。如果一段时间内一级交易商与纽联储之间只进行了少量的业务合作或者合作质量不高，达不到纽联储的要求，纽联储可能会限制该机构参与一级交易商操作，如果该机构持续性达不到要求，将被暂停或终止其一级交易商资格。然而对于自愿做市商，由于二级市场做市质量是评价一级交易商的重要参考指标，那些希望成为一级交易商的国债交易商会积极做市，由此与一级交易商共同构成做市商主体。

2. 设置较高准入门槛，保证一级交易商资质

由于义务做市商不仅是二级市场做市商，更是一级市场承销商和公开市场对手方，因此纽联储①对一级交易商的资质要求较为严格，详细如表2-1所示。在所有的资质要求中，纽联储认为最低净资本要求是其对交易伙伴进行风险管理的重要制度安排。那些资本规模不足的交易商为了达到一级交易商的业务规模，必须采用较高的杠杆，这将增加企业的经营风险和纽联储的操作对手方风险。需要注意的是，这些资本量只是最低要求，根据市场环境、纽联储自身判断的不同等，纽联储可能会有更高的要求。当交易商在持续评价中达不到以上要求时，纽联储将暂停或者停止其资格。

表2-1　纽联储对一级交易商的资格要求

涉及内容	具体要求
主体要求	一级交易商必须是在 SEC 注册并接受监管的经纪经销商（Broker-dealer）②，或者是在州或联邦获得许可的银行及其他受到官方监管的储蓄机构
资本要求	第一，注册的经纪经销商必须至少拥有 1.5 亿美元的净资本，按照 SEC 的净资本规则计算③。同时要满足 SEC 或其自律组织要求的所有资本和其他监管要求 第二，银行需要满足被视为良好资本化（Well Capitalized）或其他使用的美国或者外国监管者的同样规则，必须至少拥有满足巴塞尔协议核心（Tier I）资本定义的资金量 1.5 亿美元
时间要求	在向纽联储申请一级交易商资格之前，交易商至少已经符合成为经纪经销商或者银行达 1 年时间；同时需要至少参与相关业务 1 年时间

资料来源：纽联储官方网站。

3. 初始评估与持续评估相结合，对一级交易商要求严格

在初次选拔过程中，纽联储会用其制定的四项职能来衡量交易商。这四项职能为：①在纽联储会在联邦公开市场委员会（Federal Open Market Committee，FOMC）的指导下将美国货币政策付诸实践而进行公开市场操作，在此过程中一级交易商要持续作为纽联储的交易伙伴；②为纽联储提

---

① 美联储货币政策的实际执行机构。
② 一个实体如果只是政府债券的经纪经销商，也有可能成为一级交易商。
③ SEC 规则 15c3-1，17C.F.R.240.15C3-1。

供市场数据和分析，为纽联储的货币政策的制定与实施提供帮助；③参与美国政府债务的一级市场拍卖；④在纽联储代表其外汇官方账户持有者（Foreign Official Account-holders）进行交易时，一级交易商需要为纽联储适当做市。简而言之，一级交易商的主要职能包括：公开市场操作的对手方、一级市场的承销商和二级市场的做市商。潜在的交易商需要向纽联储展示他拥有展开大规模、可持续性市场操作的能力。例如，纽联储希望潜在的一级交易商在正式成为交易商之前能够承销与一级交易商承销规模相当的国债。

在持续性评估中，纽联储会关注交易商参与各项业务的规模和质量。第一，必须保证报价合理、准确。在考虑市场波动和其他风险因素后，一级交易商的国债投标价格与国债预发行市场价格等相比必须合理。第二，必须具有一定的投资者基础，满足投资者交易需求。1992年以前，每个一级交易商与一般投资者的交易额（不包括一级交易商之间的交易额）占所有一级交易商与一般投资者交易额的比例不少于1%，这就迫使一级交易商报价要准确合理，尽量缩小价差，否则投资者不会与其进行交易。随着美国国债市场流动性不断提高，1992年，纽约联邦储备银行取消了1%的绝对比例限制，但与一般投资者的交易额仍然是考察一级交易商做市能力的主要参考指标。第三，一级交易商的国债交易量必须与其国债承销量相匹配，大量承销国债后直接持有到期的机构只是投资者，不适合做一级交易商。美国要求其一级交易商必须至少能够在美国国债现券和回购市场持续开展大规模操作，如能够在纽联储开展交易的其他市场进行持续大规模交易则更好，但没有明确数量要求。

从交易伙伴关系出发，纽约联邦储备银行对一级交易商每年重新考核一次，对不符合资本充足要求、国债发行和公开市场操作中投标不积极、二级市场做市能力差的机构将暂停其一级交易商资格6个月，并要求其提出切实可行的整改措施以在规定时间内达到相关要求，否则将取消其一级交易商资格，且一年内不再重新受理其申请。对存在违规行为、受到监管部门处罚的机构，纽约联邦储备银行在征求监管部门意见后可以永久取消其一级交易商资格。

4. 权利与义务对等，保证做市商拥有充分激励

要求一级交易商承担义务的同时，只有给予其足够的激励才能维持这一制度的正常运转。对于一级交易商而言，二级市场做市是需要承担的义务，但也可以通过做市和一级市场承销获利，而且可以从纽联储通过证券借贷等获得资金支持。纽约联邦储备银行每天面向一级交易商进行证券借贷招标，为其提供融券便利。每周，纽约联邦储备银行公布其公开市场操作账户（System Open Market Account，SOMA）所持债券的种类和数量，便于一级交易商安排融券需求。每天中午 12 点，纽约联邦储备银行采用券券互换（Bond-vs-Bond）的形式进行证券借贷（Security Lending）招标，期限 1 天。一般来说，一级交易商的融券需求都能通过回购市场满足，向纽联储进行证券借贷只是最后的融券保障，但这为一级交易商积极做市、合理安排存货等起了很大的作用。

财政部为鼓励一级交易商做市也采取了很多措施。首先，1992 年以前，只有一级交易商可以参加国债发行和招投标，赋予了其直接承销国债的便利。但所罗门国债事件[1]发生后，财政部和美联储共同开发了新一代远程招标系统，所有投资者（包括个人）都可以直接参加国债招投标。其次，一级交易商具有优先开展新业务的权利。1985 年财政部启动本息拆离（STRIPS）计划时，只有一级交易商可以参加[2]。不过随着国债市场不断发展完善，一些强制规定和优先权利开始逐步取消。

（四）美国债券交易机制的演进趋势

随着信息技术的迅猛发展，美国债券市场的交易电子化趋势明显，电子交易平台所占交易份额迅速攀升，由此推动了二级市场交易效率的显著

---

[1] 所罗门公司是美联储所发行国债的一级交易商之一，当时只有一级交易商才有资格直接从美国政府那里竞标购买国债，然后卖给其他人赚取差价，因此所罗门公司等大承销商几乎垄断了美国国债销售市场。在 1990 年 12 月和 1991 年 2 月的两次竞拍中，所罗门公司超过规定上限竞标国债，然后将国债囤积起来，借此压榨手头"国债"短缺的公司。事情暴露后，美国财政部和美联储给予所罗门公司非常严厉的处罚。

[2] 目前，所有国债交易商都可以从事国债的本息拆离业务。

提升和市场参与者交易模式的明显改变，做市商的职能被弱化，同时盈利空间被压缩，美国债券市场交易机制随之迈上了新的演进路径。

1. 电子交易平台对固定收益市场产生了有利影响

以流动性最好的当期国债（新发行国债）在电子交易平台上的市场表现来分析这一新兴交易场所对固定收益产品市场的具体影响（见图2-4）。第一，可以看到平均订单规模的减小。由于算法型交易者一般资本金较少并且采用保证金交易，因而他们通常会向市场提供较小规模的订单，以避免风险过度暴露。以美国最大的B2B债券电子交易平台BrokerTec为例，该平台上2004~2008年的平均订单规模为400万美元，2008年平均订单规模下降至200万美元以下并持续至2016年。最优报价规模的走势也证明了这一点，2004年该指标为500万美元左右，2010年该指标已经下降至100万美元左右（见图2-4（b））。第二，订单成交速度加快。由于订单规模的减小，订单成交的便利性增强，成交等待时间迅速减少，市场成交速度明显加快（见图2-4（c））。第三，交易成本明显减小。电子交易平台上交易者的集中带来了价格竞争加剧的风险，由此引致交易成本减少。从美国新发行国债的买卖价差来看，电子交易平台上的买卖价差基本都保持在与最小差价相当的水平，即使在危机中，买卖价差也没有出现非常大的偏离（见图2-4（d））。

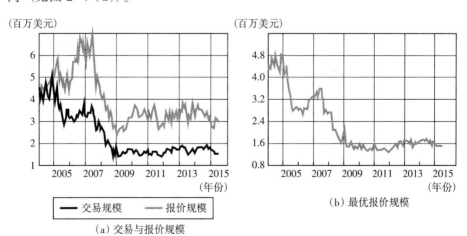

（a）交易与报价规模

（b）最优报价规模

图2-4 美国新发行国债在BrokerTec平台的市场表现

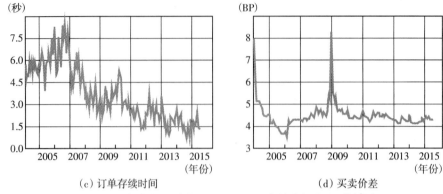

（c）订单存续时间　　　　　　　　（d）买卖价差

图 2-4　美国新发行国债在 BrokerTec 平台的市场表现（续图）

注：图中的基础数据是 BrokerTec 平台上美国 10 年期国债在 7：00~17：00（美国东部时间）的交易
　　数据，计算方式是 21 天数据的移动平均。

资料来源：Markets Committee（2016）：Electronic trading in fixed income markets, Basel, January.

2. 电子交易平台迅速发展，同时做市商职能明显弱化

与传统债券交易类似，电子交易平台也按照参与者的不同进行了分类，主要包括交易商间平台（B2B）和交易商对客户平台（B2C），而在交易商对客户平台中又根据交易商数量的不同分为了多交易商对客户平台（MB2C）和单交易商对客户平台（SB2C）。各类平台采取不同的交易机制，具体情况如表 2-2 所示。

表 2-2　各种交易模式的具体定义以及采用该交易模式的平台数量

单位：个

交易模式	具体方式	所占数量
订单驱动	通过建立一个中央订单簿，所有的市场参与者均可将报价输入系统由系统自动进行匹配，达成交易	38
交叉撮合	买卖双方分别报价，当价格一致时，参与者可以选择自动成交，也可以选择接受一个已经发布的报价请求	25
报价驱动	通常存在于 B2C 系统中，投资者会向做市商或券商提交可执行的报价请求，并在一定时间内选择执行交易。若在多交易商客户系统中，参与者可向多个制定的做市商提出报价请求	32
竞拍模式	多用于新债发行中，市场参与者以竞拍的方式申购证券	16

资料来源：Decker M, Davidson S C, Vieira M, et al. eCommerce in the Fixed-Income Markets：The 2006 Review of Electronic Transaction Systems ［R］. Securities Industry and Financial Markets Association Report，2006.

电子技术的发展使信息的流通速度更快，信息透明度的提高使得做市商对订单流的把握能力和撮合能力不断减弱，投资者之间的直接交易不断提升。电子交易平台弥补了场外市场缺乏大规模集中撮合功能的缺陷，把场外市场的"分散成交"过渡为"集中成交"，摒弃了做市商和交易所经纪商作为中间人的交易模式，实现了客户交易订单直接撮合交易，吞噬了做市商和交易所大量的指令流。做市商订单信息流和订单自主成交的控制权被弱化，盈利模式受到冲击，做市动力大大弱化，做市商已蜕变为"双边报价商"或"流动性提供者"。

3. MB2C 市场准做市商制度正逐步渗透，而 B2B 市场上已不存在真正的做市商

SB2C 市场由单个交易商直接面对其客户报价和自主成交，其缺陷明显，包括市场透明度低、价格竞争力弱、信息不对称强和道德风险大。MB2C 市场由多个交易商向客户报价和自主成交，实现了集中报价、分散成交及成交信息集中披露，在一定程度上克服了 SB2C 的缺陷，正逐步取代 SB2C 市场。在电子 B2C 市场中，使用订单驱动或交叉撮合机制的交易平台日趋增多，有 12 个 SB2C 型的电子平台，其中 7 个采用订单驱动、5 个采用做市商或交叉撮合的机制；15 个 MB2C 的电子平台，其中 11 个采用订单驱动，7 个采用做市商或交叉撮合的机制。订单驱动或交叉撮合机制的使用意味着做市商的本质特征开始异化，传统或现代意义的做市商制度正逐步被准做市商制度所渗透。

然而在 B2B 市场上，电子化交易平台发展更为迅猛，从 1999 年的 5 个发展到 2004 年的 21 个，彻底改变了人工经纪商主导的订单不显示、成交效率低等缺陷，而订单驱动是该市场的主流机制，某些电子平台即使有"做市商"，但"做市商"的报价往往与交叉撮合机制相联系，其本质与订单驱动相差无异，"做市商"仍不具备订单显示和成交的自主权，主要起提供市场流动性的作用。例如，美国颇具影响力债券电子交易平台 ICAP BrokerTec 和 eSpeed，都是采用订单驱动的交易机制。可见在美国债券的 B2B 市场上不存在真正意义的做市商制度。

4. 混合交易机制下做市商利益得不到保障，需依靠其他利益补偿维持

由于做市商的双边报价客观上能起到一定的活跃市场、方便投资者成交的作用，因此混合交易制度更有利于提高极端情况下的市场流动性。混合交易制度本质上是竞价交易制度，克服了传统做市商制度存在的交易成本较高、较难监管做市行为等缺陷。正因为混合交易制度本质上仍是竞价交易制度，因而存在"做市商困境"，做市商难以仅用来自做市行为的获利平衡所承担的报价义务，进而不具有做市动力。在很大程度上，做市行为已经成为了做市商的一种负担，是享受了其他优惠后的一种义务。这直接改变了做市商传统的业务格局，做市业务从券商或投行的一项较独立的业务转变为综合性业务的一个重要环节，比如做市业务与承销业务的综合和做市业务与经纪业务的综合。同时各大交易市场也在积极探索混合交易机制下准做市商的做市动力和义务的平衡问题，即准做市商的盈利模式选择问题。目前，该问题的解决方法主要有股权激励、发行人利益补偿、降低准入条件和做市义务等。

（五）美国债券做市商经验小结

美国国债的做市商制度作为一级交易商制度中的重要一环，曾一度在传统 B2C 市场占据主流，但随着电子信息技术的迅猛发展，做市商制度所拥有的降低搜寻成本的作用已不再明显，反而是由其进行撮合交易而导致的交易成本上升的负面影响日益突出，电子交易平台的订单驱动制度或者混合交易制度正在逐渐取代做市商制度。但单就做市商制度而言，美国的制度设计仍然是值得借鉴的。基于上文分析，主要可以得出以下结论：

1. 权利与义务对等是做市商制度发展的内在动力

做市商要为市场提供做市服务，必然会承担风险。美国的做市商制度是一级交易商制度中的一部分，一级市场承销、二级市场做市和公开市场操作三位一体的制度设计，保证了做市商在承担义务的同时能够获得足够的补偿。唯有权利与义务对等，做市商才有足够的动力提供高质量的做市服务。若没有利益驱动，只会引致做市商对规则的敷衍，无法达到预期效果。

2. 市场分层是做市商制度发展的外在因素

无论是在传统场外市场还是在电子交易平台，做市商制度均更多地存在于零售市场，主要原因在于没有充分信息挖掘能力的 C 端投资者更需要做市商来解决信息不对称问题。个人投资者和中小机构投资者往往不具有询价谈判能力，更适合以价格接受者的身份作为金融机构的客户参与交易，也即在充分的风险揭示前提下，以接受交易商报价的形式达成交易，而在市场地位相对平等的做市商间的市场，做市商制度并没有足够的发展空间。在传统交易时代，依靠询价交易和经纪商来解决；而在电子化交易时代，匿名点击、撮合的交易方式开始占据相当的市场份额。做市商制度存在于 B2C 市场，说明只有存在着充分的市场基础时，做市商才有可供发挥的空间。空有好的制度安排设计，而没有得以施展的场所，也将是空中楼阁，无法企及。

3. 做市商制度更适合搜寻成本较高的市场

电子交易平台迅猛发展态势下做市商职能不断被弱化，这说明做市商制度赖以生存的市场环境已经不复存在。做市商带给市场最为直接的益处在于降低了对交易对手的搜寻成本，这使得其在投资者的信息搜寻技术和搜寻能力较弱的市场环境中有较大生存空间。在传统 B2C 市场中，由做市商所带来的搜寻成本的降低能够弥补其所带来的交易成本的升高。在通信技术落后的背景下，正面作用远远大于负面作用，导致做市商制度产生和壮大；但在 1980 年后信息技术革命背景下，正面作用日渐减小，负面作用日趋明显，最终导致传统做市商制度丧失主流交易制度的地位。电子信息技术的迅猛发展，带来了信息展示成本和搜寻成本的极大降低，无论是交易商还是一般投资者，均拥有随时掌握市场供需信息的能力。此时做市商优势不再，而其所带来的交易成本升高不再为市场参与者所接受，继而大范围地失去生存空间。

二、欧洲债券市场做市商经验

(一) 欧洲债券市场概况

1. 欧洲债券市场规模

欧洲债券市场是仅次于美国的全球第二大债券市场。欧盟包含 28 个成员国，其中 19 个国家加入欧元区组成货币联盟。① 欧盟各国的债券市场共同组成了欧洲债券市场，截至 2015 年底，英国、法国、德国、意大利的债券市场规模都在 3 万亿美元以上，是欧洲债券市场中规模最大的债券市场（见表 2-3）。整体来看，欧洲债券市场中非居民发债比例高于美国

表 2-3　各国债券市场存量规模

单位：10 亿美元

国家	金融类企业	非金融类企业	政府债券	非居民债券	合计
美国	14967	5518	16194	2273	36897
日本	2208	623	8348	255	11179
英国	2679	526	2615	3051	5824
法国	1447	606	1935	1387	3988
德国	1394	147	1779	1125	3321
意大利	882	141	1985	764	3008
荷兰	1547	88	380	1814	2014
西班牙	771	28	998	565	1797
爱尔兰	735	12	137	790	884
卢森堡	826	32	7	602	865
希腊	57	2	82	105	141

资料来源：BIS 数据库，数据截至 2015 年底。

① 欧元区的成员国为奥地利、比利时、塞浦路斯、爱沙尼亚、芬兰、法国、德国、希腊、爱尔兰、意大利、拉脱维亚、立陶宛、卢森堡、马耳他、荷兰、葡萄牙、斯洛伐克、斯洛文尼亚和西班牙。另外九个成员国分别为英国、保加利亚、捷克、克罗地亚、丹麦、匈牙利、波兰、罗马尼亚、瑞典。

和日本，例如，荷兰和卢森堡市场上非居民债券规模占总债券市场规模的90%左右。

以存量规模衡量，英国是欧洲最大的债券市场，债券规模是德国、法国、意大利等国的约两倍。在英国存量债券中，非居民债券、金融债券、政府债券的占比较为均衡，均占约50%的比例。我们随后将以英国为例分析欧洲债券市场的做市商经验。

2. 欧洲债券市场存在分割

虽然欧盟实现了货币政策的统一，但由于财政政策未实现统一，欧洲各国债券市场的品种、税收、挂牌和清算要求等方面也存在不统一，欧洲债券市场存在一定程度的分割。

在国债发行和做市商安排方面，欧洲各国拥有独立的国债发行体制及做市商规则。例如，截至2015年9月，奥地利拥有21家之多的国债一级交易商，丹麦对于期限一年以上的国债和期限一年以内的短期国库券有各自不同的一级交易商安排，比利时在一级交易商之外还设有受认可做市商制度（Recognised Dealers）。此外，各国认可的债券电子交易平台也不尽相同，德国国债在 Eurex、BrokerTec 和 MTS Germany 上交易，希腊债券则在HDAT 和 MTS Greece 上交易（见表2-4）。

表2-4 欧洲各国的合格国债交易平台

国家	交易平台
奥地利	BGC Partners，BrokerTec Europe Ltd，MTS Austria，Eurex Bonds
比利时	Eurex Bonds，BrokerTec Europe Ltd，MTS Belgium
捷克	MTS Czech Republic
丹麦	MTS Denmark，Eurex Bonds
芬兰	BGC Partners，Eurex Bonds，BrokerTec Europe Ltd，MTS Finland
法国	BrokerTec Europe Ltd，MTS France，BGC Partners
德国	Eurex Bonds，BrokerTec Europe Ltd，MTS Germany
希腊	HDAT，MTS Greece
爱尔兰	BGC Partners，BrokerTec Europe Ltd，MTS Ireland

国家	交易平台
意大利	MTS Italy
葡萄牙	MTS Portugal，BrokerTec Europe Ltd，BGC Partners
斯洛文尼亚	MTS Slovenia
西班牙	MTS Spain，SENAF
荷兰	BGC Partners，Eurex Bonds，BrokerTec Europe Ltd，MTS Amsterdam
英国	MTS UK Gilts，BrokerTec Europe Ltd

资料来源：AFME，European Primary Dealers Handbook，2015Q4.

虽然欧盟努力推动经济和金融一体化，但欧盟在其金融一体化报告中也承认，欧洲债券市场仍然存在相当程度的分割，体现在如下三个方面：[1]

一是各国经济发展水平不一导致的主权评级不同。以标普和穆迪对同属欧元区的法国、德国和希腊的评级为例，2015 年 9 月，德国的主权评级为 AAA，展望为稳定；法国的主权评级则为 AA，展望为负面；希腊的主权评级则为 CCC+。

二是各国的主权债券收益率不同。主权评级不同导致各国国债收益率不同，以德国和意大利为例，两国的国债收益率始终保持较大价差，高峰时甚至超过 500BP（见图 2-5）。

三是债券的跨国持有量较低。根据欧洲中央银行的金融市场一体化报告，欧洲各货币当局持有欧元区内其他国家的国债和公司债比例自 2006 年达到高点之后持续下滑，特别是欧债危机爆发以来，各货币当局跨国持有债券比例下降的同时持有的本国国债比例却不断上升。与政府债券的跨国持有比例走势类似，欧洲债券市场上公司债的跨国持有比例也有类似的下滑（见图 2-6）。

---

[1] ECB，Financial Integration in Europe，April 2015.

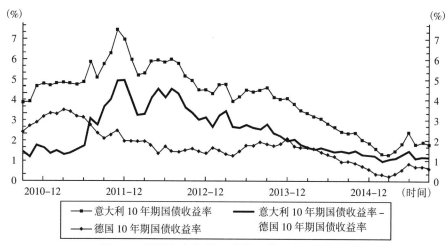

图 2-5　德国和意大利 10 年期国债利率及两者价差

资料来源：Wind 资讯。

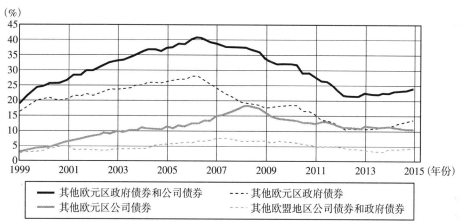

图 2-6　欧洲货币当局跨国持有债券比例

注：欧元体系（Eurosystem）持有的债券不包括在内。

资料来源：ECB，Financial Integration in Europe，April 2015.

（二）欧洲债券市场做市商的发展趋势

1. 做市商的风险防范意识增强

在次贷危机和欧债危机中，做市商因持有库存遭受巨大损失。因此，近年来出现的市场趋势之一是欧洲债券市场做市商风险防范意识大幅提升，减少高风险交易的参与。相关举措有以下几点：一是库存持有意愿降低。做市商在欧洲中央银行进行的一项调查中反映，由于资本和资产负债表方面的压力，做市商计划缩减做市规模，或者向订单驱动模式转变。[1]因此，大额订单所需的成交时间有所延长，特别是在流动性不是那么高的市场中。[2]二是向高流动性债券市场集中。有证据表明，债券市场的流动性出现分化，流动性向流动性最好的债券集中，流动性较低的市场，如公司债市场的流动性则进一步减弱。

2. 电子交易平台市场占比提高

根据国际清算银行 BIS 的统计，全球范围内各类资产通过电子交易平台进行交易的比重均在提高（见图 2-7）。2012 年，欧洲国债通过电子交易平台进行交易的比重不足 50%，2015 年该比重已达到 60%。在公司债的二级市场上，电子交易平台所占比重上升更快，2012 年电子交易平台占 B2C 市场的比重仅有 20%，2015 年该比重已达到 50%，75% 的 B2C 市场参与者通过电子交易平台进行交易（见图 2-8）。

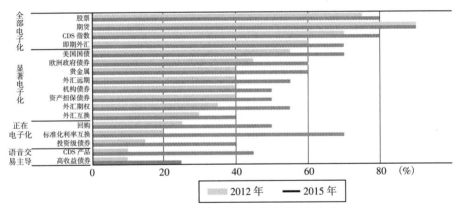

图 2-7 各类资产电子交易平台的交易占比

资料来源：BIS. Electronic Trading in Fixed Income Markets [R]. Markets Committee Papers, 2016.

---

[1] European Central Bank. Survey on Credit Terms and Conditions in Euro-denominated Securities Financing and OTC Derivatives Markets [R]. 2013.

[2] Committee on the Global Financial System. Market-making and Proprietary Trading: Industry Trends, Drivers and Policy Implications [R]. 2014.

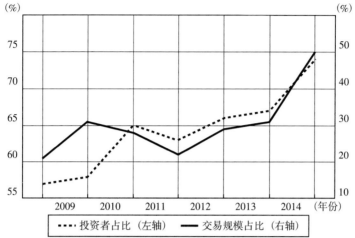

图 2-8　欧洲公司债 B2C 市场电子交易平台交易占比

资料来源：BIS. Electronic Trading in Fixed Income Markets［R］. Markets Committee Papers，2016.

电子交易平台占比提高原因可以归为三类，即技术进步、流动性服务的需要和提高交易透明度的监管改革，如欧洲的金融工具市场监管法案（Markets in Financial Instruments Regulation，MIFIR）要求向监管层报告债券交易数据。[①]

（三）欧洲一级交易商制度——以英国为例

英国国债包括金边债券（Gilts）和国库券，金边债券做市商（Gilt-edged Market Makers，GEMM）是英国国债的一级交易商，可以由银行或者证券公司担任。金边债券做市商的资格由英国金融行为监管局（Financial Conduct Authority）核准。审核标准包括：对英国国债市场的长期参与；公司稳健经营，能为国债市场做出贡献；充足的资本金；高信用等级；充足的人力储备以完成交易、销售、研究、风险管理等工作；具有相关的技术条件，如参与结算系统；获得认可投资交易所（Regulated Investment Exchange）及其监管机构的书面批准；同意并签署英国国债管理办公室的

---

① Bech M，Illes A，Lewrick U，et al. Hanging up the Phone Electronic Trading in Fixed Income Markets and its Implications［R］. BIS Quarterly Review，2016.

所有协议。

近年来，英国国债的日交易规模稳定在约 300 亿英镑的规模，但换手率呈小幅下降趋势，全年换手率从 2006 年的 8.19 倍下降至 2015 年的 3.66 倍（见图 2-9）。

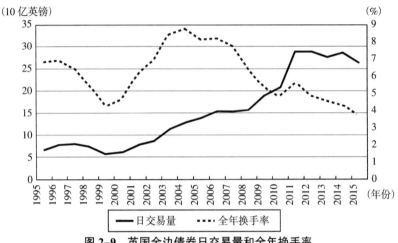

图 2-9 英国金边债券日交易量和全年换手率
资料来源：英国国债管理办公室网站。

英国国债做市商制度围绕国债一级市场发行、二级市场流动性维持和信息汇报进行设计，目的是构建金边债券做市商均衡的激励机制。金边债券做市商需承担如下三方面义务：

一是一级市场的义务。在一级市场方面，金边债券做市商是唯一可以在国债发行时向英国国债管理办公室进行报价的机构，因此金边债券做市商的表现将直接影响国债发行效果。为保证国债的顺利发行，国债管理办公室要求金边债券做市商参与其所做市债券的拍卖发行，并且以 6 个月滚动计算的国债购买量不低于总发行量的 2%。此外，金边债券做市商需积极参与国债一级市场价格的形成过程，以 6 个月滚动计算的国债拍卖报价规模量不低于总发行量的 5%。

二是二级市场的义务。在二级市场方面，金边债券做市商需为国债市场提供连续、有效的市场报价，以构建高流动性的国债二级市场。为维护做市商利益，金边债券做市商无须为未进行过尽职调查的机构报价提供交易，也无须向其他金边债券做市商进行报价。金边债券做市商的做市规模需不低于以 6 个月滚动计算的市场交易规模的 2%。

三是信息汇报的义务。在信息汇报方面，所有金边债券做市商需按指定格式向国债管理办公室报告头寸和每周交易情况，以便国债管理办公室监管金边债券做市商的义务履行情况。金边债券做市商协会（Gilt-edged Market Makers Association，GEMMA）每日向国债管理办公室报告国债参考价格，国债管理办公室通过网站将上述信息予以公布。国债管理办公室鼓励金边债券做市商就公司发展、市场动向和投资者特征等情况向国债管理办公室提供口头或书面汇报。

为对金边债券做市商的上述义务提供补偿，金边债券做市商享有以下三方面权利：

一是拍卖报价权。金边债券做市商是唯一直接参与国债拍卖的机构，因此，其他想参与国债拍卖的机构均需寻求金边债券做市商的委托拍卖服务。金边债券做市商还可以申请最多 15% 总发行规模的非竞争性拍卖许可。

二是优先对手权。国债管理办公室在国债二级市场上仅和金边债券做市商进行交易。为进行现金流管理或受相关机构或政府类基金委托，国债管理办公室是国债二级市场的重要参与者。金边债券做市商的优先对手权还包括优先成为国债辛迪加承销团的主承销商、国债特别回购对手方等。

三是信息特权。金边债券承销商可以参加讨论国债发行政策的季度会议和年度会议，并且有专门渠道了解国债市场的交易情况。

英国的 IDB（Inter-dealer Brokers）市场采用了匿名交易模式，这是英国国债交易的重要特征。IDB 市场仅向金边债券承销商开放，金边债券承销商不得在 IDB 市场中与金边债券承销商群体外的机构进行交易。金边债券承销商匿名交易保证了 IDB 市场中的流动性，使得 IDB 市场成为整个国债二级市场的流动性内核。英国国债有六家 IDB 市场（见表 2-5）。

表 2-5　英国国债市场中的 IDB 市场

公司	网址
BGC Partners	www.bgcpartners.com
Dowgate	www.ksbb.com
GFI Securities Ltd	www.gfigroup.com
BrokerTec Europe Limited	www.icap.com
ICAP WCLK Limited	www.icap.com
Tullett Prebon Gilts	www.tullettprebon.com

资料来源：AFME，European Primary Dealers Handbook，2015Q4.

（四）欧洲国债市场做市商的制度特点

与英国类似，欧洲国债市场做市商在一级市场和二级市场负有相应权利和义务，如协助一级市场发行、维持二级市场流动性、提供金融市场决策参考等。此外，各国结合自身的实际情况拥有独立的做市商制度和考核要求，部分国家的债券做市商制度极具特点。

1. 多交易平台的市场环境

在奥地利，一级交易商可以自由选择进行做市的电子交易平台，奥地利并未对交易平台和做市过程做出明确规定。为管理和监测市场的运行情况，奥地利政府要求一级交易商提供交易数据，所有的电子交易平台均定期向奥地利提供交易数据报告。

芬兰自 2014 年 4 月起选定 ICAP Brokertec、Eurex 和 MTS Belgium 作为电子交易平台，一级交易商必须在上述平台之一进行做市交易，并完成相关做市义务。发行商可以自行选择电子交易平台以完成做市任务，但针对特定债券的做市任务必须在单一平台上完成。

希腊自建交易平台 HDAT 由希腊央行负责管理和运营。政府债券的发行和希腊央行日内交易都在该平台上进行。除 HDAT 外，希腊另有 EuroMTS、BGC 等电子交易平台。

严格对电子交易平台的管理。意大利要求电子交易平台注册在欧盟境内并在意大利财政部管理名单中，2011 年 3 月的 No.853355 法案明确了电子交易平台的选择要点和流程，11 月的 No.993039 法案规定了对做市商的选择和评估规则。荷兰要求电子交易平台满足欧盟 2014 年 MiFID Ⅱ（Markets in Financial Instruments Directive）的规定。

2. 向做市商提供证券借贷服务

为鼓励做市商的做市交易、降低做市商的持仓风险，部分国家向国债一级交易商提供证券借贷服务。以丹麦为例，该国一级交易商可以丹麦政府债券为抵押担保，向中央政府和社会养老基金（Social Pension Fund）申请证券借贷，社会养老基金可以借出其投资组合中所拥有的所有到期期限 1 个月以上的债券。从实际运行来看，证券借贷主要集中于新发行（On-the-run）的关键期限的政府证券。

3. 部分欧洲国家采用做市商分层制度

采用做市商分层制度的国家有比利时、荷兰、斯洛伐克和瑞典等。比利时和斯洛伐克政府债券的做市商包括一级交易商（Primary Dealers，PD）和认可做市商（Recognised Dealers，RD）两类。在比利时，一级交易商对比利时国债负有主要做市义务并接受考核。在斯洛伐克，一级交易商和认可做市商承担类似的二级市场做市义务。

荷兰的做市商包括一级交易商和单一市场专家（Single Market Specialists）。截至 2015 年 8 月，荷兰共有 15 家一级交易商和 6 家单一市场专家。和一级交易商负责所有国债的做市不同，单一市场专家仅负责短期国库券的做市。瑞典在名义国债市场、通货膨胀联系国债市场和短期国库券市场中进行做市商分层，三个市场中的做市商数目分别为 7 家、6 家和 6 家。

4. 希腊严格设定做市商的报价区间和报价行为

一是关于报价区间。根据希腊的一级交易商操作规则，在正常市场情形下和"困难市场情形"（Difficult Market Conditions）下，一级交易商必须在预设的报价区间内进行连续报价，即一级交易商不能在预设区间之外进行报价①。在正常市场情形下，强制性的报价区间如下：

（1）期限在 5 年以内的固定利率债券和国库券：7BP。

（2）期限在 5~11 年的固定利率债券和所有期限的浮动利率债券：10BP。

（3）期限在 11 年以上的固定利率债券：20BP。

监管部门将定期调整上述报价区间。

在困难市场情形下，监管部门将在和一级交易商沟通的基础上重新确定报价区间。

二是关于报价行为。在 HDAT 市场上，希腊央行可以指定做市商负责特定债券的做市，该债券即成为做市商的义务做市债券（Compulsory Securities），做市商在 HDAT 市场上进行义务做市报价（Compulsory Quote）。希腊央行仅要求做市商提供报价，做市商可以自行决定报价的交易量。一旦做市商的报价有了成交，做市商需重新进行报价。

5. 意大利不直接设定做市商报价规则，而是评估做市商在报价驱动平台上的做市表现

在意大利现行法律框架下，意大利财政部不直接设定做市商的报价规则，但必须基于报价驱动市场的运行情况评估做市商的做市情况。因此，做市商需要满足报价驱动市场（即 MAT Italy）设定的做市要求，财政部则基于相关参数评估做市商的相对做市情况，如报价质量指数（Quotation Quality Index）、市场深度贡献指标（Depth Contribution Index）等。

在 MTS Italy 上，做市商的做市要求具有如下特点：

（1）债券全覆盖。做市商对剩余期限 45 天以上的意大利所有类型的国债均需承担做市责任。

（2）指定足够做市商以保证报价充分竞争，并且做市商需要对可以反

---

① "困难市场情形"是指 HDAT（Electronic Secondary Securities Market）平台上 3/4 的做市商不再进行报价，困难市场情形可以在交易日的任何时间点发生。困难市场情形发生之后希腊政府将和市场沟通并进行干预。

映完整利率曲线的一篮子债券进行报价。每个做市商分配了31只债券，包括4只通货膨胀指数连接的国债，每只债券确保至少有三个做市商进行报价。

（3）流动性债券的认定。在每一类别债券中（种类和期限），认定之前两个月平均买卖价差最低的一半债券为流动性债券。

（4）当月发行的债券由全体做市商负责做市交易。

（五）欧洲电子交易平台的做市商制度

MTS Group 是伦敦证券交易所集团下的固定收益电子交易平台，在欧洲占据主导地位。除 MTS 外，欧洲还有 BGC Partners、Eurex bonds 等电子交易平台（见附录2）。MTS 近年来取得了快速发展，电子交易平台的广泛实践显著地提高了英国及欧洲各国债券市场的流动性和透明度。

1. MTS 的发展概况

MTS 的前身可以追溯至1988年建立的 MTS SpA 公司，它是由意大利财政部、意大利银行和一级交易商为了改善意大利政府债券市场的流动性和透明度而建立的。1997年 MTS SpA 实行了股份化，48家意大利银行成为其股东。MTS 抓住了欧洲各国的私有化进程以及欧元体系的建立提供的良好机会，凭借其先进的电子交易系统和近10年的市场运作经验渗透进欧洲各国，1999年逐步向其他欧元区国家发展，MTS 荷兰、比利时、葡萄牙、法国、德国等12个市场相继建立，并在伦敦建立了泛欧洲基准债券市场，即 EuroMTS 市场。同一债券可以同时在 EuroMTS 和各国国内 MTS 上进行交易，大的交易商可以同时在 EuroMTS 和本国的 MTS 上对同一债券进行报价，保证了债券在国内和泛欧两个平行市场中具有统一价格。

MTS 是目前在欧洲占据主导地位的固定收益电子交易平台，拥有超过500个交易对手方，日均交易量逾1000亿欧元。MTS 拥有了最先进的技术、系统的专业知识和以客户为中心的顾问团队，这使得发行人、一级交易商、做市商和投资者等各方市场参与者都更充分、更活跃地参与到该市场中。MTS 每天的交易量巨大，从而为所有的市场参与者提供了最佳的流动性。凭借其领先的技术优势，MTS 的市场遍布欧洲各国及其他海外国家。面对来自 Tradeweb、BrokerTec 等美国债券电子交易系统的激烈竞争，依靠交易平台的灵活性和稳定性，依赖与欧洲主要经纪商的良好关系，MTS 依然占据着欧洲政府债券市场的领导地位。

目前，MTS 平台上的交易覆盖欧元地区和本地的所有交易品种，提供超过 1200 家固定收益产品交易商的完整订单簿数据信息，其报价也已经成为欧元地区主要国家债券和准政府债券的唯一报价来源。

2. MTS 电子交易平台特点

自 1988 年以来，MTS 为发行人、一级交易商和二级市场搭建了一个有序、高效的欧洲电子固定收益交易市场，现今多达 1200 个市场参与者交易的欧洲政府债券、准政府债券、公司债券、资产担保债券和可回购债券在该平台交易，日均交易量大，交易市场活跃。MTS 电子交易平台具有灵活性、可扩展性、高吞吐量、精确性和无缝集成的特点（见表 2-6）。

表 2-6　MTS 电子交易平台的特点

特征	特点
灵活性	单一的交易平台同时融合了不同的市场模式（B2B 和 B2C）、产品（现金、回购及掉期）和功能（点击与交易、询价等）
可扩展性	部件的模块化允许系统从水平和垂直方向扩展
高吞吐量	MTS 下吞吐量水平不断提高，并保持固定收益领域的领先地位
精确性	交易的平均往返时间少于 1 毫秒，基本无误差
无缝集成	开放式体系结构实现与 ISV 的解决方案和现有的内部系统集成

资料来源：MTS Group.

3. MTS 的层次结构

MTS 是欧洲第一家提供债券服务的交易及数据公司，按交易市场可以分为 EuroMTS（Euro MTS Linkers Market、Euro Global MTS、Euro Credit MTS、Euro MTS Limited）、MTS 本国交易市场和 Bond Vision 三个层次（见图 2-10）。最内层 EuroMTS 是集中专营欧洲政府债券的批发商市场，是交易商间（Interdealer Market）主要市场，MTS 提供了通胀连接票据、国际债券、信用债券以及准政府债券等交易平台。第二个层次是欧洲各国交易市场，已经覆盖了欧洲及其周边主要国家交易市场，包括西班牙、芬兰、澳大利亚、爱尔兰、德国、法国、荷兰、希腊、比利时、波兰、斯洛文尼亚、以色列等国家。第三层 Bond Vision 是一个 B2C 市场平台，提供交易商对客户的债券业务。另外，MTS 提供了欧元区主要国债市场的指数 Euro MTS Index，为市场提供一个独立的和透明的基准。

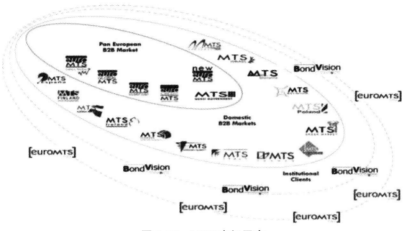

图 2-10 MTS 市场层次

除了 Bond Vision 属于交易商和客户间市场（Dealer to Client Market）外，MTS 本质上是交易商间批发市场（Interdealer Market）。特别是 EuroMTS，实际上是一个超级批发市场（Super Wholesale Market），只有发行规模在 50 亿欧元以上的基准债券才可以在 EuroMTS 挂牌交易，并且仅有数量有限的大交易商才有资格参与。同一债券可以同时在 EuroMTS 和本国的 MTS 上进行交易，大的交易商可以同时在 EuroMTS 和本国的 MTS 上对同一债券进行报价，而小的交易商仅参与本国的 MTS 市场。目前以 MTS 为主导的欧洲电子平台有 50 多个，完成了 70% 以上的债券交易，这一比例远高于美国。

4. MTS 市场的参与者

不同的 MTS 市场对参与者条件具有不同要求，但是均可以被分为做市商（Market Maker）和普通交易商（Maket Taker），做市商的参与标准明显高于普通交易商，如意大利 MTS 规定做市商资产净值必须达到 3900 万欧元，并且在上年 MTS 的交易量达到 380 亿欧元，而普通交易商的资产净值只需达到 1000 万欧元，其他市场也都有类似的规定，并且做市商基本上都是东道国国债的一级交易商 （Primary Dealer）。

EuroMTS 由于是泛欧基准债券市场，市场参与者的分类略有不同，其按不同的资格要求分为三类：一是欧洲一级交易商 （European Primary Dealers），其资产净值不低于 3900 万欧元，且必须同时是欧洲三大国债市场法国、德国、意大利中至少两个市场的做市商，或者是其中至少一个市场的做市商，且上一年在三个市场的交易额不低于 1500 亿欧元，每一市场不低于 300 亿欧元；二是单个市场做市商 （Single Market Specialists），其资产净值不低于 3900 万欧元，且必须至少是一个欧洲国家国债市场的做市商；三是普通交易商 （Dealers），其资产净值不低于 3000 万欧元。欧洲一级交易商需要对 EuroMTS 挂牌的主要三国 （法国、德国、意大利） 基准国债以及其他自愿选择的品种进行做市，单个市场做市商仅需要对特定国家的基准国债进行做市，普通交易商没有做市义务，仅能按照做市商报价进行交易。

5. MTS 市场的做市规则

做市商必须在交易时间内对做市券种进行持续的双边报价，并且不得超过规定的买卖价差。根据债券品种、期限和流动性不同，买卖价差具有不同规定。做市商的报价可以修改，因此允许做市商暂停报价以便进行相应的修改，但是任何报价在报到交易系统后，必须至少已经达成了一笔交易，否则不允许修改。

对做市商最小报价数量，MTS 根据债券期限、流动性和是否为基准债券等因素进行分类，强制规定为 250 万欧元、500 万欧元或 1000 万欧元[①]。

---

① 不同 MTS 市场关于最小报价数量略有不同，如 EuroMTS 规定的最小报价数量为 250 万欧元、500 万欧元或 1000 万欧元，而意大利 MTS 规定的最小报价数量则仅有 250 万欧元和 500 万欧元两档，这主要是由于 EuroMTS 为超级批发市场，最小报价数量的标准较当地的 MTS 市场有所提高。

做市商在报价时，可以报出希望交易的全部数量，也可以仅展示部分数量，这类似于冰山订单，参与者仅能看到部分数量，该部分数量成交后，剩余的报价数量又自动显示在报价系统中。

对于交易商而言，仅能根据做市商的报价输入订单，订单的数量也有严格的限制，一般必须为 250 万欧元或其整数倍，这样的订单可以由系统自动执行。交易商也可以输入低于 250 万元但为 50 万元整数倍的订单，但这些订单可否执行取决于做市商的意愿。

买卖订单根据价格优先和时间优先的顺序进行自动撮合。做市商所有的报价均为可执行报价，这意味着市场参与者可以点击报价并且在报价的数量范围内保证成交。如果两个做市商的报价相同，则报价数量自动汇总，系统仅显示该价位上的汇总数量，如果该报价被成交，则按照报价的先后顺序。这使得所有交易双方的身份在交易完成前都是匿名的，只是在交易达成以后，出于结算交收的目的，系统才向买卖双方揭示对手方的信息。做市流程如图 2-11 所示。

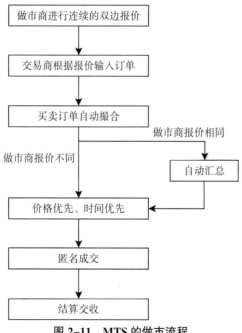

图 2-11　MTS 的做市流程

每个做市商的做市品种由 MTS 委员会决定，原则上其根据债券期限和流通性分类，要求每个做市商承担每个分类中的部分品种，如意大利 MTS 为每个做市商分配全部债券的 20% 的品种要求其承担做市义务，MTS 希望足够多的做市商为同一种类债券进行报价，以保证充分的竞争性。并且，为了公平起见，做市品种的分类按月进行轮换。当然，做市商也可以对没有分配到的债券品种进行报价，但其同样要遵守 MTS 规定的报价要求。

做市商驱动的 MTS 系统在欧洲取得了广泛的成功，大大增加了市场的深度，目前 MTS 现券交易量平均每天约 250 亿欧元，而回购平均达到 600 亿欧元。市场流动性的增加也促进了交易成本的降低，2000 年以来，MTS 上债券交易费用从 100 欧元/百万欧元已经下降为目前的 3 欧元/百万欧元。

（六）欧洲债券市场做市商经验小结

欧洲债券市场是全球第二大债券市场，但由于财政政策未实现统一，欧洲各国国债市场的品种、税收、挂牌和清算要求等方面存在不统一，欧洲债券市场也是存在一定分割的市场。和美国类似，在二级市场方面欧洲债券市场以国债交易为主，因此，欧洲债券市场的做市商制度也主要是指国债市场做市商制度。在欧洲债券市场中，以交易规模和换手率衡量，意大利国债的二级市场在全球国债市场中排名第三，具有非常好的流动性。

和美国债券做市商类似，虽然欧洲各国规定不一，欧洲债券做市商承担相应的权利与义务。此外，多平台交易、采用做市商分层、匿名交易制度、向电子化交易平台的转移也是欧洲债券市场做市商制度的常见特征。为降低债券做市商的做市风险，丹麦向做市商提供证券借贷服务。在做市商报价规则方面，各国采用的标准差异较大，例如，希腊严格设定做市商的报价区间和报价行为，意大利则不直接设定做市商报价规则，而是通过足够做市商报价保持市场流动性。

三、日本债券市场做市商经验

日本的债券市场流动性主要集中于国债市场，日本债券市场做市商经验也主要是指国债做市商的经验。2004年之前，日本的国债发行采用承销团制度，每月80%的国债发行量通过拍卖发行，其余部分则按约定比例向承销团成员发行。但随着日本国债发行规模的扩大，原有的承销团制度在发行成本、二级市场流动性维持、信息披露等方面展露出较多不足，为此，日本于2004年10月采用了欧美国家通行的国债发行一级交易商制度。从运行结果来看，一级交易商制度的采用较大提高了日本国债市场的流动性，短短三年时间日本国债市场的交易规模增加了近一倍。

（一）日本债券市场概况

1. 债券市场的构成

日本债券市场上的债券包括如下类别：国债（Japanese Government Bonds，JGB）；地方债；政府机构债券，包括政府保证债券（Government-guaranteed Bonds）、财投机构债（FILP-agency Bonds）、非公募特殊债（Government-affiliated Corporation Bonds）；公司债券（包括普通公司债、资产担保债券和可转换债券）；金融债；非居民债券（包括武士债券和资产担保型非居民债券）。其中，国债、地方债和政府机构债共同组成了公共部门债务。

2. 日本债券市场的发行规模

图2-12是日本债券市场的发行规模情况。国债是日本债券市场中发行量最大的债券品种，2015年发行量约占债券总发行量的90%。2015年，公司债的发行规模占总市场发行规模的4%，金融债的发行规模占比为1%，非居民债券的发行规模则不足1%。其中，公司债的发行规模自2009年以来逐年减少，下滑了40%，金融债也有类似的下滑趋势。

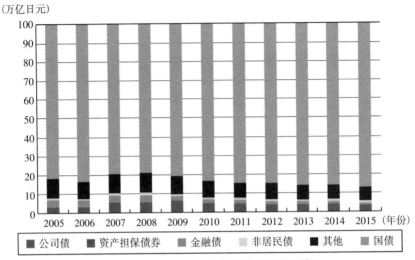

图 2-12　2005~2015 年日本债券市场发行情况

资料来源：日本证券业协会。

3. 发行和交易场所

OTC 市场是日本债券发行和交易的主要场所。虽然债券可以在东京证券交易所和东京 Pro-bond 交易所上市，但除国债和可转换债券外，很少有债券在交易所挂牌。此外，Pro-bond 交易所也采用 OTC 模式进行交易。

4. 投资者结构

从交易数据来看，日本债券市场上的投资者包括银行、信托、非居民、个人、企业等（见图 2-13）。日本债券市场上的投资者较为分散，都市银行、信托银行仅占有 10% 左右的比例。另外，日本债券市场投资者的国际化程度较高，非居民是日本债券市场中的重要参与者，占比约 25%。

5. 市场监管

债券市场由自律监管组织日本证券业协会（Japan Securities Dealers Association，JSDA）监管。根据金融商品交易法（Financial Instruments and Exchange Act，FIEA），日本金融厅（Financial Services Agency）旗下的证券交易监督委员会（The Securities and Exchange Surveillance Commission）

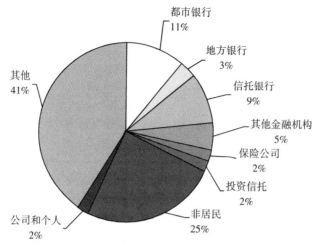

图 2-13　日本债券市场的投资者结构（2013 财年）

资料来源：5th Comparative Analysis of Asian Securities Regulators & Pros And Market Characteristics, 2014.

和各自律组织共同负责证券市场的监管。[①]其中，日本证券业协会是对 OTC 市场进行监管的自律监管组织。债券市场作为 OTC 市场，由日本证券业协会负责监管。日本证券业协会的监管职能包括市场秩序的维护（保证市场交易的公平性、禁止异常交易）、交易信息的记录和披露、投资者教育和保护等。

6. 基础设施

日本债券市场具有连通性较好的基础设施。其中，日本央行作为国债中央存管方负责国债的簿记建档及变更登记服务（见图 2-14）。日本证券存管中心（Japan Securities Depository Center，JASDEC）作为其他债券的中央存管方负责相应债券的簿记建档及变更登记服务。在交易清算方面，国债交易由日本国债清算公司（Japanese Government Bond Clearing Corporation，JGBCC）和日本证券清算公司（Japan Securities Clearing Corporation，

---

① 日本金融厅是日本资本市场的监管机构。证券交易监督委员会则是金融厅旗下负责证券市场监管的执行机构。

JSCC）为提供中央对手方服务，公司债券交易由日本证券存管中心（Japan Securities Depository Center，JASDEC）的预付费清算系统（Pre-payment Settlement Matching System，PSMS）提供清算服务。

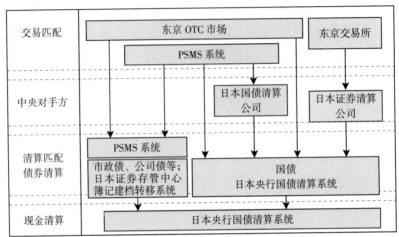

图 2-14　日本债券市场的基础设施结构

注：日本国债清算公司和日本证券清算公司于 2013 年 10 月合并。

（二）日本债券市场的流动性主要集中于国债市场

1. 交易规模

国债交易在日本债券市场中占绝对主导。2015 年，国债交易占总市场交易规模的 99%（见图 2-15）。从国债市场的交易规模来看，自 2004 年采用一级交易商制度以来，日本国债市场的交易规模迅速增加，短短三年时间增加了近一倍。日本大部分的债券交易发生于 OTC 市场，而非交易所市场。债券二级市场主要由 OTC 市场的交易商驱动而非交易所的订单驱动。原因有以下四方面：一是债券的异质性较高；二是债券交易的异质性较高；三是债券利息收益的税率视投资者不同而不同；四是债券市场的参与者主要为机构投资者，机构投资者往往进行大额交易，并且带有复杂的交易要求。

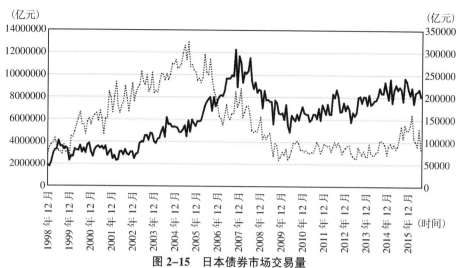

图 2-15 日本债券市场交易量

注：其他包括公司债、金融债、非居民债、资产证券化产品、其他公共债务等。
资料来源：日本证券业协会。

2. 交易参与者

债券二级市场的参与者包括都市银行、地方银行、证券公司、保险机构等（见表 2-7）。日本债券市场上的交易者结构具有如下四个特点：一是从 OTC 市场按投资者分类的交易规模来看，包括证券公司和银行在内的做市商是债券市场交易最主要的参与者。二是"其他"类是仅次于做市商的债券市场第二大交易者。"其他"类包括日本央行、日本政府、日本邮政保险等类政府机构，因为日本央行负责国债的发行（报告为债券市场的出售），所以"其他"类在债券市场中拥有持续、大额的净卖出。此外，日本央行还通过买卖国债进行公开市场操作。三是非居民是日本债券市场中的第三大参与者。自次贷危机爆发以来，受避险需求驱动，非居民在日本债券市场的参与度不断上升。此外，在 T-bills、融资票据、短期国库券等短期政府债券市场中，非居民也是重要参与者。四是都市银行（大型商业银行）和信托银行也是债券市场交易的重要参与者。鉴于其较大的体量，此类机构一方面积极参与债券二级市场以获取利润，另一方面作为市政债券和其他债券的承销商发售债券。需要指出的是，作为其他机构资产的托管方，如养老金机构，信托银行很大一部分的交易行为是代理交易。

表 2-7 日本债券市场的参与人及其交易规模

单位：万亿日元

机构	交易	2010 年	2011 年	2012 年	2013 年	2014 年	2015 年
都市银行	卖出额	139	214	238	110	148	82
	买入额	144	199	212	80	125	63
	净卖出额	−5	15	26	30	23	19
地方银行	卖出额	18	22	28	18	22	17
	买入额	31	32	35	23	25	18
	净卖出额	−13	−10	−7	−5	−3	−1
信托银行	卖出额	92	84	74	58	62	51
	买入额	157	164	156	127	80	61
	净卖出额	−65	−80	−82	−69	−18	−10
农林系金融机构	卖出额	4	6	5	6	4	4
	买入额	45	29	29	14	9	7
	净卖出额	−41	−23	−25	−8	−5	−3
第二地银协加盟行	卖出额	5	5	7	5	4	3
	买入额	8	7	8	5	5	3
	净卖出额	−3	−2	−1	−1	0	0
信金银行①	卖出额	15	13	15	10	10	7
	买入额	32	19	22	15	14	9
	净卖出额	−16	−6	−7	−5	−4	−2
其他金融机构	卖出额	12	16	9	7	10	7
	买入额	44	39	36	31	17	16
	净卖出额	−33	−23	−27	−24	−7	−9
保险公司	卖出额	12	13	16	16	9	8
	买入额	28	31	33	31	19	13
	净卖出额	−16	−18	−17	−14	−10	−5

① 信金银行指为中小型企业和本地居民提供贷款的地区性银行。

续表

机构	交易	2010 年	2011 年	2012 年	2013 年	2014 年	2015 年
投资信托	卖出额	5	4	4	5	6	8
	买入额	25	24	24	38	34	38
	净卖出额	−20	−20	−20	−33	−28	−30
官公厅共济组合①	卖出额	1	1	0	0	0	0
	买入额	3	2	2	2	1	1
	净卖出额	−2	−2	−2	−2	−1	0
事业法人	卖出额	0	0	0	1	0	0
	买入额	15	10	11	12	8	4
	净卖出额	−14	−9	−11	−11	−7	−4
其他公司	卖出额	2	1	1	1	1	1
	买入额	6	6	6	7	7	4
	净卖出额	−4	−5	−5	−6	−6	−3
非居民	卖出额	98	107	98	94	79	74
	买入额	200	248	256	250	275	288
	净卖出额	−102	−141	−158	−156	−196	−214
个人	卖出额	1	1	1	0	0	1
	买入额	0	0	0	0	0	0
	净卖出额	0	0	0	0	0	0
其他	卖出额	417	400	451	443	428	439
	买入额	102	93	135	178	177	192
	净卖出额	315	307	315	265	251	248
债券交易商	卖出额	903	870	883	797	916	772
	买入额	902	866	871	788	915	767
	净卖出额	1	4	12	9	1	4
合计	卖出额	1724	1756	1829	1573	1700	1474
	买入额	1740	1770	1838	1603	1711	1485
	净卖出额	−16	−14	−9	−30	−11	−11

资料来源：日本证券业协会。

① 日本国家政府机关和地方政府机关职员的互助组织。

3. 交易方式

一是专用交易系统。专用交易系统（Proprietary Trading System，PTS）的出现来源于 1998 年日本证券交易法的修订，FSA 于 2000 年公布了 PTS 的指导文件。根据 FSA 的规定，PTS 由 FSA 监管，并且运作者须取得 FSA 发放的许可。目前有两种 PTS 运作者，分别是 B2B（同业经纪商市场，IDB）和 B2C（机构投资者市场）。IDB 市场的主要操作者是做市商之做市商（Broker's Broker，BB）。据估计，BB 的交易量约占总 PTS 交易量的 80%。B2C 市场的电子化交易程度较低。在实际运行中，日本 PTS 的运作并不是非常成功。PTS 总交易量占 JGB 批发市场交易量的比例不足 5%。就交易量而言，PTS 的交易量仍非常小。

二是传统 OTC 交易方式。除采用 PTS 的交易外，其余的交易方式均采用传统的 OTC 交易方式。例如，投资者通过电话或网络（Bloomberg）与交易商进行联系、询价和下单。

（三）日本债券市场中的做市商制度

日本国债市场的高流动性和国债市场的特殊发行人制度（JGB Market Special Participants）有关。日本国债的二级市场由特殊参与人和投资者组成，特殊参与人扮演了欧美国债发行中一级交易商的角色。由于日本国债发行量的增加，日本参考欧洲和美国的国债发行制度，于 2004 年 10 月采用了一级交易商制度（Primary Dealer System）。在该制度下，特殊参与人与日本央行一起，负责国债发行和市场流动性的维持。整体来看，日本国债市场中的做市商制度和欧美非常相似。

1. 资质审批和监管

特殊参与人的资质由金融机构主动申请。在金融机构提出申请的基础上，日本财务省（MOF）负责特殊参与人的资质审批。审批标准主要为金融机构最近几个季度的国债拍卖报价情况。当前，日本共有 22 家一级交易商（见表 2-8）。

日本财务省负责特殊参与人资质的监测和管理。原则上，财务省需每季度和特殊参与人会面，就特殊参与人的义务履行情况进行沟通。一旦特

表2-8 日本国债市场一级交易商

Barclays Securities（Japan）Limited	Mizuho Bank，Ltd.
BNP Paribas Securities（Japan）Limited	Mizuho Securities Co.，Ltd.
Citigroup Global Markets Japan Inc.	Morgan Stanley MUFG Securities Co.，Ltd.
Credit Agricole Securities Asia B.V.	Nomura Securities Co.，Ltd.
Credit Suisse Securities（Japan）Limited	Okasan Securities Co.，Ltd.
Daiwa Securities Co.，Ltd.	SMBC Nikko Securities Inc.
Deutsche Securities Inc.	Societe Generale Securities（Japan）Limited
Goldman Sachs Japan Co.，Ltd.	Sumitomo Mitsui Banking Corporation
JPMorgan Securities Japan Co.，Ltd.	The Bank of Tokyo-Mitsubishi UFJ，Ltd.
Merrill Lynch Japan Securities Co.，Ltd.	Tokai Tokyo Securities Co.，Ltd.
Mitsubishi UFJ Morgan Stanley Securities Co.，Ltd.	UBS Securities Japan Co.，Ltd.

资料来源：日本财务省网站。

殊参与人违背相应的义务，财务省将对其进行通知。在通知之后，财务省将视违背义务的具体情况给予惩罚。惩罚措施包括暂停参加特殊参与人会议资格、取消特殊参与人资质等。

2. 激励和约束

日本特殊参与人的激励和约束机制和欧美市场非常类似。根据财务省制定的特殊参与人管理方案，特殊参与人拥有如下权利和义务。

特殊参与人享有如下六方面权利：一是参加特殊参与人会议，与财务省就国债管理政策交换意见；二是参加回售拍卖；三是申请组合或分离离息债券；四是参加非价格竞争性拍卖；五是参加流动性增强拍卖；六是财务省利率互换交易的优先参与权。

享有权利的同时，特殊参与人需承担如下四方面义务：一是国债发行的报价义务。在每次国债拍卖过程中，特殊参与人需要以合理价格报出足够的购买数量（计划发行额的4%以上）。二是国债发行的购买义务。特殊参与人需购买并承销至少一定比例的国债（短期国债为0.5%，其他期限为1%）。财政署在每月的新闻通信中公告国债购买排名前十的特殊参与人（见表2-9）。三是国债二级市场的做市义务。特殊参与人需为国债的二级

真实的债券市场逻辑

市场提供足够的流动性。财务省将基于国债市场的交易情况、特殊参与人的交易情况、其他市场参与者的交易情况进行判断。四是信息汇报义务。特殊参与人需向日本财务省提供国债市场的相关信息。

表2-9 日本国债购买规模排名前十的一级交易商名单

Daiwa Securities Co., Ltd.	SMBC Nikko Securities Inc.
Nomura Securities Co., Ltd.	Merrill Lynch Japan Securities Co., Ltd.
Mitsubishi UFJ Morgan Stanley Securities Co., Ltd.	Goldman Sachs Japan Co., Ltd.
Mizuho Securities Co., Ltd.	Deutsche Securities Inc.
BNP Paribas Securities (Japan) Limited	Morgan Stanley MUFG Securities Co., Ltd.

注：时间区间为2016年1~6月。
资料来源：Japan MOF, Newsletter, August 2016.

（四）日本债券市场做市商经验小结

日本债券市场基本由国债市场组成，日本国债的存量规模占债券市场总存量规模的约80%，交易规模占日本债券市场总交易规模的约99%。日本国债市场做市商制度学自欧美债券市场，因此和欧美市场的做市商制度非常相似，同样具有一级市场发行、二级市场流动性维持、货币政策操作"三位一体"的特点，相关的激励和约束机制也围绕这三点进行。从实际运行效果来看，日本采用做市商制度后国债市场的流动性大幅提升，短短三年时间日本国债市场的交易规模增加了近一倍。

四、小结

成熟市场的做市商制度是经过上百年的演变，由市场自发形成的结果，在债券市场发展过程中发挥了重要作用。随着市场的不断发展，债券市场的组织方式，做市商制度的内涵和方式也在不断调整，需要从债券市场所处的发展阶段，客观地看待做市商制度的作用（见表2-10）。从市场专业分工和资源配置的角度看，在债券市场的参与者群体中，部分实力雄厚的金融机构，由于在项目和信息资源、定价能力、销售能力和资金成本等方面的比较优势，具备作为做市商对外部客户提供专业化服务的能力。但原有基于垄断做市商制度的路径依赖，已随着信息透明化和机构均衡发展被逐步打破，做市商制度、混合交易制度可能呈现多元化发展的态势。特别是随着远程通信、电子交易和网上交易技术的飞速发展，不断壮大的机构投资者对透明度高及成本低的交易需求增强，成熟市场的做市商机制围绕做市商地位和市场影响力的变化也在不断调整。

表 2-10 境外主要市场的一级交易商制度

		日本	美国	英国	德国	法国
名称		JGBMarket Special Participants	Primary Dealers	Gilt-edged Market Makers (GEMM)	Bund Issuance Auction Group	Spécialistes en Valeurs du Trésor (SVT)
采用年份		2004	1960	1986	1990	1987
成员数		22	22	21	37	19
义务	报价	4%的计划发行规模	计划发行规模/PD数目	参与所有拍卖	—	参与所有拍卖
	购买	短期债券：0.5%以上；中长期债券：1%以上	—	2%以上	0.05%以上	2%以上
	做市	为二级市场提供足够流动性资金	—	二级市场份额2%以上（现券）	—	二级市场份额2%以上（现券及回购）
	信息提供	向财务省汇报	向纽联储汇报	向国债管理办公室汇报	—	向国库署汇报
权利	参与排他性拍卖	参与非价格竞争性拍卖和回售拍卖	—	竞争性和非竞争性拍卖；回售拍卖	竞争性和非竞争性拍卖；回售拍卖	竞争性和非竞争性拍卖；回售拍卖
	参与会议	参与财务省会议（每季）	参与纽联储会议（每年）和财政部会议（每季）	参与财政部会议（每年）和国债管理办公室会议（每季）	—	参与国库署会议（每半年）

资料来源：Japan MOF，Debt Management Report 2014.

一是做市商制度围绕国债市场进行构建。从欧美国家做市商的发展历史可以看出，做市商是逐步从上门推销的国债零售商、柜台商逐步演进而来的，且每个阶段都有特定的历史环境和技术条件，是市场自发形成。在零售商阶段，投资者对美国国债没有深入认识，电话或屏幕技术不发达，纽交所市场信息传播范围有限，因此国债只能通过华尔街的零售商上门推销。随着电话等技术发展，柜台销售就成为可能。当做市商面向客户市场逐步发展壮大时，做市商之间的调剂库存余缺的需求，必然促使做市商内部市场出现。

二是做市商制度的核心是降低债券（国债）发行成本。做市商同时负责一级市场的承销和二级市场的做市。通过做市商在一级市场发行中的稳定参与，各国政府降低了国债的发行成本；通过做市商的积极做市，各国政府进一步构建了高流动性的国债二级市场，增强了对投资者的吸引力，进而降低发行成本。

三是做市商具有较强的实力规模。做市商报价需要很强的专业知识，能及时分析市场动态，并从动态中赚取买卖价差。因此，做市商主要由资本实力雄厚、规模较大、熟悉市场运作、风险自控能力较强的金融机构担当。美国要求做市商的净资本达到 1.5 亿美元以上经纪交易商或者符合巴塞尔资本协议标准且一级资本在 1.5 亿美元以上的银行金融机构。欧盟市场一般要求净资产在 3000 万欧元以上银行金融机构和投资银行。

四是做市商的配套措施较为完善。成熟债券市场做市商的配套制度建设非常完善。在产品上，除有健全的现券产品体系外，利率衍生品（期货、期权、互换、远期等）和信用结构化产品（CDS、CDO 等）规模庞大，发展成熟。做市商除利用 B2B 市场进行调剂库存外，还可借助衍生品对冲做市风险。此外，各国还为做市商提供了很多的政策便利，包括融资融券便利、大额资金划付和资金结算便利等。

第三节　我国债券市场做市商制度实践

一、银行间债券市场做市商制度

为提高市场交易效率，银行间市场不断完善其交易机制。在原有双边询价交易机制基础上，银行间债券市场于 2000 年开始引入双边报价商，2005 年引入货币经纪商，2007 年正式确立做市商地位。本节将总结银行间做市商制度的经验教训，为交易所市场是否应引入做市商制度提供借鉴。

（一）银行间债券市场做市商制度发展历程

1. 为改善询价交易，引入做市商制度

目前银行间债券市场共有三种交易机制，分别是以货币经纪公司为中介的交易、直接的询价交易和做市商交易，其中主要以货币经纪公司为中介的交易为主。[①] 询价交易是银行间市场最初的交易机制，也是执行起来最为直接、赋予市场参与者自由裁量权最大的交易方式。为了改善双边询价交易中所带来的交易价格不透明、利益输送等现象，银行债券市场不断完善其交易机制。2000 年 4 月，中国人民银行发布《全国银行间债券市场债券交易管理办法》（中国人民银行令〔2000〕2 号），首次提出双边报价商概念，也就是做市商的雏形，主要指经人民银行批准的在进行债券交易时同时连续报出现券买、卖双边价格，承担维持市场流动性等有关义务的金融机构。经过数年探索和试点后，2007 年央行颁布《全国银行间债券市场做市商管理规定》，正式宣告我国银行间债券市场做市商地位的确立。做

[①] 2016 年 9 月，中国外汇交易中心推出现券匿名点击业务（X-bond），以"匿名报价+自动匹配+点击成交"为交易特征，成为银行间债券交易的第四种方式。

市商是指经人民银行批准在银行间市场开展做市业务、享有规定权利并承担相应义务的金融机构。截至 2016 年 7 月底，银行间债券市场拥有了 30 家做市商和 50 家尝试做市商。

同时，银行间市场也于 2005 年开始引入货币经纪公司，目前银监会共批准设立了上海国际、上海国利、平安利顺、中诚宝捷思和天津信唐五家货币经纪公司。从监管机构的角度来看，引入做市商制度和货币经纪公司的目的，均是为了提高交易效率和交易质量，改善原有的单一的询价交易方式。

2. 管理规则逐步完善，配套机制逐步建立

交易商协会（以下简称"协会"）建立了做市商考评体系，强化做市商的激励约束机制。2008 年，在人民银行授权并指导下，协会发布《银行间债券市场做市商工作指引》，建立了做市商评价指标体系。2010 年，结合市场发展情况，协会修订了评价体系[1]。同时，外汇交易管理中心也在不断完善做市业务操作规程。2007 年，外汇交易中心发布《全国银行间债券市场做市业务操作规程（试行）》，明确做市商报价的具体操作规程及尝试做市商的申请流程。2014 年，外汇交易中心发布《银行间债券市场尝试做市商业务规程》。此外，2013 年，为提高做市效率，外汇交易中心推出现券买卖的请求报价功能（RFQ，做市商有义务回复），此后，多次优化 RFQ 机制（见图 2-16）。

3. 监管部门打造分层市场，但效果不甚理想

人民银行希望借鉴国际成熟债市的经验，打造一个分层的银行间债券市场，为做市商提供稳定的客盘。2014 年后，人民银行陆续发文，明确新入市的农村类金融机构、信托、券商资管、基金资管、保险资管、私募基金等合格投资者只能与做市商群体进行交易。"增加市场深度，建立分层机制"的工作思路较为明确。虽然监管部门对市场分层的意图是好的，希望

---

[1] 2016 年 8 月 4 日，银行间市场交易商协会修订了《银行间债券市场做市业务指引》及《银行间债券市场做市业务评价指标体系》。

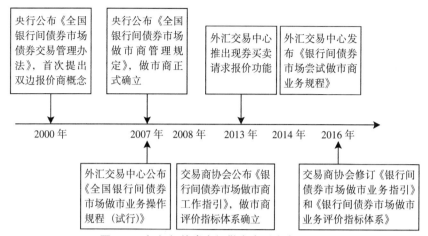

图 2-16　银行间债券市场做市商制度发展历程

借此来进一步规范债券市场的交易行为，提高债券市场流动性，但实际运行效果并不理想。央行将北京金融资产交易所（以下简称北金所）定位为B2C 市场，要求该市场上的主承销商强制对其承销的债券报价。同时，丙类账户必须在北金所开户之后才可以和做市商直接交易。曾有市场人士在当时表示，只要有了做市商的分层，投资者也会自然而然地产生分层。但现实交易并不活跃。从 2012 年运营至 2016 年上半年，北金所只有 7 亿~8亿元的成交量，活跃度很低。从交易数据来看，2016 年第二季度几乎没有新增交易①。

（二）银行间债券市场做市业务效果分析

1. 早期做市业务效果分析

做市商制度在银行间市场已正式运行 7 年，对于丰富银行间市场交易机制起到一定作用。但从 2012 年第一季度以前交易商协会公布的做市商做市整体情况来看，其运行效率并不高。从数据来看，主要有以下特征：

（1）做市交易所占比较小。其一，从报价券种覆盖面上来看，截至2011 年末，银行间债券市场托管余额为 20.22 万亿元，占市场托管余额的

---

① 此数据是通过对交易商协会的调研获取。

94.66%，较 2010 年末增长 7.09%，2011 年做市商做市报价券种共计 838 只，覆盖率 28%左右，较 2010 年下降 13.43%[①]。其二，从报价量和做市成交量来看，2011 年银行间债券市场交易活跃，交易量与 2010 年基本持平，全年现券成交 67.76 万亿元，同比增长 0.11%，而做市商做市有效双边报价较 2010 年下降 29.20%；买卖合计报价量 53871.06 亿元，占全部债市成交量比重不足 8%；做市商做市点击成交 25786 笔，占全部交易量的比重仅为 0.5%，基本上做市交易可以忽略不计。

（2）做市业务结构不均衡。这种结构不均衡体现在三个方面：其一，做市主体结构不均衡，虽然近年来做市商主体结构在优化，但整体上看仍以银行尤其是大型银行为主，非银机构少。做市机构类型过于集中导致了做市行为的单边性，不利于市场稳定和价格发现。其二，报价券种集中于央行票据、国债、金债，对于需要提供流动性的信用债报价和成交不足。2011 年，央票、国债和政策性金融债的成交量占总成交量的比重分别为 25.92%、36.41%和 11.16%，而超短融和短融、中票以及其他券种的成交量仅为 10.76%、4.42%和 0.33%。其三，报价期限结构不均衡。以 2011 年的报价情况来看，0~1 年期债券报价量占比 25.69%，1~3 年期债券占比 24.47%，3~5 年期债券占比 19.07%，5~7 年期债券占比 14.58%，7 年以上债券占比 16.18%。总体而言以中短期为主，而长期债券占比较小。

（3）做市效率不高。其一，做市商做市平均单笔成交量很小。以 2011 年为例，单笔成交额仅为 1388.01 万元。其二，做市成交占做市报价比例较低。2011 年，做市成交量占做市报价总量的比例为 6.64%，基本上绝大多数做市报价为无效报价。其三，做市双边报价价差较大。以 2011 年为例，做市商平均报价价差 5.97 个基点，同比增加 1.40 个基点。价差越宽，证明做市业务流动性越差。而且，据市场机构反映，做市商的报价在很多情况下都没有货币经纪商提供的报价优质。其四，做市商违规情况时有发

---

① 2012 年第一季度后，交易商协会不再公布做市商的运行情况，故书中有关做市商运行数据只能以 2011 年为截止时间。

生。以 2011 年来看，有 8 家做市商共出现 12 次不合规情况。

2. 做市业务效果分析

2011 年以后，交易商协会不再披露做市商的具体做市情况，为了解近年的做市情况，我们对广发证券、第一创业证券等银行间做市商进行了调研，现以做市较为活跃的广发证券（以下简称"广发"）为例说明做市业务情况（见表 2-11）。

表 2-11 广发证券债券成交情况

	现券成交笔数	现券成交规模（亿元）	双边成交笔数	双边成交规模（亿元）	请求报价笔数	请求报价规模（亿元）	做市规模（亿元）	做市成交规模占比（%）
2015 年	21564	15944	1729	1080	4683	2344	1712	10.74
2016 年 1~7 月	12239	8511	1429	1007	4300	2516	1761	20.69

注：①双边成交笔数、双边成交规模、请求报价笔数和请求报价规模四类数据未做修正；②由于广发的统计数据中同时包含了其主动做市和其他做市商做市广发接受的成交规模，因此在计算做市成交规模占比时我们将该原始成交规模数据除以 2，用平均数来代表真实做市规模。
资料来源：广发证券。

（1）做市规模明显提升。如表 2-11 所示，2015 年广发的做市规模约为 1712 亿元，2016 年 1~7 月该数据已达 1761 亿元，超过 2015 年全年规模①。

（2）做市比重明显增加。从占广发证券所有现券成交规模的比重来看，2015 年和 2016 年 1~7 月该比重分别为 10.74% 和 20.69%，数值明显高于 2011 年银行间市场做市成交比重 0.5%。2016 年的数据明显高于 2015 年的原因在于，一方面广发 2016 年从尝试做市商进入正式做市商行列，希望在考核中名次靠前，故做市更为活跃；另一方面 2016 年交易商协会开放了正式做市商的渠道，使得原有的做市商感受到压力，尝试做市商则受到激励，因此纷纷开始活跃市场。

---

① 广发证券在统计中同时包括了广发做市成交的交易规模和由其他做市商做市广发接受的交易规模，由于无法拿到其中的详细数据，故在计算时我们将该数据除以 2，用平均数来代表其做市规模。这种计算可能会存在一定偏误，但应该能体现总体的变化趋势。

（3）请求报价成交规模明显高于双边报价。不进行数据修正的情况下，2015 年广发的双边成交和请求报价成交规模分别为 1080 亿元和 2344 亿元，2016 年 1~7 月该数据分别为 1007 亿元和 2516 亿元，请求报价成交规模明显较高。

（4）做市券种和期限相对集中。从做市券种来看，利率债的做市情况优于信用债，而做市期限主要集中于中短期产品。

（5）从报价质量看，短期产品的做市商双边报价要优于货币经纪商，而长期债券则是货币经纪优于做市商。

虽然我们无法获取银行间债券市场做市情况的数据，但从较为活跃的做市商广发证券的做市情况来看，近年做市情况比早期有所提升。监管规则的不断完善、市场参与者结构的持续丰富、债券市场的牛市行情等共同作用，推动了做市商做市活跃度的提高。

（三）银行间债券市场做市商最新制度安排

为进一步促进做市业务规范发展，完善做市机构激励约束机制，2016 年 8 月 4 日，银行间市场交易商协会修订了《银行间债券市场做市业务指引》及《银行间债券市场做市业务评价指标体系》。从做市业务指引来看，主要内容包括做市机构的定义、义务、评价指标体系制定原则、协会自律管理等，与 2008 年的旧版指引相比，有两方面重要变化：其一，将尝试做市机构纳入了评价范围，对开展做市业务的做市商及尝试做市机构进行统一评价，便利做市商动态管理；其二，细化了原则性、禁止性规定表述，增加自律处分条例。明确"需履行做市义务、提高报价水平、不得操纵市场"等自律规范表述，增加"不得进行倒量等虚假交易"禁止性要求；新设自律处分相关条款，违法违规行为将移交相关部门。不过整体指导思路仍然不变。相对来说，评价指标体系的设定变化较大，具体有以下四点：

1. 评价指标完全量化，考核结果更为透明客观

结合做市商已正式运行近 10 年的经验，交易商协会采取了更为深入和直观的评价体系，透明化程度明显提升，弱化主观打分。2016 年版本

的指标体系包括了：双边报价指标（报价量、报价点差系数、期限系数、报价时间）、双边成交指标（双边报价成交量、期限系数）、请求报价指标（最优成交量、最优回价量、期限系数）、其他加分项（承购债券、报价时间）。与 2008 年的指标体系对比可以看到，指标设定有明显变化，2016 年的指标设定可以完全量化，并且操作明显简化，排名结果将会更为透明客观，并且考核后仅公布优秀做市机构名单。

2. 指标设定更为深入，直接取决于报价质量

在 2008 年推出的指标体系中，考虑到做市商制度刚推出不久，指标设定中一些基础考核要求占据了较高的比重，如合规性中要求的做市券种总数不少于 6 只、做市券种应当包括 3 种、债券待偿期限不少于 4 个、开盘后 30 分钟内报价且交易时间内双边报价空白时间不超过 30 分钟，均属于做市的最低要求，却占到了 24 分。此次修订的指标中则完全取决于报价质量，质量越高差距将会越大，不再先前的合规性（24 分）、配合与质量（16 分）这类只是体现简单监管原则的指标。

3. 指标体系更为均衡，一、二级市场联动考量

指标设定增加了一、二级市场的联动性，加分项为信用债承购报价，指的是被评价期间单只承购债券的报价时间，是本次指标设定的一大创新。同时，也均衡了价差、成交量和报价量的权重。2008 年版的指标体系中价差权重过大，这使得部分机构为了争夺排名而一度出现零利差甚至负利差。同时，报价量和成交量的权重偏小，导致大多数的做市商只报单笔 1000 万元的交易，因而对市场流动性的提供有限。而新设定的指标中，价差系数只在双边报价指标中有所体现，对于成交量和报价量的权重则有明显提升。这种多维度、多市场的业务考核提高了指标体系的均衡度。

4. 涵盖做市商制度最新进展，调整考核指标体系

针对 2008 年以后做市商制度的新安排，2016 年版本的指标体系做了相应调整（见表 2-12）。例如，2013 年，为提高做市效率，外汇交易中心推出现券买卖的请求报价功能（RFQ，做市商有义务回复），针对这一变化，此次的指标体系中新增"请求报价指标"，并且占到了 35 分；2008 年

的指标中要求做市商的报价券种为 3 类（政府债券、政府类开发金融机构债券和非政府信用债券），而此次的指标中则根据专项做市商和综合做市商的制度安排，设定了利率债专项评价、信用债专项评价和综合评价三种类型，不再强制要求所有做市商对三类债券报价。

表 2-12　2016 年银行间债券市场做市业务评价指标体系

指标	计算公式	具体指标设定
双边报价指标（30 分）	双边报价指标 = ∑ 报价量 × 报价点差系数 × 期限系数 × 报价时间	报价量指双边报价中买入报价量与卖出报价量的总和，利率债券（单边报价）低于 3000 万元、信用债券（单边报价）低于 1000 万元的双边报价不纳入计算范围 报价点差指双边报价的买价收益率与卖价收益率之差，以 BP 为单位。为提高双边报价的有效性，利率债报价点差超过 50BPS、信用债报价点差超过 100BPS 的报价，不纳入计算范围 报价时间指某债券当日在某价位及某报价量上的累计报价小时数。为提高双边报价的连续性，当日累计报价时间不足 4 小时的债券，不纳入计算范围
双边成交指标（35 分）	双边成交指标 = ∑ 双边报价成交量 × 期限系数	双边报价成交量指做市机构双边报价的被点击成交量 期限系数指按待偿期不同设置期限系数
请求报价指标（35 分）	报价指标 = ∑（最优成交量 + 最优回价量/5）× 期限系数	最优成交量指在报价请求有效时间内，做市机构被点击成交的回复报价中，被点击时为最优报价的点击成交量 最优回价量指在报价请求有效时间内的全部回复报价中，当最优回复报价被点击成交时，与最优回复报价相差 5BPS 以内的利率债的回复报价量、与最优回复报价相差 20BPS 以内的信用债的回复报价量；当最优回复报价未被点击成交时，最优回复报价的回复报价量为最优回价量 期限系数指按待偿期不同设置期限系数
信用债承购报价（2 分）	信用债承购报价 = ∑ 被评价期间单只承购债券的报价时间	承购债券指通过发行配售或分销方式，在债券上市时，经初始确权持有的信用债券 报价时间指该债券当日的累计报价小时数

资料来源：《银行间债券市场做市业务评价指标体系》。

　　新版的指标体系相对于 2008 年已经有了明显的完善，指标结构优化，考察重点突出，考察范围扩展，并且考核结果能完全量化。不过实际运行效果则有待市场检验。

（四）银行间债券市场做市商制度经验总结

做市商制度对于银行间债券市场活跃度起到了一定的促进作用，这是客观存在的，尤其是近年来这种正面影响更为明显。不过总体上看，银行间债券市场的做市商做市情况与成熟债券市场仍存在差距。结合近年来银行间市场做市商的最新进展，我们尝试总结其间的经验与教训，为交易所市场提供借鉴。

1. 做市商制度的不断完善取决于监管部门的持续重视

2016 年 1~7 月广发证券的做市规模明显上升，其中一个原因就在于交易商协会 2016 年重新打开做市商群体进入的通道，而上次最近的批准为 2010 年，再次开放做市商资格审批，使得原有的做市商感受到了压力，尝试做市商受到了激励，纷纷开始活跃市场，促进了做市商市场的发展。2016 年 8 月 4 日，交易商协会修订《银行间债券市场做市业务指引》及《银行间债券市场做市业务评价指标体系》，对做市商评价指标体系进行了完善，同时，2016 年上半年，对做市商做市情况分析的归口单位从外汇交易中心移交至交易商协会，这些变化均体现了监管机构对做市商制度的重视。正是由于这种持续关注，推动了做市商制度的不断完善。

2. 国债一级市场承销和二级市场做市的职能存在分离

根据财政部公告，工商银行等 38 家机构为 2015~2017 年储蓄国债承销团成员，工商银行等 50 家机构为 2015~2017 年记账式国债承销团成员。然而根据央行货币政策司的介绍，中国人民银行 2016 年公开市场业务一级交易商则由工商银行、中信证券等 48 家机构构成。此外，银行间债券市场另有由 30 家机构组成的做市商名单（见附录 3）。国外的做市商制度围绕国债市场构建，其一级市场承销和二级市场做市的权利和义务相互统一，而国内由于部门隔阂，国债的一级市场承销和二级市场做市的义务和权利存在分离，使得我国学自成熟市场的做市商制度"形似神不似"，制约了做市商制度的实施效果。

目前做市商在申请创新业务时能获得一定优先，例如，做市商申请银行间利率互换业务通过的可能性更大。同时，现在银行间新增产品账户只能与做市商进行交易，这为做市商增加了更多的客盘。但与以美国为代表的一级市场承销商、二级市场做市商和公开市场操作对手方等三位一体的一级交易商制度设定相比，国内的政策激励明显较少。银行间债券市场中已成为或正争取成为做市商的市场机构，其业务眼光放得更远，期望随着监管规则的不断完善，在做市业务上付出的成本在未来从其他方面获得补偿。它们也希望能获得一级市场承销和公开市场操作对手方等权利，但这有待监管部门之间的协调。随着交易商协会对做市商制度的关注力度加大，这种政策之间的协调可能会有所加强。

3. 市场结构扁平化，压缩做市商发展空间

市场结构扁平化促使投资者之间的直接交易较为频繁，这种投资者结构压缩了做市商制度的生存空间。做市商制度最显著的优势在于降低搜寻成本，这决定了做市商制度在信息不对称问题严重的市场中将有更大的发展空间，而银行间债券市场中，所有投资者的地位几乎是对等的，无论是B端投资者还是C端投资者，均存在于同一个市场。电子化的交易技术将信息搜索成本大幅降低，所有投资者几乎都可以相同的、低廉的成本掌握交易需求信息，这种扁平化的市场结构明显压缩了做市商的发展空间和利润空间。虽然2014年后，监管部门希望通过强制分层来为做市商构建客盘，但由于投资者路径依赖、通道费用较低等，分层效果并不显著。

4. 做市商配套制度亟须完善

完善的配套机制也是做市商制度发展的重要基石，银行间债券市场的做市商明显缺乏配套制度：其一，现行制度对做市商的准入条件、双边报价的连续性、报价价差和报价数量等业务要求均较为严格，与发达债券市场基本相当，甚至更高，但却未解决做市商缺乏融资工具的问题。债市的主要融资工具是债券回购市场，但我国债市多头监管，政策不一致，且债券回购的资格和额度很有限，降低了做市商的融资成功率和便利性。其二，风险对冲工具发展不成熟。目前，我国债券市场的衍生品发展明显薄弱，交易成员无法通过做多或做空进行市场博弈，从而加大了市场中的投

机行为。其三，做市商监控和评估机制不健全。例如，目前我国银行间债券市场的做市商大都是商业银行，而许多商业银行投资债券的目的是持有到期，投资类债券与交易类债券混合在一起，以至于其自营业务与做市业务无法清晰界定和分离，明显增加了对做市商的监控难度。这些问题在做市商制度的进一步发展中均亟须解决。

二、上海证券交易所固定收益证券电子交易平台做市商制度

为了改善债券市场运行效率，发展多层次资本市场，促进利率市场化的大趋势的发展，上海证券交易所（以下简称上交所）于 2007 年 7 月推出了新的债券交易市场——上海证券交易所固定收益证券电子交易平台。固定收益平台采用一级交易商做市机制，根据市场参与者类型的不同设立两层市场：一层为交易商之间的市场，另一层为交易商与普通投资者之间的市场。固定收益平台的竞争性做市商制度有助于完善债券市场价格发现机制，同时，两层次的市场结构满足了不同市场参与者的需求，既保留了场内交易匿名报价的基本特点，又具备场外交易公开报价、重点询价和逐笔交易的灵活性。

（一）做市商制度的具体细节

1. 市场参与者

固定收益证券综合电子平台的市场参与者分为一级交易商、普通交易商和间接参与人。由于平台以机构间市场为主，作为市场参与主体，交易商（经证监会或人民银行批准从事证券自营业务并且交易活跃的证券公司、信托投资公司、基金管理公司、保险公司、财务公司等）可以直接在平台上参与债券交易，而普通投资者只能间接进入电子平台，通过中证登 PORP 系统一级签署债券买卖协议的方式，与交易商进行协议交易来投资电子平台的固定收益证券。

一级交易商是指经上交所核准，在平台交易中持续提供双边报价及对

询价提供成交报价的交易商，即做市商。申请一级交易商需要满足以下资质：最近 6 个月净资本持续不低于人民币 8 亿元、具备做市能力、具有完善的内部控制制度和风险防范体系和较强的固定收益证券市场研究能力等。具有财政部国债承销团成员资格的机构，可优先取得一级交易商资格。截至 2016 年 8 月，固定收益证券综合电子平台共有 19 家一级交易商，除人寿资产、人保资产两家保险资产管理公司外，其余 17 家一级交易商均为证券公司（见表 2-13）。

表 2-13 固定收益证券综合电子平台一级交易商

序号	一级交易商	序号	一级交易商
1	中金公司	11	人保资产
2	中银国际	12	银河证券
3	国泰君安	13	兴业证券
4	国信证券	14	光大证券
5	长江证券	15	华泰证券
6	申银万国	16	平安证券
7	广发证券	17	中信建投
8	招商证券	18	中原证券
9	中信证券	19	南京证券
10	人寿资产	—	—

注：序号无先后之分，仅表示个数。

2. 权利与义务

一级交易商负责为市场提供流动性，在规定价差幅度内进行双边现券报价。根据上交所规定，一级交易商必须对上交所指定的关键期限国债进行做市，同时也可自主对平台上挂牌交易的其他固定收益证券进行做市。此外，一级交易商在平台交易期间，应当对选定做市的特定固定收益证券进行连续双边报价，每交易日双边报价中断时间累计不得超过 60 分钟。其他交易商就特定固定收益证券向为其做市的一级交易商提出询价的，该一级交易商应在接到询价后 20 分钟内进行报价。一级交易商对做市品种的双边报价，应当是确定报价。国债双边报价价差不大于 10 个基点，单笔报价数量不得低于 5000 手；公司债券、企业债券、分离债双边报价价差不大于 20 个基点，单笔报价数量不得低于 1000 手。

与做市义务相对应，一级交易商具有费用减免、融资和融券的便利。一方面，交易系统适当放开一级交易商质押回购的融资额度，为其做市提供资金支持；另一方面，允许一级交易商在一定额度内先卖出债券，收市后再自动向他人融入债券，平台为一级交易商做市提供券源支持。

3. 盈利模式

一级交易商的盈利大致源于三方面：双边报价利差收益、自营债券收益和新股申购收益。做市商的双边报价存在一定利差，若双边报价被点击，做市商可以获得一定收益，该收益是对做市商进行义务报价的奖励，属于无风险收益。除做市义务外，一级交易商也是平台上的投资者。做市商可以根据自己对市场的判断，选择看好的债券进行做市，从而获得该做市债券日后价格上涨带来的收益。选择国债作为做市券种的一级交易商还可利用仓内的做市国债在交易所或银行间市场进行回购融资，用于新股发行的申购。由于我国新股定价机制仍未完善，新股上市后价格多呈上涨趋势，做市商通常可获得丰厚的申购新股利润。

除一级交易商外，普通交易商也可在平台上进行报价和交易。至 2016 年 8 月，固定收益证券综合电子平台共有 250 多家普通交易商。

4. 交易品种

平台的交易品种包括现券、回购以及利率互换交易等品种。首先推出现券品种，其次为标准回购、特定回购和预发行交易，最后为利率互换（至今上交所还未推出）。根据国债的剩余期限，每个关键期限品种选择 1~2 只基准国债作为平台的做市券种。企业债和资产证券化品种的承销商为该品种的一级交易商，进行双边报价（参考报价）维持市场流动性。

上证债券信息网数据显示，截至 2016 年 7 月底，上交所固定收益电子平台共托管债券 6396 只。债券品种包括国债、地方政府债、公司债、企业债等（见表 2-14）。

表 2-14 上交所固定收益电子平台债券托管量统计

类别	托管数（只）	托管市值（亿元）
国债	186	6396.81
地方政府债	1113	2186.09
金融债	2	108.21
企业债	1998	9200.22
中小企业私募债	673	5042.06
公开发行公司债	1031	20008.05
非公开发行公司债	426	5399.18
可转债	9	305.98
可交换债	11	192.56
分离债	1	67.82
企业资产支持证券	944	1622.99
信贷资产支持证券	2	0.00
其他债券	0	0.00
合计	6396	50529.97

资料来源：上证债券信息网，数据截至 2016 年 7 月 31 日。

存量债券中，国债数量达到 186 只，期限结构以 7 年、10 年和 30 年为主，短期债券和 15 年期债券较少。与成立初期相比，平台交易的国债品种逐渐增多，规模逐步扩大，有利于市场基准收益率曲线的形成。

公司债期限主要以 3~5 年为主，以 AA+ 到 AAA 信用等级的公司居多。发行主体主要为大型企业和国有企业。国债除个别债券外都有两个或两个以上做市商对其做市，关键期限债券则是所有做市商都须对其做市，而每一只公司债基本由一个做市商对其做市。竞争性做市商有助于缩小买卖差价，提高市场流动性，因此国债的报价和交易比公司债活跃得多。

5. 交易机制

固定收益平台根据市场参与者类型相应建立了两个层次的市场结构，交易商间市场和交易商与客户间市场，两个层次采用不同的报价系统（见图 2-17）。在交易商间市场中一级交易商充当做市商角色，对在平台挂牌交易的各关键期限债券做市，进行集中交易报价，其报价方式包括确定报价和选定报价；在交易商与客户市场中采用协议交易系统，即交易商在场外与客户进行交易，成交后申报至平台（见图2-18）。这种两层次结构的市场能够满足不同市场参与者的需求，既保留了场内交易匿名报价的特点，又具备场外交易公开报价、重点询价和逐笔交易的灵活性。

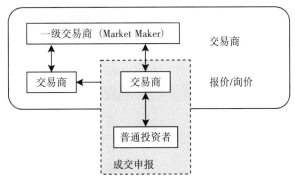

图 2-17 固定收益证券综合电子平台市场结构

资料来源：上海证券交易所官网。

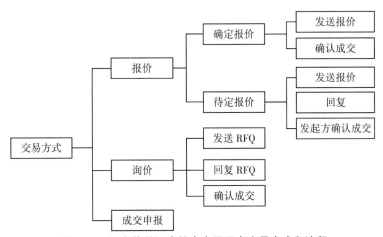

图 2-18 固定收益证券综合电子平台交易方式和流程

资料来源：上海证券交易所官网。

在报价交易中，一级交易商的每笔买卖报价应标明采用确定报价或待定报价，固定平台对确定报价和待定报价按照价格高低顺序进行排列，可以选择最优报价或全部报价。报价可以选择实名或者匿名形式。买卖报价为确定报价的，其他交易商接受报价后，固定平台验证通过后成交。买卖报价为待定报价的，其他交易商接受报价后，原报价的交易商在 20 分钟内确认的，经固定平台验证通过后成交；20 分钟内未确认的，原报价自动取消。报价交易中，国债单笔申报数量为 5000 手或其整数倍，报价按每 5000 手逐一进行成交。公司债券、企业债券、分离债单笔申报数量为 1000 手或其整数倍，报价按每 1000 手逐一进行成交。

在询价交易中，询价方每次可以向 5 家被询价方询价，被询价方接受询价时提出的报价采用确定报价。询价方对被询价方提出的报价，在询价发出后 20 分钟内予以接受的，固定平台将确认成交；20 分钟内未接受的，询价、报价自动取消。在询价方接受前，被询价方可撤销其报价。

协议交易的双方必须是存在指定关系的券商和客户，同一券商的不同客户之间、不同券商的客户之间均不能直接相互交易。券商在和客户进行协议交易前，双方须签署固定收益证券协议交易协议，券商同客户之间资金和证券的交收由券商与客户自行完成。券商在完成与客户的交收后，将该笔交易申报至固定收益平台，固定收益平台完成证券公司和投资人匹配指令后确认交易达成，并将数据传送至结算公司，结算公司根据经系统比对确认的协议成交数据办理债券的变更登记，并向投资人提供债券的查询服务。

为解决一级交易商债券来源问题，一级交易商可在平台上进行隔夜回购交易。隔夜回购是指一级交易商当日可在一定额度内先卖出债券，交易结束时，一级交易商可利用其卖出债券得到的资金按约定利率向其他市场参与人融入同品种债券，下一交易日，债券自动返还出借人，不影响其交易。一级交易商做市证券账户内当日可用于交收的国债出现不足的，上交所将根据相关约定通过平台自动实行隔夜回购，对不足部分进行补券。交易商在平台注册的证券账户内的国债作为隔夜回购中的补券券源，但当日已经申报作为质押券的国债除外。交易商可申报其特定证券账户内的国债不作为补券券源。每日现券交易结束后，平台统计当日各授权出借国债的交易商证券账户内相应单只国债的可出借数量（包括账户内存量国债和当日净买入的国债），按照从大到小的顺序确定补券券源。

6. 结算机制

固定收益证券综合电子平台对不同的债券品种采取不同的结算方式。对于国债、地方政府债、高等级公司债和分离型可转债实行中央担保、净额结算，结算公司作为中央对手方。每个交易日末，结算公司对各个参与者的证券轧差清算，计算各参与者应收和应付之资金和债券，结算周期为T+1。对于低等级公司债，平台采取日末逐笔非担保全额结算模式，结算周期为T+1。协议交易的结算由交易商与客户自行完成。

固定收益平台技术先进，电子化程度高。交易所在推出固定收益平台之前已成功开发完成竞价交易系统和大宗交易系统，具备逐笔交收和场外询价交易的功能，且交易所技术开发力量强大，通信网络遍布全国，为平台提供高质量的技术保障。

7. 信息披露要求

挂靠在上交所之上的固定收益平台总体上来说是一个场内市场，一级交易商都在交易所平台上完成做市，对信息披露的要求强于银行间市场，因此平台更利于监管，透明度相对较高，有利于增强市场的稳定性。

8. 风险防范

固定收益证券综合电子平台实行相对严格的市场准入制度，限制高风险会员参与平台市场。平台对交易账户实行余额前端检查，确保普通交易商不会出现证券卖空。对于一级交易商，平台也设置了最大卖空额度，确保现券买卖在可控的范围内进行。同时，为解决一级交易商卖空券源问题，平台设有隔夜回购功能，以实现一级交易商自动融券功能。平台前端还实行涨跌幅限制、交易头寸控制等价格和持仓风险防范措施。

固定收益证券电子交易平台具有紧急刹车机制。由于平台主要是交易商之间的自营交易，涉及面较小，若发现券商进行违规交易，场务管理员可以实时暂停特定交易商或交易员的交易；若发生违约交收，根据结算公司要求，交易所可以暂停特定交易商或交易员的交易。

（二）做市商制度运营的实际效果

在我国债券交易市场长期分割的背景下，上交所推出固定收益证券电子交易平台的目的在于：一方面，重振交易所市场对于债券投资者的吸引力，通过构建和银行间市场做市商制度类似的场外市场，联通交易所和银行间两个债市；另一方面，由于我国债券市场存在市场分割、场外市场交易失真等问题，市场上缺乏真实的基准收益率曲线，固定收益电子平台的出现有助于解决这一分割局面，形成有效的收益率曲线，为其他金融产品提供定价依据。但就市场统计数据来看，固定收益证券综合电子平台做市商制度在提升交易所市场吸引力，做大交易所债市方面的效果却不理想。上交所做市商推出后最初几年并不活跃，2013 年后基本没有真实的交易量，2015 年后报价成交量也没有，至 2016 年已基本上停止运行。

对比银行间市场和固定收益电子平台债券托管情况可知，固定收益电子平台在债券托管规模上仍远落后于银行间市场（见表 2-15）。截至 2016 年 7 月底，银行间市场债券托管市值接近 38 万亿元，而同期固定收益电子平台债券托管市值为 5.05 万亿元，规模仅为银行间市场的 13.32% 左右。

表 2-15　银行间和固定收益电子平台债券托管量对比

类别	托管量（只）		托管市值（亿元）	
	银行间	固定收益平台	银行间	固定收益平台
记账式国债	196	186	95384.77	6396.81
地方政府债	1256	1113	83634.64	2186.09
央行票据	8	—	3178.72	—
中期票据	691	—	12536.04	—
政府支持机构债券	106	—	12044.05	—
资本工具	143	—	7329.14	—
金融债	722	2	135917.6	108.21
企业债券（含公司债）	2585	4128	25066.09	39649.51
可转债	—	9	—	305.98
可交换债	—	11	—	192.56

类别	托管量（只）		托管市值（亿元）	
	银行间	固定收益平台	银行间	固定收益平台
分离债	—	1	—	67.82
资产支持证券	311	946	4116.61	1622.99
外国债券	2	—	40.00	—
合计	6020	6396	379247.67	50529.97

注：银行间市场债券托管只数仅统计可流通债券，企业债券包括企业债、公司债以及中小企业私
　　募债。
资料来源：上证债券信息网，中国债券信息网，数据截至 2016 年 7 月 31 日。

从历史成交量情况来看，银行间市场也远超交易所市场。2015 年，银行间市场净价成交额为 84 万亿元左右，是交易所市场成交额的 51.8 倍。上交所与深交所市场的成交额规模分别仅为银行间成交额规模的 1.6% 和0.3%（见表 2-16）。

表 2-16　银行间和交易所市场历史成交量情况

单位：亿元

年份	银行间净价成交额	交易所成交额	上交所成交额	深交所成交额
2007	96475.70	756.47	667.44	89.03
2008	366659.30	3683.88	3214.14	469.74
2009	465483.76	3414.44	2754.17	660.27
2010	632821.27	3652.99	2954.85	698.13
2011	627858.84	4699.02	4170.60	528.42
2012	737933.12	5887.97	4935.29	952.68
2013	404256.09	10091.41	8756.57	1334.84
2014	389123.24	14134.53	12280.45	1854.07
2015	839910.09	16200.48	13409.48	2791.01

资料来源：Wind 资讯。

（三）效果不明显背后的原因

1. 最大的缺陷是无法实现国债承销团和央行公开市场对手方的制度配套

从美国、欧洲和日本的做市商成功经验来看，国债做市商制度、国债承销团和央行公开市场对手方的制度是三位一体，如果没有后两者的支持，交易所的做市商就是无源之水。这直接导致了交易所国债、地方债和金融债的数量和规模不足，期限覆盖范围有限。与银行间市场相比，固定收益证券综合电子平台的基础债券规模和品种都大幅落后，规模小限制了做市商在平台提升债券交易活跃性的空间。同时，固定收益平台上的债券以中期债券为主，1 年以下和长期债券的数量较少，难以形成完整利率期限结构。

2. 缺少商业银行这类最大债券市场参与机构

虽然固定收益证券综合电子平台设计了两层市场结构，以同时满足机构投资者和普通投资者的需求，但作为债券交易的主要参与者，商业银行并未被纳入平台市场参与者的范围，这大大限制了平台上债券产品的需求和流动性。在缺少商业银行参与的情况下，与银行间市场相比，固定收益电子平台的投资者不够丰富，投资需求容易出现趋同现象，形成单边市场，造成平台交易的冷淡。2010 年 9 月，证监会、央行和银监会曾联合发布了《关于上市商业银行在证券交易所参与债券交易试点有关问题的通知》，标志着商业银行在时隔 13 年后将重返交易所债券市场，但是上市商业银行仅仅被允许参与竞价交易，而非上交所的固定收益电子平台。究其原因，主要是因为固定收益电子平台和银行间债券市场的交易机制相似，央行作为监管部门，担心银行间债券市场的交易量将被分流至交易所的固定收益电子平台。监管部门的利益博弈限制了商业银行参与交易所市场的深度，制约了平台投资者规模的扩大。

3. 结算制度不如银行间市场灵活

固定收益电子平台采用 T+1 的结算周期，与银行间市场 T+0 的结算机制相比，T+1 结算使得债券投资者在管理流动性时无法灵活操作，尤其是对于资产管理类投资者。由于采用 T+1 结算，当 T 日有流动性需求时，电子平台上的资产管理类账户只能在 T-1 日甚至更早做好交易准备。这一方面会造成资金闲置，另一方面，在流动性出现紧急需求的情况下，资产管理类账户也没有可以采取的应对措施。此外，固定收益电子平台和银行间市场不同的结算周期，也阻碍了交易所和银行间两个债券市场的互联。银行间市场在 T 日结算的资金可以在当日流入交易所市场，反之却不可以。资金流转灵活性的不同可能造成两个市场出现结构性的流动性紧张。

4. 做市要求过严，不利于一级交易商做市积极性

根据固定收益电子平台的做市要求，做市商在平台交易期间，必须对选定做市的特定固定收益证券进行连续的双边报价，每交易日双边报价中断时间累计不超过 60 分钟。在做市过程中，一级交易商会持有一定量的做市券种，以满足做市券种的日均持仓量要求。当出现市场剧烈波动的情况时，做市的持仓限制可能使一级交易商承受较大损失。因此，一级交易商在选择做市券种时将较为谨慎，可能出现有价无市的情况，不利于平台交易的进行。

三、做市商制度对债券市场流动性影响的实证分析

基于上文的理论分析，我们以银行间市场和交易所市场的实际数据分析做市商制度对债券市场流动性的实质影响。

（一）银行间市场不同时期流动性状况分析

1. 银行间市场与交易所市场的流动性比较——基于现券换手率的分析

对市场流动性测度分析最为典型的是 Harris（1990）的研究，该研究将证券市场的流动性定义为四个维度：市场宽度（Breadth）、市场深度（Depth）、即时性（Immediacy）和弹性（Resiliency）。其中，市场宽度又称为市场紧度，是指交易价格偏离均衡价值的程度，是在交易过程中产生的成本，一般用价差来表示。在做市商制度下，买卖价差一般用做市商双边报价的价差来表示。市场深度一般可用换手率、报价量、深度改进等指标

来衡量。其中，换手率是指一段时间内的证券成交量与该证券总流通量的比值。即时性，即指完成一笔交易所需的时间，即时性越好，完成一笔交易所需等待的时间越短，投资者的交易活动越活跃，流动性越大。一般可用交易频率来表示即时性。弹性，是指由交易引起的价格波动导致资产价格偏离基础价值后，价格回归基础价值的速率。弹性越大，因交易引起的买卖价差的扩大越能够更为迅速地恢复到交易前的水平，越有利于后续交易的进行。在对弹性的度量方面，目前没有统一的方法。

换手率是度量市场成交深度的指标，一般有"成交量/流通数量"和"成交金额/流通市值"两种算法。按照现有相关研究的测算方法，此处采用"月度现券累计交易量/月度债券托管量"来计算债券市场总体流动性情况。

首先分析图 2-19 中银行间市场和交易所市场换手率的线性拟合趋势线。从总体上看，银行间市场的现券换手率呈上升趋势，而交易所市场换手率趋势线则基本保持水平状态且趋势线呈负向变动，这表明银行间市场的现券换手率整体呈上升之势，相比之下，交易所市场换手率则相对平稳甚至趋于下降。

其次，阶段性地分市场看，银行间市场在 2002 年以前流动性较差，换手率持续处于较低状态。随后，银行间市场的现券换手率经历了缓慢上升的过程。2007 年 1 月正式推出做市商制度以后，银行间市场的换手率有了较为明显的提升；2013 年 6 月至 2013 年底，银行间市场的现券换手率开始走低。在 2014 年 6 月 11 日银行间做市商制度进一步完善规范之后，银行间市场的现券换手率又开始逐步攀升。因而，从现券换手率与做市商制度因素的相关性角度看，银行间做市商制度的推出与完善规范，可能对银行间市场流动性有着积极的正面影响。

然而对照地看交易所债券市场的现券换手率，2000~2015 年的交易所债券市场的现券换手率仅在 2002~2003 年显著地高于银行间市场的换手率。在 2001 年 10 月以前，交易所市场的现券换手率仅略高于银行间市场。交易所市场的换手率在 2002~2005 年经历了先快速上升再缓慢回落的

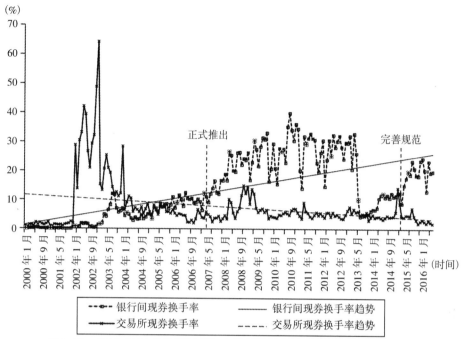

图 2-19 2000~2016 年的银行间与交易所债券市场现券换手率波动趋势

注：出于托管结算结构的原因，难以直接获得银行间市场月度托管的每月托管量数据。此处以"总托管量—交易所市场托管量（中债＋中登托管量）—柜台市场—其他"的口径间接计算银行间市场的托管量，并以当月最后一天的债券存量数据替代总托管量，通过与中证资本运行监测中心公布的《中国债券市场统计月报》[①]的各市场托管量数据对比表明，数据的统计规模近似，误差较小。同时，为保持数据连续，计算 2000~2001 年的交易所市场现券换手率时，交易所市场托管量以中债登托管量来代替计算，2002 年以后则以中债登公司的托管量进行计算。

资料来源：Wind 资讯。

单峰趋势，且 2002~2003 年显著高于银行间市场，并在 2004~2006 年持续缓慢下滑。交易所市场的换手率在 2006 年的多数月份甚至低于银行间市场。2005 年上半年两个市场开始趋于收敛然后于下半年出现反转——交易所市场现券换手率从之前的高于银行间市场的换手率转向收敛于银行间市场换手率，再转向到银行间市场现券换手率快速上升进而超过交易所市

---

① 从数据的精确性角度看，《中国债券市场统计月报》分口径统计了各市场的托管量，但该月报的分口径统计开始于 2013 年，因而，时间序列长度方面明显不够。通过将本书间接测算得到的托管量与该月报比较，二者的差异极小。

场的现券换手率。在此之后直至 2012 年底的绝大多数月份里,银行间市场的现券换手率都要高于交易所市场。2013 年中期的银行间市场现券换手率的急剧下滑,一度跌落到与交易所市场的换手率相近的水平。随后,银行间市场的现券换手率明显上升且再次明显超过交易所市场的换手率。

从事件相关性的角度来看,图 2-19 的趋势显示,银行间市场的现券换手率迅速上升可能与 2007 年 1 月推出的做市商制度有一定关系。至少从趋势上看,做市商制度的推出和完善,可能对银行间市场的现券流动性改善起到了正向的作用,至于实际效果有多大,则需要进一步分析做市商在整个银行间市场实际影响力的大小。

2. 银行间市场的流动性——基于 HH 比率的统计分析

由于前述的银行间现券及回购换手率这一指标仅考虑了交易规模因素,没有考虑到交易规模变动对市场交易价格的影响,因而有必要对交易规模和交易价格进行综合考虑。图 2-20 的 HH 比率综合考虑了交易规模和交易价格的影响,可以更为全面地分析银行间市场流动性变动状况。[①]

HH 比率的构造如式 (2-1) 所示:

$$L_{HH} = \frac{(P_{max} - P_{min})/P_{min}}{V/(S \times \overline{P})} \tag{2-1}$$

式 (2-1) 中,P_{max} 表示最高价,P_{min} 表示最低价,$(P_{max} - P_{min})/P_{min}$ 表示价格振幅;V 表示成交量,$S \times \overline{P}$ 表示相应的市值。

鉴于数据的连续性和可获得性,此处使用中债银行间总净价指数来表示银行间市场的价格变量,频度为月度,P_{max} 表示该指数月度最高价,P_{min} 表示该指数的月度最低价;V 表示月度的现券或(和)回购成交量;$S \times \overline{P}$ 代表市值变量,用银行间市场的托管量来表示。由于中债银行间总净价指数自 2006 年 11 月中旬开始编制,因而此处测算的时间区间为 2006 年 12 月至

---

① 由于 HH 比率的测算需要价格变量,而交易所市场和银行间市场在债券市场指数方面难以找到共同的基准市场指数,因而此处难以将银行间市场与交易所市场进行直接比较,故而仅分析银行间市场的 HH 比率变动情况。

2016 年 5 月。根据债券交易品种和口径差异，分别给出"现券""现券 + 回购"两个交易规模的银行间市场 HH 比率，其变动趋势如图 2-20 所示。

图 2-20 表明，从总体看，以"现券+回购"口径测度的 HH 比率整体

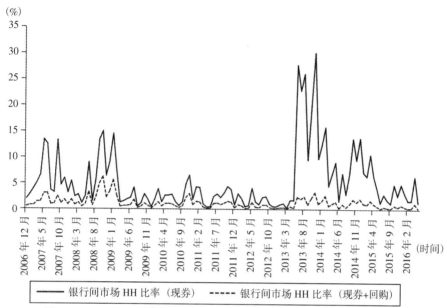

图 2-20　2006~2016 年的银行间与交易所债券市场回购换手率波动趋势

资料来源：Wind 资讯。

呈下降趋势，这表明银行间市场的流动性自 2006 年以来总体趋于改善，而以"现券"为测算口径的 HH 比率则体现出较为明显的阶段波动性。

以"现券"为测算口径的 HH 比率所表征的流动性受市场波动影响较大，在市场处于常态与非常态时的差异明显。从图 2-20 可以明显看出，以"现券"为测算口径的 HH 比率有着表现出阶段性大幅波动的特征，在 2007~2008 年和 2013 年 5 月至 2013 年底两个阶段，银行间市场的 HH 比率大幅波动，这两个阶段的波动表现显著不同于样本考察期的其他时期。这两个阶段总体呈现高峰、大幅波动的特征，而常态时期的 HH 比率则表现出平稳且总体下降的趋势。对比于这两个阶段的宏观金融历史可知，2007~2008 年美国次贷危机开始爆发且持续蔓延，以及 2013 年以"钱荒"

为典型事件的外生冲击，都给中国债券市场带来了极大的不确定性。因而，在此期间债券市场的流动性急剧下滑。

深究其背后的原因，可能与银行间市场的投资者特征和产品本身属性有关。一方面，银行间债券市场的参与主体中的大部分是商业银行，其风险承受能力较低；另一方面，现券交易更多是作为商业银行的流动性管理工具，遭受外生性负向冲击时市场交易价格更容易发生大幅波动。因而，做市商制度对整个市场流动性具体产生多大的影响，仍有待于深入分析。

（二）银行间市场做市商制度效果的实证分析

1. 银行间市场做市商交易特征

做市商作为银行间市场的组成部分，其对整个银行间市场的影响如何可以从做市商成交情况、做市商做市券种的结构特征等情况进行研究。因而，有必要在初步梳理做市商行为特征基础上，深入分析做市商报价规模、点击成交规模占整个银行间市场成交量的比例，以及做市商所选择的做市券种结构特征与整个银行间市场券种特征的异同，据此考察银行间市场做市商制度的效果。

图 2-21 给出了银行间市场做市商有效双边报价笔数及市场实际点击成交笔数的走势情况。从中可以看出，自 2007 年银行间市场做市商制度推出以来，做市商的有效双边报价笔数总体呈增加趋势，但从实际点击成交笔数的角度看，实际成交笔数经历了先快速增长，回落后缓慢增长的趋势，每年点击成交笔数基本在 3 万笔以下，最终大致为总报价笔数的 1/10~1/9。

表 2-17 至表 2-19 分别统计了 2008~2012 年的银行间市场做市商买入和卖出报价量变动情况，以及做市商点击成交量占银行间市场总体成交量的比例情况，据此测算做市商在整个银行间市场的影响程度。

从表 2-17、表 2-18 以及表 2-19 的加总数据都可以看出，2007 年做

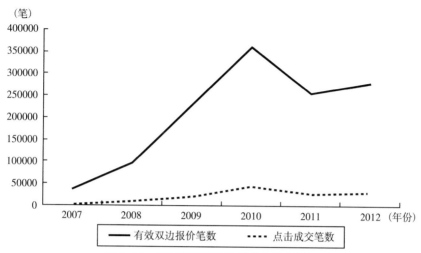

图 2-21 做市商报价笔数及成交笔数情况

注：2009 年的有效双边报价数据未发布，以插值代替；2012 年的报价笔数值以 2012 年第一季度的
值乘以 4 代替。

资料来源：中国银行间市场交易商协会网站。

表 2-17 做市商分券种各年度买入报价量

单位：亿元

年份	2008	2009	2010	2011	2012
央票	20043.50	309867.69	19629.30	3965.53	6724.62
政策性金融债	7594.50	52088.89	18377.80	7939.39	6230.16
国债	4351.31	11877.00	7154.07	9542.81	22956.39
短期融资券	3245.71	6395.59	4721.41	2793.12	3359.24
中期票据	1602.71	4146.18	7053.54	2418.20	2265.42
其他券种	569.21	982.15	900.36	401.90	679.19
总计	37406.94	385357.50	57836.48	27060.95	42215.02

注：银行间市场交易商协会的公开数据截至 2012 年第一季度，此后再未公开发布相关统计报告。因
而此处的 2012 年各分数据的估算公式为：2012 年第一季度数据×（2011 年年度报价量÷2011 年
第一季度报价量），表 2-18 也以此方法测算，将估算的各分项数据分别加总，得到表 2-19 中
2012 年的总计数据。

资料来源：中国银行间市场交易商协会网站。

表2-18 做市商分券种各年度卖出报价量

单位：亿元

年份	2008	2009	2010	2011	2012
央票	12018.74	57554.07	13941.54	3778.49	4870.20
政策性金融债	7494.68	31612.84	17582.99	7900.41	6189.61
国债	4221.04	7991.00	6856.28	9465.30	22641.29
短期融资券	3085.35	5770.01	5029.05	2819.20	3149.29
中期票据	1505.37	5940.34	6893.90	2441.31	2175.41
其他券种	677.97	487.81	620.59	405.40	691.98
总计	29003.16	109356.07	50924.35	26810.11	39717.78

资料来源：中国银行间市场交易商协会网站。

表2-19 做市商分券种各年度买卖总报价量

单位：亿元

年份	2008	2009	2010	2011	2012
央票	32062.24	367421.76	33570.84	7744.02	11594.81
政策性金融债	15089.18	83701.73	35960.79	15839.80	12419.77
国债	8572.35	19868.00	14010.35	19008.11	45597.68
短期融资券	6331.07	12165.60	9750.46	5612.32	6508.53
中期票据	3108.08	10086.52	13947.44	4859.51	4440.83
其他券种	1247.18	1469.96	1520.95	807.30	1371.17
总计	66410.10	494713.57	108760.83	53871.06	81932.80

注：2012年数据为表2-17和表2-18的买入和卖出各券种数据分别加总得到。
资料来源：中国银行间市场交易商协会网站。

市商制度推出以后，总报价量经历了先急剧攀升然后快速回落再逐步回升的阶段。这种阶段性的波动特征与做市商制度推出以后各做市商机构进行有针对性的操作（如虚增报价量）以迎合做市相关规定有关。做市实际效果偏离政策初衷后，监管层适应性地调整了相关规定。比如，2009年的做市商买卖报价总量虚高，买卖报价严重失衡，促使监管层对做市考核指标体系进行修订，增加了"单边报价量超过另一边2倍以及超过5亿元的报价超额部分不纳入计算"的规定，使得2009年的报价量虚高情况在

2010 年快速回落，随着做市商做市行为的调整，相关报价量逐步趋于回升。这一阶段的特征也可以从买/卖总报价量的比例情况看出，该比例从 2008 年的 1.29 迅速攀升到 2009 年的 3.52，在做市规定调整后进一步下调到 2010 年的 1.14，并于 2011 年回落到 1.00 的合理水平。从单笔成交金额上看这种变化，做市商单笔成交金额从 2008 年的 1.14 亿元回落到 2011 年的 0.14 亿元左右，表明做市交易过程更为平滑。

2. 做市商制度对银行间市场的总体影响分析

图 2-22 显示了 2006 年以来银行间市场主要券种月度交易量占比情况，从图 2-22 可以看出，银行间债券市场主要券种月度交易量占比主要表现为三大特征：第一，总体上利率债（包括国债、央票及占金融债产品绝大部分比例的政策银行债）交易占比较大，在图 2-22 中的绝大部分月份中总占比高于 70%，而信用债占比相对较低；第二，交易的利率债产品呈现出明显的结构性比例变化，国债占比相对稳定，央票份额逐步被政策银行债替代；第三，信用债交易额占比较低，但扩张较快，逐步从 10% 左右扩容到 30% 左右。

比较做市商对利率债做市的占比情况与整个银行间市场的利率债交易

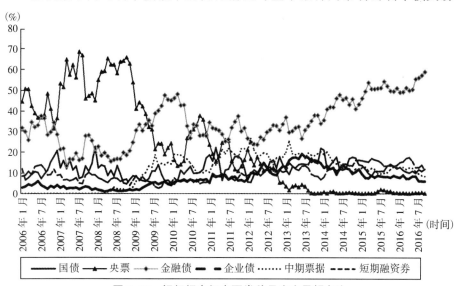

图 2-22　银行间市场主要券种月度交易额占比

占比情况，分析引入做市商制度以后对银行间市场总体的影响，图 2-23
比较了做市商利率债产品报价量占比和银行间市场中的利率债产品交易量
占比情况。

从图 2-23 可以看出，做市商利率债产品报价量的规模较高，超过总

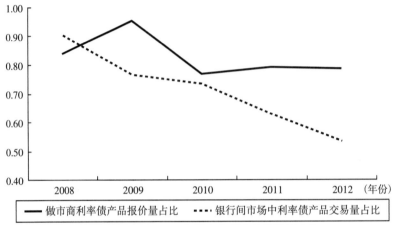

图 2-23 2008~2012 年做市商利率债报价量占比

注：此处 2012 年数据使用的是银行间市场交易商协会网站公布的 2012 年第一季度数据。
资料来源：Wind 资讯，银行间市场交易商协会网站。

报价量中 70%的比例，这一点与银行间市场的利率债产品交易占比较高的
情况类似。并且，做市商对利率债产品报价量的占比还高于整个银行间市
场的利率债交易规模，如图 2-23 所示，2011 年的利率债产品交易占比已
经明显趋于下滑之时，做市商对利率债产品报价量逆势上升，且 2012 年
第一季度中，尽管利率债总体占比进一步下滑，但做市商对利率债报价占
总报价的比例仍然保持了 0.79 的较高比例。这一方面显示出做市商制度
对做市商必须选择特定种类和期限的利率债产品报价的要求，另一方面，
做市商自身可能也更倾向于选择流动性较好的利率债产品，否则，做市商
报价量占比在 2011 年以后应该也会随整个市场交易形势而呈趋势性下滑
态势，而非图 2-23 中保持较高稳定比例的水平状态。

图 2-24 和表 2-20 给出了做市商买卖总报价量、点击成交金额和单笔

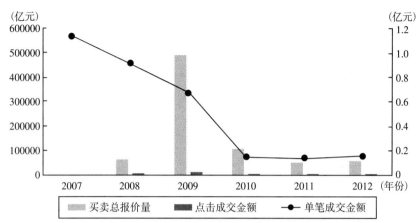

图 2-24　做市商买卖总报价量及点击成交情况

资料来源：中国银行间市场交易商协会网站。

表 2-20　做市商买卖总报价量及点击成交占比情况

年份	2008	2009	2010	2011	2012
市场总成交量（亿元）	366659.30	465483.76	632821.27	627858.84	737933.12
做市商报价量（亿元）	66410.10	494800.00	108760.83	53871.90	60930.60
做市成交量（亿元）	8251.05	13172.52	6368.77	3579.11	4709.80
做市报价占市场总成交量比例	0.1811	1.0630	0.1719	0.0858	0.0826
做市成交占市场总成交量比例	2.25	2.83	1.01	0.57	0.64

资料来源：Wind 资讯，中国银行间市场交易商协会网站。

成交金额的变动，以及做市商买卖报价、点击成交金额占银行间市场总交易量的比重情况。从前述表 2-17 至表 2-19 的分析及图 2-24 可以看出，2007 年做市商制度推出以后的总报价量阶段性的波动特征与做市商制度推出以后各做市商机构进行有针对性的操作（如虚增报价量）以迎合做市相关规定有关。监管层在此基础上适应性地调整了相关规定，使得总报价量触底反弹缓慢回升，前述分析和图 2-24 的单笔成交金额都可以表明，做市商单笔成交金额从 2008 年的 1.14 亿元回落到 2011 年的 0.14 亿元左右，在点击成交笔数缓慢增加的同时，单笔成交金额的下降表明做市交易过程更为平滑。

从表 2-20 可以看出，2008~2012 年，中国债券市场的快速扩张发展使得银行间市场交易活跃，年度总成交量迅速增加。从表 2-20 的做市商买卖总报价量、点击成交占银行间市场总成交量比例变动情况来看，随着 2009 年做市商制度规定的修订，做市商买卖总报价量经历了先快速上升再急剧回落然后逐步缓慢回升的过程，使得做市报价量占市场总成交量的比例持续下降，从做市商制度推行之初的 0.1811 快速提升至 1.0630，随着做市商考核体系的修订完善，对虚增报价量的约束使得这一比例迅速下滑到 0.1719，并且，做市报价量的缓慢回升相对于快速增加的市场总成交量而言，使得做市报价占市场成交量的比例进一步下滑到 8% 左右。从做市成交比例来看，做市成交量占银行间市场的总体成交量比例更低，从制度推行之初的 2.25% 缓慢上升到 2.83% 之后，逐步滑落到不足 1% 的比例。

综上分析可知，2008~2012 年，银行间市场的总交易量快速增加，与此同时，在修订完善的做市商考核指标体系下，做市商有效报价笔数和买卖报价量都呈缓慢上升趋势，而点击成交金额从做市商制度推行初期的平均单笔 1 亿元以上逐步降至 1 千万元左右，使得做市交易过程更加平滑。从做市券种选择的结构特征看，做市商也偏好于信用状况优质、流动性较好的利率债产品，其积极报价行为有助于提升利率债市场的流动性，因而，从这些角度看，银行间市场的做市商制度确实起到了一定的效果。然而，相对于中国银行间债券市场交易总量快速上升而言，受限于买卖报价量和有效报价笔数的增长较为缓慢，做市商买卖报价量占银行间市场总交易量的比重，尤其是点击成交量占市场总交易量的比重呈下滑之势。因而，做市商制度对整个银行间债券市场的影响力可能仍然是较小的。需要通过相关配套政策的改进来进一步增强做市商做市的激励，提高做市商参与的积极性，进而扩大做市商做市对整个银行间市场的影响。

（三）银行间市场收益率曲线分析

从理论逻辑上看，如果做市商制度有助于市场的价格发现，那么，由于做市商的存在，当央行货币政策操作变动如对基准利率进行调整时，有做市商制度的市场应该可以更为灵敏且合理地反映出央行货币政策的意图，并且，从收益率曲线的期限结构上看，也应该可以发现自政策变动由短期向长期传递的趋势。图 2-25 对比分析了引入做市商制度后的银行间和交易所两个市场中的国债收益率曲线变动与央行基准利率调整的关系。

从图 2-25 可知，自 2007 年以后，货币政策基准利率发生变动时，总

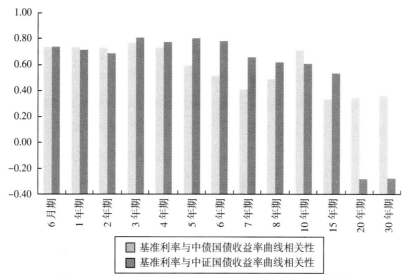

图 2-25　央行基准利率调整与国债收益率曲线变动相关性

体上看，银行间市场和交易所市场的国债收益率曲线都能对央行的基准利率变动做出反应，且也在一定程度上如成熟市场一样，存在着从短期期限向长期期限逐步传递的趋势。如图 2-25 所示，6 个月至 10 年期的国债收益率曲线与央行基准利率的变动相关系数基本都高于 0.5，并且总体而言相对短期的国债收益率变动得更为迅速。

从各期限对基准利率变动响应的速度看，交易所市场的响应更为迅速，这可能与交易所市场的投资者结构有关。相对于银行间以大型商业银行投资者为主、以大宗交易成交为特征的债市市场而言，投资主体相对多元且交易规模分布更加分散的交易所市场中，投资者的交易更加机动、灵活多变，可以促使交易所债券市场对央行货币政策的变动做出更加快速的

反应。

然而，从整体期限对央行货币政策基准利率变动的响应方向来看，交易所长期利率（如 20 年和 30 年）的反应明显不如银行间市场，一方面表现在交易所市场长期国债收益率变动与基准利率变动的相关系数小于银行间市场；另一方面，更为重要的是，交易所市场的系数表现为负相关，因而，无论是相关系数的大小还是相关系数的正负方向，都表明交易所市场长期国债市场可能存在着明显的不足，这可能与长期国债规模较小、投资者参与意愿有待进一步增强等因素有关。因而，这也从侧面表明交易所长期国债市场有待于进一步培育与完善。

仅对比分析银行间市场与交易所市场的国债收益率曲线变动与央行基准利率调整的相关关系，尽管在一定程度上可以说明做市商制度的影响，但始终无法剔除两个市场长期存在的其他固有的制度性和结构性因素差异。因而，有必要进一步分析在做市商制度推出前后银行间市场国债收益率曲线对央行货币政策调整的影响，以下部分对此进行简要分析。

由于 2007 年银行间市场正式推出做市商制度时，要求所有做市商的做市券种都必须包含政府债券，且必须至少包含四种偿期类型。因而，从理论逻辑上看，如果银行间做市商制度有效，在做市商制度推出前后，银行间市场的国债收益率曲线对央行基准利率调整在做市商制度推出前后应该会有所差异。更进一步地，我们可以预期在做市商制度推出以后，国债收益率曲线应该可以更加灵敏地反映央行基准利率调整的意图。图 2-26 给出了银行间市场做市商制度推出前后的国债收益率曲线变动与央行基准利率调整的相关系数变动情况。

比较图 2-26 中做市商制度推出前后，两个收益率曲线变动与基准利率变动的相关系数可以明显看出：

第一，在做市商制度推出以前，即使是流动性相对较好的短期国债，其对央行基准利率调整的反应灵敏度也相对较低，这一点从图 2-26 可以看出。在做市商制度推出以前，短期（1 月至 3 年）国债收益率变动与央行基准利率调整的相关系数基本都低于 0.5（3 年期的除外，其相关系数

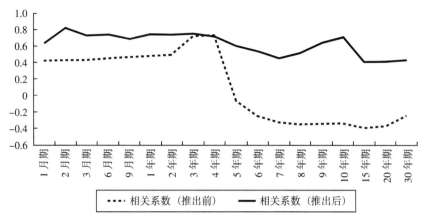

图 2-26　做市商制度推出前后央行基准利率调整与国债收益率曲线变动相关性

为 0.72）。

第二，从期限联动的角度看，银行间市场国债收益率曲线的期限结构对央行的基准利率变动反应较差，这主要体现为期限相对较长国债（5 年以上）的收益率曲线对央行基准利率灵敏性很低，如图 2-26 所示，6 年期以上的国债收益率变动与央行基准利率变动的相关系数基本都为负。

第三，从 2007 年以后的国债收益率曲线变动与央行基准利率调整的关系看，较之 2007 年以前，两者的相关性程度出现了较大的提升。图 2-26 的曲线显示，2007 年以后，中短期（5 年以内）国债收益率曲线变动与基准利率调整呈正相关关系，且相关系数基本都在 0.6 以上。考虑到银行间做市商制度对做市商做市券种的要求，这种国债收益率曲线对央行基准利率更为灵敏的反应，在一定程度上可能与做市商制度的推出有关。因而，从这个角度看，做市商制度可能有助于改善银行间国债收益率曲线的形成。

第四，从期限联动的角度看，2007 年以后的银行间市场国债收益率曲线较之 2007 年之前有着较为明显的改善。这体现在长期（5 年以上）国债的收益率曲线变动与央行基准利率变动的相关性为正，且 5~10 年等各期限国债收益率变动与基准利率变动的相关系数基本保持在 0.5 以上，15 年及以上期限的相关系数也都在 0.4 以上。这种期限联动层面的收益率曲线改善也可能部分归功于做市商制度的推出。因而，从期限联动的视角看，做市商制度也可能有助于改善银行间国债收益率曲线的期限合理性。

(四) 做市商制度对银行间市场的影响

从上面的分析可以看出，首先，无论是从考虑数量规模因素的换手率角度，还是综合考虑数量和价格因素的 HH 比率角度来看，做市商制度对银行间市场的现券交易都可能有一定的促进作用。现有相关研究和我们的前述分析都表明，做市商制度的效果由于报价做市和点击成交的规模较小，因而其对整个银行间市场的总体影响可能是有限的。其次，无论是从换手率还是从 HH 比率看，即使考虑了做市商制度的正面影响，2000 年以来的银行间市场的流动性总体呈逐步上升趋势，但这种流动性总体的改善也与市场制度本身的完善、投资者群体多元化、交易品种丰富以及相关宏观经济政策更为科学合理等多方面因素有关。

比较分析银行间市场和交易所市场的国债收益率曲线可以发现，交易所市场由于投资主体更为多元化，因而交易所市场的国债收益率曲线在中短期期限内对央行货币政策调整时的反应更为灵敏，但从相对长期限的国债收益率曲线的反应来看，银行间市场的反应则更加合理，因而，做市商制度在此过程中可能起到了正向的作用。进一步比较分析做市商制度推出前后的银行间市场国债收益率曲线波动与央行的基准利率变动的关系，无论是从相关关系还是从各期限收益率的反应合理性看，做市商制度推出以后的银行间市场的国债收益率曲线对央行基准利率的反应更加灵敏合理了。当然，这一方面可能与银行间做市商制度的推出有关，另一方面也确实需要看到，在此阶段中，央行利率市场化进程推进等金融基础设施改善、银行间债券市场产品进一步丰富、投资者主体多元化程度增加等市场完善因素都可能对国债收益率曲线的完善及其期限结构的合理化起到正向的作用，因而，未来进一步量化分析做市商制度这一制度性因素的效果，可能需要在获得更多详尽的数据基础上，进行更为深入细致的分析。

四、小结

经过多年的探索，我国债券市场做市商制度正在逐渐改善，做市商在债券市场中发挥了提供市场流动性、稳定债券市场、完善价格发现机制等功能。但整体来看，虽然做市商制度的确在活跃债券交易、提高市场流动性方面起到了积极的作用，但从实际市场反应来看，由于我国债券市场自身的深层次矛盾和做市商制度的不完善，现有做市商制度难以满足市场的要求，迫切需要进一步改革。

第四节　建议与启示

一、对我国建立做市商制度的基本判断和初步思路

美欧的做市商制度是经过上百年的演变，由市场自发形成的结果，在债券市场发展过程中发挥了重要作用。随着市场的不断发展，债券市场的组织方式，做市商制度的内涵和方式也在不断调整，需要从债券市场所处的发展阶段，客观地看待做市商制度的作用，国外也对债券市场交易及做市商的作用从多方面进行了研究。从市场专业分工和资源配置的角度看，在债券市场的参与者群体中，部分实力雄厚的金融机构，由于在项目和信息资源、定价能力、销售能力和资金成本等方面的比较优势，具备作为做市商对外部客户提供专业化服务的能力。但原有基于垄断做市商制度的路径依赖，已随着信息透明化和机构均衡发展被逐步打破，做市商制度、混合交易制度可能呈现多元化发展的态势。

我国债券市场金融机构发展不均衡矛盾较为突出，银行和保险这两类

最大的债券市场参与者均为配置型机构，做市动力不足，做市的盈利模式尚不清晰。同时，在现有扁平化的市场组织架构上，买方机构有较强的路径依赖，还不习惯固定地仅与一个或多个做市商进行交易。此外，由于文化和传统的差异，中国和欧美国家的投资习惯和对做市文化的接受度迥异。因此，基于我国当前国情，银行间债券市场建立分层的做市商制度已经取得了一定实效，但仍需继续完善。银行间债市落实好现有做市商制度，要在中国人民银行和财政部统一规划下，嵌套好国债一级承销和公开市场业务操作制度，加大对做市商的政策扶植和激励措施，完善配套机制，加快培育具有公信力的多样化的做市商群体及做市能力，促进市场自然分层，逐步探索建立以做市商为市场组织核心的、多元化的市场组织和交易制度。

上交所固定收益平台做市商制度的探索虽然最终流于形式，没有实际效果，这是由于我国交易所在目前债券监管分割体制下导致无法实现国债一级承销、二级市场做市商和央行公开市场业务三位一体的功能，商业银行不能纳入交易所做市商和承销商，国债等基础券金额过小，并且这种现象较难在短期改变。但上交所做市商制度的尝试给予深交所良好的借鉴意义：由于深交所债券市场的基础券种的缺失更胜于上交所，并且同样面临商业银行无法参与综合协议平台的难处，因此深交所债券市场暂时不适合启动做市商制度。

二、相关方案及配套措施

银行间债券市场和上交所债券市场的交易商间的做市商体系的特点是：做市商集中报价、客户订单集中路由至交易系统、客户订单由交易系统集中自动成交、成交报告由交易系统集中反馈给客户、成交信息由交易系统集中对外公布。准做市商制度的特点明显，该制度的核心问题就是做市商做市权利和义务的严重不匹配。直接后果是做市商报价不积极、报价质量差、报价规模小、价格波动大，做市商没有发挥应有的市场稳定和流动性供给作用。鉴于此，我们从准做市商制度的盈利模式选择和配套措施完善两个方面做以下分析：

（一）我国债券市场做市商体系可选择的模式

纯粹做市商制度保证了做市商订单路由、显示和自主成交的控制权，确保了做市商的盈利空间，平衡了做市的权利与义务，但也存在以下问题：

第一，纯粹做市商制度不适应全球交易制度整体的发展趋势，市场可能不认可。由于远程通信技术、电子和网上交易技术快速发展和机构投资者的发展壮大，市场对低交易成本和高市场透明度交易机制的呼声日趋强烈，欧美的场内外市场都已逐步摒弃纯粹做市商制度，转而建立混合交易机制下的准做市商体系。

第二，纯粹做市商制度的构建和我国交易机制发展路径刚好相反，投资者认可度不高。我国债券市场一开始就是高度自动化的电子集中交易模式，欧美债券市场则经历了从店头市场、柜台市场等几百年场外市场发展历程，各类投资者深谙场外市场的传统做市商制度。

基于此，我国建立混合的准做市商体系是现实选择。该体系的特点是，在维持现有准做市商体系不变的基础上，通过为做市商提供更多的配套措施，而非为做市商创造盈利模式，同时通过放宽做市商的准入、退出和再准入条件和降低做市义务，并完善准做市商的考评制度，激发做市商做市的积极性。

准做市商体系同时考虑发行人利益补偿。在维持准做市商体系不变的基础上，债券交易市场要求：若发行人发行的证券的流动性低于一定指标，发行人须指定交易市场认可的做市商为该证券提供流动性，否则该证券会被转板或采用其他交易机制。作为补偿，发行人向做市商支付费用。这一体系成功之处在于将做市商与证券承销商挂钩。为获得承销资格，做市商都乐于积极做市。但该体系的前提是，交易市场与发行人必须有很好的联动机制。

（二）我国债券市场准做市商体系建设的配套措施

（1）直接成本抵免和补偿机制的建立。相比于其他交易商，做市商的交易结算成本、做市的通信等设备费用相对高。做市商应享有交易结算费用减免和补偿的政策优惠。目前银行间和上交所债券市场的做市商都得到了相关费用优惠。

（2）做空机制和避险工具的支持。做市商的存货管理机制需做空机制和避险工具的支持。目前银行间债券市场建有债券远期、债券借贷和互换等避险工具，交易所债券市场因相关法律法规限制，则缺乏相关的产品设计。

（3）融资融券的制度支持。做市商做市需要灵活有效的存货管理机制，这要求市场或政府机构为做市商提供融资融券的便利。银行间债券市场融资融券制度相对完备，如债券借贷、买断式回购和债券远期、央行的再贷款、再贴现机制及发达的同业拆借市场。上交所市场虽建有很好的第三方回购和隔夜回购等融资融券工具，但因我国最大的持债主体和资金供给主体"银行类金融机构"不能参与交易，这些工具没有发挥应有的作用。

（4）合格做市机构的培养。做市商一般需有较强的资金实力、高素质的做市队伍和较强的风险管理能力等，但由于银行类金融机构不能进入交易所债券市场，相比于银行间债券市场，交易所市场的做市机构的资质相对差。

（5）统一互联的债券市场。交易所和银行间债券市场的统一互联是建立我国债券市场真实有效做市商制度的基础。但因两市场适用的法律法规、参与主体、挂牌券种和结算后台的行政化分割，上交所债券市场准做市商体系的配套措施远不如银行间债券市场，比如，银行间债券市场准做市商制度不仅拥有政府类金融机构债券承销团成员、公开市场一级交易商、融资融券、避险工具的支持等配套措施，而且可选择大量的银行金融机构作为合格做市机构。上交所债券市场的做市商制度难以发挥其独特优势。

（6）其他措施的完善。做市商一般还享有一级市场债券的优先购买权、国债和公司债等债券承销资格的优先权和新产品开发的优先权等。银行间债券市场在相关规章规则中对此都做了明文规定，现在要积极落实。

我们认为，短期内，我国可通过准做市商体系，完善做市商体系的配套措施，实行做市商准入的注册制，降低做市商的退出和再准入条件，削减做市商的做市义务，完善做市商的考评机制。在此基础上，适时推行发行人利益补偿的准做市商体系，加大对做市商做市义务的利益补偿力度。

三、具体建议

（一）健全投资者适当性制度，完善批发和零售市场交易制度

债券市场以机构投资者和大额交易为主，对金融机构大额交易的批发市场和社会公众投资者零售市场应有不同的定价机制。目前银行间市场基本形成了以机构投资者为主的投资者群体，而交易所市场个人投资者和金融机构处于同一交易平台，不仅不利于基准利率形成，也不利于金融机构大额交易。建议参照外汇市场，按照交易门槛、金融资产、净资本等指标提高债券市场参与者准入标准，健全债券投资适当性制度，建立基于合格机构投资者的集中市场。以券商柜台市场为依托，引导社会公众投资者投资国债及高等级信用债，社会公众投资者及小额交易通过证券公司柜台进行交易；鼓励风控合规，债券业务较为突出的证券公司开展债券柜台业务；建立债券账户，与现有股票指定交易制度脱钩，允许投资者在开办债券柜台业务的证券公司另行开立债券账户。[①] 这不仅有利于解决债券市场"鱼龙混杂"局面，也有利于债券信用风险防范。

（二）加大激励措施，提高做市商作为流动性提供者的动力

一是比照欧洲市场，实行由财政部或央行主导的国债承销主体、一级交易商及二级市场做市商三位一体的制度设计，发挥政策整合效应，强化做市动力，引导做市商对关键期限国债做市，以及对拆借利率、回购利率、Shibor等基准利率报价，完善收益率曲线；二是突破现有制度框架，允许部分规模实力大的金融机构类做市商入股交易场所，或者参与交易市场交易费用的提成，缓解做市成本的压力，强化做市动力；三是丰富债券

---

① 2016年末起，地方政府债开始通过交易所市场发行，利率债在交易所债券市场中的重要性逐渐提高。

产品，完善风险对冲机制，完善债券卖空机制，真正建立债券市场的融资融券制度；四是进一步完善债券经纪业务，便利做市商的交易撮合服务和调整存货头寸的需求，为机构间市场及做市商的流动性提供者提供制度支持。

（三）培育做市商群体和完善交易机制，促进市场自然分层

我国现行的做市商群体实力分配不均，工、农、中、建、交等国有股份制银行垄断大量的金融资源，对向全市场做市的动力严重不足。其他金融机构实力不强，很难通过债券做市形成强有力的市场影响力。为此，要通过政策扶持，加大培育做市商群体力度，并为做市商提供更多市场信息和交易数据便利，发挥券商等交易型机构的做市动力，壮大做市商群体。同时，加快完善交易机制，形成竞价、报价和混合交易等各种机制并存的局面，满足投资者自主选择交易方式的需求。择机允许符合一定条件的金融机构自建电子交易平台，并允许不能在机构间市场交易的市场主体参与交易，促进市场自然分层。

（四）加强市场透明度，建立统一的监管体系

债券交易目的需求多样化、复杂化，做市商制度也存在市场操纵和利益输送的可能。为此，我国债券市场应当建立统一的信息揭示制度，将我国债券市场纳入证券法和证券监管体系，形成一套市场监察、透明度监管、欺诈和操纵市场监管、商业贿赂行为监管及客户利益最优化监管的制度体系，彻底清除扰乱市场秩序的行为，净化做市商的做市氛围，提高市场公信力。[①]

---

① 2018 年 12 月 3 日，经国务院同意，中国人民银行、证监会、发展改革委联合发布《关于进一步加强债券市场执法工作有关问题的意见》，强化监管执法，加强协同配合，建立统一的债券市场执法机制，为债券市场统一监管迈出实质性步伐。

第三章 公司债市场的风险预警与控制研究①

2017 年，中央提出三大攻坚战，防范化解重大风险是其中之一，防范系统性金融风险又是防范化解重大风险的重要内容。从市场监管者的维度来看，需要确保债券市场在快速发展的同时不成为系统性金融风险的隐患。因此，迫切需要为债券市场构建完善的风险预警和控制机制。本章以公司债市场为研究对象，对债券市场的风险预警和控制机制进行深入研究。

第一节 公司债市场的风险防范

一、研究背景与意义

新常态下中国经济结构转型的顺利实现需要金融市场在快速发展的同时保持良好的系统稳定性，系统性风险防范至关重要。党的十九大报告指出，"……健全金融监管体系，守住不发生系统性金融风险的底线"。2017年 7 月召开的全国金融工作会议要求，"要把主动防范化解系统性金融风

① 本章获评 2017 年中国证券业协会优秀重点课题研究报告。课题负责人：李湛。感谢曹萍老师的资料收集、数据计算和文献梳理。

险放在更加重要的位置，科学防范，早识别、早预警、早发现、早处置，着力防范化解重点领域风险，着力完善金融安全防线和风险应急处置机制"。从宏观数据来看，中国的非金融企业杠杆率较高，债务占比居于世界主要经济体的首位，债务风险逐步累积，导致系统性风险防范的重要性日益凸显。

在这种背景下，作为中国金融市场重要组成部分且在 2015 年 1 月发行与交易管理制度改革后规模快速扩张的公司债市场，其市场总体规模已经不容小觑，由 2014 年底的 7740 亿元迅速攀升到 2017 年 9 月底的 4.96万亿元规模。在突出强调防范系统性风险政策的大背景下，公司债市场的结构性问题明显，潜在的风险问题值得重视：第一，2015 年的公司债发行与管理制度改革以来，井喷式发行使得公司债的到期期限较为集中，债券期限主要集中在 2~3 年和 4~5 年，交易所公司债的债券兑付高峰将要到来，市场风险控制的必要性日益凸显；第二，前期的发行主体主要集中在房地产和多元金融等部门，行业的集中度高，在去杠杆的经济工作思路下，这些行业累积的潜在风险在未来可能会进一步暴露；第三，投资者结构特征（商业银行、证券公司和广义基金等金融机构为主要投资者）和交易特征（广泛采取质押式回购的杠杆操作、羊群效应）以及市场潜在风险的多发性特征（宏观经济下行压力、企业的行业性景气状况、发债企业盈利状况、货币政策等宏观经济政策的变动、股债联动效应的存在、汇率波动引起的企业国际债务负担变动等），决定了公司债市场快速扩容壮大的同时，其风险预警及控制问题值得格外关注。

从未来的宏观经济政策取向的视角看，公司债市场风险控制问题也有必要摆在重要的位置。党的十九大报告提出要"以供给侧结构性改革为主线"，各界预计去杠杆将是 2018 年经济工作的重点之一。这也对交易所公司债市场的风险控制提出了新的挑战：首先，从历史上看，经济去杠杆一般会经历一个各方都比较难熬的痛苦阶段，部分行业的景气程度及相关发债企业经营都会受到一定程度的影响。其次，货币政策将积极配合经济去杠杆进程。2017 年以前央行直接与市场机构博弈、被动维持市场稳定，承压较大，未来可能更倾向于顺水推舟式地助力"去杠杆"。在央行对外部压力（汇率、资本外流的压力）可控的情况下，货币政策既不会主动大幅收紧，也不会过度放松，以防止市场反弹，以及复杂的金融市场资金链条过度紧绷乃至断裂。央行未来甚至可能会阶段性地绷紧资金链，以确保去杠杆过程不会停滞在某个僵持性的中间状态，这些都将给位于资金链下游①的交易所公司债市场的稳定性带来不确定性。另外，从国际视角看，美元加息趋势日趋明显，未来人民币汇率波动加大甚至趋势性贬值的可能性将持续增加，这也将对发债企业的国际债务负担造成不利影响，可能加重企业负债负担而增加国内存量公司债券的信用风险，进而对公司债市场造成不利影响。

我们在定量分析中国公司债市场各参与主体结构特征和市场交易特征的基础上，分析中国公司债市场的潜在风险来源，并从中长期发展的角度分析了交易所公司债市场内部风险，以及对公司债市场稳定运行造成影响、可能外溢到债券市场以外甚至引起系统性风险问题的公司债市场风险。同时，我们还设定了相对合理的初始条件，对公司债市场波动时采用杠杆交易的投资者进行了初步的压力测试，并测算了极端情况下信用违约冲击对交易所公司债券市场的影响，以评估公司债市场对某些潜在重大风险的可承受程度。基于这些研究结论，我们还提出了相应的政策建议。

二、相关研究文献回顾

（一）中国债券市场不同发展阶段存在的问题

中国债券市场的发展经历了规模较小、制度约束较多、市场化运行机制严重受限到规模增长迅速、制度约束逐步解除、市场运行的自主性快速

---

① 在当前中国间接金融主导的市场结构下，市场资金一般是沿着央行—银行间市场—金融机构—交易所市场的路径流动。处于下游的交易所市场的资金来源单一，且严重受制于上游的商业银行。因而，当央行的流动性阀门收紧，或者在当前监管格局下，商业银行出于满足相应的监管政策需要而减少对中下游部门的资金投放时，交易所市场的运行会受到显著的影响。

提升的过程，尽管时至今日的中国债券市场仍然存在诸多有待完善之处，但分析其在不同发展阶段存在的问题有助于厘清未来的改革发展方向。现有很多研究对此进行了相应分析，如沈炳熙和曹媛媛（2014）从债券市场的发展与演变、市场结构、市场运行机制、亟待解决的问题四个方面，对中国债券市场 30 年的改革与发展进行了系统的分析和研究；李扬（2015）在大国开放宏观经济的背景下对中国债券市场发展进行了系统梳理。温彬等（2010）分析了中国债券市场的场内外分割引发了审批和监管的分散化、发行者和投资者面临跨市场发行和交易的障碍等一系列问题，认为化解这些问题的首要工作即是推动监管的统一，以统一的监管体系来推动其他相关问题的解决。波动性是证券二级市场价格发现和资本配置的核心。

由于波动性与反映债券市场质量和效率的其他指标如流动性、交易成本、市场信息流动等密切相关，因此，波动性是综合反映债券市场价格行为、质量和效率的最简洁和有效的指标之一。苏大伟等（2007）分析了中国债券市场的收益率波动特征，认为造成收益率波动的非对称性与投资者结构、市场信息传导及当时中国债券市场的制度欠完善密切相关。巴曙松（2011）认为，在中国债券市场发展早期侧重于推出高等级发行主体和高等级债券，是有利于早期债券市场的培育壮大的。但随着债券市场的发展，在政府的直接或者间接性的过度担保介入之下，高信用等级为主的市场导致市场的信用风险管理机制无法实现有效制衡，违约事件的缺位会使得信用评级提示投资风险的机制失去作用，这都将妨碍中国债券市场的进一步成熟。

（二）中国债券市场风险的来源及其测度

债券市场的风险需要相应的溢价予以补偿，国外学者基于发达国家债券市场的经验数据进行了大量的研究，如 Campbell（1986）、DeBondt 和 Bange（1992）、Balduzzi 等（1997）、Berkaert 等（1997）、Backus 等（1998）、Ludvigson 和 Ng（2005）等。他们的研究考察了大量宏观经济指标的潜在影响，发现"通货膨胀因子""实际因子""金融因子"可以解释债券市场的超额回报率。范龙振和张处（2009）分析了1997~2005年的中国债券市场超额回报率与宏观经济因素及相应的政策变量之间的关系，发现市场利率综合反映了官方利率、货币供应量增长率、通货膨胀率和实际消费的增长率。并且，这些宏观经济因素及相应政策变量的不确定性变化可能影响到债券的预期超额回报率。他们进一步使用实证分析发现这些变量因素可以显著解释债券的超额回报率。市场短期利率或官方利率越大，债券的超额回报率越大；通货膨胀率越高，债券的超额回报率也越大；实际消费增长率越大，债券的超额回报率越小；货币供给量增加越快，债券的超额回报率越小。刘翔峰（2015）认为经济下行压力持续存在、资金面持续宽松的背景下，中国债市的走高趋势将得以持续，但其潜在风险不容忽视，其分析认为信用风险、市场风险、政策风险、宏观经济风险等几个方面的风险值得特别重视。

考虑到中国的债券市场分割导致的运行机制差异，侯县平等（2013）分别测度了银行间债券市场及交易所债券市场的动态风险，并比较了这两个市场的风险差异。他们的分析表明，胖尾分布和有偏性是提高债券市场风险测度准确性的关键典型事实，2008 年美国金融危机爆发显著提高了中国债券市场的风险，同时，交易所债券市场、银行间债券市场风险总体走势基本一致，但银行间债券市场的峰值风险显著高于交易所债券市场的峰值风险，而除峰值风险外，交易所债券市场的风险普遍大于银行间债券市场的风险。基于交易所债券回购市场发展迅速的现实情况，曹萍（2012）有针对性地分析了交易所债券回购市场的发展状况、投资者结构特征和发展迅速的可能原因，以及针对这种发展势头的必要风险防范措施，认为需要从加强对债券回购倍数的全面管理、加强对客户和回购质押债的分类管理、引导券商完善柜台系统、完善风险事后处置制度四个方面进行风险防范。

（三）中国债券市场风险的传导机制及其防范

1. 跨金融市场间的风险传染与股债联动机制

袁晨和傅强（2010）使用 GARCH 模型分析中国的股票市场、债券市场和黄金市场间的风险传递关系时发现当股票市场处于危机时，存在着股市资产跨市场间投资转移到债券市场的现象，这意味着投资者可利用其他市场的金融产品来规避风险，这种分散化投资的作用能加强中国金融系统的稳定性和弹性。李志辉和王颖（2012）使用 VEC 模型分析了中国债券市场、股票市场和汇率市场间的风险传染效应，发现债券市场与外汇市场、外汇市场与股票市场之间存在金融风险双向影响机制，这两对金融市场风险互为格兰杰因果关系；而债券市场与股票市场之间则不存在双向影响机制，其中股票市场风险会影响到债券市场风险，但债券市场风险则不是股票市场风险的格兰杰原因；当发生金融风险冲击时，股票市场风险会传染到债券市场，但是债券市场风险则不会对股票市场造成影响。然而乔涵（2013）运用联立方程组的方法，加入滞后项构造出修正的 VAR 模型，考察了中国债券市场、外汇市场和股票市场的风险传染机制，认为股票市场的变动对债券市场的波动影响较弱，而债券市场的波动对股票市场的波动影响较强；而外汇市场的波动对债券市场的波动影响很强，而债券市场的波动对外汇市场的关系较弱。

国外成熟金融市场的相关经验证据表明，股市和债市之间的相关关系不稳定且变化很大，具有时变特征，会随着不同的宏观经济环境和金融市场变动而表现出正向、负向和不相关三种情形，而非表现为简单的"跷跷板效应"（Chiang et al.，2014；Bansal et al.，2014；Wu and Lin，2014）。其中，负向相关主要是当股市出现暴涨或暴跌情形时，投资资金由于避险需要（当股市暴跌时），或者由于盈利动机（当股市暴涨时），导致大量资金迅速从股市向债市转移（或者债市向股市转移），因而表现为"跷跷板效应"（或逃险效应，Flight to Quality）。导致两市正向相关的因素主要是外生性的宏观经济或者政策因素冲击，如本国或者外部经济的周期性波动，以及政府为熨平经济周期变动而采取的相应宏观政策，如宽松货币政策等。一定强度的外生性宏观经济冲击及逆周期的经济政策因素可能会同向地影响股债市场的变动趋势。与此同时，在某些情形下，股市和债市也可能表现为不显著相关的关系：一方面，这可能是由于两个市场相对稳定且单个市场的趋势性变动不明显；另一方面，单个市场内部的产品特异性风险（如债市的行业性到期违约风险爆发、股市的行业性危机爆发等）被该市场内其他产品的替代效应所抵消，而未能外溢到另一个市场（Rankin and Idil，2014）。

对于中国股债市的相互影响也主要从股债联动的存在性以及影响联动的因素的分析展开。如王斌会等（2010）利用向量自回归多元 GARCH 模型对我国股市、汇市和债市间的价格及波动溢出效应进行研究，其结果表明不存在收益率溢出效应，没有价格上的信息传导，股市与债市间只存在从股市到债市的单向波动溢出。王璐（2013）的分析表明，股债联动存在着机制转换的非对称性，其中，正相关状态持续期更长，且机制转换过程中存在交替的逃离效应和传染效应特征。另外，由于相关宏观经济变量因素等影响，表现出股债两市的价格呈现同向变动的特征。王茵田和文志瑛（2010）对相应的影响股债联动的因素分析表明，宏观经济变量如利率水平、货币供应量以及通货膨胀水平等都会影响到中国股债联动关系，且这些宏观经济变量对股债联动的影响可以区分为直接和间接两种影响途径。

2. 债券市场的风险防范

现有针对中国债券市场风险防范的相关研究主要是围绕市场的不同组成部分展开的，如陈秀梅（2012）认为，相对于信用债市场快速扩容，对信用风险管理能力的改进相对滞后，由于信用债市场违约具有连锁和规模化的危害性，因而有必要从完善信用风险管理制度体系和营造信用风险管理环境两个维度来提升债券市场的信用风险管控能力。冯光华（2014）分析了 2005 年以来非金融企业债券市场改革与发展的历程，针对信用债市场扩容过快的情况，认为有必要强化信用风险防范，并提出了完善风险揭示、风险分散分担、风险处置等市场化约束机制，以加强信用风险防范。陈晓莉和孟艳（2014）在梳理香港人民币债券市场发展历程和主要特征基础上，分析了离岸债券市场的潜在风险来源，主要包括流动性风险、信用风险、交易对手风险、短期资本套利风险和外汇风险等几个方面，并提出包括增加国债供给、扩大人民币国际化使用、建设更为坚实的金融基础设施、扩大人民币的汇率波动范围等措施进一步促进离岸债券市场的发展。

王叙果等（2014）针对地方债务负担过重的现实，分析了其形成原因及可能的演变路径，并提出了发行挂钩于 GDP 的债券的建议以化解地方债风险。

也有部分研究着重分析债券市场交易导致的风险，如王春峰等（2010）基于已实现的跳跃风险，分析中国银行间债券市场回购交易动态行为特征与成因，认为大型股票 IPO 是短期 R007 合约利率跳跃的重要原因，而且其影响已经超过了央行公开市场操作。因而，考虑到很多大盘蓝筹股等待发行 A 股，新股发行引起的利率飙升必然会使利率的剧烈波动成为常态，需要充分重视债券回购市场的利率波动对整个债市造成的影响。岳跃和邢昀（2015）的分析表明公司债高杠杆可能会成为交易所债市的巨大潜在风险。

（四）债券市场发展的国际经验分析

中国债券市场的发展有赖于根据中国经济发展的实际情况，充分吸取和借鉴其他国家债市发展的经验教训，在债券市场的产品创新、市场结构和监管制度等方面进一步完善。张自力（2009）分析了次贷危机背景下美国高收益债券市场的监管新动向，认为新近的监管动向更加注重投资人利益保护，改进信用评级机构的透明度和问责机制以确保这些机构向投资者提供的信用等级评价和披露信息更加具有参考价值和全面性，注重多方协调监管等。中国国债协会赴英国培训考察团（2010）系统梳理了英国债券市场的监管架构、职能分配方面的经验，并提出其在债券市场管理与风险控制方面积累的丰富经验，对促进我国债券市场的国债监管立法、做市商制度以及债券融资方式创新等方面具有较多的借鉴意义。

第二节 公司债市场的发展现状分析

一、公司债市场规模情况

受历史制度性因素的影响，中国债券市场长期存在着以银行间债券市场为主、银行间债券市场与交易所债券市场并存发展的局面。2015 年以来交易所公司债市场发展迅速，对长期以来主导中国债券市场格局的银行间债券市场造成冲击。从 Wind 的统计数据来看，2015 年 4 月 30 日的公司债存量规模仅为 7863 亿元，占信用债存量规模的 12%。表 3-1 显示，时至 2017 年 7 月 30 日，公司债的存量已经达到 47574.99 亿元，在 32 万亿元的信用债存量规模里，占比达 14.87%。

表 3-1 中国信用债市场格局情况

类别	债券数量（只）	债券数量比重（%）	票面总额（亿元）	票面总额比重（%）
同业存单	10964	35.55	83426.80	26.07
金融债	1140	3.70	44486.23	13.90
商业银行债	221	0.72	9857.20	3.08
商业银行次级债券	322	1.04	17485.92	5.47
保险公司债	61	0.20	2172.53	0.68
证券公司债	433	1.40	11437.08	3.57
证券公司短期融资券	4	0.01	80.00	0.03
其他金融机构债	99	0.32	3453.50	1.08
企业债	2769	8.98	31148.04	9.74
一般企业债	2755	8.93	31023.72	9.70
集合企业债	14	0.05	124.32	0.04

类别	债券数量 (只)	债券数量比重 (%)	票面总额 (亿元)	票面总额比重 (%)
公司债	4856	15.75	47574.99	14.87
私募债	3110	10.08	22673.44	7.09
一般公司债	1746	5.66	24901.55	7.78
中期票据	3372	10.93	47128.62	14.73
一般中期票据	3370	10.93	47124.36	14.73
集合票据	2	0.01	4.26	0.00
短期融资券	1508	4.89	16354.30	5.11
一般短期融资券	529	1.72	4773.20	1.49
超短期融资债券	979	3.17	11581.10	3.62
定向工具	2271	7.36	20929.36	6.54
国际机构债	10	0.03	220.00	0.07
政府支持机构债	129	0.42	14355.00	4.49
资产支持证券	3682	11.94	12442.29	3.89
交易商协会 ABN	98	0.32	407.94	0.13
银监会主管 ABS	562	1.82	4135.34	1.29
证监会主管 ABS	3022	9.80	7899.01	2.47
可转债	20	0.06	668.38	0.21
可交换债	118	0.38	1216.02	0.38
合计	30839	100.00	319950.02	100.00

资料来源：Wind 资讯。

从发行情况看，2015 年公司债发行与管理制度改革实施以来，公司债开始进入快速发展期，无论是一般公司债还是私募公司债，都出现了阶段性的井喷式增长，如图 3-1 所示。2016 年 2 月公司债总的单月最高发行额达到 4000 亿元左右的规模。随着供给侧结构性改革进程的推进，公司债发行审核门槛开始提高，对"两高一剩"行业部门的发债资质和要求进行了特别规定，使这些行业的发债规模得到控制。加之 2016 年 9 月房地产新一轮调控政策的实施，9 月 28 日，上交所和深交所也先后实施了房地产公司债券审核新政，收紧了公司债相关条件。该新政调整了房地产企业发债准入门槛，并对发债企业进行分类管理。根据上交所的初步方案，发债主体评级须达到 AA 级及以上，且满足其他四类条件的其中之一。此外，发债房企还将实行分类管理，正常类、关注类可正常发行，风险类企业发债将受限。这也使得发债占比较高的房地产企业的公司债发行规模开始回落。因而，公司债发行规模开始回调。随着 2016 年 12 月债市波动幅度加大，流动性冲击下的债市利率逐步走高，企业发债意愿快速下滑，与前期对特定行业部门的分类审核新政相互叠加，导致 2017 年公司债发行量大幅下滑。至 2017 年年中，公司债存量规模约为 4.76 万亿元，平均每月发行 600 亿~1000 亿元。

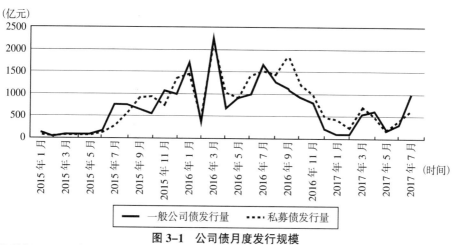

图 3-1　公司债月度发行规模

资料来源：Wind 资讯。

二、公司债产品的结构情况

由于公司债发行的信用等级确定需要从主体评级和债项评级两个方面进行，此处分别列示了两个层面的存量公司债的信用等级和期限结构分布情况，如表 3-2 和表 3-3 所示。

表3-2 存量公司债的主体评级和剩余期限分布情况

主体评级	余额 (亿元)	金额占比 (%)	1年以下 (亿元)	1~3年 (亿元)	3~5年 (亿元)	5~7年 (亿元)	7~10年 (亿元)	10年及 以上 (亿元)
AAA	15775.45	33.16	1050.40	4040.10	7542.45	2004.30	1048.20	90.00
AA+	12862.56	27.04	573.32	3587.38	7631.86	930.00	75.00	65.00
AA	16811.31	35.34	605.74	6803.17	8840.20	514.20	48.00	0.00
AA-	704.88	1.48	79.17	343.72	252.00	10.00	20.00	0.00
A+	59.67	0.13	7.87	40.80	11.00	0.00	0.00	0.00
A	11.45	0.02	4.00	2.95	4.50	0.00	0.00	0.00
A-	9.35	0.02	4.35	5.00	0.00	0.00	0.00	0.00
BBB+	2.00	0.00	0.00	2.00	0.00	0.00	0.00	0.00
BBB	6.50	0.01	2.50	4.00	0.00	0.00	0.00	0.00
BB	2.50	0.01	0.00	2.50	0.00	0.00	0.00	0.00
无评级	1326.82	2.79	323.88	631.93	371.00	0.00	0.00	0.00
合计	47572.49	100.00	2651.22	15463.55	24653.01	3458.50	1191.20	155.00

资料来源：Wind 资讯。

表3-3 存量公司债的债项评级和剩余期限分布情况

债项评级	余额 (亿元)	金额占比 (%)	1年以下 (亿元)	1~3年 (亿元)	3~5年 (亿元)	5~7年 (亿元)	7~10年 (亿元)	10年及 以上 (亿元)
AAA	18146.77	38.15	1172.71	4937.36	8367.90	2414.60	1099.20	155.00
AA+	9434.66	19.83	574.58	2876.57	5538.51	435.00	10.00	0.00
AA	8359.11	17.57	345.40	3454.08	4336.43	188.20	35.00	0.00
AA-	122.43	0.26	44.61	65.82	12.00	0.00	0.00	0.00
A+	7.23	0.02	0.33	6.90	0.00	0.00	0.00	0.00
A-	13.60	0.03	0.00	8.00	5.60	0.00	0.00	0.00
BBB+	0.92	0.00	0.92	0.00	0.00	0.00	0.00	0.00
BBB-	11.50	0.02	1.50	10.00	0.00	0.00	0.00	0.00
无评级	11476.22	24.12	511.17	4104.77	6392.57	420.70	47.00	0.00
合计	47572.49	100.00	2651.22	15463.55	24653.01	3458.50	1191.20	155.00

资料来源：Wind 资讯。

从存量公司债的信用等级看，表 3-2 的数据表明，超过 95% 的公司债发行主体的信用评级在 2A 及以上。这与我国债券市场信用评级虚高有关，表明我国信用评级制度有待进一步完善。但据此可以看出，以信用评级公司的标准评估，发债企业的主体信用状况还是较为优质的，因而，在一定程度上表明公司债发债企业的资质较好，对债券的偿还能力较强。然而从存量公司债的期限结构看，剩余期限以 1~3 年和 3~5 年的为主，1 年以内到期的存量公司债总规模不到 3000 亿元，不到存量公司债券余额的 6%，这表明公司债的到期兑付压力可控，但未来 1~5 年则要承受较大的兑付压力。因而，未来宏观经济的走向与企业的盈利复苏状况都将对存量公司债的兑付产生重要影响，监测公司债市场风险时也应格外关注这一风险。

从存量公司债的债项评级来看，如表 3-3 所示，超过 76% 的公司债存量余额的债项评级在 2A 及以上，表明公司债债项的评级也相对优质。但与主体评级中无评级债券占比极低的情况不同的是，债项无评级的存量余额占据存量总额的 24%，因而，尽管发债企业的主体评级状况相对较好，但发债融资项目的信用状况明显要低很多，诸多主体信用等级较高的发债企业主体的兑付能力，至少可以部分弥补无债项评级产品的风险。

三、公司债市场的发行者结构情况

表 3-4 给出了公司债发行主体的行业特征，可以看出，公司债市场的行业集中度较高，其中以包括房地产和建筑业的房地产相关行业，以及制造业为主要的发债主体，这三个行业发债余额占据公司债存量余额的 58.07%。尤其是包括房地产业和建筑业的房地产相关行业，其发行的公司债只数占公司债存量总只数的 46.77%，发行金额占存量余额的 44.92%。据此可以看出，交易所公司债制度改革也为房地产相关企业提供了相对便利的融资渠道。同时这也意味着在未来几年，房地产行业的周期性转变可能会给公司债市场带来潜在风险。由于房地产行业的开发周期长、资金使

用杠杆率较高，因而，对房地产企业的债券到期兑付能力需要给予足够的关注，否则可能引发较大的信用风险。

表 3–4　公司债发行主体的行业特征

行业	发行数（只）	发行只数占比（%）	发行金额（亿元）	发行金额占比（%）
房地产业	1007	20.07	12725.43	28.99
建筑业	1340	26.70	6993.19	15.93
综合	836	16.66	6306.17	14.37
制造业	594	11.84	5765.86	13.14
金融业	262	5.22	2589.93	5.90
电力、热力、燃气及水生产和供应业	207	4.13	2492.54	5.68
采矿业	116	2.31	2004.41	4.57
交通运输、仓储和邮政业	165	3.29	1580.25	3.60
批发和零售业	135	2.69	1370.25	3.12
租赁和商务服务业	95	1.89	808.60	1.84
水利、环境和公共设施管理业	77	1.53	457.20	1.04
信息传输、软件和信息技术服务业	28	0.56	313.77	0.71
农、林、牧、渔业	66	1.32	206.40	0.47
文化、体育和娱乐业	67	1.34	146.00	0.33
住宿和餐饮业	9	0.18	56.00	0.13
居民服务、修理和其他服务业	7	0.14	44.00	0.10
教育	5	0.10	20.00	0.05
卫生和社会工作	2	0.04	9.00	0.02
合计	5018	100.00	43889.00	100.00

资料来源：Wind 资讯。

四、公司债市场的投资者情况

从公司债的投资者类别上看，交易所公司债市场的参与主体主要有基金公司专户、证券公司自营、公募基金产品、证券公司集合理财、保险类产品、信托公司及产品、企业年金计划、银行及银行理财产品、社保基金、保险公司、私募基金产品、法人机构、养老金产品、基金管理公司、个人投资者、期货资管产品 16 种类型。这 16 种类型的投资者的规模大小差异很大，截至 2017 年 4 月底，基金专户、证券公司集合理财、银行及银行理财产品的托管规模占据交易所债券市场总规模的 50% 以上。其次是公募基金产品、证券公司自营、保险类产品、信托公司等，占交易所债市总规模的 30% 左右，其余 9 类投资者占比约为 20%。

从投资者的盈利来源来看，绝大部分投资者都以持有债券到期进行资产配置为主要盈利目的，当然，存在趋势性行情的时候，逢高抛出也是这几年债市投资盈利的手段之一。从资金的风险承受力来看，基金专户、证券公司集合理财、银行及银行理财产品的资金主要来自于商业银行的理财和委外资金，这些资金对市场波动的敏感程度较高。在波动导致的损失可承受时，这些类型的投资者可能会率先抛售债券离场止损。相比之下，养老金产品和社保基金、企业年金计划等由于可以相对长期持有债券（当债券的信用风险本身问题不大时），它们对债市的周期性波动容忍度相对较高，而证券公司自营和公募基金产品的风险敏感系数介于前述两种类别的投资者之间，但由于这两个机构的风控机制总体较为严格，它们的投资风格一般相对稳健，因而抗市场波动的能力也相对较强。

五、公司债市场的交易情况

（一）公司债市场的流动性状况分析

我国债券市场的流动性水平较低。图 3-2 显示，我国的存量债券只数在快速增长，至 2017 年已达到 2.3 万只。但从每日交易的券种占存量券种的比例来看，日交易成交比例极低，从 2013 年初的 25% 下滑到 2017 年的日交易券种数量不足存量债券总数的 10%。

图 3-3 显示，随着债券市场的快速扩容，我国债券市场的每日成交笔数也有上升的趋势，但 2016 年 12 月以来成交笔数经历了大幅的下挫，表

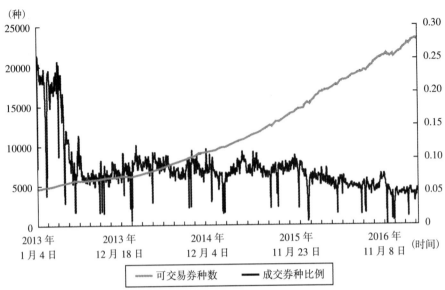

图 3-2 债券市场可交易券种数和每日成交券种占比情况

资料来源：根据 Wind 资讯计算得到。

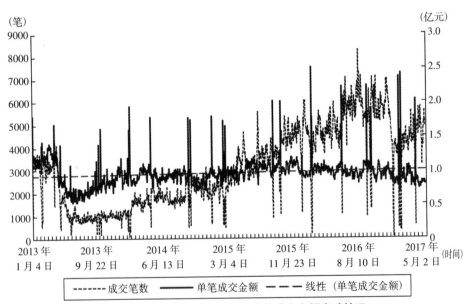

图 3-3 债券市场成交笔数和单笔成交金额变动情况

资料来源：根据 Wind 资讯计算得到。

明 2016 年 12 月二级市场"债灾"的负向冲击较大，导致债券市场流动性大幅下滑。同时，从单笔成交金额来看，成交金额总体保持平稳。大致在 0.8 亿元/笔的单笔成交规模。

（二）交易所回购市场情况

总体来看，2017 年 4 月央行公开市场操作仍以对冲为主，在 4 月 13 日前央行连续 13 日暂停逆回购操作，累计回收流动性 4900 亿元，期间内市场流动性仍较为宽裕，交易所回购规模从上月 18076 亿元的高点连续回落。然而下半月以来，随着监管政策的集中出台、银行委外资金赎回以及 4 月财税缴款因素的叠加冲击，市场流动性再次趋紧，交易所回购规模呈现缓步增长趋势，截至 2017 年 4 月底，交易所回购未到期规模为 17328 亿元，较上月底下降 747 亿元，日均回购未到期规模为 16877 亿元，较上月增长 225 亿元（见图 3-4）。

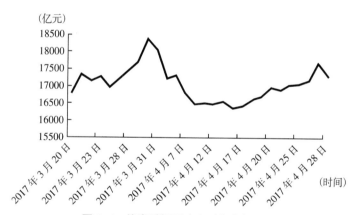

图 3-4 债券质押回购未到期余额变化

资料来源：中国结算公司。

从回购利率的波动情况看，自上月底的高位回落后，4 月交易所回购利率整体维持低位水平，仅在下旬资金面较为紧张时出现小幅增长。截至 4 月底，交易所 1 天期回购定盘利率为 3.30%，较上月底大幅下跌 925BP，7 天期回购定盘利率为 3.35%，较上月底下跌 249BP。如图 3-5 所示。

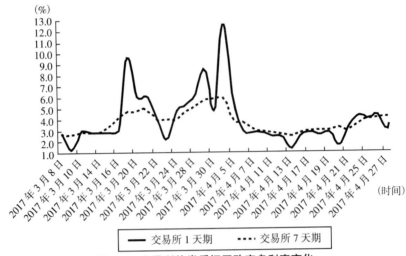

图 3-5　交易所债券质押回购定盘利率变化

资料来源：中国结算公司。

从回购期限结构看，4月1天期回购交易量明显增加，而14天期、28天期交易量均下降，回购期限结构向短期限转移，当月回购加权平均期限①为5.9天，较上月底下降1.6天。具体来看，截至4月底，1天期、7天期回购规模分别增长至56.5%和25.9%；14天期、28天期回购规模分别下降至6.0%和7.4%。

（三）交易所质押式回购的信用债结构情况

监管部门对交易所回购市场的潜在风险始终十分关注，这主要是由于交易所市场采取了中央对手方（CCP）交易模式，信用风险的短期集中式爆发和市场流动性的急剧下滑都可能对这一交易模式的稳定性造成重大冲击。因而，相关的风险控制措施和政策改进也在持续进行。2016年12月9日，中国结算联合沪深交易所联合发布了《债券质押式回购交易结算风险控制指引》，上述风险管理措施主要着力于改善和加强质押券风险管理，实现对质押券信用风险、价格风险、流动性风险、集中度风险等的管理。其要点主要有两个方面：第一，大幅降低信用类债券，特别是低等级信用

---

① 回购加权平均期限 = $\sum$ 回购期限 × 该回购期限未到期占比。

类债券的折扣系数;第二,引入了第三方债券估值,进一步提高了质押券担保盯市管理的有效性。

从交易所市场的新近情况看,2017年4月7日,中国结算正式开始实施新的质押券准入标准,按照"新老划断"原则,将新增公司债入库标准提高至债项评级AAA级、主体评级不低于AA级。从质押券信用等级分布来看,截至2017年4月底,质押库内信用债占比约为78.0%。其中,AAA级信用债占比约为46.1%;AA+、AA级信用债占比分别下降至17.9%和14.0%(见图3-6)。因而,质押式回购市场的潜在风险可能正在逐步下降。

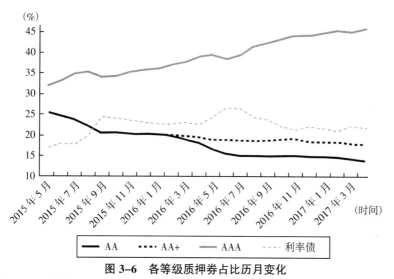

图3-6 各等级质押券占比历月变化

资料来源:中国结算公司。

第三节 公司债市场的潜在风险来源及触发机理分析

从一般性的理论逻辑上看,债券产品投资的风险主要可以归结为信用风险、流动性风险、期限风险、利率风险、税收风险和监管政策风险六个类型。其中，信用风险是最直观且普遍的风险，流动性风险既可能源自债券市场本身的换手率较低，也可能源自市场资金的短期大幅紧缺，比如央行货币政策的大幅收紧等。监管风险是转型市场经常发生的风险之一，主要由于新老政策的转换过程存在着较大的跳跃，参与者为实现其参与行为的合规性而被动、快速、大幅调整其行为模式，进而对整个债券市场造成较大冲击。

从监管者对市场风险控制的角度看，上述风险可能同时对市场参与各方都产生影响，因而，根据公司债市场参与各方面临的风险进行区分，有利于厘清市场主体间的交互行为以及风险在参与各方的传导和蔓延过程，进而提出有针对性的应对措施。根据市场参与者的不同，可以将上述风险公司债市场分为来自发行者的风险、来自投资者的风险、来自交易市场的风险和来自监管层的风险四个方面。以下分别进行简要梳理分析：

一、公司债发行者的风险来源

从公司债发行者的角度看，这一主体可能冲击市场的风险主要源自信用风险，企业的经营绩效下滑、流动性管理不当等都可能导致其对已发行债券还本付息的违约，而企业的违约行为会使得市场投资者直接遭受损失。如果违约的规模足够大，或者引致企业违约的因素具有行业典型性，可能引起市场风险的传染和蔓延进而放大最初的信用违约风险。其原因在于，债券投资者主要以机构投资者为主，个别类型的投资者在整个金融体系里具有特殊重要的地位，比如商业银行等金融中介，短期的重大损失可能使得其市场功能丧失，进而连带引起其他机构的正常经营运行问题，或者这些投资者为弥补资产负债表的重大损失而对其他资产进行抛售，如果抛售的资产规模足够大，可能会使得部分乃至整个市场的交易陷入困境，引起市场的流动性枯竭，进而对市场造成更大的负向冲击。

因而，从市场风险控制的角度分析公司债发行者的信用风险，更需要关注引致信用风险的行业性特征，以及债券存量规模、该类型债券的投资者特征及投资者的集中度等问题。[①] 对于发行人、评级机构、审计机构、承销机构在发行、募集资金使用、审计和信息披露方面存在违规的行为进行依法坚决处理，这样才能更好地排除由于相关各方的违法违规行为导致整个公司债市场增加不必要的风险因素。

前述分析已经表明，未来1~5年是公司债产品集中到期兑付的时期，可能处于信用风险的高发期，因而需要密切关注宏观经济状况、行业的周期性特征和企业盈利情况，及时预判信用风险爆发可能对市场的冲击。

二、公司债投资者的风险来源

从债券市场投资者的角度看，任何类型的风险爆发对投资者的影响主要通过改变其资产—负债的买卖行为而对整个市场造成冲击。因而，无论是由于债券的信用评级调整或者到期兑付违约，还是央行货币政策紧缩引起的市场总体流动性紧绷、投资者的资产—负债结构的错配，抑或其他恐慌性情绪的迅速蔓延引起市场的抛售，都会使得投资者改变其买卖策略，进而对债券的供求关系产生影响而冲击市场。这一方面与信用债产品的换手率过低有关，另一方面与市场信息不完全、不对称时各参与者的情绪波动有关。事实上，极端情况下，绝大部分信用债产品都可能由于阶段性缺乏对手方而瞬间陷入流动性枯竭的状况。当大规模流动性枯竭状况出现时，市场往往陷入非理性的螺旋式下跌过程，此时需要央行发挥"最后贷款人"的角色对市场进行干预，以缓解市场的暂时性恐慌情绪。

从公司债市场风险控制的角度看，需要根据投资者的资金来源和资金的期限结构确定其对市场波动的承受力进行评估，区分不同类型投资者对价格波动的容忍度，并对市场波动尤其是大幅波动时，不同类型投资者的

---

① 附录5和附录6简要回顾了公司债市场两次典型的违约事件——超日债和五洋债的违约及相应的处置过程。

投资策略选择进行预判。尤其需要重点关注价格敏感性投资者集中扎堆成为某些风险较大的产品相互交易的对手方。在常态时期的定价可能大幅偏离其均衡价格，在市场风险暴露时会快速引起抛售进而陷入流动性枯竭状况。

三、公司债市场的交易风险来源

从市场的风险来源来看，任何不确定性导致的市场情绪变动都可能是公司债交易市场的最大风险来源。不确定性主要来自两个方面：第一，总量性政策的走势，这种走势既可能来源于央行货币政策主动调控，也可能来自于外部经济环境导致的国内政策的被动跟随，比如美联储加息导致的我国央行货币政策调控空间压缩。第二，监管政策走势的不确定性。这在 2016 年底以来的债券市场中表现得尤为突出。在去杠杆政策方向确定的基础上，政策细则的节奏和力度由于需要前期摸底数据的支撑，在自查数据未完成上报之前，实施细则难以正式推出，使得市场始终存在极大的不确定性。不同层面的政策解读使得投资者难以适从，阶段性的监管事件容易进一步加剧市场的紧张情绪，市场情绪恐慌导致抛压持续存在，导致整个债券市场始终处于紧绷状态，不利于市场风险的有序释放，同时，不确定加大下的利率一路上行，导致企业的债券发行大规模暂停、推迟或取消发行，也影响了实体经济企业的正常投融资行为。

另外，系统重要性交易制度的可持续性是公司债市场特有的风险来源之一。为促进公司债的流动性，降低公司债债券的流动性溢价，交易所实行了以标准券进行折算的中央对手方交易制度（CCP），中国结算充当回购交易双方的中央对手方，对进行正/逆回购双方的债券按照不同的信用等级和折算率标准进行折价质押。这种制度在常态时可以极大地提高回购效率，交易所市场的回购规模快速增长即是典型证明。但在分业监管、监管竞争并存的结构下，潜在信用风险的上升和货币政策的收紧，可能使得CCP制度在大规模违约发生的极端情况下面临较大的风险暴露。因而，交易市场风险防范对此也需要进行密切关注。

四、公司债市场的监管风险来源

发达国家的市场监管政策延续性一般较好，加之市场与监管机构之间的交流沟通渠道相对完善，相关的监管政策出台一般不会引起市场的大幅波动。从近几年中国的资本市场运行情况看，缺乏协调的政策大幅变动可能存在叠加效应，监管风险可能本身是引发市场波动的因素之一。

2017 年初以来，银监会等监管部门出台一系列从严监管措施，导致市场反应情绪过激，引起债市出现阶段性大幅波动。随着市场情绪被监管层所关注到，一行三会之间的政策协调性加强，市场行情随之回暖趋稳。从政策监管层的态度看，前期过度紧绷的监管可能会适度放松、央行维持资金紧平衡的态度逐渐明确，使得市场参与者对监管政策和资金面的预期不确定性下降，市场情绪有望逐步改善。市场情绪的改善促使 7 月债市反弹趋稳。主要有如下三个方面的原因：

第一，6 月中旬传闻银监会允许部分商业银行延迟提交自查报告时间，表明金融市场压力已经被监管部门所重视，严监管去杠杆的节奏会兼顾市场的可承受力而稍有放缓。因而，后续的措施不太可能会如市场前期预期的那样严厉。同时，前期的跨部门监管政策叠加引起的市场过度波动，也会推动一行三会加强政策协调，进而化解市场对多部门紧缩政策叠加引发债市大跌的担忧。

第二，6 月市场情绪紧张时，6 月 8 日央行一次性投放 4980 亿元 MLF 资金，以对冲本月即将到期的 4313 亿元 MLF 资金（分别是 6 月 6 日到期 1510 亿元、7 日到期 733 亿元、16 日到期 2070 亿元）。央行这一行为虽然并不是重开流动性阀门，但这一姿态表明其对市场资金面的状况是充分关注的，且愿意前瞻性地将资金面保持在它认为合适的水平，而从资金的净投放规模（季末大考时期也仅投放 600 亿元左右）来看，维持资金紧平衡状态可能是央行所乐见的。所以，未来既不能寄希望于央行重新"大放水"，但也不用过度担心 6 月底会重现大规模"钱荒"事件。因而，市场情绪可能因此而逐步修复。

第三，资金面的持续边际紧平衡，可能使得资金利率稳中有升。从债券发行者的角度看，那些有举债能力但希望在利率低点时再发债的企业，需要接受未来融资成本逐步提高的现实，进而压缩它们暂停发债进行观望的时间窗口，债券发行规模也有望逐步恢复常态，这也有利于债市情绪的修复。

从 2017 年初以来的债券市场波动和监管政策的出台关系来看，监管风险可能也是我国债券市场的一个重要的风险来源，主要原因有两个方面：其一，政策的方向转变较为剧烈，市场参与者不得不被动按照监管要求的转变而进行投资结构的调整，比如银监会 4 月对委外和理财资金的监管新要求，证监会对券商通道业务的管理新措施等；其二，分业监管制度下的政策协调性不够，不同监管部门间的监管政策可能存在着叠加效应，放大了每一个部门的政策影响力，这主要是由于金融机构间的资金链条和业务内容相互叠加嵌套所导致的。

因而，初衷良好的监管政策也需要把握好时机力度和部门间的协调性，避免在市场波动加大时竞争性地紧缩监管政策，导致市场风险进一步被放大并深度蔓延，这也是管控公司债市场风险时所需要重点关注的。

五、公司债市场风险的触发机理分析

结合国内外债券市场的历史经验，从风险的危害性来看，公司债市场的风险可以区分为债券市场内部风险和外溢到债券市场以外甚至引起金融系统危机的系统性风险两个层级。以下分别对这两个层级潜在风险的可能触发机理进行简要分析：

第一，公司债市场内部风险。这主要是指在我国债券市场分割、监管竞争持续存在的背景下，影响公司债市场持续稳定健康发展的各类风险。具体而言，这种风险主要来自于如果公司债市场的运行表现持续且大幅差于银行间市场，可能会导致发行者和投资者不愿参与公司债市场，公司债市场规模和活跃度逐步趋于萎缩停滞的风险。这种风险可以表现为三种形式：其一，公司债的发行利率较高，发行者不愿意继续发债，市场逐步萎缩；其二，公司债的风险和收益不匹配，投资者不愿意参与，进而导致公司债市场的债券发行相较于银行间而言没有优势，市场逐渐萎缩；其三，公司债市场价格大幅波动频繁，使得投资者损失惨重，投资者不愿参与。当然，这三种情况之间本身也是相互联系的，本质都是风险定价机制失灵所引发的，需要从风险定价的角度分析哪些因素可能会导致交易所公司债市场比银行间市场的扭曲更严重。从价格形成的角度看，可以通过分析债券换手率情况，以及信用利差的变动灵敏性来比较两个市场的市场有效性。

第二，公司债市场的系统性风险主要是指从公司债市场爆发的、可能引发整个国家金融体系危机的风险。从历史上国际金融危机中的系统性风险爆发的共性来看，金融系统出现重大风险往往离不开作为关键节点的部分系统重要性金融机构的传导。这些系统重要性金融机构遭受风险传染后迅速陷入经营困局，进而引发整个金融系统投融资和价值发现功能丧失，是系统性风险爆发的重要传染途径。因而，以此反观公司债市场，对公司债市场稳定可能产生重大影响的关键节点可能有作为 CCP 的中国结算公司，以及某些特别大型的机构投资者等。从触发因素上看，由于中国债券市场的投资者主要以配置型持有为主，因而，市场波动本身的风险应该相对有限，主要风险可能来自于存量债券的大规模集中违约。

中央结算作为回购市场中投资者融入/融出资金的对手方，在极端情况下可能会遭受质押债券（质押券无征兆性地集中大规模违约，或者对质押券紧急处置时无买入对手方）无法及时处理引发的 CCP 流动性枯竭，进而引起回购市场的投资者到期续作的资金链条断裂，债券市场价格剧烈波动甚至很多券种的流动性枯竭。当不存在优先—劣后的结构化产品安排且不存在回购杠杆时，价格的波动仅会导致市场流动性枯竭，投资者将债券持有到期仅会损失违约部分的债券价值。但如果投资机构存在结构化产品安排，在债市流动性丧失的极端情况下，他们可能会选择抛售持有的股票回笼资金以偿还优先级投资者，这可能会引起股市大幅波动。另外，短期大规模债券违约事件也可能重创部分重要机构投资者，这也会对金融系统造成重大冲击。

当然，这种可能性仅是极小概率的极端情况，要发生可能需要同时具备三个条件：第一，市场的流动性极度匮乏（导致资本对风险的厌恶程度很高）；第二，回购市场的投资者持续高杠杆运行且陷入深度浮亏状况（一旦续作资金链断裂，只能抛售止损，前期的账面浮亏转为业绩的实亏）；第三，质押债券大面积违约或者质押券长时间无法及时处理（市场都紧绷时，无交易对手，且事先无紧急救助的制度性安排）。这种系统性风险具有显著的尾部风险特征，在常态时期的爆发概率极低。在市场的资金流动性极度紧张、各类投资者前期亏损严重时的爆发概率相对提高，其危害性较大主要是因为风险演变过程是非线性的，会随着时间的推移而快速放大。对于监管部门而言，果断应对、把握极短的有利处理时机对于防止危机的蔓延至关重要。

在第二种风险类型中，可能会存在股债联动的风险。这种风险主要由公司债市场的大规模违约（或者监管政策）所引发，然后传染至股票市场并引起股票市场大幅波动的风险，这种风险传导过程主要基于股债联动效应。股债联动风险的关键节点主要是那些使用了结构化产品，同时在股、债市场进行投资的机构群体。这些机构群体影响资本市场内部第一种可能的情形是，当债券市场因为某些因素出现整体价格大幅跳水时，由于信用债产品的流动性极为匮乏，抛售债券及时止损的渠道可能会被暂时堵塞，为满足优先级的投资人保本收益要求，资产管理者可能会调整资产配置，抛售部分股票以套现偿还优先级资金。第二种可能的情形是，（监管政策收紧等）推动表外资金短期大规模回撤至表内，银行理财和委外资金大规模从股债资本市场撤出，此时债券市场的价格下跌导致债市换手交易的流动性较差，使用结构化产品的机构可能也会选择抛售股票以保证客户的优先级权益。两种情形都是由于债券市场的流动性较差所引致股票市场被动出现波动。

第四节　公司债市场发展风险分析
——基于发行和运行特征视角

在市场的总体量、投资者资金规模等方面存在显著劣势的现实约束之下，如前述分析所示，如果交易所公司债市场的运行表现比银行间市场要差，那么从中长期的角度看，交易所公司债市场的发展可能会面临重大挑战，这是交易所中长期需要重视的问题。因而，有必要对两个市场的运行效率进行比较分析，据此分析交易所债券市场中长期发展所面临的风险。此处，主要从发行成本、流动性状况和信用利差等角度进行实证分析，以比较交易所公司债市场和银行间市场同类型产品相比较具有哪些优劣势。

一、公司债市场发行情况比较分析

首先，从发行主体的所有者属性来看，2015年1月证监会发布的《公司债券发行与交易管理办法》实施以来，交易所债券市场的规模扩张迅速。深入分析改革政策实施一年的效果，表3-5和表3-6显示，无论从债券发行只数还是发行规模看，银行间市场中期票据与交易所公司债都较为相近，但银行间市场的中期票据发行主体是以国有企业为主，国有企业（包括地方国有企业和中央国有企业）的发行总只数占市场总发行只数的82.14%，发行额度占市场发行总额度的87.39%，可以说，银行间市场中期票据市场的发行由国有企业主导。然而表3-6的数据表明，交易所市场公司债发行主体中，相对于银行间市场而言，非国有企业的占比更高。其中，国有企业的发行总只数占比为65.39%，发行额度仅占公司债发行总额度的56.70%，大幅低于银行间市场中国有企业占中期票据发行总额度的87.39%。

表 3-5 2015 年度银行间市场中期票据国有企业占比情况

企业性质	只数（只）	占比（%）	总额（亿元）	占比（%）
地方国有企业	597	64.61	6795.95	53.26
中央国有企业	162	17.53	4355.35	34.13
非国有企业	165	17.84	1608.16	12.60
合计	924	100	12759.46	100

资料来源：Wind 资讯。Wind 的统计将中央或地方国资委控股的企业定义为"地方国有企业"或"中央国有企业"，为便于比较，本书将除上述两类企业以外的其余类型企业都并入"非国有企业"的统计口径，下同。

表 3-6 2015 年度交易所市场公司债国有企业占比情况

企业性质	只数（只）	占比（%）	总额（亿元）	占比（%）
地方国有企业	842	62.14	4898.24	47.49
中央国有企业	44	3.25	949.5	9.21
非国有企业	469	34.62	4466.06	43.31
合计	1355	100	10313.80	100

资料来源：Wind 资讯。

表 3-5 和表 3-6 的数据比较表明，相对于银行间中期票据市场，交易所公司债市场更受非国有企业的欢迎。究其原因，可能与交易所债券市场更好地适应了市场需求有关。从债券发行者的角度看，2015 年 1 月证监会发布的《公司债券发行与交易管理办法》扩大了公司债发行主体范围，丰富了债券发行方式，简化了发行审核流程，大幅提高了债券发行的审批效率；从投资者的角度看，改革后的公司债市场加强了债券市场监管，同时对债券持有人权益保护的加强，也有利于投资者更好地参与市场。公司债市场发展迅猛，拓宽了非国有企业的融资渠道，因而，交易所债券市场的快速发展成为银行间债券市场的一个有益补充。

其次，从两个市场的债券信用等级来看，银行间市场的中期票据主要集中于高信用等级的债券，而公司债的信用评级总体偏低且分布更加分散。图 3-7 显示，2015 年银行间市场中期票据的信用评级主要集中于 AA-等级以上，而在交易所公司债中，无评级的债券只数为 464 只，在公司债市场只数分类中居于第二位，仅次于 AA 级债券的 587 只。

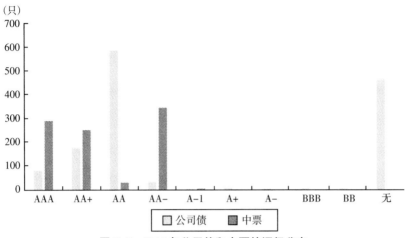

图 3-7 2015 年公司债和中票的评级分布

注：横坐标"无"代表无评级，下同。

资料来源：Wind 资讯。

交易所市场的发行主体信用等级更加多元化，与交易所债券市场的投资者结构有关。从投资者构成的角度看，券商和基金等机构是交易所债券市场的投资主体，其投资方向更加多元化，可以更好地发现市场机会，因而也更乐意投资于不同信用等级的债券产品。从这一点也可以看出，交易所市场可成为银行间市场的有益补充。

最后，从融资成本的角度看，如表 3-7 所示，以实际发行总额为权重计算，同期限同信用等级的公司债发行成本要低于银行间中期票据，这也是造成 2015 年交易所公司债发行规模"井喷式"增长的重要原因。

表 3-7 交易所公司债和银行间中期票据的加权平均发行利率比较

交易所公司债			银行间中期票据		
信用等级	期限（年）	加权平均利率（%）	信用等级	期限（年）	加权平均利率（%）
AAA	3	3.6686	AAA	3	3.9877
AA+	3	4.3373	AA+	3	4.8074

交易所公司债			银行间中期票据		
信用等级	期限（年）	加权平均利率（%）	信用等级	期限（年）	加权平均利率（%）
AA	3	5.3679	AA	3	5.8173
AAA	5	3.8987	AAA	5	4.4463
AA+	5	4.5027	AA+	5	4.9382
AA	5	5.4896	AA	5	5.5717

资料来源：招商证券提供，根据 Wind 资讯整理。

　　造成交易所公司债市场发行利率较低的原因，与交易所实行的标准券回购制度密不可分。交易所市场的标准券回购制度促进了交易所债券市场回购交易的活跃，可以提高债券市场的流动性，有利于债券市场的健康发展。同时，在监管层和投资者有效控制回购杠杆风险的前提下，回购交易可以提高债券投资的收益率，降低债券的流动性风险溢价，进而有利于压低公司债的发行成本。因而，从这个角度来看，相对于银行间市场的同类型产品而言，交易所的公司债产品在多个方面仍然具有自己的鲜明特色和显著优势。

二、公司债市场流动性状况比较分析

　　图 3-8 计算了中国和美国债券市场的日均换手率情况。此处的日均换手率以各自债市的日均交易量除以各自的年末债券托管余额得到。从图 3-8 的两国债市的日均换手率可以看出，两国的日均换手率均有小幅下滑趋势。其中，中国的日均换手率从 2011 年的 1.13% 逐步下滑到 2016 年的 0.77%，与此同时，美国的日均换手率从 2011 年的 2.51% 下滑到 2016 年的 1.96%，而从中美债市换手率之比可以看出，2016 年中国债市的日均换手率还不到美国的 40%。因而，中国债市的整体流动性仍有待进一步改善。

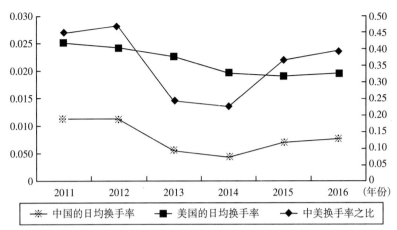

图 3-8 中国和美国债券市场的换手率比较

资料来源：根据 SIFMA 和 Wind 资讯数据计算得到。

具体到公司债市场，图 3-9 给出了公司债日均换手率的变动情况，并将其与银行间市场较为相似的品种——中期票据的换手率情况进行比较。从图 3-9 可以看出，第一，公司债和中票的换手率存在着下滑的趋势；第

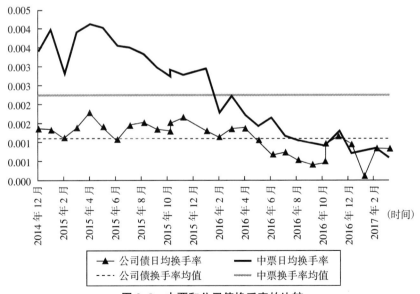

图 3-9 中票和公司债换手率的比较

资料来源：根据 SIFMA、Wind 资讯数据和中国债券信息网数据计算得到。

二，比较来看，公司债的日均换手率总体要低于中票；第三，中票在 2016 年 1 月的日均换手率跌破近 29 个月的日均平均水平，而公司债在 2016 年 5 月的日均换手率跌破近 29 个月的日均平均水平。这背后也暗含着信用债市场的流动性风险可能会加大。

进一步将中国的公司债和中票的日均换手率和美国公司债的换手率进行比较计算，可以得到如图 3-10 所示的情况。从图 3-10 可以看出，第一，总体而言，中国的公司债和中票换手率大幅低于美国的公司债，以 15 个月的平均数据看，公司债和中票的日均换手率仅分别相当于美国的 24% 和 36%；第二，中美两国的信用债换手率都有下滑趋势，且中国的中票换手率下滑尤为突出。对上述数据的测算显示，美国的公司债换手率仍在均值水平左右（2017 年 4 月的换手率为 0.0033，略低于 15 个月均值 0.0036），中国的公司债换手率也还在均值附近（2017 年 4 月的换手率为 0.00082，略低于 15 个月均值 0.00086），中国的中票换手率下滑至不到 15 个月均值的一半（2017 年 4 月的换手率为 0.0006，低于 15 个月均值 0.0013 的 1/2）。

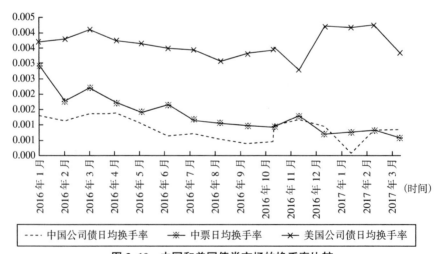

图 3-10　中国和美国债券市场的换手率比较

资料来源：根据 SIFMA、Wind 资讯数据和中国债券信息网数据计算得到。

综合图 3-8 至图 3-10 可以看出，换手率过低导致的流动性风险依然是制约我国债市的重要问题。从美国债市成交量的结构来看，95%以上的现券成交量为利率债和有政府信用的抵押债券。我国以公司债为主的交易所市场的流动性更差，数据测算显示，交易所的现券交易中，2015 年公司债总交易额为 3647 亿元，占交易所现券交易总额 33920 亿元的 11%，2016 年公司债总交易额为 7162 亿元，占交易所现券交易总额 5.1 万亿元的 14%。信用债交易占比畸高的背后是交易所国债结构占比过低的尴尬处境。所以，债券产品自身的流动性风险可能是整个交易所市场所需要重点考虑的因素之一。

三、债券市场的信用利差比较分析

图 3-11 的（a）（b）分别给出了 3 年期和 5 年期 AAA 级企业债、中票和公司债与同期限国债到期收益率的利差走势情况，并将这一利差同国开债和地方债、城投债与同期限国债之间的利差进行比较。可以看出，3 年期 AAA 级信用债（企业债、中票和公司债）的信用利差自 2016 年 12 月

（a）各券种 3 年期品种收益率与国债收益率之间的利差变动

图 3-11 3 年期和 5 年期 AAA 信用债与同期限国债收益率差值的走势情况

（b）各券种 5 年期品种收益率与国债收益率之间的利差变动

图 3-11　3 年期和 5 年期 AAA 信用债与同期限国债收益率差值的走势情况（续图）

资料来源：Wind 资讯。

以来已经大幅走高，且自 2017 年 2 月以来已经趋于稳定。5 年期的信用债产品与国债利差的走势类似，差别主要在于 5 年期信用债的利差幅度稍高。进一步测算利差变动情况，如表 3-8 所示，自 2017 年 6 月以来，3 年期各品种信用债的信用利差都已经高于 2015 年以来的平均水平，这可能意味着这些高等级信用债已经具备了一定的配置价值。

表 3-8　3 年期 AAA 信用债与 3 年期国债到期收益率的差值历史均值

单位：%

利差项	国开债	地方债	城投债	企业债	中票	公司债
2015 年以来平均利差	0.5079	0.3132	1.0193	0.9151	0.9319	0.7499
2017 年 6 月平均利差	0.7116	0.6517	1.3301	1.2054	1.2223	1.3002

资料来源：Wind 资讯。

将各时期的 5 年期 AAA 品种收益率变动值减去 3 年期 AAA 品种收益率变动值，可得到 5 年期与 3 年期 AAA 信用债之间的期限利差，结果如表 3-9 所示。

表 3-9 5 年期和 3 年期 AAA 信用债的期限利差变动情况

单位：%

利差项	国开债	地方债	城投债	企业债	中票	公司债
2015 年以来平均期限利差	0.03	0.02	0.04	0.03	0.03	0.01
2017 年 6 月平均期限利差	0.05	0.09	0.14	0.11	0.11	0.09
差值	0.02	0.07	0.11	0.08	0.08	0.08

资料来源：Wind 资讯。

比较表 3-9 中第 2 行和第 1 行的数据可以看出，2017 年 6 月以来各产品的期限利差开始高于 2015 年的平均水平，且信用债的利差普遍在 8 BP 以上，尤其是城投债，利差值超过了 10 BP。表明这些产品的 5 年期 AAA 信用债的期限利差也已经逐步走阔。

进一步分析 3 年期和 5 年期 AA 企业债、中票和公司债收益率与同期限国债收益率的利差走势情况，并将其同国开债和地方债、城投债与国债的利差走势进行比较。如图 3-12 所示，可以看出，2016 年 12 月以来，3 年期和 5 年期的 AA 信用债利差也相应走高，且上升幅度要高于同期限的 AAA 信用债。从测算来看，2017 年 6 月以来，各品种信用债信用利差也都已经高于 2015 年以来的平均值水平（5 年期的类似，为避免烦琐，此

（a）各券种 3 年期品种收益率与国债收益率之间的利差变动

图 3-12 3 年期和 5 年期 AA 信用债与同期限国债到期收益率差值的走势情况

（b）各券种 5 年期品种收益率与国债收益率之间的利差变动

图 3-12　3 年期和 5 年期 AA 信用债与同期限国债到期收益率差值的走势情况（续图）
资料来源：Wind 资讯。

处未列出）。但值得注意的是，图 3-12 的最右侧都显示，从 2017 年 5 月以来的利差走势情况看，3 年期和 5 年期的 AA 信用债利差似乎还未到稳定状态，仍然有震荡上升的趋势。

图 3-13 计算了 3 年期 AA 与 AAA 信用债的到期收益率差值，由于存量规模相对较大、期限结构一致、流动性状况类似，因而，这一差值在一定程度上可以表征该产品的信用风险溢价水平。同时，将差值的变动趋势与 2015 年以来的公开发行的信用债违约情况进行了比较分析，如下三个方面值得关注：

第一，观察企业债、中票和公司债的收益率变动趋势可知，企业债和中票的收益率差值变动相对较小，且两者的变动趋势较为一致；公司债的收益率差值变动范围较大，且表现出与企业债和中票不同的变动路径。这可能与不同信用债由于分属于不同市场（企业债和中票主要集中在银行间市场、公司债仅在交易所市场）、不同市场的投资者结构和投资风格有差异等因素有关。

第二，比较利差变动与历史违约事件的关系，尽管历史上 32 次公开发行的信用债违约主要集中在银行间市场（共 26 次），但相比较而言，公司债产品对信用违约事件更为敏感。这一点从图 3-13 的五个方框中可以看出，当信用违约事件密集发生时，总体而言公司债的利差反应更为迅速，且反应幅度相对更大。

第三，从 2017 年以来的市场走势看，这三类券种的利差水平趋于收敛，信用债密集违约事件的增加并未显著提高利差水平。但是，三个产品的信用利差正在从稳定波动向逐步抬升方向发展，进一步佐证市场的调整可能仍会继续。

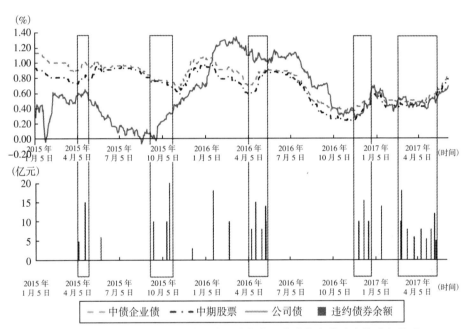

图 3-13　3 年期信用债到期收益率差值与信用债违约事件冲击的动态关系

资料来源：Wind 资讯。

图 3-14 给出了 5 年期 AA 级与 AAA 级信用债的到期收益率差值，可以发现与图 3-13 类似的结论，但 5 年期的信用债利差变动范围更大。这主要可能与久期更长的产品信用风险暴露更大有关。

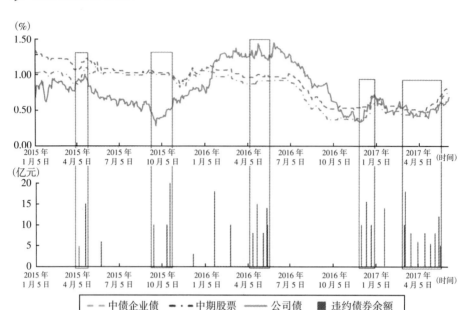

图 3-14　5 年期信用债到期收益率差值与信用债违约事件冲击的动态关系
资料来源：Wind 资讯。

四、公司债市场对违约事件的敏感性分析

前述分析表明，公司债产品对信用违约事件可能更敏感。此处进一步分析公司债产品对违约事件的敏感性。为扩大违约事件样本，此处的分析包括了前述的公开发行债券和其他私募发行的债券违约事件，违约事件数据来自于 Wind 数据库。同时，由于 2015~2017 年债市受资金面冲击的影响较大，此处还考虑了流动性冲击因素的影响。

从理论逻辑来看信用债产品的信用风险，在其他条件不变的情况下，信用债与国债到期收益率的差值主要体现了产品的期限溢价、流动性溢价和信用风险溢价三个方面。以信用债的到期收益率变动来表征投资者对信用债市场风险变化的预期收益。由于到期收益率变动反映的是一系列因素的影响总和，在分析信用风险状况时，需要尽可能将其他不相关因素进行控制和剔除处理，就需要选择一个利率基准锚。利率基准锚的变动反映了各种宏观背景因素的冲击，这种冲击会同时对信用债和利率债产生影响。

考虑到中国债券市场的运行现实和现阶段国债的结构特征，此处选择10年期国债的到期收益率作为债市的基准，主要基于两个方面的考虑：第一，10年期国债不存在信用风险。第二，10年期国债的流动性极好，是较为理想的市场基准债券品种，被广泛作为债市走势的风向标。投资者之间的供求关系较为稳定，受市场供求影响也相对较小。其价格的大幅波动一般被视为是由较大的外生性冲击所导致，比如央行货币政策紧缩、市场恐慌情绪广泛蔓延等。

一般而言，在其他因素不变的情况下，10年期国债的收益率变动幅度极小，围绕着均衡价格水平随机窄幅波动。当市场出现较大的未预期的外生性冲击时，即使较为稳定的10年期国债收益率也可能因为价格的大幅变动而出现显著的变化。因而，此处先计算相邻两个交易日的10年期国债到期收益率变动值，且按照市场机构广泛采用的以到期收益率变动5BP的日波动率为价格是否发生较大外生性冲击的阈值，相邻连续的交易日大于等于5BP则视为市场出现较大的流动性冲击。

在市场存量规模较大的情况下，到期收益率将不会受到个别债券到期兑付的影响，因而，将不同等级和期限的公司债相应进行连续相邻交易日相减，其差值表示来自于市场总体层面的外生性流动性冲击和信用风险变动的冲击。将相邻交易日的信用债到期收益率差值与国债到期收益率差值再次进行相减，即可在一定程度上剔除流动性冲击因素的影响，得到信用风险变化的指标①。当然，如前面的流动性风险部分所揭示的，当信用风险加大时，由于公司债产品的换手率较低，公司债的流动性风险也会相应加大，但无法进一步剔除这一继发性因素影响，此处将这种由于换手率较

---

① 如前所述，由于10年期的公司债发行量极少，所以，此处主要采用3年期和5年期公司债的到期收益率作为公司债产品的代表，信用债到期收益率变动值与国债收益率变动值之间还包含了一个期限溢价因素。但由于市场存量债券规模较大，期限溢价因素可近似认为是保持不变的，理论上应该只具有"水平效应"。因而，信用债到期收益率变动再减去国债到期收益率变动，其差值的波动情况主要反映的是信用债产品信用风险的变化。

低的流动性溢价变化也视为是信用风险的变动所导致的。

图 3-15 至图 3-17 分别给出了自 2015 年公司债发行与管理制度改革到 2017 年 5 月 20 日期间,信用债违约事件与不同信用等级和不同期限的公司债产品到期收益率的关系。

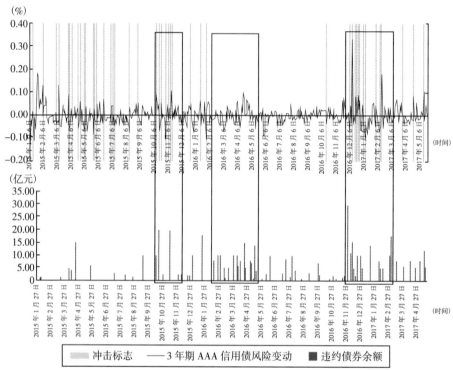

图 3-15   3 年期 AAA 级信用债到期收益率与信用债违约事件冲击的动态关系
资料来源:Wind 资讯。

首先,从前述的国债收益率日均波幅大于或等于 5BP 的事件,视为整个债券市场发生了较大的外生性冲击。图 3-15 的流动性冲击标志表明,2015 年和 2017 年我国的债券市场面临频繁的冲击,导致以 10 年期国债到期收益率为标志的市场基准锚持续发生大幅摆动。2016 年的外生性冲击时间总体较少,2016 年 12 月开始则进入了前所未有的频繁波动期,这一分析结果与债市在 2016 年底持续承压的过程较为吻合。

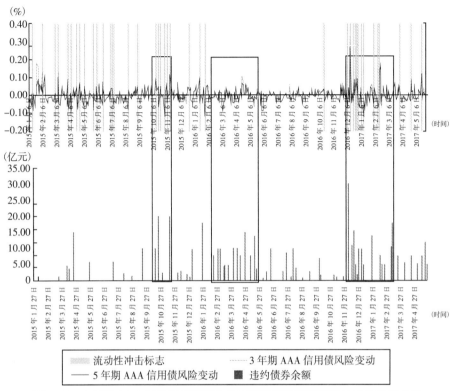

图 3-16 5 年期 AAA 级信用债到期收益率与信用债违约事件冲击的动态关系
资料来源：Wind 资讯。

其次，从信用债违约的频度和规模来看，图 3-15 至图 3-17 都表明，至 2017 年末，我国的信用债市场经历了三次较为集中的违约潮，分别是 2015 年 10~11 月、2016 年 2~5 月、2016 年 12 月至 2017 年 5 月 20 日。除此之外，期间还发生了零星的信用债违约事件。这表明自 2014 年 3 月 15 日超日债以来，我国债市的刚兑逐步被打破，这虽然加大了债市的阶段性波动，但从长远来看，有利于债市运行风险释放。

最后，以 3 年期 AAA 公司债的收益率差值减去 10 年期国债收益率差值来度量信用风险。从图 3-15 可以看出，从变动幅度看，除 2016 年 6~11 月信用风险处于相对平稳期以外，债市的信用风险处于相对剧烈变动的周期阶段。同时，曲线的方差明显加大，其上下跳动的幅度之大和持续

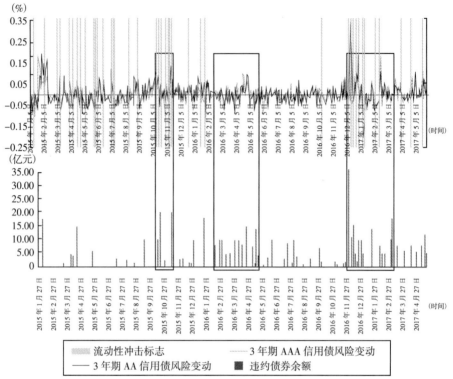

图 3-17　3 年期 AA 级信用债到期收益率与信用债违约事件冲击的动态关系
资料来源：Wind 资讯。

时间之长，是 2015 年和 2016 年 11 月之前所未见的，表明信用风险有加剧释放的趋势。因而，公司债信用风险的走势值得持续关注。

　　另外，从外生性冲击和信用风险的叠加频度看，公司债信用风险也值得关注。图 3-15 表明，2015 年的外生性冲击呈频度相对分散的阶段性特征，期间也间歇性地伴随着信用风险的变动。2015 年 10~11 月出现过一次阶段性叠加的时期（如图 3-15 的第一个方框所示）；2016 年 2~5 月信用事件频繁爆发但债市的外生性冲击事件较少（图 3-15 的第二个方框）；其后债市步入平稳运行阶段，2016 年 11 月以后开始进入信用事件集中爆发与市场外生性冲击相互叠加的时期（如图 3-15 的第三个方框所示），且这一特征仍在持续。从 2016 年 12 月到 2017 年 2 月的信用债风险波动趋势看，外生性冲击和信用事件的叠加，会显著提高信用债市场的波动幅度，因而不利于市场的平稳运行。因而，从公司债市场风险防范的角度看，需要高度关注外生性冲击与信用违约集中爆发时债市的潜在不稳定性。

图 3-16 给出了 5 年期 AAA 公司债信用风险变动情况，其波动特征与 3 年期 AAA 级公司债的特征较为类似，但在多数风险上升时期，5 年期的波动幅度要大一些，从逻辑上看，这可能主要与信用风险爆发对更长期限产品的影响更大有关。

图 3-17 比较了同等期限不同信用等级的公司债产品——3 年期 AA 级公司债的信用风险变动与信用违约事件冲击的关系，其波动特征与 3 年期 AAA 级公司债的特征较为类似，但在多数时期，3 年期 AA 级公司债的波动幅度要大很多，尤其是在外生性冲击与信用风险爆发叠加的时期（如图 3-17 的第一和第三个方框所示），3 年期 AA 级公司债的信用风险大幅飙升。因而，从投资的角度看，需要留意信用等级相对低的公司债产品的抗风险能力。

第五节　公司债市场稳定运行风险分析
——基于系统性风险视角

从理论上看，债券市场的走势与利率波动密切相关，因而，债券价格对央行的货币政策转变就极为敏感。现有相关研究对美国和日本历史上的债市大幅波动进行了分析，认为经济基本面上升或者经济面临通胀压力时，货币政策大幅宽松后的快速收紧，容易造成 10 年期国债收益率的大幅飙升，这也是债灾爆发的一个重要标志。比如，日本发生在 1979 年 8 月至 1980 年 3 月、1989 年 8 月至 1990 年 9 月的两次债灾，都是在其央行的货币政策在持续宽松之后突然大幅收紧的背景下发生的。美国 1960 年以来出现的 7 次国债收益率短期大幅上扬，也都与美联储货币政策的快速转向密切相关。

对于现阶段的中国债市而言，我国债券市场的价格灵敏性仍有待加强，投资者主要以持有到期的配置型需求为主。因而，我国债市发生类似于美国和日本那样大幅波动的情形的概率相对要低。除 2003 年 8 月至 2004 年 9 月和 2007 年 1~10 月的债市出现过大幅波动以外，即使在 2011 年的货币政策收紧阶段，由于经济增长的预期下行压力，债市并未出现灾难性的大幅调整。

我国债市不易发生大幅波动，一方面与我国债券市场对外开放的深度不够有关；另一方面，更重要的是，由于当前我国的金融体系仍然是一个间接融资结构主导金融体系，中国工商银行、中国农业银行、中国银行、中国建设银行、交通银行等国有股份制商业银行垄断了大量的金融资源，同时，大型商业银行和保险公司作为债券市场最大的两个参与机构，其持有的债券量超过全市场债券余额的一半。这些金融机构天然地对风险存在着高度厌恶的倾向，这种特性也决定其持券主要以资产配置需求为主，频繁换手交易、从价格波动中获利的动机不强，而其他金融机构的资金实力和持券规模有限，很难对债市价格产生显著影响。因而就产生了如前所述的债市的总体换手率不高的情况，尤其是信用债产品的换手率，更是显著低于以美国为代表的发达国家。这一现实约束在短期内都难以根本改变，只能在我国的金融结构转型过程中逐步改进。

但是，从国内宏观经济政策的视角看，宏观经济下行压力之下的政策操作是不利于公司债市场稳定运行的。首先，去产能和去库存政策将对过剩产能部门的经营状况产生负向影响，使得发债企业的资产负债状况持续承压，影响其债券续发和到期偿付能力；其次，在美联储加息的大趋势下，资金持续保持紧平衡状态，机构之间的资金链条冗长且复杂嵌套交织，央行货币政策调控空间受限，金融监管政策的变动容易引发市场紧张情绪，金融去杠杆政策的节奏和力度把握，需要充分考虑市场的可承受性。在经济下行压力重现、因监管政策收紧引发债券市场波动加剧的背景下，有必要高度关注公司债市场的潜在风险，据此构建起有效的预警监测体系，为未来金融去杠杆政策的有序进行和公司债市场的平稳发展提供可量化的指标体系。

当然，从债券市场的结构占比来看，公司债市场仅占其中的一个极小比例，不能过度夸大其对整个金融系统稳定性的影响。因而，此处着重从公司债市场波动对投资者收益的影响，以及公司债市场信用风险大规模爆发时，其对 CCP 制度的影响和对投资者收益状况的冲击严重程度，至于这种冲击反馈到整个金融市场乃至宏观经济之后会造成怎样的影响，可能仍然需要从更大的系统性视角进行全局分析。我们着重分析给定信用风险大规模爆发时的公司债市场中 CCP 和主要类型的投资者的风险敞口大小。

一、异质性投资者的回购杠杆测算

前述的分析表明，交易所市场的债券以公司债产品为主，回购市场的质押券也主要以高等级的公司债为主，占总质押券的比例高达 78%。因而，撇开央行货币政策收紧等因素的影响，交易所回购市场的风险主要也是由公司债风险所决定。有必要根据不同投资者的参与深度情况，对其场内回购杠杆比例进行测算，据此判断交易所回购市场的风险。

按照"回购未到期余额÷（债券托管总余额–回购未到期余额）"的方法计算交易所债市的场内回购净杠杆，使用相关数据进行计算，得到交易所市场的回购净杠杆测算结果如表 3–10 所示。

表 3–10　交易所市场回购净杠杆变动情况

时间	净杠杆率
2017 年 4 月	0.26
2017 年 3 月	0.29
2016 年 12 月	0.28
2016 年 11 月	0.27
2016 年 6 月	0.59
2016 年 5 月	0.69

资料来源：根据中国结算提供的相关数据计算得到。

从表 3-10 可以看出，交易所市场的回购杠杆自 2016 年 6 月以来已经大幅下降，尤其是在 2016 年 11~12 月的债市大幅波动阶段净杠杆的下降极为明显，从 2016 年 6 月 0.69 的水平下滑到 11~12 月 0.27 的最低点。2017 年 3~4 月也仍然在缓慢下降，大约处于 0.26 的净杠杆水平。因而，从净杠杆率的角度看，交易所债市的风险可能已经得到较好的控制。

进一步根据相关的分项数据进行测算，不同类型投资者在交易所回购市场的加权平均杠杆和净杠杆水平情况如表 3-11 所示。

表 3-11　不同类型投资者的加权平均杠杆和净杠杆水平情况

投资者类型	加权平均杠杆			净杠杆水平		
	4 月底	较上月变动	较 2016 年 6 月底变动	4 月底	较上月变动	较 2016 年 6 月底变动
基金公司专户	1.90	−0.13	−0.31	0.32	−0.04	−0.36
证券公司自营	2.80	−0.34	−0.81	0.88	−0.20	−0.82
公募基金产品	2.29	0.08	−0.25	0.36	−0.12	−0.47
证券公司集合理财	1.54	0.02	0.07	0.19	0.00	−0.09
保险类产品	2.72	−0.06	——	0.44	−0.04	——
信托公司及产品	1.85	−0.01	−0.28	0.11	0.00	−0.75
企业年金计划	1.72	−0.03	−0.03	0.30	−0.02	−0.15
银行及银行理财产品	1.94	−0.10	−0.12	0.03	−0.01	−0.32
社保基金	2.88	0.25	−0.22	0.77	0.02	−0.54
保险公司	1.79	0.13	——	0.33	0.01	——
私募基金产品	2.13	−0.07	−0.57	0.36	−0.01	0.09
法人机构	1.76	−0.18	0.05	0.09	−0.01	−0.35
养老金产品	1.84	0.01	——	0.44	−0.02	——
基金管理公司	2.37	−0.13		0.56	−0.03	
个人投资者	3.03	0.00	−1.21	0.13	−0.01	−1.52
期货资管产品	1.73	−0.03		0.23	−0.02	

资料来源：根据中国结算提供的相关数据计算得到，"——"表示由于统计口径发生变化而无法与历史数据进行统计比较。

在加权平均杠杆一项中，表3-11的测算结果表明，无论是将2017年4月底与2016年6月底的数据进行比较，还是将其与上个月（3月）的数据进行比较，各类型投资者的加权平均杠杆基本都处于持续下降阶段，且这一趋势极为明显。作为交易所市场参与主力的证券公司自营和公募基金产品，其杠杆率较2016年6月也存在显著的下降，因而，经过2016年底和2017年以来的市场大幅波动，绝大部分机构已经在持续地主动或者被动进入去杠杆阶段，公司债市场的潜在风险正朝着逐步释放的方向发展。

整个交易所债券市场中，表3-11中的前八类投资者的债券托管规模较大，尤其值得关注的是基金公司专户、证券公司集合理财和银行及银行理财产品这三类投资者，它们三者的债券托管份额超过交易所债券总托管量的50%，但由于资金主要来自于银行理财委外资金，其对风险的抗受能力较弱。在2017年以来银监会从严监管和证监会压缩通道业务规模的双重压力之下，委外的集中赎回可能不利于债券市场的稳定运行。对其进行比较分析发现，较之3月，这三个类型的投资者的加权平均杠杆都低于2，且大都保持稳定或缓慢下降（证券公司集合理财产品加权平均杠杆水平小幅上升了0.02）。进一步测算这三者的总杠杆率为1.96，也是低于2的水平。同时，与2016年6月相比，除证券公司集合理财产品的加权平均杠杆水平略有上升外，其他两类也都出现了明显的下降。

相较于加权平均杠杆，净杠杆水平更可以反映机构对债市波动的承受力，尤其是投资资金来自于银行的理财委外等，更容易受到监管政策收紧强化的影响，成为债市波动的一个潜在激化因素，表3-11也分别对各机构的净杠杆情况进行了相应测算。

首先，从总体上看，规模较大的投资者中，券商自营的净杠杆率相对较高，达到0.88的水平，这一值也是大幅低于监管要求的，同时券商的场内杠杆本身也受到严格限制，因而这一杠杆值相对而言还是较为安全的。除此之外，保险类产品作为主要的参与力量（社保基金和养老金产品虽然净杠杆率相对高，但其规模仅为数百亿的数量级，且这些投资者能忍受较长的持有期，因而风险相对较小，此处不讨论），其杠杆水平达到

0.44，但较之 3 月已有所降低。由于前期保险公司规模扩张较为激进，因而未来来自保监会的去杠杆监管压力，可能会对其造成阶段性的资金赎回压力，其杠杆变动状况和资金承压能力值得密切关注。

其次，看基金公司专户、证券公司集合理财和银行及银行理财产品这三类投资者，它们在交易所市场的债券托管规模都超过万亿元，是交易所债市的主要参与者，但同时其资金的稳定性也相对较差，容易受到监管机构去杠杆政策的冲击。从净杠杆的数据看，三者的杠杆水平已经都处于极低的状态，尤其是银行及银行理财产品的净杠杆水平已经接近于 0 的水平，因而，这三类投资者受到后续潜在市场波动的影响可能也相对较小。

综上分析可以看出，交易所债券市场的加权平均杠杆和净杠杆总体都处于持续下降阶段，主要参与主体杠杆水平都相对较低，资金承压能力小的机构的杠杆水平已经处于极低的相对安全水平，因而，来自于回购市场的风险可能相对可控。

二、不同杠杆水平下公司债市场波动的压力测试

压力测试的情景假定：投资者以不同的净杠杆率水平投资于 AAA 级公司信用债产品（使用不同的到期收益率加权方式），当公司债市场波动时（以上证公司债指数为指标变量），投资者将同时承受价格损失和利差利润，这两者的正负相加的值即是公司债市场价格波动时的投资收益，再通过乘以净杠杆率而成比例地放大该投资收益水平，进而测算出价格波动时的投资者收益状况。其中，信用债产品价格波动与债券的到期收益率之间的系数关系通过 OLS 回归得到，并假定价格波动与到期收益率变动之间呈线性关系，这样的假定有利于确定价格波动不同比例时到期收益率的变动幅度。

各变量的时间区间选择为 2012 年 1 月 9 日至 2017 年 9 月 30 日，变量的统计性描述情况如表 3-12 所示。

表 3-12　变量的统计性描述

单位：%

变量	中位数	均值	最小值	最大值	标准差
公司债指数	156.67	158.40	131.42	180.98	15.62
指数变动百分比	0.0002	0.0002	-0.28	0.25	0.0005
6个月至5年算术加权收益率	4.3253	4.2383	2.77	6.38	0.8213
3~5年算术加权收益率	4.5084	4.3961	2.90	6.47	0.8283
变权重加权收益率	4.4694	4.3474	2.87	6.45	0.8326

资料来源：根据 Wind 资讯的数据计算得到。

　　首先选择不同的加权方式，对指数变动与相应加权到期收益率进行 OLS 回归，得到的系数作为价格波动与到期收益率变动的比例关系，其次在不同净杠杆率下，计算公司债指数下跌不同百分比时的投资损益情况（见附录 7）。

　　给定初始的 4% 债券收益率假定，以存量债券余额变权重加权收益率来看，给定表 3-11 中各类投资者的净杠杆水平（都低于 1 的净杠杆率水平），公司债指数小幅下跌并不会给投资者造成显著亏损。[①] 相反，适当的杠杆率将提高投资者的收益率水平。即使按照其他两种加权方式也可以得出类似的结论。

　　前述的测算结果似乎与 2017 年的市场行情不太符合，投资的收益率似乎并不能如测算结果那样可观。但从我们深入调研的结果来看，2017 年公司债市场持续承压，主要是由于监管收紧情况下，多数机构都面临着投资者资金赎回压力，机构难以继续获得稳定的负债来源资金进行后续补充性投资，因而，在债券违约风险不大的前提下，前一时期的债市紧绷更多反映的是资金的匮乏，而非债市投资机会的匮乏。

　　当然，造成上述结果测算偏乐观的一个原因可能是当时投资者普遍认为信用风险相对较小，公司债指数的下调幅度极小。另一个造成潜在偏误

[①] 附录 7 中表格的"杠杆收益年化"是指采用杠杆的净收益，因而，只要相应的杠杆资金成本低于该收益，选择加杠杆就是有净收益的。

的原因是如前述分析的那样，信用债市场的换手率本身就极低，在市场资金来源单一、投资者集体抛压较大的情况下，市场很快将陷入缺少对手盘的状态。在市场流动性丧失之后，价格将僵持在高位，不容易出现投资者集体抛售踩踏的情况，因而，价格可能并没有反映真实的波动情况。

三、大规模信用风险爆发时公司债市场风险分析

自 2016 年初以来，各界对于公司债市场中的过剩产能行业和房地产行业发债速度较快的质疑声音较大，从中国经济的发展态势来看，供给侧改革下的去过剩产能政策，通过大幅压缩供给的方式，使得煤炭钢铁有色金属等过剩产能严重的行业的经营业绩快速扭转[①]。因而，在限产能政策的持续作用下，相关行业的业绩有望改善，企业债券违约的风险也相应降低。因而，前期过剩产能行业的债券违约风险尽管依然存在，但已经在很大程度上降低了。

相比之下，房地产行业的发展前景存在较多不确定性。首先，如图3-18 所示，房地产行业的公司债结构占比过高的特征较为明显，房地产企业债券的 61.6% 是以公司债形式发行的。

其次，房地产行业的债券前景不太乐观，债券违约问题的确值得关注：其一，房地产行业是一个依赖高杠杆运行的行业，2016 年下半年以来稳健中性的货币政策取向不利于依赖高杠杆的行业的经营运行。其二，房地产市场过热背景下，中央"房子是用来住的，不是用来炒的"的政策定调，分类调控、因城施策的调控政策具有持续性，对房地产市场的紧约束持续存在，不利于高负债率房地产企业的持续运营。其三，调控背景下的房地产企业融资渠道大幅缩紧，不利于房地产企业的债务续作维持。其

---

① 当然，各界对此政策的争议较大。质疑者认为限产能压缩供给的做法只是一种利益再分配手段，限产能导致供给下滑，产品价格上升，确实有利于上游企业的业绩改善，但会提升中下游行业的成本，因而只是变相地将中下游行业的利润切分出来划给上游行业。此处我们不对政策利弊展开讨论，仅从结果来看上游企业的业绩与违约风险问题。

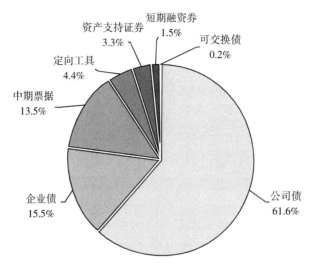

图 3-18　2015~2017 年上半年房地产企业不同类型债务工具发行规模占比

资料来源：Wind 资讯。

四，2017 年以来各地陆续推出的"租赁同权"、大力发展共有产权房和公租房等长效机制，不利于房地产价格的持续走高。因而，从中期的视角来看，在存量债务较大的情况下，房地产企业的债务违约可能性相对较大。有必要对极端情况下的房地产公司债的债务风险进行评判。

　　表 3-13 进行了一个简单的压力测试，从房地产公司债大规模违约时的各主要参与者——CCP 及投资者风险敞口大小的角度，来测算公司债市场风险的大小。如前所述，由于投资者以持有到期的配置型需求为主，加之投资者的资金来源同质性较强等因素，公司债市场的流动性改善还存在很多有待改进的地方。一旦出现相对大的冲击，公司债市场的流动性将很快陷入枯竭状态，此时，投资者之间通过交易产生的交互行为并不是主导市场动态演变的主要因素，所以，表 3-13 的测算过程更多基于相关假设，而非采用结构化的动态模型方式进行。表 3-15 的测算也遵循类似的逻辑。

表 3-13 房地产行业公司债大规模违约时的市场压力测试

情景设定	概率	严重程度	房地产公司债冲击规模	房地产公司债违约规模	CCP 风险敞口	有场外杠杆者风险敞口	无场外杠杆者风险敞口	风险程度判断
遭受类似美国 2008 年的金融危机	5%	房地产资产缩水约 30%	6700 亿元投资级（最高 1.5% 的违约概率）和 5800 亿元投机级（最高 16.3% 的违约概率）	时点最高 1040 亿元左右，累计 1600 亿元左右	100 亿元左右	221 亿元左右	82.9 亿元	将导致公司债 1900 亿元左右的市场流动性缺口

资料来源：笔者根据测算得到。

表 3-13 测算过程中相关假定相应说明如下：假定在当前公司债市场结构状况下，未来 5 年里中国爆发如美国 2008 年那样严重的、百年一遇的金融危机（计算相应概率可知，5 年内发生百年一遇程度的大危机的概率为 1 - 0.99 × 5 = 4.9%），导致房地产市场出现严重问题，房地产资产大幅缩水（数据显示，2006~2011 年的房地产顶峰—下落阶段，美国房地产价格下滑 33.35%，房地产资产规模下滑 27.32%）。然后对相关环节数据的设定分布如下：

第一，假定中国的房地产企业的公司债违约率与美国信用债的违约率保持类似比例。进一步查找美国在 2008 年金融危机期间的债券市场违约情况，表 3-14 的数据显示，美国投资级债券在 2007~2011 年累计的违约率为 1.912%，投机级债券的累计违约率为 25.955%，整体债券 5 年期间的

表 3-14 2007~2011 年发行规模加权平均的公司债信用违约率

单位：%

年份	加权违约率	投资级债券违约率	投机级债券违约率
2007	0.155	0	0.796
2008	2.22	1.466	5.802
2009	2.758	0.217	16.284
2010	0.342	0.077	1.662
2011	0.39	0.152	1.411

资料来源：Moody's Investors Service, Annual Default Study: Corporate Default and Recovery Rates, 1920-2015.

加权累计违约率为 5.865%。

第二，为便于对比计算，假定房地产公司债中不具备入库资格的公司债都算作高收益债。数据显示，存量公司债中评级为 AA+ 及 AAA 等级（假设债项评级与主体评级一致）的债券规模约为 6700 亿元，AA+ 以下的债券规模约为 5800 亿元。按照第 2 点的违约率，据此测算单个年度的房地产企业的违约债券最高规模约为 1040 亿元，5 年的累计违约规模约为 1600 亿元。

第三，假定所有符合质押入库的房地产公司债（规模约为 6700 亿元）的质押比例约为 0.77（2017 年 4 月的公司债实际质押使用比例），按照投资级债券 5 年累计违约率 1.91% 的规模计算，大约 98.64 亿元，将构成质押库里的违约债券金额。

第四，投资者杠杆的测算分为场内和场外两个部分。根据我们的走访调研，前期部分机构的场外杠杆确实普遍较高，部分机构的劣后级：优先级资金的比例甚至达到过 1:9。但随着 2016 年 7 月《证券期货经营机构落实资产管理业务"八条底线"禁止行为细则》的约束，场外杠杆普遍控制在 1:3 的比例以内，且以资管和券商自营资金为主。再根据相关数据揭示的异质性投资者场内的质押式回购杠杆 4 月的数据，超过一半（约为 51.1%）的回购未到期余额是基金公司专户和券商自营这两类投资者所持有，场内回购的其他主要参与方如公募基金和券商集合理财、保险类产品等一般很少使用场外杠杆。因而，为简化测算，此处假定仅有基金子公司和券商自营两类投资者使用杠杆，且假设这两类投资者的场外杠杆都达到了 1:3 的监管上限。然后，以这两类投资者使用的回购未到期余额做加权计算，测算出它们的场内融资规模相对于劣后级资金的净杠杆为 1.91 倍。因而，这两类投资者的总净杠杆为 4.91 倍。

第五，不同投资者对于房地产企业违约的公司债的持有量不同，假定它们是按照债券托管量比例均匀分布的，按照基金专户和券商自营这两类投资者的债券托管量约占总托管量的 37.2%，相应地，这两类机构持有的、进入质押库的房地产企业违约债券持有总规模大约为 37.2 亿元，按照相应的净杠杆比例计算，其占用的资金总规模约为 37.2 × 5.91 = 221 亿元。对于未使用场外杠杆的投资者而言，以融资未到期的占比为权重进行加权计算，得到的净杠杆约为 0.32，因而，这些投资者的占用资金总规模为 82.9 亿元（100 亿元 × 62.8% × 1.32）。如果场内出现 100 亿元资产的房地产公司债违约，则相应会影响 303.9 亿的市场资金。

按照前述五个假定，从表 3-13 可以看出，此时交易所市场面临的资金风险大约相当于 2014 年至 2017 年违约债券的 20 倍（截至 2017 年 8 月中旬交易所公司债违约金额为 108 亿元。发生类似次贷危机的违约事件，市场流动性缺口将达到 1900 亿元），因而风险本身特别巨大。但是，考虑到交易所市场的关键机构——CCP 的流动性支持的日常可动用资金规模在 200 亿元左右，因而，这一层级的冲击对 CCP 制度本身还不足以构成重大威胁（此处测算的 100 亿元规模仅仅是 CCP 面临的风险敞口，而非 CCP 的直接结算对手——各机构交易会员的实质违约规模）。

表 3-15 参照类似做法，给出了当整个公司债市场而非单个房地产行业出现类似于美国次贷危机期间的重大冲击时，公司债市场的违约情况和市场的承压情况。从表 3-15 可以看出，此时公司债违约规模约为 2756.55 亿元，CCP 面临 1172.36 亿元的风险敞口，远超出现阶段日常可动用资金 200 亿元的规模。同时，采用结构化产品的投资者面临高达 2591.31 亿元的流动性资金缺口，即使没使用场外杠杆的投资者，风险敞口也高达近 1000 亿元。另外，整个公司债市场的流动性资金短期规模超过 6300 亿元，是 2014 年以来公司债违约总金额 108 亿元的近 60 倍。因而，此时整个公司债市场极有可能面临失控风险。

表 3-15　公司债市场整体大规模违约时的市场压力测试

情景设定	概率	冲击幅度	公司债违约规模	CCP 风险敞口	有场外杠杆者风险敞口	无场外杠杆者风险敞口	风险程度判断
债市爆发大规模违约风险，程度类似美国 2008 年金融危机	5%	5 年累计违约率约为 5.86%	2756.55 亿元	1172.36 亿元	2591.31 亿元	971.84 亿元	6319 亿元的流动性资金短缺

资料来源：笔者测算得到。

当然，表 3-13 和表 3-15 的市场风险程度测算仅仅是类比于美国的比较测算，也只是为了给极端情况提供一个现实的参照标准，但中国金融体系的规模、结构和运行特征与美国的差异较大，因而，即使发生这种极小概率的危机事件，冲击也不一定是按照这种路径和影响程度演化。所以，前述的两个市场风险测试可能仅仅只有参照性的作用，是一个初步的量化分析，而非准确的量化测算结果，同时，为简化测算的过程，也对相关的参数进行了必要的加权汇总，可能导致结果本身的精确性也有待进一步提高。同时，由于上述的测算过程遵循了在极端情况下取上限的测算思路。因而，给定违约规模，这一测算过程本身对风险的测算可能是趋于高估的。但与此同时，如果这种极小概率的重大冲击一旦发生，由于银行间市场和相应各种类型的企业的运行状况可能会急速恶化，因而，违约规模可能被极大地低估了。同时，后续的相关研究可以围绕相关的参数、细化异质性投资者的类型，以及进一步精确化各类参与者的相关参数，以提高量化测算结果的精确性，为实际的政策操作提供更可靠的经验证据。

第六节　公司债市场风险控制的政策建议

一、公司债市场的风险控制原则

从前述的公司债市场风险来源和可能触发机理的分析，以及其后对公司债市场发展风险、稳定运行风险的量化分析结果可知，对于现阶段的公司债市场而言，在现有金融市场结构和监管格局下，风险控制可能需要坚持三个基本原则：第一，市场中长期发展的可持续性；第二，有效管控住市场内部风险，确保不外溢到其他市场；第三，对外生性的系统性风险冲击具有一定的抵御能力。相应地，风险控制方案也要围绕着三个方面进行改进完善。

二、公司债市场发展风险的防范措施

(一) 公司债市场中长期发展的不利因素

从市场发展的可持续性角度来看，由前述的分析可知，相比于银行间市场的同类型产品而言，交易所的公司债产品在发行主体的多样性、信用评级的分散程度和企业所有制形式的异质性方面都有显著的特色，因而，交易所公司债市场作为银行间市场的有效补充的角色，仍然极为必要。同时，从换手率、信用利差对市场相关信息的灵敏性而言，交易所市场也要好于银行间市场，从这个角度看，在市场运行效率方面，交易所市场也仍然具有自己的优势。但同时也要看到，交易所市场的中长期发展和市场运行方面存在三个显著的不利因素：

第一，在当前的市场格局下，交易所公司债市场的容量存在显著的天花板，这主要是由交易所市场的投资者群体可动用的总资金规模所决定的。如前所述，在当前中国间接金融主导的市场结构下，市场资金一般是沿着央行—银行间市场—金融机构—交易所市场的路径流动有关。处于下游的交易所市场的资金来源单一，且严重受制于上游的商业银行。因而，当央行的流动性阀门收紧，或者在当前监管格局下，商业银行出于满足相应的监管政策需要而减少对中下游部门的资金投放时，交易所市场的运行会受到显著的影响。同时，由于商业银行具有资金垄断的优势，其高度厌恶风险的特性也决定其作为债券市场的主要参与者，持券主要以利率债资产配置需求为主。在"大型银行—国企"之间信贷融资扭曲和预算软约束问题未得以根本改变的背景下，间接融资的信贷市场的扭曲必然会影响直接融资市场的效率，进而导致银行间债券市场、同业拆借市场和SHIBOR报价市场等的扭曲也长期存在。交易所市场由于投资主体更为多元化、市场化程度更高，前述的分析和我们的前期研究都表明，其运行效率要高于银行间市场。因而，在全国金融工作会议确定加强金融监管协调的大方向指引下，未来的监管隔离竞争的局面可能会有所改观。在交易所债券市场运行效率好于银行间市场的现实条件下，从交易所市场长期发展的角度来看，有必要从改善我国金融市场结构、改进金融市场运行效率的角度出发，想方设法向更高层多提相关政策建议，进一步扩大交易所各参与方的资金规模和产品供给体量，以提高交易所债券市场的资金价格的稳定性和市场代表性，并据此增强市场的抗风险能力，同时，还可以倒逼银行间债市竞争机制的完善。

第二，某些周期性特征明显的行业的发行规模占比过高。统计数据显示，2015 年交易所公司债和银行间中期票据发行主体中，银行间中期票据市场的房地产业和建筑业年度发行金额为 2862.85 亿元，仅占中期票据市场年度发行总额的 22.44%，而在交易所公司债市场，房地产业和建筑业的发行金额高达 5652.51 亿元，占公司债年度发行总额的 54.84%。周期性行业发债规模占比过高，本身会加大交易所公司债市场的风险隐患。

第三，与银行间市场的共性问题在于，相对于美国等发达国家的债市而言，交易所公司债市场的换手率仍然偏低，市场流动性仍然存在较大的改善空间。从发达国家市场的经验来看，引入做市商制度对债券流动性的改善具有较好的促进作用。但做市商制度顺利运行需要一系列基本的制度保障：其一，足够多的异质性投资者；其二，规模充裕的利率债；其三，支持做市的相关配套性利益补偿机制。银行间市场由于主要投资者的同质化程度过高，尽管相关部门作出了极大的努力，其做市商制度的运行效率一直差强人意。相比之下，交易所公司债市场的投资者异质性和分散化的程度更高，投资者的进场目标更为多元化，因而，如能扩大交易所市场的利率债体量，以利率债做市带动公司债做市规模，应该可以有效提升公司债市场的流动性，进而降低公司债发行端的成本，从而提升其中长期可持续发展的能力。

（二）公司债市场中长期发展风险的改进措施

从具体的改革措施看，扩大公司债市场投资者的资金规模，改进市场换手率过低的状况。解决这一问题可能已经超出证券监管部门的能力范畴。从具体的措施看，从改善我国金融市场结构、改进金融市场运行效率的角度出发，可以建议鼓励部分大型商业银行的表外投资业务部门参与交易所债券市场，基于金融风险隔离的考虑，可以对这些部门实行业务独立核算、业绩独立考核。同时，设立必要的利率债发行协调机制，规定每年将一定比例的国债、地方政府债和政策性金融债放到交易所市场发行和托管，有利于改善交易所债券品种结构。这一方面可以壮大交易所市场的资金力量，有助于交易所市场在条件适合时推出信用债做市商制度，进而降低企业的发债融资成本；另一方面有利于缓解交易所资金方居于资金链条下游，不利于货币政策传导的局面，有利于改善央行货币政策调控的精准性。

这种改进的另一个好处在于，在交易所债市参与主体的资金体量达到足够的规模后，市场的参与力量增强和交易活跃度增加，可以为交易所未来扩大双创债等相对标准的私募债产品发行创造条件。然而双创债等创新品种的扩容既可以为能容忍更高风险以追求更高收益的资管理财产品提供更多元的资产配置出路，同时也可以更好支持中小创新型企业的发展，以更快推动经济增长动能新旧转换。

另外，在当前的条件下，有必要继续延续交易所市场积极引进地方债和政策性金融债的做法，想方设法进一步扩大交易所债券市场的利率债规模占比，既有利于增强公司债市场的抗风险能力，也有利于吸引更多投资者进入交易所市场。

三、重大外生性冲击下的公司债市场风险防范措施

从前述的初步定量分析可知，即使在房地产行业的公司债出现类似美国 2008 年金融危机的极端违约情况，尽管相关参与者可能遭受比较严重的风险敞口冲击，但公司债市场作为一个整体系统，其关键节点——CCP和主要投资者群体仍然具有一定的承受力。然而，如果中国经济爆发出类似美国 2008 年金融危机时期的严重违约事件时，无论是 CCP 还是主要投

资者，都可能出现极大的风险敞口，整个公司债市场存在失控的风险。因而，从系统性风险防范的角度来看，需要加强公司债市场暴露出来的薄弱环节。

首先，需要持续关注投资者的杠杆变动情况。受益于资管产品的监管政策收紧，公司债市场的投资者场外结构化产品的杠杆比例大幅下降；监管部门对公司债质押式回购市场的入库标准提高，质押券折算比例的动态调整，导致各类投资的场内杠杆也逐步可控下降。但需要跟踪关注基金专户和券商自营等某些带结构化产品的投资者的杠杆变动，尤其需要对绕过监管要求加场外杠杆的行为的监控。对可能的场外杠杆的监控需要监管部门通过公开座谈、组织现场调研检查和私下沟通交流相结合的方式，积极与市场机构进行接触，提前对市场各方的操作行为模式、资金流向、真实杠杆使用情况进行了解摸底，以做到事先心里有数，在某些操作模式和行为具有一定的普遍性时，可以进行必要的规范性纠正干预。

其次，需要对前期发行规模过度集中的行业债券进行动态监控。一方面及时跟进行业发展动态、主要发债企业的业绩经营变化情况；另一方面，需要从降低系统性风险的角度出发，事先有针对性地做好这些存量债券的逐步压缩总体规模，平稳完成必要的新旧续作。后续的市场再扩容也需要从风险防控的角度出发，更加关注周期性行业的发债集中度，为化解后续市场风险奠定有利条件。

在房地产调控持续推进的当前阶段，企业间的业绩分化和行业集中度提高可能是这些行业未来发展的趋势。在行业格局可能发生较大变化的时期，可以着重从以下三个方面进行风险防范：第一，需要重点监控这些行业的公司债到期规模、到期集中度、部分可能存在兑付压力的企业的资产负债状况等信息；第二，在兑付高峰期临近的关键时点，及时跟踪监测市场投资者情绪、重点关注部分发债企业运营状况和现金流情况；第三，在必要时，监管部门需提前敦促相关企业加大关键信息披露的频度，鼓励评级机构、交易所进行相关信息的公开披露和预警提示，以防止短时间内大量出乎市场意料的负面信息集中冲击市场。积极进行信息的事先披露一方面可以让市场提前做好冲击应对准备；另一方面可以给涉及兑付责任的企业和担保机构形成压力，推动他们主动积极地尽早寻找解决方案。否则，临近违约时企业和相关机构才被动披露无法兑付，在维稳压力较大的当前阶段，地方政府和相关机构被动卷入组织事后处置，只会加大投资者的刚兑预期，进而不利于市场违约风险的合规理性处置。

最后，完善CCP极端情形时的紧急处理流程。质押式回购的活跃降低了持券的机会成本并提高了投资收益，是公司债市场降低发行成本的一个有效途径。尽管二级结算、净额轧差等做法保证了绝大多数情况下CCP稳定运行，但极端情况下CCP存在的潜在风险仍然值得关注。尤其是随着金融去杠杆进程的推进，前期扩张过快的公司债市场中，各类发行/投资者主体的急剧调整可能带来系统性风险隐忧。需要事先对极端情况下CCP紧急处理抵押品、动用备付金乃至获得足够规模的流动性支持做出制度性安排，以提高整个公司债市场对极端情况下系统性风险的抵御能力。

第四章　债券市场与股票市场的联动传导机制研究

债券市场和股票市场共同构成了资本市场的主要部分，随着债券市场的快速发展，股债之间的联动关系也在发生变化，深入研究股债之间如何联动对于市场参与者来说有着重要价值。对 2006 年以来的中国股债联动关系的分析表明，股、债市场之间的长期相关性不高，可能存在着时变特征，且在股市平稳和非平稳时期，股债联动机制存在显著差异。进一步使用事件研究法和相应统计检验方法，对 2007~2008 年与 2015 年两次典型股市异常波动的分析表明，2007~2008 年与 2015 年的股市波动不存在显著差异，但股债联动关系存在显著差异。相对于 2007~2008 年的股市异常波动，在 2015 年的股市异常波动期间，国债的避险功能十分突出，且信用债市场也起到一定程度的"资金避险池"的作用。

第一节　研究背景

现有的理论分析和国内外的实证检验都表明，股票市场和债券市场之间的联动性确实存在且具有时变特征。长期以来，这一现象被投资者们作为优化投资组合的基础而受到关注。然而，在中国经济高杠杆、潜在金融风险累积的大背景之下，2005 年 6 月中国股市异常波动之后的债市过度繁荣引发市场与监管层的极大关注，因而，对这一问题的分析还另有重要的政策内涵。现有的分析表明，股市波动外溢到债市的可能性更大，在经济高杠杆率的大背景下，单一金融市场一段时间内的大起大落都可能产生较大风险。因而，在股市异常波动已经出现的情况下，需要格外关注股债联动机制引致的股市对债市的负面效应。尤其是在经济持续高杠杆运行的当前阶段，既需要防止股市异常波动向债市的传导引发债市危机，也需要防止过高的企业债务不可持续引起金融市场波动进而对实体经济造成较大冲击。

然而，客观分析股市异常波动下的股债联动效应，需要同时兼顾以下几个方面：首先，中国的金融市场持续发展演变，因而，股债联动的长期特征、稳态与非稳态特征本身可能就存在差异。其次，不同时期的股市异常波动下，股债联动具有哪些共同特征和差异？最后，不同时期股市异常波动情形下的股债联动特征差异，究竟是股市波动本身的差异造成的，还是由于市场结构发展及政策因素所导致的？

本章在简要分析中国股债长期特征基础上，采用事件研究法，将分析的焦点放在股市异常波动的大背景下股债联动关系变化，考虑到债券市场的结构特征，将债券市场区分为国债和信用债市场予以考虑。基于这种视角和方法的研究结论，可以为中国金融市场风险的防范和未来金融市场的进一步发展提供必要的经验证据。

第二节 股债联动的理论分析与文献综述

从传统的投资时钟理论来看，某些阶段存在"股债跷跷板效应"：在经济衰退阶段，企业的收益下滑，股市下跌，债券是最好的资产；当经济由衰退走向复苏时，企业利润上涨，股票估值较低，股票逐渐成为最好的资产，债市开始走熊，从而出现"股债跷跷板效应"。但在经济过热和滞胀阶段时，经济主要以通胀高企为标志，股市和债市的表现均不佳，"股债跷跷板"效应并不明显。从投资者行为角度来看,"股债跷跷板效应"实际上是资金在风险资产与避险资产之间的流动,其背后对应着机构和个人投资者的资产配置行为的变化。股市与债市作为两种大类资产,其比价关系会影响机构和个人投资者的配置行为,因而,"股债跷跷板效应"也具备一定的微观基础。

归纳起来,影响股债联动的因素主要来自于共同信息和特异性信息的冲击。其中,共同信息冲击主要来自于宏观基本面。通货膨胀率、GDP增长率、失业率和实际利率等宏观层面的共同信息对股市和债市的影响都较大。然而特异性信息则主要包括企业层面和单个金融市场的信息,如特定产业的政策导向、企业估值水平及投资者对单个金融市场趋势的预期,以及市场流动性、股票市场的短期剧烈波动等。现有的大量相关实证研究都表明,宏观经济波动、宏观经济政策如货币政策等、各类资产初始的估值水平和投资主体的风险偏好等因素,对股票和债券的收益都会产生影响,进而对股市和债市联动产生影响。并且,从影响的方向看,股市对债市的单向影响要显著强于债市对股市的影响,这与两个市场自身的风险分布—收益特征密不可分。

国外成熟金融市场的相关经验证据表明,股市和债市之间的相关关系不稳定且变化很大,具有时变特征,会随着不同的宏观经济环境和金融市场变动而表现出正向、负向和不相关三种情形,而非表现为简单的"跷跷板效应"(Chiang et al.,2015;Bansal et al.,2014;Wu and Lin,2014)。其中,负向相关主要是当股市出现暴涨或暴跌情形时,投资资金由于避险需要(当股市暴跌时),或者由于盈利动机(当股市暴涨时),导致大量资金迅速从股市向债市转移(或者债市向股市转移),因而表现为"跷跷板效应"(或逃险效应,Flight to Quality)。导致两市正向相关的因素主要是外生性的宏观经济或者政策因素冲击,如本国或者外部经济的周期性波动,以及政府为熨平经济周期变动而采取相应的宏观政策如宽松货币政策等。一定强度的外生性宏观经济冲击及逆周期的经济政策因素可能会同向地影响股债市场的变动趋势。与此同时,在某些情形下,股市和债市也可能表现为不显著相关的关系：一方面，这可能是由于两个市场相对稳定且单个市场的趋势性变动不明显；另一方面，单个市场内部的产品特异性风险（如债市的行业性到期违约风险爆发、股市的行业性危机爆发等）被该市场内其他产品的替代效应所抵消，而未能外溢到另一个市场（Rankin and Idil，2014）。

对于中国股债市的相互影响也主要从股债联动的存在性以及影响联动的因素的分析展开。如王斌会等（2010）利用向量自回归多元 GARCH 模型对我国股市、汇市和债市间的价格及波动溢出效应进行研究，其结果表明不存在收益率溢出效应，没有价格上的信息传导，股市与债市间只存在从股市到债市的单向波动溢出。王璐（2013）的分析表明，股债联动存在着机制转换的非对称性，其中，正相关状态持续期更长，且机制转换过程中存在交替的逃离效应和传染效应特征。另外，由于相关宏观经济变量因素等影响，表现出股债两市的价格呈现同向变动的特征。王璐（2008）、王茵田和文志瑛（2010）对相应的影响股债联动的因素分析表明，宏观经济变量如利率水平、货币供应量以及通货膨胀水平等都会影响到中国股债联动关系，且这些宏观经济变量对股债联动的影响可以区分为直接和间接两种影响途径。

上述的现有研究构成了本书的研究基础。与现有的相关研究的不同之处在于，从问题导向上看，本书在分析中国股债长期相关性的同时，将研究的重点放在对股市大幅波动状态下的股债联动性分析，在金融市场不确定性加大的当前阶段，这一视角更有现实针对性；从研究方法上看，本书采用事件研究法，对不同时期的股市异常波动下的股债联动性进行分析，一方面可以探讨股债联动的共同特征，另一方面可以看出不同阶段的股债市联动差异背后的结构性因素。

第三节 实证分析

一、长期视角的股债联动关系

鉴于债券市场相关指数的可得性,本书将中国股市和债市相关关系的时间区间设定为 2006 年 11 月 17 日至 2017 年 8 月 31 日。同时,依据中国债券市场的实际情况,将债券市场细分为国债市场和信用债市场,并剔除股债市未同时开盘交易的交易日数据。图 4-1 为国债市场指数、信用债市场指数与上证综指的相关系数。

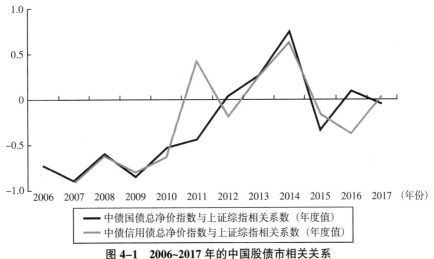

图 4-1　2006~2017 年的中国股债市相关关系
资料来源:对 Wind 数据库相应指数的日数据进行匹配整理并计算得到。

从图 4-1 可以看出中国股债市变动具有如下三个特征:

首先,从总样本区间的相关系数看,国债市场与股票市场的总体为负相关,但负相关关系不太强,总样本时间区间下国债指数与上证综指的相关系数为-0.2052；信用债指数与上证综指的总体相关关系也为负，且相关程度更弱，总样本时间区间的相关系数仅为-0.1092。

其次，从自然年度的时间区间看，股债市场的相关关系有正有负，这表明股债转换机制较为复杂，存在着显著的时变特征。因而，依据自然年度划分子区间的做法，可能会人为割裂不同冲击下的股债联动关系。所以，需要进一步依据经济金融体系运行的实际情况具体分析。

最后，从结构转变的角度看，2012年和2015年分别是一个拐点，但拐点未能持续形成趋势特征。其中，2012年股债市的相关关系开始从原来的负相关向正相关关系转变，而2015年的相关系数有重新逐步恢复到负相关的趋势，但随后的2016年和2017年随即将这种负相关的趋势打破，股债之间的相关关系极弱。

二、短期非稳态视角的股债联动关系

前述理论分析表明，股市债市的单向影响往往更为显著，因而，此处根据中国股市的阶段性特征，着重分析中国股市的短期阶段性变动对债券市场的影响。然后依据在此期间中国经济金融的实际运行背景，对造成股债联动时变特征的因素予以简要分析。从上证综指的变动情况，可以将中国股市的阶段性特征归纳为如图4-2所示的几个阶段：

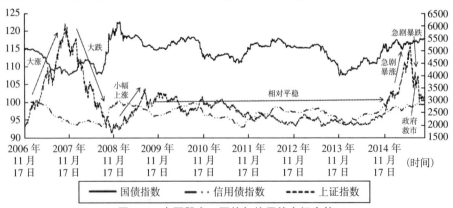

图4-2 中国股市、国债与信用债市场走势

资料来源：根据Wind数据整理。

在图 4-2 的阶段划分基础上，计算各个阶段的股债市相关系数可以得到表 4-1。

表 4-1　不同股市周期阶段的股债市场相关系数

股市周期	2007~2008 年	2008~2009 年	平稳时期	2009~2015 年					
周期阶段	上涨阶段	下跌阶段	回升阶段	相对平稳	上涨阶段	下跌阶段	暴涨期	暴跌期	政府救市
时间跨度	2006 年 11 月 17 日至 2007 年 10 月 16 日	2007 年 10 月 17 日至 2008 年 10 月 28 日	2009 年 2 月 2 日至 2009 年 8 月 4 日	2009 年 8 月 4 日至 2014 年 11 月 20 日	2014 年 11 月 20 日至 2015 年 6 月 12 日	2015 年 6 月 12 日至 2015 年 7 月 3 日	2015 年 5 月 18 日至 2015 年 6 月 12 日	2015 年 7 月 23 日至 2015 年 7 月 28 日	2015 年 7 月 7 日至 2015 年 7 月 23 日
国债—上证	−0.8963	−0.5147	−0.7695	0.2629	0.2791	−0.4587	−0.4759	−0.794	−0.5695
信用债—上证	−0.9076	−0.3261	−0.9026	0.1012	0.3494	0.8558	−0.776	−0.138	0.1936
国债—信用债	0.9389	0.8887	0.8358	0.8019	0.7794	−0.4578	0.8513	0.6877	−0.0264

资料来源：根据 Wind 数据整理得到。

从表 4-1 可以看出，在短期周期性视角下，股债市的相关性表现出明显不同于长期视角的特征，主要体现在如下几个方面：

第一，平稳时期与非平稳时期，股债联动机制存在显著差异。从表 4-1 可以明显看出，在相对平稳的 2009 年 8 月至 2014 年 11 月，中国的股债市呈较弱相关性地同向变动，而在 2007~2008 年以及 2014~2015 年的两个较大股市周期阶段，股债市之间更容易体现出"股债跷跷板效应"。

第二，即使在股市大跌大涨时期的"股债跷跷板效应"存在，股债联动关系也存在着时变特征。从表 4-1 可以明显看出，2007~2008 年的股市上涨阶段的"跷跷板效应"明显，而 2014~2015 年的整体上涨阶段，这种"股债跷跷板效应"不显著，且即使在 2014~2015 年的暴涨阶段存在"跷跷板效应"——中债国债总净价指数与上证综指的相关系数为−0.4759，中债信用债总净价指数与上证综指的相关系数为−0.7760，这种效应的强度也显著弱于 2008~2009 年股市周期的效应——2008~2009 年股市上涨期间，中债国债总净价指数与上证综指的相关系数为−0.8963，信用债指数与上证综指的相关系数为-0.9076。

从前述的理论分析和中国经济金融体系运行的实际情况可知,造成这种"股债跷跷板效应"时变特征的因素可能主要来自以下几个方面:

第一,受世界性的货币政策宽松趋势及国内宏观走势的影响,中国的宏观经济政策如货币政策的相对宽松等因素,可能是造成2014~2015年"股债跷跷板效应"不明显的政策层面原因之一。

第二,与2007~2008年显著不同的是,中国金融市场创新步伐加快,金融产品的多样化与投资渠道的拓展,可能改变了投资者非股即债(或者非债即股)的单一投资选择空间,因而也可能对"股债跷跷板效应"产生影响。

第三,股债联动在股市大幅上升和大幅下挫阶段存在显著的不对称性。以国债市场与股市的相关性为例,在2008~2009年的股市周期中,上涨时的"股债跷跷板效应"(国债指数与上证综指的相关系数为-0.8963)显著强于下跌时的"股债跷跷板效应"(国债指数与上证综指的相关系数仅为-0.5147);而在2014~2015年的股市周期中,暴涨时的"股债跷跷板效应"(国债指数与上证综指的相关系数为-0.4759)则显著弱于暴跌时的"股债跷跷板效应"(国债指数与上证综指的相关系数为-0.7940)。①

造成上升—下跌阶段的"股债跷跷板效应"不对称的原因,除了来自宏观经济层面和金融市场发展层面的因素外,也可能与投资者对股市的预期有关。其潜在逻辑在于,2007~2008年的股市上升阶段,其上涨速度要相对慢于2014~2015年的股市上升速度,因而,投资者对于这一阶段股市可持续性抱有更高的信心,故而其后的下跌时间也持续较长。然而在2014~2015年,过快的上涨速度让人们对其可持续性存疑较大,股市的上

---

① 如表4-1所示,2014~2015年的股市上涨阶段并不存在显著的"股债跷跷板效应"(国债指数与上证综指的相关系数为0.2791),而下跌阶段存在相对较弱的"股债跷跷板效应"(相关系数为-0.4587)。如前文所分析的,造成这种情况的可能原因是宏观经济政策和金融市场等因素的影响超过了来自股债联动机制的影响,因而,我们将分析的焦点放在2014~2015年股市周期的暴涨和暴跌阶段,从这两个阶段可以看出,"股债跷跷板效应"仍然是存在的,但在暴涨和暴跌阶段的效应强度存在不同。

涨更多来自于投机者们的"博傻博弈"，因而，其后的市场暴跌也引发大量的踩踏事件，进而引发了近期影响深远的股市异常波动事件。

第四，从 2014~2015 年股市暴跌期间的政府救市阶段的股债联动性角度看，股市与债市之间存在相对显著的"跷跷板效应"，其相关系数为 −0.5695，这表明投资者对于政府救市干预措施的信心较高，因而，极短时间里资金大量从国债市场涌入股票市场。同时，中国债券市场的信用债产品的避险功能严重不足，且随着时间推移，其避险功能仍在下降，甚至在某种程度上呈现出与股市同向变动的趋势。从表 4-1 可以看出，2007~2008 年的股市下跌阶段，国债和信用债市场在一定程度上都起到了资金避险池的作用（国债和信用债与股市的相关系数分别为 −0.5147 和 −0.3261），而值得注意的是，2014~2015 年的中国股市异常波动，国债市场仍然在一定程度上起到了资金避险池作用（国债市场与股市的相关系数为 −0.4587），但在此期间的信用债市场则与股市表现出较强的同向变动趋势，如表 4-1 所示，下跌阶段的信用债与股市的相关系数为 0.8558，这意味着股市下跌的同时，信用债市场也出现了同向的下跌。因而信用债市场并没有起到资金避难池的作用。

第五，股市异常波动下的中国债券市场分化趋势明显。从表 4-1 可以看出，2014~2015 年的股市暴跌阶段，国债市场的避险功能较为显著，其与股市的相关系数为 −0.7940，而信用债市场与股市的相关系数则仅为 −0.1380，这一数值也低于 2007~2008 年的信用债市场与股市的相关系数 −0.3261。债券市场的这种分化一方面表明我国债券市场中的高等级信用债产品可能较为匮乏，另一方面表明在中国经济下行、企业高杠杆率的背景下，当股市出现暴跌时，投资者可能会因为担忧公司和企业的债务偿还能力而抛售信用债。

三、股市暴涨暴跌阶段的股债联动分析
——基于事件研究法

现有相关实证分析认为股市先于债市而波动，股市的特征也决定了其波动大于债市，中国的金融市场的投资者结构特征也支持上述实证分析结果。从图 4-2 可以看出，股市的周期性波动特征十分明显，相对而言，债市是滞后变化的。因而此处采用事件研究法，以股市从暴涨转为暴跌为外生冲击事件，将 2007 年 10 月 16 日和 2015 年 6 月 12 日确定为事件发生日期，选择不同的时间窗口长度来分析股债联动效果。事件研究法的优点在于可以把不同时期的事件放到同一个事件分析框架中分析不同时期的事件是否具有某些共同特征，在此基础上结合实际的经济背景，可以揭示其背后的逻辑机制及其蕴含的政策建议。

值得注意的是，近年来中国的债市发展迅速，两次股灾期间的股债联动关系是否存在差异值得关注，本章首先对两次事件使用序列匹配 t 检验，定量分析上述两次股市异常波动是否存在显著不同，以排除股市波动差异本身导致的股债联动差异。然后再分析两次股市异常波动状态下的股灾联动关系的差异以及造成这些差异的可能原因。

由于无法先验地确定 2015 年股债市波动与 2007~2008 年股债市波动的差异的方向（即相应指数差值的正负性），此处采用双边 t 检验，据此比较不同时间窗口下，股市指数、信用债指数与国债指数在 2015 年和 2007~2008 年的股市波动中的序列差异。为消除指数水平值的影响，先将各指数分别进行差分，然后对各差分序列使用匹配 t 检验，其结果如表 4-2 所示。表 4-2 报告了 t 检验的相应 p 值，考虑到样本数量大小与通常采用的显著性水平关系，此处约定大样本（75 天）下允许 5% 的显著性水平；小样本（14 天）允许 10% 的显著性水平。

从表 4-2 可以看出以下几点：

首先，从上证指数的序列匹配 t 检验的 p 值来看，无论是从 14 个交易

表 4–2 不同时间窗口下序列匹配的双边 t 检验[①]

指数类别	时间窗口：14 个交易日		时间窗口：75 个交易日	
	[–14, 0]	[0, 14]	[–75, 0]	[0, 75]
上证指数	p = 0.93	p = 0.26	p = 0.85	p = 0.79
信用债指数	p = 0.07	p = 0.96	p = 0.07	p = 0.01
国债指数	p = 0.07	p = 0.10	p = 0.65	p = 0.84

资料来源：Wind 资讯。

日的时间窗口还是 75 个交易日的时间窗口，p 值都明显高于上述约定的显著性水平，因而可以认为上证指数的变动在两次股市异常波动中不存在显著差异。

其次，对中国债券市场的相关统计分析表明，无论从债券市场的产品结构、产品类型还是投资者结构来看，债市尤其是信用债市场的变化较大，因而，债券市场在 2007~2008 年与 2015 年的指数波动可能存在较大差异，这从表 4–2 中信用债指数在不同时间窗口的 p 值也可以看出。信用债指数的序列匹配 t 检验的 p 值表明，信用债市场在两次股市快速上升期间的 14 个交易日窗口内，其波动存在显著差异，在股市大幅下跌的 75 个交易日内的波动性差异也较大（p = 0.01，小于 5% 的显著性水平）。

最后，从国债市场变动的短期视角看（14 个交易日的时间窗口），在 2007~2008 年与 2015 年的股市大幅波动前后，国债指数的波动差异较大，但从相对长的时间视界看，可以认为国债指数的波动在两次股市异常波动中并不存在显著差异（p 值分别为 0.65 与 0.84，不能拒绝波动无差异的原假设）。

综上分析可知，从指数的波动幅度来看，两次股市异常波动过程中股

---

① 本书分别考虑 14 个交易日和 75 个交易日这两个时间窗口。选择 14 个交易日主要是考虑到在 2015 年的股市异常波动中，自 2015 年 6 月 12 日起，在政府大幅干预救市以前股市出现了连续 14 个交易日的大幅下挫；选择 75 个交易日的原因在于政府的干预行为仅是阶段性的，因而有必要在一个更长的时间窗口中看两者的差异，75 天为从 6 月 15 日暴跌开始到样本的截止日期 9 月 30 日。为与 2015 年的股市波动保持一致，将 2007~2008 年股市大幅波动的时间窗口也分别确定为 14 个交易日和 75 个交易日。

票市场指数的波动无显著差异；从相对长的时间窗口看，国债市场的指数波动在两次股市异常波动期间也不存在显著差异；相对而言，即使从长的时间窗口看，信用债市场的指数波动在上述两次股市异常波动中仍然存在显著差异。造成信用债市场指数波动差异的原因既可能是受宏观经济政策因素的影响，也可能在这两个不同阶段，企业层面债务杠杆率的显著差异导致投资者对信用债市场的预期存在显著差异，因而不同时期的股市异常波动出现时，投资者对信用债市场的预期也有所不同，从而导致信用债市场指数变动的差异。

基于上述分析，可以进一步探讨两次股市异常波动期间股债联动关系的差异，并分析造成这种差异的潜在因素。在上述两个时间窗口下，股市上升和下跌阶段的股债市的相关性如表4-3所示。

表4-3 股市波动的不同阶段的股债市相关系数

年份	股市周期阶段	时间窗口：14个交易日		时间窗口：75个交易日	
		信用债—上证	国债—上证	信用债—上证	国债—上证
2007~2008	上升期	0.7646	0.7261	−0.8274	−0.0555
	下跌期	0.6924	0.5508	0.6930	−0.2963
2015	上升期	−0.5364	−0.0944	0.4183	−0.0133
	下跌期	0.8461	−0.4167	−0.7148	−0.8414

资料来源：Wind资讯。

首先，从表4-3可以看出，2007~2008年的股市异常波动阶段，总体来看，股债联动更多体现为股债市场同向变动，这一点在短的时间窗口下更为明显，其相关系数都大于0.5。而在相对长的时间窗口中，股债联动关系则相对复杂，上升阶段体现为信用债与股市的"跷跷板效应"（相关系数大于−0.82），在下跌阶段则体现为同向变动；国债市场与股票市场的相关性在长时间窗口中为负，但"跷跷板效应"并不明显（相关系数为负但绝对值较小）。这可能与股市的走向及债市结构发展状况有关：由于2007~2008年股市上升的时间较长，同时国债市场相对较小，因而信用债市场部分地承担了固定收益产品的作用，而国债更多承担着保持必要流动的需要，购买国债的流动性资金对收益的要求并没有投资信用债的资金对收益回报的要求高。

其次，从 2015 年的股市异常波动看，较短的时间窗口中，股市上升阶段，信用债市场与股市呈现出"跷跷板效应"，国债市场与股市相关性为负，但系数不太明显。这可能与国债市场规模不大、投资者对国债功能的定位（国债更多作为流动性工具而非固收产品）有关。长期来看，股市的繁荣改善了企业的资产负债表状况，因而也有利于其债市的繁荣，股债正向相关，国债市场对股市上涨仍然不敏感（相关系数为-0.0133），而在下跌期间，投资者在短期会抛售信用债，转而乐于持有国债进行资金避险。在恐慌过后的较长下跌时间窗口中，投资者可能会掉头重新回持部分信用债，使得信用债与股市的指数呈负相关关系（相关系数为-0.7148）。对这种股债联动的可能机制分析如下：

当企业的负债杠杆率较高时，股市大幅上涨改善企业的资产负债表状况，因而投资者也乐于持有企业的债券产品，故而体现为债市的繁荣，股债呈正向相关。股市的恐慌性暴跌会损害企业资产负债表，短期内投资者担忧企业的已发行债券的质量，可能会选择抛售信用债券，故而体现为信用债与股市指数的同向变动。随着时间推移，投资者逐渐恢复理性，在短期恐慌过后会进行相应调整，转而重新持回部分信用债以提高投资收益率，因而尽管股市仍在持续下跌，但信用债指数会出现反弹。因而股债同向变动。当然，信用债与股市的走向也可能与宏观经济政策如货币政策等的适应性调节有一定关系。

同时，需要看到的是，在整个股市下跌过程中，信用等级最高的国债的避险功能十分突出。无论是在 14 个交易日的时间窗口还是在 75 个交易日的时间窗口，国债与股市的指数都呈负向变动趋势，且在相对长的时间窗口中，这种负向变动的趋势更为显著。

第四节　结论与政策建议

本章的分析表明，从 2006~2017 年的股债关系来看，中国的股市和债市的长期相关性不高，可能存在着时变特征，且在股市平稳和非平稳时期，股债联动机制可能存在显著差异，在股市大幅波动时"股债跷跷板效应"更为明显。使用事件研究法和相应的统计检验方法，对 2007~2008 年与 2015 年中国股市的两次典型异常波动的分析表明，2007~2008 年与 2015 年的股市波动不存在显著差异，但两个阶段的股债联动则存在显著差异。在短的时间窗口下，2007~2008 年的股市异常波动时，股债市场间更多地表现出同向变动趋势，在相对长的时间窗口下，信用债与股市在上升阶段表现出"跷跷板效应"，下跌阶段则同向变动；在此期间的国债市场与股市的相关性不明显。在 2015 年的股市异常波动期间，短的时间窗口下，股市上升阶段的信用债市场与股市表现出"跷跷板效应"，而在长时间窗口下，信用债与股市正向相关。在整个股市下跌过程中，信用等级最高的国债的避险功能十分突出。无论是在 14 个交易日的时间窗口还是 75 个交易日的时间窗口，国债与股市的指数都呈负向变动趋势，且在相对长的时间窗口中，这种负向变动的趋势更为显著。相对于 2007~2008 年股市异常波动时的表现，2015 年的股市异常波动期间的股债联动趋势更为合理，这主要体现为在相对长的股市下跌时间窗口下，信用债市场也起到了一定程度的"资金避险池"的作用，且信用等级最高的国债的避险功能十分突出。造成 2015 年股债变动趋势的原因既可能与中国债券市场的逐步发展完善有关，也可能与在此期间的宏观经济金融政策的适应性调整密不可分。基于上述结论，本书的政策建议如下：

首先，股市异常波动背景下，股价的大幅暴跌会导致企业和相关金融机构的资产负债表恶化，进而引发企业和金融机构的信用等级下降，这也会对信用债市场产生短期的冲击。因而，尽管在 2015 年的股市异常波动中，信用债市场在一定程度上起到了"资金避险池"的作用，但在企业总体负债水平较高的背景下，尤其需要防止股市短期的异常波动导致的债券市场过度波动引发企业偿债能力不足的"雪崩效应"。

其次，需要高度关注企业债务的可持续性。希腊的主权债务危机尽管是国家层面的主权债务过高引发的债务危机，但其本质是本国债务水平过高，且融资高度依赖国际市场，在经济运行难以持续时容易遭遇信用危机，进而由债市传染到股市等金融市场，从而对本国经济造成严重负面影响。李扬等的分析表明，2008 年美国金融危机爆发以来，中国非金融企业杠杆率已经由 2008 年的 98%攀升至 2014 年的 149.1%。尽管中国资本项目尚未完全放开，企业对外负债水平也处于较低可控范围内，但需要持续高度关注非金融企业债务水平的持续攀升对存量信用债市场的影响。防止债务问题爆发引起的违约问题蔓延到股票市场，进而放大其对实体经济的冲击。

最后，美国的股债市场联动历史经验表明，规模足够大的利率债市场可能有助于缓解股债联动效应的冲击，前述分析中利率债缓冲作用不明显的一个结构性原因可能是债券市场的相对分割隔离——我国的存量利率债主要存在于银行间市场，而作为银行间市场参与主体的商业银行不能直接参与股票买卖，利率债对股债联动效应的缓冲效果不明显。因而，对于交易所市场而言，有必要积极引入地方债、政策性金融债等，以此提升利率债的避险缓冲作用。同时，本章的分析也表明，一个信用等级分布合理、期限完备的债券市场，也是有助于熨平股票市场的短期波动的。2015 年的股市异常波动过程中，信用债市场在一定程度上也起到了"资金避险池"作用。因而，发展一个行业结构合理、期限搭配完备和信用等级分布适当的信用债市场，也有利于维持股票市场的稳定性，防止股市异常波动的频繁发生。

第五章　产出效率视角下民企与国企债务规模的测算[①]

中共十八届三中全会通过的《中共中央关于全面深化改革若干重大问题的决定》提到要"推动国有企业完善现代企业制度"，十九大报告也强调要"深化国有企业改革，发展混合所有制经济"。国企改革是做大做优国有资本、培育一批具有市场竞争力的世界一流企业的前提条件。自2020年以来，围绕国企和民企之间的关系，市场争议颇多，有人认为私营经济应该离场，也有人认为现阶段中国出现了"国进民退"的情况。2018年下半年，国务院、中国人民银行、银保监会、证监会等多部门针对当前我国经济和金融的热点问题同时发声，推出了一系列政策改革组合措施，以稳定市场情绪。其中，政府特别表明了对"国进民退"、支持民营企业发展、国企改革等相关问题的立场和态度，肯定了民企在中国经济发展过程中不可或缺的重要地位。

在本轮国企改革中，国有企业去杠杆、减负债是重中之重。前期的货币政策、产业政策的叠加效果，导致国企和民企的杠杆率水平出现分化，据公开数据统计，截至2017年底，国有企业负债占全部非金融企业负债的比重超过75%。相较于其他类型的企业，国有企业的债务风险更高。一旦国有企业发生债务链条断裂及连续性债务违约等事件，将对整个经济体系产生负向冲击。无论是从负债规模上来看，还是从产出效率上来看，不断增加的国企债务都是不甚合理的。这也是本轮国企改革强调国有企业去

---

① 感谢方林肖的文献收集和整理。

杠杆、减负债的重要原因之一。

从效率和金融风险防范的角度看，国企确实仍有很大的改进空间，也很有必要降低国企负债。从当前各界对国企改革的观点来看，改革的方向很明确，即降低国有企业的杠杆率和推动国企混改。但是对于国企究竟需要提高多少效率，究竟存在多少无效率的债务，各界对此的数量分析还不够。这也造成相关改革措施仅提供了一个方向上的指引，未对要达成的目标做出一个可量化的考核指标。这可能也是国企改革步伐不尽如人意的原因之一。

因此，本书从产出效率的视角初步分析了国企改革中去杠杆、减负债等问题。本书通过对比国有企业和民营企业在债务规模和产出水平上的差异，分析两者在产出效率上的不同。结合经验测算，运用民营企业的产出效率估测国有企业合理的负债水平和应有的产值，以及无效的债务和损失的产值。本书可以为深入分析国企减负债问题提供一个量化的证据。根据测算结果，本书的主要结论是：国有企业的杠杆率偏高，产出水平偏低，民营企业的产出效率普遍高于国有企业。因此，从效率的角度上来看，进一步推进国有企业减负债、去杠杆，支持民营企业发展，有一定的必然性。

第一节　文献述评

企业债务融资与企业运行效率存在着两种截然相反的发展路径，实际结果取决于企业发展所能承受的适当的杠杆水平。一方面，债务融资为资金紧缺的企业提供了保障企业可持续发展所需的资金来源，防止企业因自有资金紧张而影响正常的生产运营，或阻碍企业的成长。另一方面，不当的债务融资又会加剧企业的经营风险和财务风险，这主要是由于融资结构和期限设置不合理、资金使用不当以及资金偿付不到位等所造成的。自2008 年金融危机之后，我国非金融部门，尤其是国有企业的债务规模扩张速度较快，国有企业杠杆率持续攀升。国有企业在加杠杆的过程中，经营效率没有显著改善，甚至出现了严重的产能过剩问题，部分行业的"僵尸企业"既难以脱困，又难以清除退出。基于此，学者们针对国有企业运行低效和高杠杆这两方面的问题，展开了充分的研究。

对于不同所有制类型的企业，其生产和经营效率一般是不同的。通常认为，相较于民营企业，国有企业在效率上的表现并不理想。国内外有大量学者研究国企问题，针对国有企业运行效率的测算以及提高效率的手段和动力来源的研究是学者们重点关注的。目前，很多学者通过计算企业或部门的全要素生产率来衡量国有企业的运行效率，这是一种较为可信的度量方法。James 和 Chai（2000）指出中国国有企业的经济效率并没有那么糟糕，国有部门的全要素生产率保持逐年上升。贺聪和尤瑞章（2008）通过测算不同所有制经济的全要素生产率，指出民营工业企业的效率要优于国有工业企业和外资工业企业，但近年民营工业企业的效率出现下降趋势。孔东民等（2014）的研究指出，国有企业的生产效率相比于外资企业一直较低，但呈现出逐年追赶的趋势。张勇（2017）通过估算国有工业部门的全要素生产率，指出近年国有企业的效率并没有得到提高。

对于不同类型的国有企业，影响其经营效率的因素或有不同。现有文献表明，促使国有企业经营效率得以提高的因素主要包括劳动力受教育水平的提高（Gordon and Li，1995）、地方财政分权（许罡等，2012；台航、孙瑞，2017）、企业债务杠杆的下降（马红、王元月，2017）、产品市场竞争的加强、激励机制的改善和国家对国有企业保护力度的减弱等（Li，1994；Ahuja，2012）。另外，以国家政策引导的国企改制（白重恩等，2006）和国企改革（盛丰，2012；汪涛，2018）也是国有企业效率提高的关键因素。

学者们对于国有企业债务扩张和杠杆率的研究主要集中在国企债务规模及其变动情况、降低国企杠杆率的手段等方面。钟宁桦等（2016）指出，我国资金的提供者并不是按照利润原则配置资金，对国有企业具有明显的偏向性，甚至存在 2008 年之后"僵尸企业"更容易获得贷款的现象。

任泽平和冯赟（2016）指出四万亿投资计划以及政府对国有企业的隐性担保、政策扶持和行政补贴是造成国有企业杠杆率不断攀升的主要原因。杨小静和张英杰（2017）指出，国有企业的债务主要集中在产能过剩行业，国有企业去杠杆应该以长期化解债务风险为目标，而不是集中于短期效益。谢瑶（2017）认为，即便是在供给侧结构性改革去杠杆的大背景下，国有企业仍然存在流动负债较高、不良债务比重过高等问题。辛仁周（2017）指出对钢铁行业的国有企业实施去杠杆的难度较大，主要是受行业特征以及社会使命等因素的影响，其认为去产能、兼并重组、市场化债转股和完善相关金融服务等手段是推进企业去杠杆的重要举措。王万珺和刘小玄（2018）研究发现，相比于其他所有制企业，38.17%的国有企业为"僵尸企业"，并通过外部资金来维持企业运转。

综上所述，现有文献已经对我国国有企业的债务问题和运行效率进行了多方面的研究。但是，现有研究存在进一步改进的空间：一是鲜有文献运用产出与负债相结合的方法对比研究国有企业和民营企业的运行效率；二是针对国有企业减负债、去杠杆的问题，鲜有文献从实证角度去测算，多数文献仍停留在定性分析，不利于国企改革政策的具体实施。基于此，本书从产出效率的视角来看待国有企业的债务问题，并以民营企业的产出效率为标杆，对新一轮国企改革进程中国有企业应当化解的债务规模进行经验测算。

第二节　2000 年以来国有和民营工业企业的资产负债情况比较

本书选取了单位产值的负债规模、人均产值的负债规模等作为衡量不同类型企业产出效率的指标，并对国企债务规模和产出水平做了经验测算。考虑到研究对象的可比性和数据可得性，本书暂用私营企业的统计口径衡量民营企业。由于工业企业在所有行业类别中的体量最大，且债务总量常年位居第一，所以本书重点考察工业部门的情况，包括细分行业情况下的国有工业企业与民营工业企业的比较分析。

根据 Wind 数据梳理了 2017 年底国有和民营工业企业的资产负债、营业收入和年度利润的基本情况，如表 5-1 所示。截至 2017 年底，从企业数量看，国有工业企业和民营工业企业的单位数分别为 18806 户和 222473户。从企业亏损率来看，亏损的单位数分别为 4641 户和 20099 户，国有工业企业和民营工业企业的亏损比例分别为 24.68% 和 9.03%，前者约为后者的 2.7 倍。从资产负债规模看，2017 年底国有工业企业和民营工业企业的资产总额分别是 425030.9 亿元和 250796.7 亿元，负债总额分别是256588 亿元和 129350.2 亿元。从资产负债率看，国有工业企业和民营工业企业分别为 60.37% 和 51.58%，前者高出后者约 9 个百分点。从营收和利润情况看，2017 年底国有工业企业和民营工业企业的营业收入分别为268888.6 亿元和 404248.4 亿元，营业成本分别为 220602.1 亿元和 351971.4亿元，利润总额分别为 16651.2 亿元和 23753.1 亿元。从营收利润率看，国有工业企业和民营工业企业分别为 6.19% 和 5.88%，国企略高于民企。

表 5-1　2017 年底国有及民营工业企业基本信息

指标名称	国有工业企业	民营工业企业
单位数（户）	18806	222473
亏损单位数（户）	4641	20099
资产总额（亿元）	425030.9	250796.7
负债总额（亿元）	256588	129350.2
营业收入累计值（亿元）	268888.6	404248.4
营业成本累计值（亿元）	220602.1	351971.4
年度利润总额（亿元）	16651.2	23753.1

资料来源：根据 Wind 数据整理得到。

从前述的比较可以看出，相比于民营工业企业，国有工业企业的亏损情况比较严重，负债水平明显偏高。造成国有工业企业营收利润率较高的可能原因有两点：一是国有企业长期依靠国家作为保护屏障，在诸多行业占据重要市场地位；二是金融机构对国有企业具有偏向性，使其产生相对的融资优势（钟宁桦等，2016），从而财务费用和打通融资的中介费用水平较低。但是，国有工业企业在占用如此庞大的资产体量的情况下，其创造利润的能力远远低于民营工业企业。

从债务扩张的规模来看，自2000年以来，与民营工业企业相比，国有工业企业债务扩张十分明显，如图5-1所示。国有企业债务总额逐年增加，且每年新增负债从2000年的1万亿元左右扩张到现在每年10万亿元左右，17年间债务规模扩张已经超过5倍。截至2016年底，国有工业企业的债务总额是民营工业企业的2.12倍。从债务增速上来看，2000~2008年，国有工业企业的债务增速呈递增状态，之后才缓慢下降。虽然近年来国有工业企业的债务增速有所下降，但由于债务总量已十分庞大，每年负债的净增加额不断攀升，而民营工业企业在此期间的债务增速整体呈下降趋势，且每年新增债务较小。

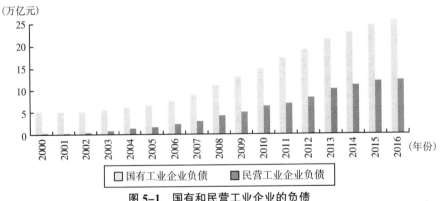

图5-1 国有和民营工业企业的负债

资料来源：根据 Wind 数据整理得到。

从工业销售产值来看，国有工业企业的表现依然不如民营工业企业好，如图5-2所示。在2008年以前，国有工业企业的销售产值比民营工业企业高，但是差距却逐年缩小。至2009年及以后，民营工业企业的销售产值超过国有工业企业，且保持较快的增长趋势。与此同时，国有工业企业的销售产值增长缓慢，且自 2015 年起有所下降，最终导致两者之间销售产值的差距逐渐拉大。截至 2016 年底，民营工业企业的销售产值已经达到国有工业企业的 1.82 倍。

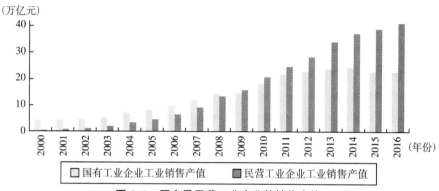

图 5-2　国有及民营工业企业的销售产值

资料来源：根据 Wind 数据整理得到。

综上所述，可以从直观层面上看到，相比于民营工业企业，国有工业企业的负债总额十分庞大，且债务扩张也比较快。与此同时，近年来国有工业企业的销售产值逐渐回落，已经与民营工业企业之间产生较大的差距。国企高额负债并没有创造相应的销售产值，说明这些通过债务融资得到的钱并没有得到有效利用，或者这些债务融资从一开始就是不适宜的。基于此，本书认为相比于民营工业企业，资产体量庞大的国有工业企业不但负债水平高，而且产出效率低下。为了验证这个猜想，下面将从产出效率的视角对国有工业企业和民营工业企业进行更加详细的分析。

第三节　2000 年以来国有和民营工业企业的
产出效率比较

从单位产值的负债规模上来看，国有工业企业始终高于民营工业企

业，且两者之间的相对负债倍数呈不断上升趋势。自 2000 年以来国有及
民营工业企业单位产值的负债规模如图 5-3 所示。从整体变动趋势来看，
国有工业企业单位产值的负债规模表现为"U"型，而民营工业企业单位
产值的负债规模始终保持下降趋势。造成 2009 年国有工业企业单位产出
的负债规模出现阶段性高值的原因主要在于销售产值的增长幅度较小，仅
为 2.54%，而负债的扩张程度较大，为 16.8%。这与 2008 年金融危机后为
刺激经济所实施的四万亿投资计划密切相关，造成国有企业短期内高额举
债（任泽平、冯赟，2016）。根据国有及民营工业企业单位产值的负债规
模数据，可以计算出两者间的相对负债倍数，以体现两者之间每创造一单
位的销售产值所占用负债的差异。2000~2016 年，相对负债倍数在
（2，4）的范围内波动，最初呈现出快速下降态势，但自 2005 年起，相对
负债倍数持续攀升，从 2.07 一路上涨至 3.85。这一现象表明，在 2005 年
之前，国有工业企业与民营工业企业的产出效率差距是在缩小的。但是，
近年两者之间的产出效率差距逐渐扩大，证明了国有企业的效率并没有得
到提高（张勇，2017）。国有企业即便不考虑国有企业与民营企业在负债
和销售产值总量上的差距，国有工业企业的产出效率也始终低于民营工业
企业，前者仅为后者的 26%~48%。值得注意的是，两者之间的产出效率
差距越来越大，国有企业在改革进程中不但没有提高产出效率，反而较市
场平均水平倒退了。

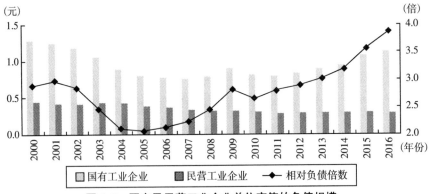

图 5-3　国有及民营工业企业单位产值的负债规模

资料来源：国家统计局。

具体到 37 个细分工业，分析发现，相比于民营工业企业，国有工业企业单位产值的负债规模具有较大的行业差别，且产出效率整体较差。截至 2016 年底，细分工业单位产值的负债规模如图 5-4 所示。从行业分布上来看，国有工业企业和民营工业企业并没有相同的趋势。除了烟草制品业，石油加工、炼焦及核燃料加工业，电力、热力的生产和供应业以外，其他行业的国有工业企业在单位产值的负债规模上均高于民营工业企业。这些行业中有很多是典型的产能过剩行业，集中了大量的国企债务（杨小静、张英杰，2017），如黑色金属冶炼（钢铁）、有色金属冶炼（电解铝）、非金属矿物制品（水泥、玻璃）、化学原料制造（化肥）等。与此同时，除了上述个别行业外，其他行业的民营工业企业的产出效率整体上较为均匀，单位产值的负债规模稳定在 0.3 左右。然而对于国有工业企业，不同行业间的产出效率存在显著差异，最大的达到 3.78，最小的为 0.29。其中，黑色金属、煤炭、水、电力、热力和机械设备等相关行业单位产值的负债规模较大，产出效率较差。

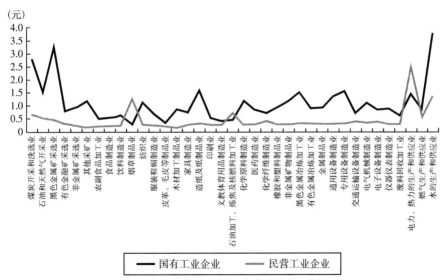

图 5-4　细分工业单位产值的负债规模

资料来源：国家统计局。

为了增强国有工业企业和民营工业企业的可比性，剔除其他因素（如不同行业的生产特征、经营方式、市场类型等导致的差异性）对结果可能产生的影响，本书选择2016年同时属于国有企业和民营企业单位产值的负债规模排名前15的行业作为进一步的分析对象，以期提高结果的可靠性。最终选出的行业分别是：水的生产和供应业；黑色金属矿采选业；煤炭开采和洗选业；石油和天然气开采业；电力、热力的生产和供应业；电气机械及器材制造业。自2000年以来这六个行业单位产值的负债规模如图5-5所示。总体上来看，随着时间的推移，不同行业的国有企业与民营企业在单位产值的负债规模上的表现和变动趋势不具有一致性。除了电力、热力的生产和供应业，其他五个行业的国企单位产值的负债规模明显高于民营企业，产出效率较低。另外，除了电力、热力的生产和供应业，其他五个行业的民营企业单位产出的负债规模年均变动幅度较为平稳，水的生产和供应业、黑色金属矿采选业和电气机械及器材制造业的产出效率呈现出上升趋势。对于国有工业企业来说，黑色金属矿采选业、煤炭开采和洗选业、电气机械及器材制造业单位产值的负债规模在2008年前后呈现出先降后升的趋势，即"U"型。这也从侧面体现出这些行业企业的负债规模及产出效率受金融危机的影响较大。水的生产和供应业的国有企业的负债规模逐年上升，石油和天然气开采业的国有企业单位产出的负债规模逐年波动上升。电力、热力的生产和供应业的情况比较特别，从2004年开始表现为国有企业的产出效率高于民营企业。造成这一现象的原因是，2004年该行业的国有企业的销售产值较前一年迅猛增加了近2.3倍，使单位产值的负债规模下降了47%，此后便稳定在1.2左右。

以A股上市公司为研究对象，以人均产值的负债规模作为衡量经营效率的指标时，结果显示不同行业的国有企业与民营企业之间仍然存在着较大的产出效率差异，但个别行业有微弱的好转迹象。本书主要考察了煤炭、钢铁、电力、有色金属等八个典型行业中的情形，并针对每个行业随机选取了数量相等的A股上市国有企业与民营企业作为分析对象。这些行业不是自然垄断型行业，属于国有企业和民营企业共同生产运营的行

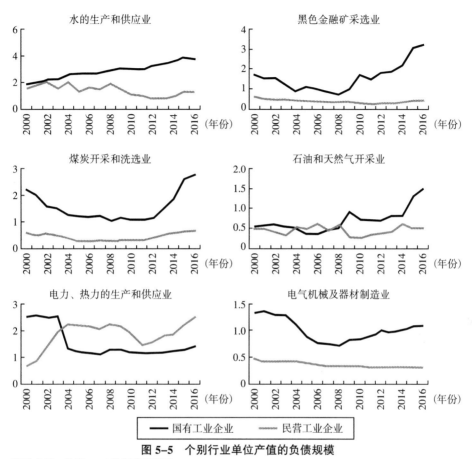

图 5-5 个别行业单位产值的负债规模

资料来源：根据 Wind 数据整理得到。

业，且上市企业的数目较多，有利于分析整个行业的特征，避免个体因素的干扰，分析结果如图 5-6 所示。从整体上来看，在这八个典型行业的上市公司中，人均产值的负债规模最大的是煤炭，其次是钢铁、通用设备、有色金属和化工，最小的是仪器仪表制造。在同一行业中，国有企业与民营企业在人均产值的负债规模上的表现差异也较大。截至 2017 年底，国有企业与民营企业两者之间的相对负债倍数从大到小依此是钢铁、煤炭、通用设备、有色金属、化工、电力、仪器仪表和医药生物。从具体细分行业来看，煤炭行业的国企与民企的相对负债倍数在 2011 年经历了一个较大的下滑后，便稳定在4~5的水平上。在2017年以前，钢铁行业中的国企与民企的相对负债倍数呈现出逐年微弱缩小的趋势，平均水平在4左右，但2017年又抬升到5.46的水平。在有色金属行业中，国企与民企的相对负债倍数总体上呈现不断下降的趋势，从2010年的23.34降至2017

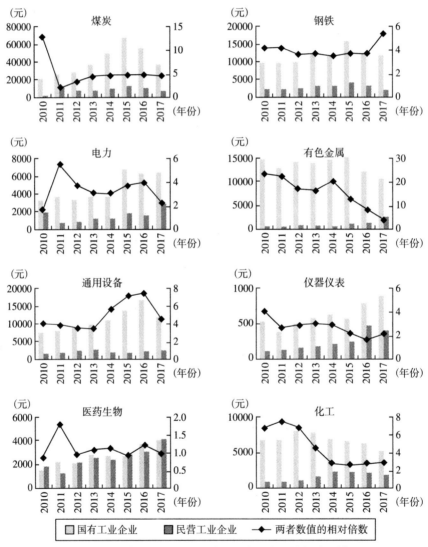

图5-6　典型行业A股上市公司人均产值的负债规模

资料来源：根据Wind数据整理得到。

年的 4.37，年均降幅较大，两者在产出效率上的差异依旧很大。在这八个行业中，仪器仪表行业的国企与民企的人均产值的负债规模水平是最小的，且两者之间的相对负债倍数呈缓慢下降趋势。医药生物行业的国企与民企的产出效率差异不大，相对负债倍数在 1 上下波动。此处对电力、通用设备和化工这三个行业中企业的表现不再赘述。虽然这八个典型行业中的国有企业在效率上的表现都不同程度地逊色于民营企业，但是在电力、有色金属、通用设备等行业，近年来国企与民企之间的相对负债倍数均在下降，产出效率差异也有逐渐缩小的趋势。

第四节　经验测算：国企的产出效率应该达到怎样

前文的分析表明，除了烟草制品业，石油加工、炼焦及核燃料加工业，电力、热力的生产和供应业以外，其他行业的国有工业企业在产出效率上的表现均不如民营工业企业，即单位产值的负债规模过高。因此，本书假设国有工业企业具有同民营工业企业一样的产出效率，并具体考虑了两种情形：第一，假设按照民营企业的产出效率，生产国有企业现有销售产值的产品需要的合理负债是多少？第二，给定国有企业的负债融资，如果按照民营企业的产出效率，国有企业能创造多少产出？基于此，用民营工业企业单位产值的负债规模乘以国有工业企业的销售产值，得到国有工业企业的负债拟合值；用民营工业企业单位负债的产值规模乘以国有工业企业的负债，得到国有工业企业的销售产值拟合值，具体的结果如图 5-7 和图 5-8 所示。经验测算的结果显示，如果国有企业的产出效率与民营企业相同，则在国企当前的产出水平下，其债务规模理应更小；或者，从另一个角度看，在当前的国企债务水平下，其销售产值理应更高。

（万亿元）

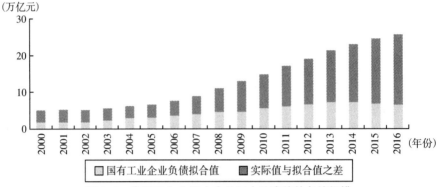

图 5-7　典型行业 A 股上市公司人均产值的负债规模

资料来源：根据 Wind 数据整理得到。

（万亿元）

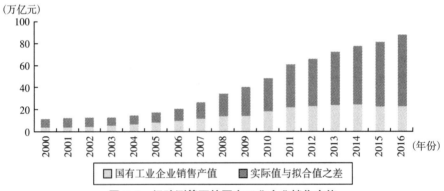

图 5-8　经验测算下的国有工业企业销售产值

资料来源：国家统计局。

在第一种经验测算下，国有工业企业负债总额明显小于实际情况，且每年新增债务量较小，变动较为平稳，年均增长率大约为 9%。另外，自 2015 年起，拟合的国有工业企业负债总额稍有下降，且连续两年呈负增长趋势，截至 2016 年底约 6.7 万亿元。国有工业企业债务规模的实际值与拟合值之差呈逐年递增趋势，截至 2016 年底该差值大约为 19 万亿元。这意味着，相比于民营工业企业，国有工业企业的债务中有 19 万亿元是相对无效的，这可能是未来国企改革进程中国企去杠杆需要消化的债务规模。

在第二种经验测算下，国有工业企业的销售产值远远大于现有产值，年均增长率应该在 13.8% 左右。与此同时，国企无效丧失的产值也逐年扩大，从 2000 年的 7.5 万亿元扩张至 2016 年的 64.9 万亿元。截至 2016 年底，拟合的国有工业企业销售产值应当为 87.7 万亿元，是实际销售产值的 3.9 倍。也就是说，国有工业企业的债务融资没有发挥应有的作用，少创造近 65 万亿元的销售产值，产出效率是极低的。如果资金供给方或贷出方能够将这些资金投向资金短缺的民营企业，则这些资金创造的产值会远高于投放到国有企业下的情形。

从整个工业部门来看，民营工业企业的产出效率也是明显高于工业企业整体水平的。由前述分析可以看出，相比于民营工业企业，国有工业企业的负债水平明显偏高。事实上，除了国有工业企业，其他不同所有制的工业企业的负债水平也普遍高于民营企业。假设仍然以单位产值的负债规模衡量相对债务水平的高低，其倒数便是对企业产出效率的度量。从图 5-9 可以看出，民营工业企业的产出效率远远高于整个工业部门，其单位产值的负债规模位于（3，4）的范围内。另外，结合图 5-3 可以发现，整个工业部门的产出效率变动情况与国有工业企业十分相似，呈现"U"型，并且在 2009 年存在一个阶段性高值。这意味着，国有工业企业不但体量庞大，在工业部门占据重要支配性地位，而且其产出效率将直接影响整个工业部门的产出效率及变动趋势。从整个工业部门的平均负债水平来看，自 2000 年以来，民营工业部门的相对负债比重在 60% 的水平上下波动，远远低于 100%，且近年呈现出逐年微弱下降的趋势。因而，在理想状态下考虑对整个工业部门进行去杠杆、减负债的力度进行估算时，将民营工业企业作为衡量的标杆是比较合适的。截至 2016 年底，工业部门的债务规模为 60.67 万亿元，工业销售产值为 115.2 万亿元。若以民营工业企业的产出效率来衡量，则在第一种经验测算下，工业部门有效债务规模为 33.8 万亿元；在第二种经验测算下，工业部门应有的销售产值为 206.7 万亿元。换言之，整个工业部门中约有 44.3% 的负债比例、近 27 万亿元的债务规模是相对无效的，且损失了 91.5 万亿元的产值。国有工业企业贡献了这些无效损失的 70%。

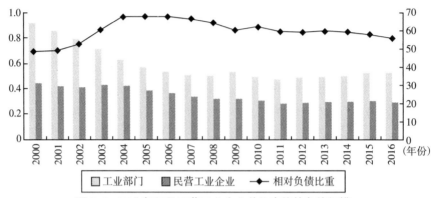

图 5-9 工业部门及民营工业企业单位产值的负债规模

资料来源：国家统计局。

　　如果仍然以民营工业企业作为标杆企业，则不同细分行业的工业企业的负债水平整体上偏高。在经验测算下，2016 年整个工业部门内不同行业间的债务规模如图 5-10 所示。整体上来看，相对负债水平具有较大的行业差别，除了烟草制品业，石油加工、炼焦及核燃料加工业，电力、热力的生产和供应业以外，其他类型的工业企业的负债拟合值普遍低于实际值。这也意味着，在去杠杆、减负债的背景下，若以民营工业企业作为标杆企业，则这些细分行业都需要不同程度地压缩债务规模。其中，煤炭工业的无效负债是最多的，其需要压缩的债务规模近 2.41 万亿元；其次是黑色金属冶炼及压延加工业，约为 2.23 万亿元。另外，在所有细分行业的无效债务中，国有企业平均贡献了 52.7%。其中，在煤炭开采和洗选业、石油和天然气开采业、黑色金属矿采选业、水的生产和供应业中，国有企业占全部工业部门无效债务的比重高达 90% 以上；有色金属矿采选业、黑色金属冶炼加工业占 80% 左右；化学原料制造业、有色金属冶炼加工业、专用设备制造业、交通运输设备制造业和燃气生产供应业占 60%~70%。国有企业无效债务占比最低的行业为食品制造业、服装制造业和家具制造业，在 20% 以下。

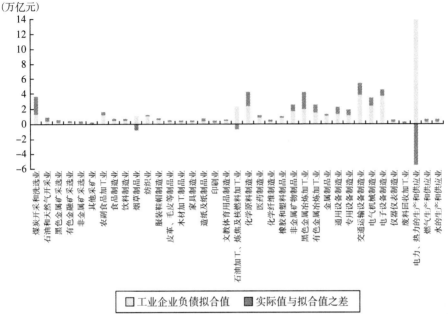

（万亿元）

图例：□工业企业负债拟合值　■实际值与拟合值之差

图5-10　经验测算下的细分工业负债规模

资料来源：国家统计局。

　　综上所述，从产出效率的角度来看，大部分国有工业企业与民营工业企业相去甚远，部分行业极有必要通过引入非国企的竞争，以非国企的"鲇鱼效应"来推动国企效率的提升。为了更加客观地衡量哪些行业国有企业的表现与民营企业差距较大，本书考察了2010~2016年36个细分工业的单位产值的平均负债规模，并列示了国有工业企业与民营工业企业间产出效率差距最大的前10个行业，如表5-2所示。在这些行业中，国有企业的产出效率远不及民营企业的1/2，两者单位产值的负债规模差值最大为2.37，最小为0.74。除了水的生产和供应业属于公共事业外，其他部分行业是目前典型的产能过剩行业。对于这些行业，国有企业应当考虑放弃垄断地位，缩小市场占有率，并积极引入非国企的竞争，以非国企的"鲇鱼效应"来推动国企效率的提升。

表 5-2   2010 年以来单位产值的平均负债规模差值最大的 10 个行业

序号	行业	国有企业	民营企业	差值
1	水的生产和供应业	3.43	1.06	2.37
2	黑色金属矿采选业	2.20	0.33	1.87
3	煤炭开采和洗选业	1.72	0.50	1.22
4	其他采矿业	1.35	0.17	1.17
5	造纸及纸制品业	1.44	0.30	1.14
6	专用设备制造业	1.14	0.30	0.84
7	通用设备制造业	1.10	0.28	0.82
8	黑色金属冶炼及压延加工业	1.12	0.33	0.79
9	非金属矿物制品业	1.04	0.29	0.75
10	非金属矿采选业	0.92	0.18	0.74

资料来源：笔者自行整理。

第五节   国企债务问题：未来需要做什么

国企杠杆率高企问题已经引起政府关注，2018 年 9 月 13 日发布的《关于加强国有企业资产负债约束的指导意见》中提到，要求在 2020 年末将国有企业的平均资产负债率相较于 2017 年末降低 2 个百分点，2020 年后国企的资产负债率需保持与同行业同规模企业平均水平相持平。但是针对不同行业的国企应该如何去负债、降杠杆缺乏具体的标准和执行细则。本书的研究主要是从产出效率的角度为国企去杠杆提供一种可行的操作思路。

本书的测算分析表明，相较于民营工业企业，国有工业企业在产出效率上的表现较差，国有工业企业的大规模债务并没有发挥应有的作用，是相对无效的。从政策建议的角度看，本书的分析结果有两层含义：

第一，在国企改革的进程中，或许可以从产出效率的角度出发，对部分行业国有企业的债务规模制定相对可量化的"瘦身健体"目标，据此测算不同类型的国有企业应当压缩的负债规模。以民企为标杆测算的可减债务规模可以视为国企去杠杆空间的上限，在具体操作中可以根据实际情况进行成比例的折算。

第二，从国企治理的角度看，可以考虑以同类型民企的效率作为国企运营绩效的考核基准，对于那些运行绩效和投入产出效率显著低于同类型民企的国企，有必要进行大幅改革（包括人员、资金、企业规模等方面），以激励国企提升效率。

总之，在宏观经济局势之下，为确保我国顺利实现中等收入转型，必须在稳增长的同时进一步调整经济结构，防范金融风险。更重要的是，在同时推进国企改革和民营企业发展的过程中，应当加强两者之间的互动互助作用，利用民营企业的"鲇鱼效应"，推进国有企业的"瘦身健体"。

第六章 债券市场的品种创新

中国债券市场快速发展的同时创新也在不断发生。受益于政策红利，近年来一些债券创新品种发展迅速，引起市场广泛关注，绿色债券、可转换债券、交易所地方政府债和双创债是其中典型代表。本书对这些债券创新品种进行了针对性研究，对其创新背景、发展现状和未来趋势等进行了考察。

第一节 绿色债券

绿色债券是我国绿色金融体系中重要的市场之一。2015 年发布的《生态文明体制改革总体方案》首次明确了建立我国绿色金融体系的顶层设计，并将发展绿色债券市场作为其中的一项重要内容。2015 年底，中国金融学会绿色金融专业委员会编制了《绿色债券支持项目目录（2015 版）》，明确绿色债券支持项目的界定与分类，为绿色债券发行审批与注册、第三方评估和相关环境信息披露提供依据。2016 年中国绿色债券市场启动，随着相关政策配套和服务不断完善，中国绿色债券市场迅速成为世界前两大的绿色债券市场。

一、绿色债券逐渐获得市场认可

(一) 绿色债券制度设计和基础设施日趋完善

2018 年绿色债券的相关制度和基础设施日趋完善，主要体现在四个方面：一是绿色信贷绩效评价结果纳入 MPA 考核，部分绿色债券纳入中期借贷便利（MLF）担保品范围。二是地方激励绿色债券的措施不断出台，包括免税、贴息等。三是信息披露制度不断完善，包括上市公司 ESG 信息披露和绿色金融债券存续期信息披露。四是开通"债券通""绿色债券信息通"，引导境内外资本投资参与绿色债券投资。

2018 年，绿色金融的扶持政策逐渐落地，绿色债券纳入 MLF 担保品范围、绿色信贷业绩评价纳入 MPA 考核，激励银行发行绿色金融债、开展绿色信贷业务。2018 年 6 月，央行发布公告，为进一步加大对小微企业、绿色经济等领域的支持力度，决定适当扩大中期借贷便利（MLF）担保品范围，将绿色金融债券，AA+、AA 级公司信用类债券（优先接受涉及绿色经济的债券），优质的绿色贷款新纳入中期借贷便利担保品范围。此次扩大 MLF 担保品范围，突出了绿色债、绿色贷款的优先担保，提升绿色债券的市场吸引力，激励市场发行绿色金融债，投资绿色债券，有利于引导金融机构加大对绿色经济等领域的支持力度。2018 年 7 月 27 日，人民银行发布《银行业存款金融机构绿色信贷业绩评价方案（试行）》（以下简称《方案》），将绿色贷款相关五项评价结果纳入银行业存款类金融机构宏观审慎（MPA）考核，将国内政策性银行、大型银行、全国性股份制银行、城商行、农商行、农信社、村镇银行、民营银行、金融租赁公司等全部纳入统计范围，并要求银行机构自 2018 年起按季度报送绿色信贷统计数据，其绿色信贷评价标准与银保监会制定的标准一致，这将为绿色信贷与绿色债券纳入对全国所有存款类金融机构的 MPA 考核奠定了基础。MPA 考核的结果将直接影响存款类金融机构的存款准备金率甚至会影响其在公开市场的交易商资格。因此《方案》的出台有利于推动金融机构优化绿色资产配置，提高其从事绿色信贷、绿色债券等相关业务的积极性。

地方激励措施不断出台，免税、贴息等优惠助力绿债。地方政府积极推进绿色金融发展，除了 5 省 8 市积极构建绿色金融改革试验区外，全国还有 20 多个地方出台了地方绿色金融发展规划和实施意见。在这些政策中，激励绿色债券的相关措施助力绿色债券的发行和推广，具体的刺激措施包括贴息、免税、担保、补贴等。厦门发布《关于促进厦门市资本市场发展绿色金融的意见》奖励辖内企业或机构发行绿色债券，一次性奖励最高可达 150 万元。2017 年深圳福田区对绿色债券贴息 2% 之后，2018 年 10 月江苏省发文《关于深入推进绿色金融服务生态环境高质量发展的实施意见》，对绿色债券、绿色 ABS 提供 30% 的贴息，奖励绿色债券第三方担保机构，建立中小企业绿色集合债担保风险补偿机制。此外，青海省通过"绿色债券免税、提高绿色评级等方式加大支持力度"。

多方推动绿色金融信息披露，绿债监督进一步强化。企业环境信息披露、绿色债券等绿色金融产品的信息披露是绿色金融体系构造的重要基石之一。2018 年环境信息披露制度不断完善，多方在推动绿色信息披露，保障绿色债券可持续健康发展。针对绿色债券，2018 年 3 月 1 日央行发布《中国人民银行关于加强绿色金融债券存续期监管管理有关事宜的通知》，要求对存续期绿色金融债券募集资金使用情况进行监督核查，核查比例不低于全部发行人募集资金已投放金额的 20%；同时发布了《绿色金融债券存续期信息披露规范》以及信息披露报告模板，要求绿色金融债券募集资金使用情况季度报告应重点说明报告期内募集资金的使用情况，年度报告应全面说明报告年度募集资金的整体使用情况及预期或实际环境效益等，对报告期内投放的绿色项目情况进行披露。针对上市公司，证监会强化上市公司环境披露要求，信息披露框架逐渐建立。2018 年 9 月 30 日证监会发布修订后《上市公司治理原则》，强化上市公司披露环境、社会责任和公司治理（ESG）信息，加强对企业绿色资质评估。新《准则》制定了上市公司 ESG 信息披露的基本框架，提出上市公司在利益相关者、环境保护和社会责任方面的基本要求，并要求上市公司披露环境信息以及履行扶贫等社会责任相关情况。证监会发布文件强制要求上市公司披露 ESG 信息，可提高上市公司信息披露质量，进一步减少"漂绿"现象，是绿色金融持续健康发展的基石。同时，我国上市公司 ESG 信息披露框架的完善也是与国际资本市场对 ESG 信息披露保持一致，有利于提升我国资本市场的国际认可度。

启动"绿色债券信息通"，引导境内外资本投资绿债。随着我国绿色债券配套制度和基础设施的不断完善，我国的绿色债券产品逐渐获得国际投资者的认可，投资渠道逐渐建立。2017 年香港与内地债券市互联互通合作（以下简称"债券通"）上线，其中"北向通"已于 2017 年 7 月上线运行，"债券通"成为国际投资者投资国内绿色债券最便捷的渠道，引进国外资金投资国内绿色债券，并提高了绿色债券的流动性。2018 年 6 月中国上海证券交易所与卢森堡证券交易所合作启动绿色债券信息通，将上交所绿色债券具体信息在卢交所官网及其环保金融交易所等信息平台展示，为国际投资者获取相关信息提供了高效透明的渠道，便利国际投资者配置优质的人民币绿色资产，进一步引导国际资本流向绿色产业。

（二）绿色债券发行规模居世界前列，发行主体增多

2016 年我国绿色债券市场建立以来，截至 2018 年末，我国境内外累计发行绿色债券 305 只（其中境内发行 284 只），发行规模达 6921.62 亿元（其中境内发行 6178.12 亿元），已成为全球绿色债券发行规模第二位的国家（见表 6-1）。

表 6-1　绿色债券发行数量与规模

年份	境内绿色债券			绿色资产证券化		中资发行人境外绿色债券		合计	
	发行规模（亿元）	发行数量（只）	发行人数量	发行规模（亿元）	发行数量（只）	发行规模（亿元）	发行数量（只）	发行规模（亿元）	发行数量（只）
2016	1985.30	50	50	67.01	4	260	7	2312.31	61
2017	1898.75	103	67	146.05	10	442	10	2486.80	123
2018	1974.45	101	73	106.56	16	41.5	4	2122.51	121

资料来源：中国金融信息网绿色债券数据库。

绿色债券参与主体增多，2018 年境内共有 99 个发行绿债主体，较 2017 年绿色债发行主体数量上升 29%，绿色融资概念逐渐深入人心，越来越多的发债主体愿意参与到绿色债券融资中来。

发行场所方面，银行间市场是绿色债券的主要发行场所。分市场看，按发行金额统计，2017 年 83.45% 的绿色债券发行于银行间市场，2018 年占比 80%；按发行只数统计，2017 年和 2018 年分别有 70.7%、63.8% 的绿色债券发行于银行间市场，占比超半，而交易所发行金额不足 25%，发行只数未过半。

（三）绿色债券券种结构不断丰富

债券品种方面，绿色金融债是绿色债券市场的主要券种，非金融机构企业绿色债券融资需求扩大，绿色债券的券种结构不断优化。2016 年以来，绿色金融债共发行 99 只（占比 35%），发行金额 4013.2 亿元（占比 65%），绿色金融债占绿色债券市场的主导地位；绿色企业债、绿色公司债、绿色债务融资工具以及绿色资产支持证券共发行 185 只，发行金额 2164.9 亿元，发行数量和规模占比分别为 65%、35%（见图 6-1）。

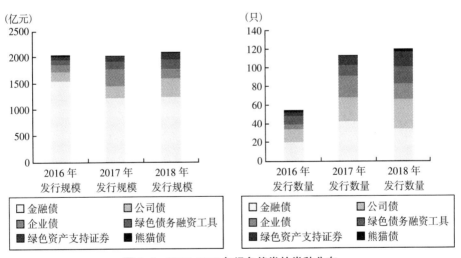

图 6-1　2016~2018 年绿色债券的券种分布

资料来源：中国金融信息网绿色债券数据库。

绿色金融债的发行主要以商业银行和政策性银行发行为主。股份制银行和政策性银行发行金额较多，地方性商业银行也积极参与绿色债券的发行，发债主体呈现多元化趋势（见图 6-2）。

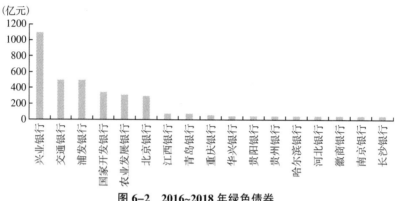

图 6-2　2016~2018 年绿色债券

资料来源：Wind 资讯。

绿色债券的主要发行主体是地方国有企业。2016 年以来绿色债券发行主体覆盖地方国有企业、公众企业、民营企业、中央国有企业、外资企业和中外合资企业，其中地方国企发行 154 只绿色债券，占比 54%，如图 6-3 所示。绿色债券发行企业行业分布主要以银行、公用事业和资本货物

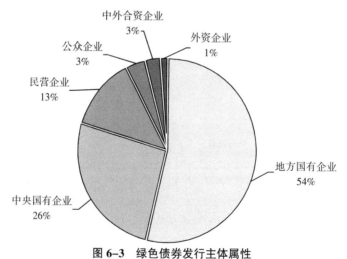

图 6-3　绿色债券发行主体属性

资料来源：Wind 资讯。

类企业为主，2016 年以来发行的绿色债券中，银行、公用事业、资本货物三类产业发行的绿债金额占绿色债券总发行额的比例分别是 34%、21% 和 18%，如图 6-4 所示。

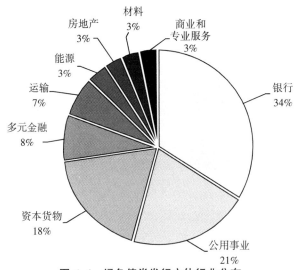

图 6-4 绿色债券发行主体行业分布

资料来源：Wind 资讯。

（四）绿色债券发行期限

绿色债券发行期限短则 1 年，长则 15 年，以 3 年期和 5 年期居多。2016 年以来，3 年期绿色债券占比 49%，5 年期绿色债券占比约为 30%，其他期限债券合计占比在 20% 左右（见图 6-5）。

（五）绿色债券属于信用评级较好的券种，信用层级逐渐丰富

整体上 AAA 级别绿色债券等级数量最多，其次是 AA+ 级、AA 级，三者合计占比 84%，其中 AAA 级别债券占比过半（见图 6-6）。由于我国绿色债券市场处于发展初期，债券发行数量有限，发债主体多以大型商业银行、公益性行业龙头企业为主，信用等级较高。随着未来绿色债券市场的扩容、发债主体的增多，绿色债券的整体信用水平会逐渐下降，并接近信用债整体水平，信用等级不断丰富。

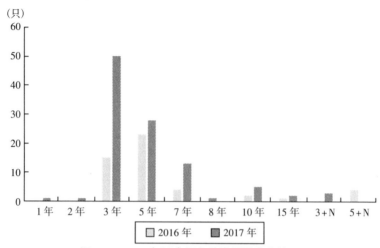

图6-5 2016年以来绿色债券期限分布情况

注：3+N、5+N是指每3年、每5年可以选择回售一次。
资料来源：中国金融信息网绿色债券数据库。

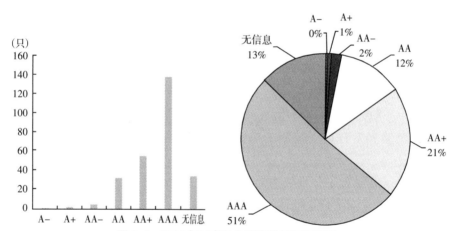

图6-6 2016年以来绿色债券信用评级情况

资料来源：中国金融信息网绿色债券数据库。

（六）大多数绿色债券都进行了第三方机构评估认证

绿色债券作为一种专门资助绿色产业的债券，发行时需要第三方机构对债券进行绿色认证。目前我国政策鼓励进行第三方认证，非强制性要求，但国内发行的大多数绿色债券都进行了第三方机构评估认证。2016

年发行绿色债券中 83%进行了绿色认证，2017 年 67%的绿色债券进行了认证，比例有所下降。2017 年新发债券未取得第三方评估认证的债券大部分为国家发改委监管的绿色债券，该类债券在申报阶段由发改委下设的资源节约和环境保护司以及应对气候变化司对其进行认定。

目前，进行我国绿色债券评估认证业务的第三方机构有 12 家，涵盖了会计师事务所、专业评级认证机构、能源环境类咨询机构等，其中会计师事务所认证的绿色债券最多（见图 6-7）。

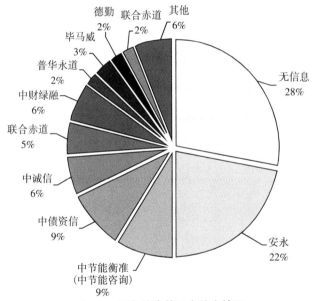

图 6-7　绿色债券第三方认定情况

资料来源：中国金融信息网绿色债券数据库。

当前绿色债券认证机构实行自律管理，绿色评估认证标准尚不规范、信息透明度不高、发债标准不统一。2017 年 12 月人民银行与证监会联合发布《绿色债券评估认证行为指引（暂行）》，对评估认证机构资质、业务承接、评估认证内容、评估认证意见等进行了规范，要求绿色债券评估认证机构实施自律管理，并建立监督抽查、交叉检查以及处分处罚等机制，以促进绿色债券市场健康发展。

（七）绿色非金融债有一定的发行利率优势

绿色债券的发行利率受发行主体信用等级、债券期限、借贷资金市场利率水平以及宏观经济走势等多方面因素的共同影响。根据数据统计发现，绿色金融债券较非绿色金融债券的发行利率优势不明显，而绿色非金融债（不含绿色 ABS）相对普通非金融债有利差优势。我们将 2018 年 11 月发行的 3 年期 AAA 级 11 只绿色金融债作为样本，发现其平均发行利率为 3.89%，而将同期发行的相等条件的 31 只普通金融债作为样本，发现其平均发行利率为 3.96%，绿色金融债无发行利率优势；而将 3 年期 AAA 级的 12 只普通绿色债券（包括企业债、公司债和中期票据）作为样本，发现其平均发行利率为 4.47%，将同等条件下的 654 只普通债券（包括企业债、公司债和中期票据）作为样本，发现其平均发行利率为 4.85%，绿色非金融债具有一定的利差优势（见图 6-8）。

（八）绿色债券筹集资金主要投向于绿色债券支持项目

如图 6-9 所示，30% 的筹集资金用途不明，信息披露存在缺陷；9% 的资金未用于绿色支持项目（6% 补充运营资金，3% 偿还银行贷款/债务），61% 的资金用于绿色债券支持项目（清洁能源 14%、清洁交通 13%、生态环境和适应环境变化 10%、污染防治 10%、节能 8%、资源节约与循环利用 6%）。

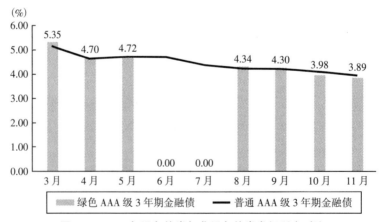

图 6-8　2018 年绿色债券与非绿色债券发行利率对比

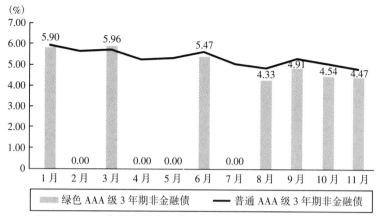

图 6-8 2018 年绿色债券与非绿色债券发行利率对比（续图）

资料来源：Wind 资讯。

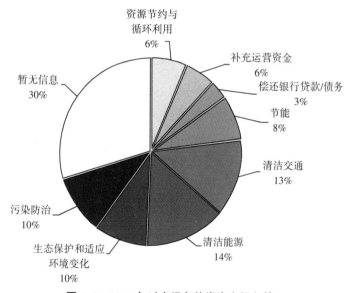

图 6-9 2016 年以来绿色债券资金投向情况

资料来源：中国绿色金融信息网。

（九）绿色债券的发行主要集中于北京、福建、上海等经济发展水平相对较高的地区

根据 Wind 统计，2016 年以来，绿色债券发行额前三名省份分别为北京、福建、上海，发行金额分别为 2168.7 亿元、1106.75 亿元、1084 亿元，分别占境内发行总额的 36.36%、18.55%、18.17%，三省份合计发行额占绿色债券总发行额的比例超过七成，是我国绿色债券的主要发行地区（见图 6-10）。

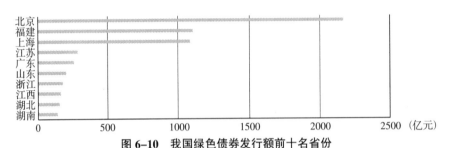

图 6-10　我国绿色债券发行额前十名省份

资料来源：中国绿色金融信息网。

（十）绿色债券的二级市场交易逐渐活跃

绿色债券的二级市场交易规模扩张迅速。根据 Wind 统计，2018 年，中国境内绿色债券在二级市场现券成交额达 4765.84 亿元，较 2017 年增长98%，二级市场绿色债券交易规模已经超过同期绿债发行规模的两倍（见图 6-11）。二级市场交易品种方面，绿色金融债占据主导地位，2018 年绿色金融债现券交易规模占整个绿债现券成交规模的 86%；紧跟其后的是中期票据，2018 年成交规模占绿债总成交规模的 8%。

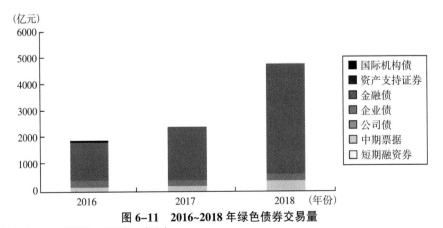

图 6-11　2016~2018 年绿色债券交易量

资料来源：Wind 资讯、国开行、农发行。

二、我国绿色债券发展目前存在的问题

绿色债券认定标准不统一，监管内容不够细化。目前原银监局、发改委、人民银行分别制定了不同的绿色债券认定标准，这些标准在某些方面认定存在冲突现象，导致从不同方面来看，同一项目会产生不同的认定结果，监管规则不统一更是容易产生过度监管及监管套利问题。

绿色债券认证和信息披露存在一定的制约。目前国内债券评估标准不统一，导致没有客观公认的评估机构。市场监管不全面、信息不对称问题严重，导致债券评估不公正现象时有发生，"漂绿"现象损害了中小投资者的利益，严重阻碍了绿色债券的发展。

绿色债券定价原则尚未形成。相较于普通债券，绿色债券的定价方法更为复杂，除了需要考虑一般债券进行定价时所需要考虑的因素，如市场利率、发行主体、发行规模和期限等外，还需要在价格形成中考虑"绿色"这一因素，包括给环境所带来的影响，对投资方的声誉影响、政策的支持作用，这些因素加入绿色债券定价机制中，有利于绿色债券市场的发展，但我国出于技术上的原因，在这些因素的考虑上有所欠缺。

三、我国绿色债券发展前景展望

目前，我国绿色债券市场已经初具规模。未来绿色债券品种有望进一步丰富，如中小企业绿色集合债、绿色项目收益票据等品种指日可待。绿色ABS也将会快速发展，发展绿色ABS，可以通过多种结构化安排等多种增信方式降低投资者投资风险进而要求更低的债券收益率，降低绿债发行企业的成本以便企业更好地将资金投向一些环保效益好但投资周期长的项目，更好地促进绿色产业转型升级。绿色债券市场参与主体会日趋多元化，目前国内已有青海、内蒙古、福建、天津、北京等10多个省份发布了地方性绿色金融发展规划及实施意见，在地方发展绿色金融的政策导向

驱动下，未来中西部和一些欠发达地区会有更多企业通过绿色债券融资。绿色债券的国际认可度将会进一步提高，目前受国际认可的中国绿色债券主体主要是新能源企业和商业银行。未来，随着全球经济一体化的发展，中国"一带一路"倡议的推进及"债券通"的实施，无论是"引进来"的绿色熊猫债券，还是"走出去"的实体企业绿色债券都将会持续蓬勃发展。中国与国际市场在绿色债券方面的结合将会更加紧密，债券的国际认可度也会越来越高。

考虑到未来中国经济转型与绿色金融进一步深化发展，绿色债券业务有望成为未来债券市场的新突破点，券商应积极布局、参与到绿色金融发展潮流中，可以从以下三个方面开展工作：

第一，重视对绿色债券及其相关产品创新的研究以应对未来绿色金融市场产品多样性的机遇与挑战。未来绿色金融产品将会呈现多样化，市场可能会出现一大批如中小企业绿色集合债、绿色项目收益票据、绿色ABS、绿色产业基金等新型绿色金融产品，应重视此类创新型产品的研究，确保未来能够迅速适应绿色金融市场的变化以更好地开展绿色金融业务。

第二，积极挖掘中西部如煤炭、钢铁、绿色建筑、节能照明类企业的绿色债券发行需求。目前国内已有青海、内蒙古、福建、天津、北京等10多个省份发布了地方性绿色金融发展规划及实施意见。在地方发展绿色金融的政策导向驱动下，未来中西部和一些欠发达地区会有更多传统行业（如建筑、煤炭、钢铁等）与新兴市场（如绿色建筑、海绵城市建设、智慧城市建设、有机农业、绿色旅游、废弃物再利用、燃煤节能改造、节能照明等）的企业有望通过绿色债券融资。加强与这些地区企业交流，以期获得更多的绿色融资业务需求量。

第三，在债券评估、绿色成本核算等绿色债券配套服务方面的业务寻找机遇。发行绿色债券需要第三方评估、绿色成本核算等服务，随着未来绿色债券市场的扩容，未来此类服务的需求量将进一步扩大。

第二节 可转换债券

2017 年可转债①吸引了市场的注意力，2018 年可转债的融资优势逐渐获得市场认可。可转债"股债双性"，具有"进可攻退可守"的投资优势，带有比较复杂的投资条款（见表 6-2）。在海外资本市场，可转债作为再融资工具已经发展百年，规模较大。据统计，截至 2017 年 11 月底，美国市场存量转债达 2600 亿美元，欧洲市场存量转债约为 1900 亿美元，相对规模较小的日本市场存量转债约为 360 亿美元，而我国可转债市场建

表 6-2 我国可转债基本条款具体内容一览

发行人	一般为上市公司②	发行方式	有公开发行和非公开发行两种。公开发行有股东优先配售、网上发行和网下发行三种方式
面值	100 元	票面利率	一般低于相同条件的不可转换债券（或不可转换优先股票）
期限	最短为 1 年，最长为 6 年	转股期	指债券转换为股份的起始日至截止日的期间。按规定，自发行结束之日起 6 个月方可转换为公司股票
转股价格	不低于募集说明书公告日前 20 个交易日该公司股票交易均价和前 1 交易日的均价		
转股价格修正条款	转股价格修正条款是发行人拥有的一项权利。发行公司在发行可转换债券后，若该公司股价低于转股价的一定比例和一定时间时，转股价格可以进行特别向下修正，为转股创造条件		
赎回条款	赎回条款起到保护上市公司的作用，若可转债发行公司的股票涨势较好，股票价格远超过约定的转股价，该条款赋予发行公司按照事先约定的价格买回未转股的可转债		
回售条款	回售条款则是为投资者提供安全保障的，当发行公司股价连续低于某一价格时，可转债投资者可以将持有的可转债按照约定的价格回售给发行公司		

① 可转债，全称为可转换公司债券，是指发行人依照法定程序发行的，在一定时间内依据约定条件转换成股份的公司债券。它具有债性、股性和期权性三种属性，具有"进可攻退可守"（在股票熊市时有债券到期，获得固定利息；在股票牛市时将债券转换成股票，可获得股利或资本增值）的优势。

② 根据《公司债券发行与交易管理办法》（2016 年版）规定，上市公司和股票公开转让的非上市公众公司可发行可转换公司债券。

立不足 30 年，规模小众，截至 2018 年 12 月 14 日存量市场约为 1844.85
亿元人民币。

一、可转债放量带动结构改善

（一）融资优势推动市场扩容至历史高位

1998~2016 年可转债市场年发行数量未突破 20 只，直到 2017 年和
2018 年可转债市场进入大发展大扩容阶段，年度融资规模接近千亿元。
如图 6-12 所示，1998~2016 年的十多年里，可转债每年发行只数不超过
20 只，融资规模未超过 800 亿元，而 2017 年和 2018 年可转债发行数量激
增，发行规模接近千亿元。

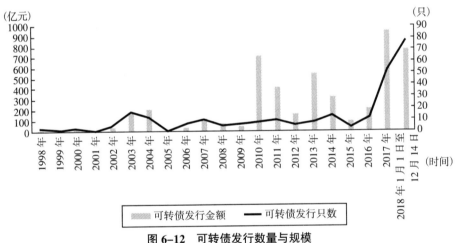

图 6-12 可转债发行数量与规模

资料来源：Wind 资讯。

2017 年之前，可转债市场不温不火，其主要原因是可转债发行门槛较
高，发行优势、融资优势不明显。从发行规则上看，上市公司需满足净资
产收益、杠杆比例、利润等多个标准方可发行可转债。从审核时间上看，
从可转债预案开始到发行需要 3~5 个月，时间成本高。从上市公司再融资
渠道对比分析可见，定向增发与可转债存在竞争关系，与定向增发相比，

可转债的融资优势不明显，如表 6-3 所示。

表 6-3　定向增发和可转债监管制度比较

	文件	类型	要求
可转债发行相关监管规则	2006 年《上市公司证券发行管理办法》	转股价格	应不低于募集说明书公告日前 20 个交易日该公司股票交易均价和前 1 个交易日的均价
		期限	最短为 1 年，最长为 6 年
		转股期	自发行结束之日起 6 个月后方可转换为公司股票
		财务规定	最近 3 个会计年度连续盈利 最近 24 个月内曾公开发行证券的，不存在发行当年营业利润比上年下降 50%以上的情形 最近 3 年以现金或股票方式累计分配的利润不少于最近 3 年实现的年均可分配利润的 20% ROE 方面，最近 3 个会计年度加权平均资产收益率平均不低于 6% 杠杆方面，本次发行后累计公司债券余额不超过最近 1 期末净资产额的 40% 利润方面，最近 3 个会计年度实现的年平均可分配利润不少于公司债券 1 年的利息
定向增发相关监管规则（旧）	2010 年《上市公司非公开发行股票实施细则》	定价规定	发行价格不低于定价基准日前 20 个交易日公司股票均价的 90%（定价基准日可以为董事会决议公告日、股东大会决议公告日，也可以为发行期的首日
		限售期规定	发行股份 12 个月内（大股东、战略投资者或上市公司实际控制人认购的为 36 个月）不得转让
		财务规定	最近 1 年及 1 期财务报表未被注册会计师出具保留意见、否定意见或无法表示意见的审计报告；或保留意见、否定意见或无法表示意见所涉及的重大影响已经消除

再融资新规发布后，可转债相对于定向增发的融资优势明显，产品获得市场青睐，2017 年和 2018 年的发行规模处于历史高位。2017 年再融资新规发布，定向增发受到限制，而证监会适度放宽可转债打新规则，并提高发行审核速度。在规则红利推动下，市场逐渐认识可转债的"股债双性"的产品优势。2017 年 2 月 17 日证监会修改的《上市公司非公开发行股票实施细则》从定价、融资规模、再融资频率等方面对上市公司定向增发进行了严格的管理，具体要求如表 6-4 所示。上市公司发行优先股、可转债、创业板小额快速融资却不受新规限制。可转债的发行优势凸显，2017

年 11 月起发行需求猛增。此外，证监会释放出鼓励发行可转债的信号，可转债预案审核速度明显提高，2017 年 11 月起可转债发行预案过会与批文速度明显加快，如图 6-13 所示。

表 6-4 定向增发新规和可转债打新制度

定向增发相关监管规则（新）	2017 年 2 月《关于修改〈上市公司非公开发行股票实施细则〉的决定》	定价规定	明确了定价基准日只能为非公开发行股票发行期的首日，取消了将董事会决议公告日、股东大会决议公告日作为定价基准日
		融资规模规定	上市公司申请非公开发行股票的，拟发行的股份数量不得超过发行前总股本的 20%
		再融资频率规定	上市公司申请增发、配股、非公开发行股票的，本次发行董事会决议日距离前次募集资金到位日原则上不得少于 18 个月
	2017 年 5 月《上市公司股东、董监高减持股份的若干规定》	减持规定	将非公开发行股份减持纳入监管；通过集中竞价交易的，自解禁后 12 个月内，减持数量不得超过持有该次非公开发行股份数量的 50%；通过大宗交易方式减持的，受让方 6 个月内不得转让
可转债相关规则	2017 年 9 月《关于修改〈证券发行与承销管理办法〉的决定》	打新规定	可转债网上打新申购时无须预缴纳申购资金；可转债网下打新申购时也无须预缴申购资金，按主承销商的要求单一账户缴纳不超过 50 万元的保证金

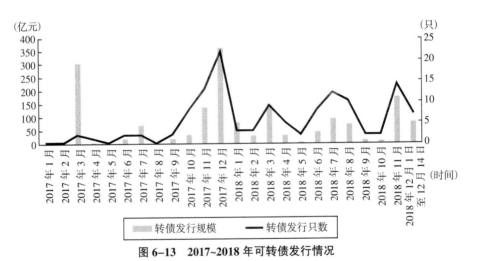

图 6-13 2017~2018 年可转债发行情况

资料来源：Wind 资讯。

可转债的申购方式降低为信用申购，投资门槛降低、投资群体扩大。

2017 年 10 月修订版《证券发行与承销管理办法》降低可转债打新标准，采用信用申购方式，网上投资者在申购可转换公司债券时无须缴付申购资金。大量散户加入打新群体，可转债的投资群体扩大。新发可转债申购规模由 2017 年 3 月的千户级别，增长到 10 月的百万户级别。因可转债打新红利减少，2017 年 12 月之后新发可转债申购户数有所回落，规模维持在 10 万户左右，如图 6-14 所示。

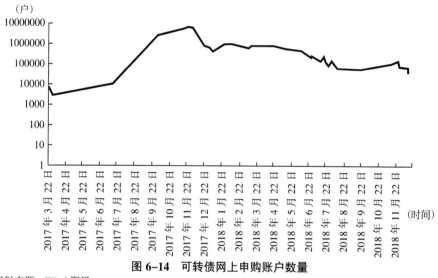

图 6-14 可转债网上申购账户数量

资料来源：Wind 资讯。

（二）可转债发行情况

从可转债的发行情况看，可转债主要解决上市公司 10 亿元以下的长期融资需求；发行主体由传统行业企业逐渐转变为高新科技企业；债券评级方面，可转债信用状况较好。

从转债单只发行规模上看，可转债主要解决公司 10 亿元以下融资需求，如图 6-15 所示。单只可转债发行规模较小，主要集中在 10 亿元以下；大额融资需求主要在 10 亿~30 亿元；发行额超过 50 亿元的公司凤毛麟角。可转债发行规模较大的公司主要为银行和传统行业大型国企，如中国银行、光大银行、中国工商银行、民生银行、宁波银行、中石油等

（见表6-5）。

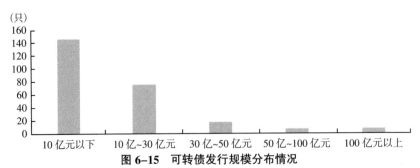

图 6-15　可转债发行规模分布情况

资料来源：Wind 资讯。

表 6-5　大盘转债一览

转债名称	发行规模（亿元）	债务主体	所属行业
中行转债	400	中国银行股份有限公司	银行
光大转债	300	中国光大银行股份有限公司	银行
平安转债	260	中国平安保险（集团）股份有限公司	保险
工行转债	250	中国工商银行股份有限公司	银行
石化转债	230	中国石油化工股份有限公司	能源
民生转债	200	中国民生银行股份有限公司	银行
浙能转债	100	浙江浙能电力股份有限公司	电力
宁行转债	100	宁波银行股份有限公司	银行
重工转债	80.5	中国船舶重工股份有限公司	航天航空与国防
国君转债	70	国泰君安证券股份有限公司	资本市场

资料来源：Wind 资讯。

　　从债券期限看，发行人偏好长期融资。证监会规定，可转换公司债券的期限最短为 1 年，最长为 6 年。如图 6-16 所示，截至 2017 年末，上市公司尚未发行 3 年以下期限的可转债，大部分可转债的期限为 5 年和 6 年，上市公司偏好发行期限较长的可转债。美国市场没有对可转债的期限进行约束，发行期限短则半年长则 30 年，并且还有一定数量的永久债券，大部分可转债的期限集中于 3~10 年。

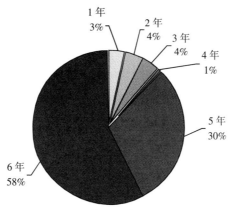

图 6-16 可转债债券期限分布情况

资料来源：Wind 资讯。

　　行业分布方面，可转债发行主体的行业分布发生变化，早期主要以传统制造业企业和银行为主，2017 年以来发行的可转债中技术硬件设备、汽车、生物医药等高新科技公司的数量增加。如图 6-17 和图 6-18 所示。可转债市场发展的早期，可转债发行主体主要集中于材料、资本货物、公共事业、交通运输、房地产等传统行业，而发债的电子计算机、生物医药等高新技术企业寥寥可数。根据目前存续可转债资料统计，发行主体行业

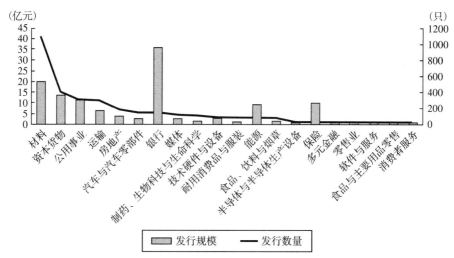

图 6-17 1998~2016 年可转债发行公司行业分布情况

资料来源：Wind 资讯。

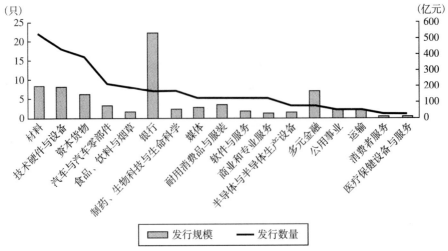

图 6-18　2017 年以来可转债发行公司行业分布情况

资料来源：Wind 资讯。

结构发生了明显变化，技术硬件设备、汽车、生物医药、计算机等高新企业跻身发债数量前列。可见，高新技术企业在可转债市场的地位有所提升。这一点与美国相似，美国 IT、生命科学、电信、医疗、金融这些高风险高成长或资本密集型行业中的企业，可转债发行较多。

信用评级方面，可转债属于信用状况较好的券种，发行时债项评 AA 级以上债券占据了可转债市场的半壁江山，如图 6-19 所示。2002 年至 2018 年 12 月 14 日，公募发行可转债 222 只，其中 215 只公布了债项信用评级状况。200 多只可转债中，发行时债项信用评级为 AA 级的有 78 只，约占发行量的 1/3，占比最大。发行量第二和第三的评级券种为 AAA 级和 AA+ 级，分别发行了 57 只和 42 只。目前已发行的可转债中，发行时债项评级最低的为 A+ 级，且 A+ 级可转债仅 3 只。此外，可转债发行门槛较高，在企业净资产收益率、财务杠杆、营业利润等方面严格把关。由此可见，发行可转债的公司属于信用评级较好且经营状况较好的公司。目前为止，我国可转债尚未发生信用事件，总体信用状况较好。根据美国数据统计，美国可转债的信用风险比一般的债券高，信用等级较低，经常出现违约事件。

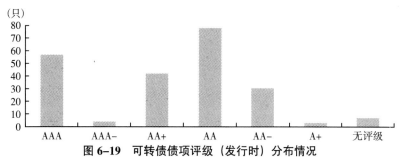

图 6-19 可转债债项评级（发行时）分布情况

资料来源：Wind 资讯。

二、可转债二级市场特征

（一）股票牛市可转债交易活跃

我国可转债的股性较强，整体转股比例较高，投资者追求更高收益应重视可转债的转股价值。在股票市场牛市行情时，正股增值空间广阔，可转债的二级交易市场活跃。

从已经退市的可转债转股情况看，上市公司可转债的转股比例非常高。2000 年至 2018 年 12 月 14 日共有 135 只可转债退市，其中有 129 只可转债的累计转股比例在 95% 以上，占退市总数的 95.56%。若可转债对应股票的转股价值远高于其纯债价值，投资者为了更好地保护自己的利益，可转债持有人会在债券未到期前进行转股，因此可转债的转股比例普遍较高，而转股比例较低的债券，其转股价格远高于正股股价，且正股走势低迷，转换贴水率为负。

可转债转股和赎回时间集中于股票牛市时期。2007 年、2009 年和 2015 年三年是集中转股和集中赎回的年份。集中于此的原因主要是这些年份是股票市场的牛市时期，股价各有不同程度的上涨。对于投资者而言，股价上扬时期转股可以分享较多的资本增值；对于上市公司而言，股价高涨前采取赎回以迫使持有者转股，不仅减轻公司的利息负担，而且可以避免稀释公司股权，限制投资者过多分享公司资本增值。

从可转债的二级市场交易来看，当正股市场出现交易活跃时，可转债二级市场交易非常活跃。如图 6-20 所示，2015 年债券发行量降低，存量债券规模探底，但由于股市行情较好，二级市场交易额却达到历史峰值。股票熊市的 2016 年，可转债一级发行市场回暖，二级市场交易冷清。

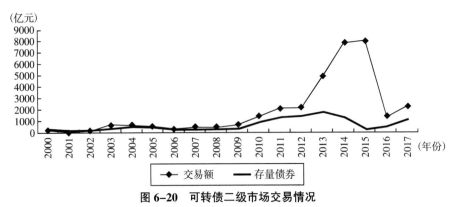

图 6-20　可转债二级市场交易情况

资料来源：Wind 资讯。

（二）可转债涨跌与正股联动

转债的涨幅主要受市场供求结构变化和股票市场走势的影响。2017 年以来可转债市场出现一些新现象。一是市场供求关系，新发可转债增加供给、打新账户抛售和机构入场力量不足导致需求端疲软。2017 年以来新发可转债近百只，市场存量债券扩容 1800 多亿元；同时市场可转债只数的扩大，导致可转债正股覆盖更多细分行业和板块，投资选择性更广。二是正股走势是影响可转债价格的中长期因素，A 股市场分化，带动可转债市场分化。正股涨势较好的转债，如歌尔转债、白云转债、宝信转债、三一转债等个券涨幅为正；正股跌幅较大的转债，如久其转债、模塑转债、骆驼转债、电气转债等个券跌幅超过 10%（见图 6-21）。

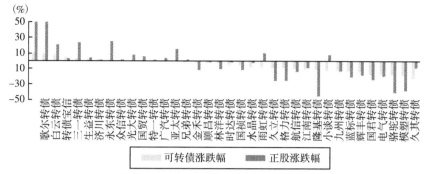

图 6-21　2017 年可转债和正股涨跌幅

资料来源：Wind 资讯。

三、2018 年可转债市场走势及未来展望

（一）2018 年可转债市场回顾

1. 行情回顾

（1）股市全年大幅下挫，转债抗跌性凸显。2018 年的股票市场全年大幅下挫。2018 年股市走势主要可分为三个阶段。第一阶段为 2018 年 2 月至 7 月初。这一阶段受 2 月美国股市大幅调整、中美贸易战爆发以及中国经济下行压力不断显现的影响，权益市场整体大幅下挫，6 月末上证综指较年初高点下跌近 20%。第二阶段为 2018 年 7 月中下旬至 10 月上旬。这一阶段在前期经济下行压力逐步显现、权益市场大幅下挫、债市违约率不断攀升的情况下，监管层通过窗口指导银行增配信用债、定调更加积极的财政政策和调整 MPA 考核参数的方式进行逆周期调节。然而这一阶段的政策效果并不显著，多项经济与金融数据不及预期，权益市场在经过短暂的反弹之后继续走低，国庆之后上证综指创 2014 年 11 月以来新低。第三阶段为 2018 年 10 月中下旬之后。这一阶段在 A 股市场大幅下挫屡创新低、多项经济数据显示经济下行压力进一步加大的情况下，监管层采取了多举措稳增长、纾解股权质押风险、支持民营企业融资，在政策的持续推进下，A 股市场走势企稳。

转债指数小幅下跌，可转债抗跌性凸显。2018 年 6 月末中证转债指数较年初高点跌幅为 12%，而同期上证综指较年初高点跌幅近 20%，7 月以来随着多项稳增长和支持民营企业融资政策的持续推进，转债指数出现回升，截至 11 月末转债指数与年初基本持平，可转债相较股票市场而言表现出明显的抗跌性（见图 6-22）。权益市场大幅下挫之下转债指数仅小幅微跌存在三方面的原因，一是转债指数中银行等大盘股权重更为集中，市场下跌之下银行股具备明显的抗跌性。二是转债下跌到一定幅度时，跌入债性，转债债性托底下转债对个股的下跌不再敏感。三是下修案例增多抬高个券转股价值，个券价格反弹。

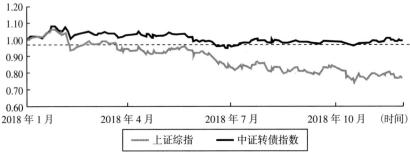

图 6-22　2018 年上证综指大幅下跌，转债抗跌性凸显（指数以 1 月 2 日为基准）
资料来源：Wind 资讯。

（2）个券表现分化，板块轮动明显。2018 年以来转债整体跌幅有限，个券表现分化。截至 2018 年 11 月 30 日有可比行情数据的 98 只上市转债中，32 只上涨，66 只下跌。其中，转债的涨跌幅主要集中在 -10%~5%，占比达 78%，与此同时，正股的涨跌幅主要集中在 -15% 以下，占比超 64%，其中跌幅超 30% 的正股有 28 只，转债的涨跌幅相对正股而言普遍较小（见图 6-23、图 6-24）。个券方面，分化较为明显。2018 年涨幅最大的康泰转债从 2018 年 3 月上市到 11 月末涨幅达 31%，主要是受其正股价格在 2018 年上半年大幅上涨，7 月最高股价超过转债上市首日股价 100% 的影响，11 月末康泰转债转股溢价率仅有 0.75%，表现出了极强的股性。2018 年跌幅最大的是林洋转债，较年初跌幅达 20%，林洋转债正股林洋能源同期跌幅超 50%，相较正股而言转债的抗跌性明显，11 月末林洋转债纯债溢价率仅 8.35%，当个股下跌到一定程度时，转债债性托底效应凸显，转债对个股的下跌不再敏感（见图 6-25 至图 6-28）。

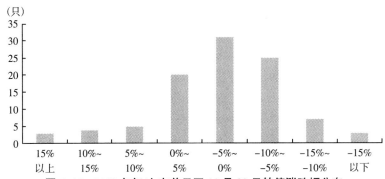

图 6-23 2018 年初/上市首日至 11 月 30 日转债涨跌幅分布

资料来源：Wind 资讯。

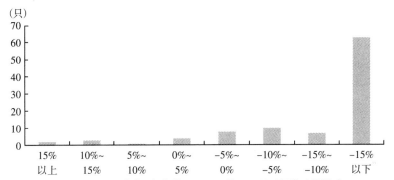

图 6-24 2018 年初/上市首日至 11 月 30 日正股涨跌幅分布

资料来源：Wind 资讯。

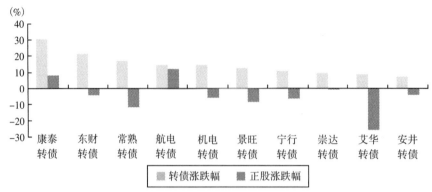

图 6-25　2018 年初/上市首日至 11 月 30 日涨幅前十转债

资料来源：Wind 资讯。

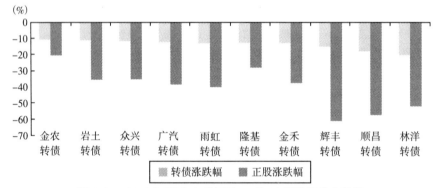

图 6-26　2018 年初/上市首日至 11 月 30 日跌幅前十转债

资料来源：Wind 资讯。

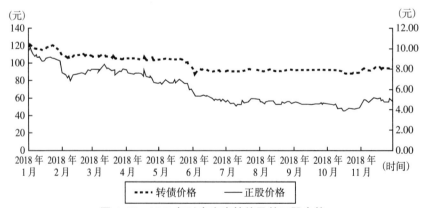

图 6-27　2018 年以来康泰转债及其正股走势

资料来源：Wind 资讯。

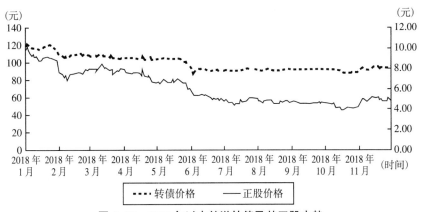

图 6-28 2018 年以来林洋转债及其正股走势

资料来源：Wind 资讯。

2018 年转债行情的板块轮动较为明显。第一季度，转债市场整体小幅上涨，其中计算机行业表现最好，宝信转债和万信转债涨幅均超 30%。第二季度受权益市场下跌的影响，转债市场整体走低，但在权益市场医药生物板块涨势良好的带动下，医药生物行业的可转债涨幅较大，其中康泰转债价格一度超 200 元。第三季度转债指数小幅收涨，银行转债表现强势，宁行转债、江银转债、常熟转债均实现了较大涨幅。进入第四季度以来，稳增长政策密集出台，A 股市场走势企稳，转债市场整体上涨，隆基转债、林洋转债等前期超跌的转债获得了较大的涨幅（见图 6-29）。

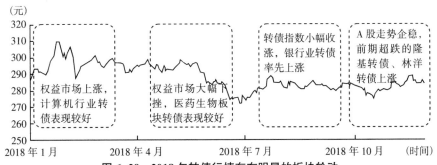

图 6-29 2018 年转债行情存在明显的板块轮动

资料来源：Wind 资讯。

（3）股价下跌引发下修潮，阶段性行情出现。2018 年以来，权益市场大幅下跌，在正股纷纷跌破回售价的情况下，多只转债主动下修转股价。截至 2018 年 11 月末，已有 22 只转债主动进行下修，其中 19 只转债已完成下修。2018 年的转债下修主要集中在下半年，其中江阴银行发行的江银转债一年内两次进行下修。

股价下跌触发的下修往往会催生出转债的阶段性行情。转债的下修权掌握在发行人手中，对于发行方而言，发行人通过下修转股价可以促进持有人转股。对于投资者而言，权益市场下跌触发下修将提高转换比例，转股价值得以提升，下修公告后转债价格大概率上涨。2018 年共有 22 只转债主动进行下修，其中 19 只转债顺利完成下修（江银转债两次下修），除艾华转债外，其余 21 只转债在提出下修议案后的一个交易日内均有不同程度的涨幅，平均涨幅达 3.01%（见表 6-6）。其中，骆驼转债、江银转债、众兴转债、海印转债、利欧转债下修议案提出后一个交易日涨幅均超5%。骆驼转债自议案日至表决日累计上涨 7.38%，海印转债自议案日至表决日累计上涨 6.24%。

表 6-6　2018 年正股下跌引发下修潮出现，全年 22 只转债主动进行下修

转债代码	转债名称	正股简称	议案日	决议公告日	议案日前转债价格（亿元）	议案日前平价（亿元）	下修后平价（亿元）	议案日次日转债涨跌幅（%）
113012.SH	骆驼转债	骆驼股份	3 月 9 日	3 月 21 日	98.73	77.33	98.22	6.92
113010.SH	江南转债	江南水务	4 月 3 日	4 月 20 日	104.15	52.58	77.38	1.10
128034.SZ	江银转债	江阴银行	4 月 16 日	5 月 2 日	92.92	75.87	96.27	5.34
			8 月 11 日	8 月 28 日	96.65	82.08	99.29	1.74
110043.SH	无锡转债	无锡银行	4 月 27 日	5 月 19 日	95.61	75.62	101.46	1.02
128033.SZ	迪龙转债	雪迪龙	6 月 8 日	6 月 27 日	93.65	69.13	85.05	3.33
123003.SZ	蓝思转债	蓝思科技	6 月 11 日	6 月 27 日	96.35	67.62	—	3.85
			7 月 27 日	8 月 14 日	94.19	54.71	71.70	1.60
128025.SZ	特一转债	特一药业	7 月 11 日	7 月 27 日	93.79	81.93	98.26	4.38
113018.SH	常熟转债	常熟银行	7 月 16 日	8 月 23 日	98.02	75.10	102.26	1.83

转债代码	转债名称	正股简称	议案日	决议公告日	议案日前转债价格（亿元）	议案日前平价（亿元）	下修后平价（亿元）	议案日次日转债涨跌幅（%）
128026.SZ	众兴转债	众兴菌业	7月17日	8月2日	87.34	72.16	—	6.02
128039.SZ	三力转债	三力士	7月24日	8月10日	92.21	81.84	96.58	3.91
127003.SZ	海印转债	海印股份	7月24日	8月9日	86.97	46.86	78.29	5.78
113504.SH	艾华转债	艾华集团	7月25日	8月11日	107.36	84.93	102.02	-0.13
113016.SH	小康转债	小康股份	8月20日	9月5日	91.34	76.10	95.89	0.34
113509.SH	新泉转债	新泉股份	8月20日	9月5日	94.51	69.93	93.97	1.93
123001.SZ	蓝标转债	蓝色光标	8月21日	9月10日	89.15	53.93	89.98	0.62
128021.SZ	兄弟转债	兄弟科技	9月3日	9月20日	91.84	45.06	100.56	3.23
123002.SZ	国祯转债	国祯环保	9月9日	9月28日	100.89	74.16	96.79	0.39
128020.SZ	水晶转债	水晶光电	10月16日	11月5日	89.01	36.16	62.50	2.85
128038.SZ	利欧转债	利欧股份	10月28日	11月13日	82.83	58.55	104.65	5.03
128043.SZ	东音转债	东音股份	11月4日	11月20日	91.66	78.10	92.04	3.80
113008.SH	电气转债	上海电气	11月19日	—	103.61	51.95	—	0.97
123015.SZ	蓝盾转债	蓝盾股份	11月22日		89.66	74.52	—	6.3

注：蓝思转债第一次下修和众兴转债下修议案未通过、电气转债和蓝盾转债下修议案至2018年12月下旬尚未进行表决。

资料来源：Wind资讯。

2. 一级市场

（1）可转债一级市场供给提速。2017年，证监会再融资新规的颁布促使可转债发行显著扩容。2017年以来，证监会颁布的再融资新规对定增等再融资方式进行了更为严格的限制，同时简化了可转债的发行审批流程。2017年第四季度以来，上市公司发行可转债明显提速，仅2017年12月就有22只可转债成功发行，可转债市场规模自2015年以来首次突破千亿元。2018年1~11月累计有71只转债发行，发行规模694亿元，预案发行规模超4000亿元，12月前半个月就有34只转债预案发行。

（2）熊市下可转债发行难度提升，上市首日破发比例提高。受权益市场大幅下跌的影响，2018年的可转债发行难度提升。一是网上申购中签率明显提高，网下申购重启。自 2017 年证监会发布《证券发行与承销管理办法》允许网上投资者信用申购可转债以来，网上申购成为转债发行的主要方式。2017 年第四季度可转债投资者网上申购热情度极高，平均中签率仅有 0.06%，且大部分转债仅通过网上申购的方式就已完成发行。然而进入 2018 年以来，由于二级市场的持续低迷，投资者网上申购转债的热情度下降，2018 年 1~11 月平均中签率达 0.34%，第三季度的中签率更是高达 0.64%。受网上申购热情度降低的影响，部分转债开始恢复网下发行，自 8 月以来恢复网下发行的转债占比达 65%。二是出现大比例弃购，包销比例上升。2018 年 8~9 月发行的曙光转债、蓝盾转债及岭南转债接连出现了 20% 左右的大比例弃购。受发行压力增大的影响，2018 年转债一级发行的包销比例上升，1~11 月可转债的平均包销比例为 6.89%，较 2017 年第四季度 2.92% 的包销比例显著上升（见图 6-30）。

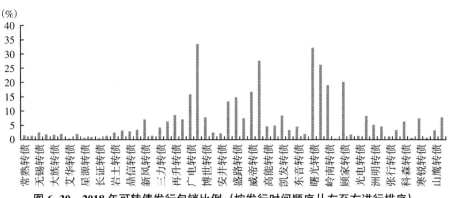

图 6-30　2018 年可转债发行包销比例（按发行时间顺序从左至右进行排序）

资料来源：Wind 资讯。

　　参与转债打新通常能够在转债上市首日获得比较好的收益，但 2018 年受权益市场持续低迷的影响，下半年转债上市即破发的比例提高。2018 年 1 月至 4 月上市的 29 只转债上市首日平均涨跌幅为 6.24%，上涨转债的比例达 76%，宁行转债、太阳转债、道氏转债、大族转债、康泰转债及星源转债的上市首日涨跌幅超 10%，参与转债打新的赚钱效应明显。此后，受权益市场持续低迷的影响，转债上市首日下跌比例提高（见图

6-31)。2018 年 5~11 月上市的 34 只转债上市首日平均涨跌幅为-0.55%，上涨转债的比例仅有 32%，其中 8 月上市转债平均涨跌幅为-3.48%，12 只转债中有 11 只下跌。

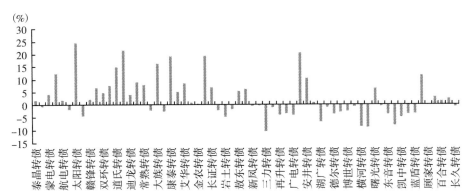

图 6-31 2018 年可转债上市首日涨跌幅情况（按发行时间顺序从左至右进行排序）
资料来源：Wind 资讯。

3. 机构参与情况

（1）2018 年可转债市场交易活跃度不高，金融行业转债受关注。2018 年可转债市场的交易活跃度不高。2018 年第一季度是可转债日均成交量的高点，可转债平均日成交额为 28 亿元，个券日均成交额为 7292 万元。其中，东财转债、常熟转债和无锡转债等银行、证券金融机构的日均成交额过亿。第一季度以后，受权益市场低迷的影响，转债市场的交易活跃度下降。4~11 月可转债日均成交额不足 15 亿元，9 月、10 月可转债的日均成交额都仅有 10 亿元，个券日均成交额下降至 3089 万元，不足第一季度的一半（见图 6-32）。

金融机构发行的转债交易活跃度较高。2018 年 1~11 月银行及非银金融的个券日均成交额分别排在全部可转债发行行业的第一位和第三位（见图 6-33）。日均成交额排名前十的个券中，张家港行发行的张行转债、光大银行发行的光大转债、宁波银行发行的宁行转债分别排在第一位、第三位和第四位，国泰君安证券发行的国君转债排在第九位。

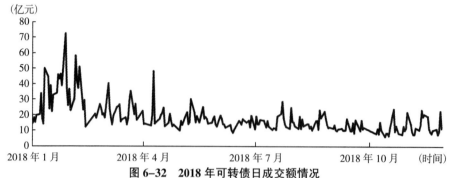

图 6-32　2018 年可转债日成交额情况

资料来源：Wind 资讯。

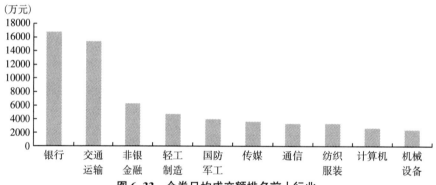

图 6-33　个券日均成交额排名前十行业

资料来源：Wind 资讯。

　　（2）保险和基金为可转债的主要机构投资者，社保配置比例增大。受股东配售的影响，一般法人为可转债的最主要持有人，此外，保险和基金为可转债的主要机构投资者。上交所 2018 年 11 月的统计数据显示，可转债的主要持有人结构中，基金和保险的持仓占比分别为 18% 和 11%，在机构投资者中占比居前（见图 6-34）。

　　2018 年以来，社保资金对可转债的配置力度加大。2017 年 12 月末社保资金持有可转债的占比仅有 3.05%，持有规模 21 亿元，截至 2018 年 11 月末持有占比增长至 7.00%，持有规模增长至 71 亿元（见图 6-35）。配置型资金对可转债的配置力度增强。

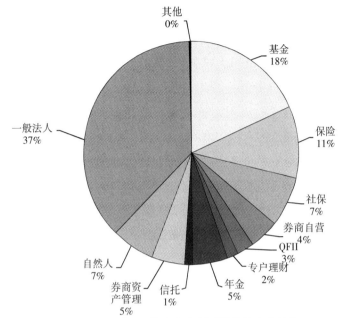

图 6-34　2018 年 11 月末上交所可转债持有人结构

资料来源：Wind 资讯。

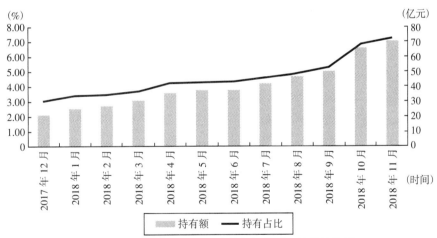

图 6-35　2017 年 12 月以来社保加大对可转债的配置

资料来源：Wind 资讯。

（二）可转债市场未来展望

1. 多重因素压制 A 股市场表现，但整体下跌空间不大

2018 年以来，A 股市场大幅下挫，截至 2018 年 11 月末上证综指较年初跌幅达 22.70%，创业板指较年初跌幅达 24.15%。从短时间来看，A 股市场仍存在多重因素的压制，难现大幅反弹。一是经济下行压力持续加大，企业盈利状况承压。自 2018 年 5 月以来制造业 PMI 指数持续走低，中小企业 PMI 降至荣枯线下，显示供需双方活跃度均减弱。2018 年第三季度 GDP 回落至 6.5% 的低位，社会消费品零售总额同比增速持续回落，规模以上工业增加值和工业企业利润增速均呈现加速回落的态势。微观企业方面，A 股上市公司前三季度盈利增速下滑。二是货币政策传导不畅，企业再融资收紧，信用风险事项频发。受金融严监管政策持续推进的影响，2018 年以来表外融资规模持续收缩，1~11 月以信托贷款、委托贷款、未贴现银行承兑汇票为代表的表外融资规模累计减少 2.76 万亿元，致使社融增速持续走低。企业再融资不畅引发的资金链断裂事项频发，1~11 月累计有 38 家信用债发行主体首现债务违约。受此影响，市场的风险偏好显著降低，虽然 2018 年以来央行四次实施定向降准，但信贷规模的增长项仍主要在票据融资和短期借款，11 月以前 AA 及以下评级主体的信用债净融资额持续为负。金融严监管持续叠加经济下行压力加大下市场风险偏好低，宽信用难以在短期内显现。三是中美贸易摩擦给经济带来的扰动因素持续存在。中美贸易摩擦具有长期性，2018 年受中美贸易摩擦的影响，11 月出口增速大幅放缓。2018 年末中美贸易虽然出现了阶段性缓和，但给经济带来的隐忧仍存。

稳增长政策密集推进，股市下跌空间有限。受此前 A 股市场大幅下跌的影响，至 2018 年末 A 股估值处于历史低位。进入 2018 年 10 月以来，各项稳定经济增长、纾解股权质押融资风险和支持民营企业融资的政策密集出台，A 股市场走势企稳，A 股整体下跌空间不大。一是在多举措纾解股权质押风险后，2018 年 11 月沪深两市有超过 200 家企业发布股权解质押公告，企业的股权质押风险有所缓解。二是市场的风险偏好得以提高，债券市场的再融资功能得以修复。2018 年 10 月以来，信用债市场的发行额和净融资都出现了大幅回升，2018 年 11 月以来主体评级 AA 及以下的信用债净融资额首度为正，企业再融资状况有所好转。三是基建托底效应显现，固定资产投资增速回升。2018 年 9~11 月，固定资产投资增速连续三月回升。四是减税降费政策的实施有助于减轻企业负担，改善企业盈利状况。五是中央经济工作会议再次强调稳增长、减税、激发微观主体活力和调动地方政府的积极性，政策对经济的支持力度将进一步加强。在稳增长和支持民营企业融资政策的持续推进下，企业信用状况边际改善，盈利状况有望好转，股市整体的下跌空间不大。

2. 可转债市场扩容，抓住结构性行情和主题投资机会

可转债市场扩容，转债市场投资价值提升。此前可转债的供给相对有限，标的的稀缺性导致市场流动性不足，存量债券估值较高，成为制约投资者参与的最主要因素。2017 年底以来，可转债的供给显著增大，上市交易的可转债突破百只。截至 2018 年 12 月，预案发行的可转债超 4000 亿元，随着股市的企稳，后续可转债的供给有望进一步提速，市场扩容下可转债投资价值凸显。一是转债市场规模的不断扩大会吸引资金流入，改善市场流动性。二是新增可转债入市会冲击存量债券的估值，转债估值调整有助于投资者把握介入时机。三是可转债市场扩容下，投资标的日渐丰富，可择券范围和时机增多。

结构性行情为主旋律，抓住主题投资机会。2019 年权益市场整体下跌空间不大，上涨幅度有赖于政策持续推进下经济复苏的情况，市场大概率维持震荡格局，以结构性行情为主。叠加可转债供给提速的情况下，个券加速分化，抓住结构性行情和主题投资机会仍是 2019 年可转债投资主旋律。结构性行情方面，关注与经济周期关联度较小的行业，如军工（机电转债、航电转债）、农林牧渔（众兴转债、天康转债、天马转债）、电子（蓝思转债、大族转债、水晶转债等）。主题投资方面，随着 5G 预商用在即，5G 概念标的具备较大的投资价值，具备 5G 概念的转债标的有已上市交易的盛路转债，尚在可转债发行预案期的有亨通光电、烽火通信、中天

科技和华脉科技。

3. 把握正股业绩+转债估值逻辑，关注低价券的反弹机会

2018 年受权益市场大幅下挫的影响，可转债估值被动大幅提高且表现出明显的分化。截至 2018 年 11 月末 105 只公募可转债的平均转股溢价率为 32.60%，较年初的 16.97% 增长近一倍。转债间估值存在明显的分化，105 只公募可转债中转股溢价率超 30% 的可转债有 45 只，其中辉丰转债、洪涛转债、电气转债、横塑转债和顺昌转债的转股溢价率超 100%；7 只转债的转股溢价率为负，如三力转债、德尔转债等。2018 年 10 月下旬以来，随着稳增长、纾解股权质押风险和支持民营企业融资等政策的持续推进，低价券出现了一波普涨。低价券的上涨主因是正股的反弹，可分为两类，第一类是正股基本面明显改善，如林洋转债和隆基转债。受光伏行业走出底部区间的影响，林洋转债 11 月正股价格反弹 15.17%，正股反弹带动下，转债价格上涨 7%；隆基转债 11 月正股价格反弹 37.27%，正股反弹的带动下，转债价格上涨 8.24%。第二类是估值处相对低位的个券，如德尔转债、广电转债。这类转债的估值处在低位，权益市场整体反弹的带动下，转债出现了明显的反弹。德尔转债 11 月正股涨幅 17.5%，转债价格上涨 7.16%；广电转债 11 月正股涨幅 36.78%，转债价格上涨 8.14%。

把握正股业绩+转债估值的逻辑，关注绝对价格低及估值低的个券。在稳增长和支持民企融资政策的持续推进下，权益市场逐渐企稳，宽货币有望向宽信用逐步转化，市场风险偏好得以修复。基本面逐渐修复、盈利状况良好的正股具备反弹空间，对应可转债绝对价格低或估值低的情况下，后续具备一定的上涨空间，可择优配置。一是关注政策纠偏下行业触底回升的低价转债，如光伏行业的林洋转债（绝对价格低+基本面修复）、券商行业的长证转债（绝对价格低+基本面修复）。二是关注前期超跌，估值处相对低位的可转债，如万顺转债（绝对价格低+估值低位）、小康转债（绝对价格低+估值低位）。

4. 条款博弈：寻找下修反弹机会

参与下修条款博弈，能够获得较高的超额收益。2018 年有 22 只转债

主动进行下修，其中 19 只顺利完成下修，除艾华转债以外下修转债均在下修预案公布的次日出现了不同幅度的上涨，平均涨幅达 3.01%，博弈下修条款的收益较为可观。转债进行下修的动力一是进入回售期或即将进入回售期的转债通过下修来避免回售压力，二是股东配售比例较高时出于止损的目的进行下修，三是银行转债基于促转股补充资本金的需求进行下修，四是基于减轻财务费用压力的需求。截至 2018 年 12 月，已有 45 家转债触发修正条款，预计仍将会有较多的转债进行下修。

由于下修转债均在预案日次日有不错的涨幅，因此博弈下修的最佳时点是提前布局。对于转债是否会主动进行下修的判断主要在大股东的转债持仓情况、转债面临的回售压力以及偿债压力。转债转股后对股本的摊薄往往会对下修形成一定的制约，影响下修议案能否顺利通过或下修幅度的大小，博弈转债下修有一定的难度，建议适度参与。

5. 可转债权重行业展望

（1）银行业：稳定性较高，但整体上涨空间有限。受定向降准下银行负债端压力缓解、成本趋降，表内信贷规模的扩张抵消去杠杆引起的资产规模收缩的影响，商业银行资产增速企稳，净息差回升，2018 年商业银行整体经营绩效好于预期。在 2018 年权益市场整体大幅下挫的情况下，7 月在稳增长政策陆续推进和金融严监管的边际放松之下，银行转债率先反弹，带动转债指数反弹。

预计 2019 年银行业基本面整体保持稳定，但压力有所增大，叠加供给冲击，银行转债整体上涨空间有限。2019 年预期资金面继续维持宽松的情况下，资金价格的下降将逐渐由银行的负债端传导到资产端，净息差继续回升的态势难以延续。此外，由于 2018 年下半年以来经济下行压力显著加大，企业盈利短期内难现根本性好转，企业信用风险逐渐暴露，叠加表外资产回表的监管要求之下银行不良资产难掩，2019 年银行股整体难现超额收益。在可转债供给方面，此前由于标的的稀缺性，银行转债估值高企。在 2018 年末可转债供给显著提速的情况下，规模较大的交通银行、浦发银行等银行转债已预案发行，此类转债上市将对可转债市场的流动性以及银行转债的估值产生一定的冲击。银行转债整体延续超额收益的概率较小，考虑银行整体盈利性较好且银行股具备一定的抗跌性，银行转债带估值调整后可作为一个稳定性品种进行配置，重点关注自身资产负债定价能力较强的标的，如宁行转债、常熟转债。

（2）券商：估值底部，股权质押风险缓解后具备反弹空间。受权益市场行情持续低迷的影响，券商盈利整体下滑，上半年券商股走势整体低迷。2018 年权益市场的大幅下挫导致整个 A 股市场成交持续缩量，券商业绩显著回落。此外，股市的下跌催生出股权质押风险，给券商盈利带来了进一步的压力。受此影响，上半年券商股整体走弱，行业整体估值回落至历史底部，券商转债也跟随正股走弱（见图 6-36、图 6-37）。自 2018

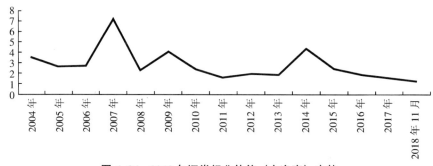

图 6-36　2018 年证券行业估值（市净率）走势

资料来源：Wind 资讯。

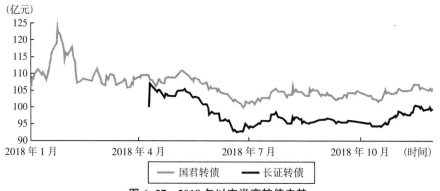

图 6-37　2018 年以来券商转债走势

资料来源：Wind 资讯。

年 10 月以来，多项稳增长、纾解股票质押风险和支持民营企业融资的政策密集出台，券商股迎来一波反弹，国君转债、长证转债也跟随正股走势开始出现反弹。

后续在政策的对冲下，券商压力有所缓解，券商转债具备一定的配置价值。一是在多举措纾解股票质押融资之后，11 月沪深两市有超过 200 家企业发布股权解质押公告，企业的股权质押风险有所缓解，券商的计提减值压力减轻。二是稳增长和支持民营企业融资政策的持续推进下，市场风险偏好得以修复，股市有望逐步企稳。三是 CRMW 等融资工具的推出之后，债券市场融资有所回暖，券商业务预计可迎来扩容。四是科创板注册制的推出，催生新的业务机会。政策对冲下，2019 年券商的业绩有望触底反弹。但券商转债的整体估值偏高，弹性相对有限，后续可关注国君转债等行业龙头的基本面改善状况。

（3）光伏：政策纠偏下修复性行情可期。2018 年权益市场光伏板块整体大幅下跌，光伏转债走势低迷。在美国 201 法案制裁以及国内 531 新政的影响下，国内光伏产业发展受到剧烈冲击，光伏需求整体承压。2018 年前三季度光伏发电新增装机 3454 万千瓦，同比下滑约 18%。受此影响，光伏板块整体表现惨淡，申万光伏设备指数较年初最大跌幅达 49%，其中隆基转债较年初最大跌幅达 22%，对应正股隆基股份较年初最大跌幅 55%；林洋转债较年初最大跌幅达 25%，对应正股林洋能源较年初最大跌幅 62%（见图 6-38、图 6-39）。

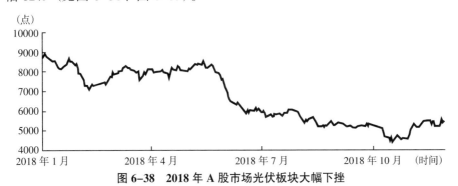

图 6-38　2018 年 A 股市场光伏板块大幅下挫

资料来源：Wind 资讯。

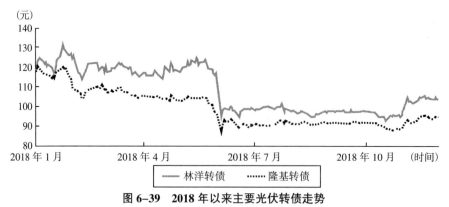

图 6-39　2018 年以来主要光伏转债走势

资料来源：Wind 资讯。

政策纠偏下，光伏行业修复性行情可期。2018 年 11 月 2 日，国家能源局召开太阳能发电"十三五"规划中期评估成果座谈会时提出光伏行业补贴将会持续，同时"十三五"规划调整将大幅提高光伏建设的目标，市场对光伏行业的预期有所稳定，光伏板块整体迎来一波修复性行情。预计在光伏政策回归理性之下，行业的需求将企稳回升，叠加海外需求强劲、行业降本增效成效显著，光伏板块有望持续修复性行情。可关注补贴政策落地情况，择机介入绝对价格处于低位的林洋转债和隆基转债。

6. 可转债投资策略

可转债市场扩容凸显配置价值，抓住结构性行情和主题投资机会。在2018 年末多举措稳增长、纾解股权质押风险和支持民营企业融资的情况下，权益市场整体下跌空间不大，2019 年股市以震荡行情为主。随着可转债供给提速，可转债市场缺乏流动性和估值高企的情况有望得到好转，转债配置价值凸显。抓住权益市场的结构性行情和主题投资机会，进行可转债配置是 2019 年可转债投资的主旋律。

把握正股业绩+转债估值的逻辑，关注低价券反弹，适度进行条款博弈。受权益市场大幅下跌的影响，2018 年可转债估值整体被动大幅提高，随着权益市场逐渐企稳，基本面修复、盈利状况良好的正股具备反弹空间，对应可转债绝对价格低或估值低的情况下，后续具备一定的上涨空间，可把握正股业绩+转债估值的逻辑，择优进行配置。此外，2018年进行下修的个券都获得了较高的超额收益，在大量个券触发修正条款的情况下，可适度博弈下修。

银行转债整体难现超额收益，关注底部反弹的券商和光伏行业。行业方面，资金价格的下降将逐渐由银行的负债端传导到资产端，银行业净息差继续回升的态势难以延续，叠加经济下行压力不断加大，企业信用风险逐渐暴露，银行不良资产难掩，2019年银行股整体难现超额收益，盈利性和抗跌性较好的银行转债可待估值调整后作为稳定性品种进行适度配置。可适度关注估值低位且股权质押风险缓解的券商转债以及政策纠偏下底部回升的光伏转债。

第三节 交易所地方政府债

地方政府债已经成为我国债券市场的重要债券品种。2014年，十二届全国人大常委会通过了新预算法，新预算法规定，地方政府举借债务应通过发行政府债券的方式。在新预算法施行前，出于种种原因地方政府形成了较大规模的政府债务，一方面有悖于新预算法的精神，另一方面政府债务成本较高，地方政府需承担较高的融资成本。为妥善处理地方政府存量债务、降低地方政府融资成本，《国务院关于加强地方政府性债务管理的意见》（国发〔2014〕43号）规定，对甄别后纳入预算管理的地方政府存量债务，各地区可申请发行地方政府债券置换，以降低利息负担，优化期限结构，腾出更多资金用于重点项目建设。2015年7月，地方政府债发行正式启动，此后发行规模快速扩张。统计数据显示，截至2017年11月29日，地方债发行规模达4.3万亿元，占债券发行总规模的11.52%；地方债的存量规模达14.62万亿元，占我国债券存量总额的19.76%。地方债市场已经成为我国债券市场的重要组成部分。根据国务院规定，虽然地方政府对其发行的地方债负有偿还责任，中央政府实行不救助原则，但地方债的发行人为省级政府或计划单列市，几乎不存在违约风险，因此地方政府债被市场视为和国债同一信用等级的利率债。地方政府债的大规模发行一方面为规范地方政府举债提供了市场化约束，有利于降低地方政府融资成本；另一方面为我国债券市场提供了一个新的利率债品种，有利于促进债券市场更好发展。

交易所地方政府债市场是财政部和证监会为促进地方政府债市场更好发展而做的重要工作。自2015年地方政府债启动发行工作以来，地方政府债都是通过银行间债券市场发行，银行类金融机构是地方政府债的主要投资者。由于银行类金融机构主要基于配置需求而投资地方政府债，并且个人投资者很难进入银行间市场，因此，完全通过银行间市场发行地方债会带来个人投资者缺失、地方债二级市场不活跃等问题。为拓宽地方债发行渠道、活跃地方债二级市场、丰富地方债投资者群体，财政部和证监会决定在沪深交易所发行地方债。2016年11月，上海地方债在上交所成功发行成为首只交易所地方债，此后交易所地方债发行日趋常态化，发行场所扩大至沪深两大交易所，并且成功实现向个人投资者分销。截至2017年11月，已有超过20个省（自治区、直辖市或计划单列市）通过沪深交易所发行了地方债，发行规模近1万亿元。

交易所地方债市场的发展既拓宽了地方债发行渠道，也丰富了交易所债券市场产品结构。在交易所地方债市场发展以前，交易所债券市场中的债券品种主要为以公司债和企业债为代表的信用债。例如，2017年10月，中国结算共存管债券9万亿元，其中公司债、企业债共5.87万亿元，利率债规模则约8000亿元。相比之下，不管是发达国家的成熟债券市场还是我国的银行间债券市场，利率债均是主要债券品种，为债券市场提供了定价之锚。以信用债为主的产品结构一方面导致交易所债券市场信用风险"偏高"，另一方面也减少了交易所投资者配置利率债的机会，交易所地方政府债的出现则刚好可以解决上述问题。

一、交易所地方债市场开闸对证券公司的影响分析

投资方面，交易所地方债开闸对券商影响不大。在交易所地方债开闸之前，地方债主要在银行间市场发行，券商可直接购买地方债并通过转托管方式进入交易所市场及中登质押库。例如，2016 年 6 月至 11 月，通过转托管方式从银行间市场转入上交所市场的地方债达 2300 亿元。虽然地方债利息收入免征所得税，但交易所地方债并未在投资回报、风险资本、税收政策等方面对投资者给予额外优待，因此交易所地方债开闸对券商投资地方债积极性影响不大。

交易所地方债开闸将影响券商债市承销格局。在交易所地方债开闸之前，地方债主要在银行间市场发行，承销团主要由银行构成。鉴于交易所债市投资者群体和银行间市场投资者群体存在不同，比如个人可以通过交易所市场参与地方债投资，为更有针对性地吸引交易所投资者参与地方债市场，交易所地方债开闸后各地政府纷纷将券商类金融机构扩容至承销团内。例如，河南省财政厅增补海通证券、中信证券、中银国际证券、中信建投证券、广发证券、中金公司、华福证券、兴业证券、东方财富证券九家券商类金融机构为政府债券承销团一般成员；河北在原来 24 家银行类承销团成员的基础上，增补了中信证券、财达证券等六家证券公司加入承销团；内蒙古增补中信证券、中信建投证券、海通证券、中银国际证券为 2015~2017 年内蒙古自治区政府债券一般承销商。随着交易所地方债市场的发展，券商债市承销格局可能发生改变。

2017 年上半年，共有河北、内蒙古等六地财政部门在上交所发行地方债，20 家证券公司参与交易所地方债承销，投标金额合计 1004.6 亿元，中标金额合计 81.01 亿元。入选承销团且参与投标次数较多的券商为中信证券、中信建投、中银国际证券、海通证券；投标金额较多的券商为海通证券、中信证券以及中银国际；中标金额较多的券商为中信证券、中信建投、国泰君安、中银国际；分销金额较多的券商为中信证券、中信建投证

券和中银国际（见表6-7）。

上交所地方债市场发展初期券商承销工作具有如下特点：

一是券商投标金额多、中标金额少。相比于银行，证券公司（及其背后投资者如基金、保险公司）的资金成本较高，并且无法获得"承销和投资地方债带来财政存款"这一隐性收益，因此证券公司对地方债的定价更为市场化、定价较高，中标金额较少。例如，在四川交易所地方债发行投标过程中，12家券商投标总量达203.9亿元，在总投标量中占比超过27%，占发行规模的51%，但中标量合计仅为13.4亿元，只占发行规模的3.35%。

表6-7　2017年上半年上交所地方债券商承销排名

排名	入选承销团且参与投标次数	投标金额（亿元）	中标金额（亿元）	分销金额（亿元）
1	中信证券（6次）	海通证券（250.7）	中信证券最高（28.01）	中信证券（8.1）
2	中信建投、中银国际、海通证券（5次）	中信证券（248.8）	中信建投（26）	中信建投证券（5.99）
3	银河证券（3次）	中银国际证券（147.8）	国泰君安（6.9）	中银国际（5）
4	广发证券、东方证券、国泰君安（2次）	中信建投（95.2）	中银国际（5.5）	国泰君安（4.1）
5	民生证券、浙商证券等（1次）	国泰君安（81.9）	东方证券（4.2）	国信证券（0.5）

资料来源：Wind资讯。

二是投标上限打开后券商中标金额增加。地方债的投标标位区间基于国债收益率曲线中相同待偿期国债收益率算术平均值确定（招标前1~5个工作日），招标下限为同期国债收益率平均值，招标上限则由平均值上浮一定区间确定，上浮比例则由各地方政府在地方债招标前确定，传统上该投标上限为上浮15%。受上半年债市收益率阶段性上行及交易所地方债承销发行市场化程度高的影响，上交所地方债的投标上限逐渐打开。河北、山东、内蒙古是2017年最早在上交所发行地方债的省份，三省招标利率上限不断放开，从15%到25%，内蒙古提高到30%。投标上限打开后地方债对投资者吸引力增强，券商中标金额增加。在内蒙古地方债发行中，四家券商承销机构投标和中标规模分别为 111.1 亿元和 42.2 亿元，占发行规模的 52.5%和 20%，与山东债相比，投标规模小幅上升，但中标规模大幅提升，并且券商中标绝大部分来自券商背后的客户需求，地方债对交易所投资者群体吸引力增强。

三是券商承销吸引个人投资者参与，地方债投资群体扩容。根据上交所债券市场适当性管理办法规定，公众投资者可以参与地方债投资，所有开立有证券账户的投资者，包括个人投资者和机构投资者，均可参与地方债认购。在 2017 年 7 月 7 日的内蒙古地方债发行中，华融证券通过积极营销成功获取 638 名有效个人客户，认购金额共计 995 万元，票面利率 3.93%，期限 3 年期，成为市场上首批完成打通经纪客户渠道、成功向个人客户分销工作的券商。

四是地方性券商大力支持本省地方债发行。部分地方证券公司如宏信证券、财达证券、天风证券等，虽然累计金额等名次不够突出，但在参与本地区的地方债发行时表现出了较高的积极性，并取得了良好的成效。例如，宏信证券在参与四川地方债承销时中标 3 亿元，占发行规模比例约 0.75%；财达证券在参与河北地方债承销时中标 1.9 亿元，占发行规模比例超过 1%；天风证券在参与湖北地方债承销时中标 1 亿元。

二、交易所地方债市场发展中存在的问题及改进建议

（一）交易所地方债市场发展中存在的问题

存管在交易所市场的地方债规模止步不前。2016 年 10 月，即交易所地方债开闸之前，存管在中证登的地方债规模为 2239 亿元；2016 年 12 月，即首单交易所地方债发行后，存管在中证登的地方债规模为 2284 亿元，规模增长微乎其微；2017 年 10 月，即交易所地方债发行近一年之后，存管在中证登的地方债规模为 2382 亿元。虽然一年来交易所地方债市场发行债券规模破万亿元，但存管在交易所市场的地方债规模仅增长 6%，

而同期全市场地方债存量规模增长了41%。显然，虽然一年来在交易所市场发行地方债约1万亿元，但几乎所有发行的地方债都被转托管至银行间市场。

交易所地方债"上市即破发"打击个人投资者分销购买积极性。实现向个人投资者直接分销是交易所地方债的一大特色，但个人投资者在分销日以100元面值购入的债券在上市之后却无一例外跌破发行价，对个人投资者分销购买积极性形成打击。部分地方债上市之后的价格跌至98元或者97元，距离分销日仅两天时间，个人投资者即出现2%~3%的亏损，损失颇为可观。例如，深交所发行的河北债上市后价格即"破发"至97元左右。地方债分销给投资者带来亏损与股票分销给投资者带来收益形成鲜明对比。股票上市初期普遍出现大幅上涨是海内外股票市场的共同规律。在股票分销过程中，投资者为获得高额回报而积极认购，股票承销商和发行人因投资者积极申购而提高发行成功概率；投资者、承销商和发行人形成三方共赢局面推动市场健康可持续发展。显然，交易所地方债"上市即破发"打击了个人投资者分销购买积极性，不利于交易所地方债市场健康可持续发展。

交易所地方债市场流动性不足。债券市场普遍存在流动性不足的问题，目前来看交易所地方债市场也是如此。除少部分地方债品种在上市初期交投较为活跃以外，大量地方债在绝大部分时间均处于无成交或仅有零散成交的状态。

（二）交易所地方债市场发展中存在问题的原因分析

中证登地方债存管规模止步不前主要有三方面原因。一是交易所债券市场融资成本高、价格波动大。债券市场投资者一般会通过回购等方式融入资金进而放大投资规模。相比于交易所市场，银行间市场的投资者包括了银行类金融机构，银行间市场资金价格较低并且稳定，交易所市场则资金价格高、价格波动大。因此，交易所债市投资者放杠杆时需承担更高的资金成本和价格风险。二是《债券质押式回购交易结算风险控制指引》对投资者地方债质押率形成制约。虽然地方债的标准券折扣系数高达0.98，但中证登与沪深交易所联合发文的《债券质押式回购交易结算风险控制指引》又规定"回购融资主体开展融资回购交易的,融资回购交易未到期金额与其证券账户中的债券托管量的比例不得高于80%"。部分账户中持有信用债规模较小的投资者的地方债质押率将受该规定约束,质押率达不到98%。相比之下,在银行间市场地方债质押率几乎可以接近100%。三是根据《结算备付金管理办法》,交易所地方债回购交易需计收最低为10%的结算备付金。结算备付金的要求进一步提高了交易所地方债的回购融资成本,降低了对投资者的吸引力。

交易所地方债"上市即破发"和市场流动性不足均与地方债自身的"固定收益"属性有关。作为固定收益类产品,地方债的实际价值非常明确,这与股票内在价值难以确定显著不同。在分销过程中,地方债以100元的面值向投资者分销,分销结束上市之后,由于"实际价值明确",地方债的市场价格只可能低于100元,而不可能高于100元,"上市即破发"成为地方债公募上市的必然。同样,由于"实际价值明确",投资者一般将地方债视为配置类资产,交易需求较弱。相比之下,许多投资者将股票视为交易型资产,投资目的是低买高卖博取价差收益,因此股票市场流动性远高于债券市场流动性。

(三)关于促进交易所地方债市场更好发展的建议

吸引机构投资者真正进入交易所市场。中证登地方债存管规模止步不前表明机构投资者并未因交易所地方债市场发展而大举进入交易所市场,吸引机构投资者进入、提高交易所地方债市场存管规模是促进交易所地方债市场更好发展的重要方面。一是提高交易所债市与银行间债市互联互通水平,降低交易所市场资金价格水平和波动性。央行公开市场操作和银行类机构投资者集中于银行间市场、交易所市场和银行间市场存在市场分割是交易所市场资金价格高、价格波动大的根本原因。因此,提高交易所债市与银行间债市互联互通水平是吸引机构投资者进入交易所地方债市场的主要方面。二是进一步优化回购交易相关制度。《债券质押式回购交易结算风险控制指引》规定"回购融资主体开展融资回购交易的,融资回购交易未到期金额与其证券账户中的债券托管量的比例不得高于80%",以及《结算备付金管理办法》规定"债券品种（包括现券交易和回购交易）按10%计收最低结算备付金比例",均未对债券品种、投资者类型做进一步区分，不利于满足不同类型机构投资者的融资需求。建议优化相关规则，采用类似于"不同券种对应不同的标准券折扣系数"的分类管理方法，避免"一刀切"政策给市场发展带来负面影响。

激励地方债承销商为个人投资者提供优质做市服务。个人投资者直接参与是交易所地方债市场的特色，但"上市即破发"打击了个人投资者投资地方债的积极性，地方债承销商为个人投资者提供优质做市服务可以缓解"上市即破发"给个人投资者购买地方债积极性带来的负面影响。为缓解这一负面影响，建议通过制度设计鼓励证券公司在集中竞价交易系统为其承销的地方债提供托市买盘，并根据托市价格、成交规模等指标加以考核和评比。对于提供了优质做市服务的承销商，由债券发行人、证监会或沪深交易所给予奖励。

第四节　双创债

我国的双创债诞生于2016年，全称为"创新创业公司债券"，是指符合条件的创新创业公司、创业投资公司，依照相关法律发行的公司债券，旨在支持创新创业企业融资。2016~2018年共计有40家发行人发行双创债49只，合计金额85.23亿元，双创债发行具有私募发行为主、新三板企业为发行主力、发行期限多集中在3Y和5Y以及担保增信发行模式下债项评级与担保方信用资质高度相关的特征。当前双创债发行仍存在发行难度大但融资金额不大、对投资者吸引力不足等问题。通过明确创业创新企业认定规则，完善双创可转债发行制度和探索双创债增信与偿债保障机制，能够更好助力双创债市场发展。

一、发行制度

双创债全称为"创新创业公司债券"，是指符合条件的创新创业公司、创业投资公司，依照相关法律发行的公司债券。2016年3月8日，为鼓励和扶植创新企业和微小高新技术企业，支持创新创业企业融资，证监会层面试点推出创新创业公司债，首批"双创"债券在上海证券交易所发行，由"16苏方林""16普滤得"和"16苏金宏"三单公司债券组成。2016年6月，证监会成立了跨部门、跨单位的"双创"债券专项小组，统筹推动"双创"债券试点发展。2017年7月《中国证监会关于开展创新创业公司债券试点的指导意见》（以下简称《指导意见》）正式发布，重点支持已纳入新三板创新层的挂牌公司发行双创债，双创债步入常态化发行。

我国双创债由中国证监会进行审核，在发行主体范围、募集资金用途和产品设计等方面与由发改委审批的双创孵化专项债和由交易商协会主管的双创专项债务融资工具有所不同（见表6-8）。双创债的发行主体范围、信息披露等需满足证监会于2017年7月4日发布的《指导意见》的监管要求，证监会明确对双创债的发行实行"专人对接、专项审核"。双创债的发行主体范围限制在创新创业公司、创业投资公司两类，创新创业公司可较为灵活地使用募集资金，允许募集资金用于偿还有息债务、补充营运资金等；创业投资公司必须将募集资金专项投资于种子期、初创期、成长期的双创公司股权。产品设计方面，双创公司债的发行人可以选择发行"大公募"公司债、"小公募"公司债、非公开发行公司债等多个品种，同时还可以在符合监管规定的前提下选择非公开发行附可转换成股份条款的双创公司债券（债券持有人行使转股权后，发行人股东人数不得超过200人），新三板挂牌公司发行的附可转换成股份条款的创新创业公司债，转换成挂牌公司股份时，减免股份登记。在增信措施方面，证监会鼓励证券公司研究以发行人合法拥有的依法可以转让的股权或注册商标专用权、专利权、著作权等知识产权作为抵质押资产为双创公司债提供增信。

表 6-8　创新创业类债券发行制度

类别	监管机构	制度	主体范围	募资用途	产品设计
双创公司债	证监会	《中国证监会关于开展创新创业公司债券试点的指导意见》	创新创业公司、创业投资公司	创新创业公司可较为灵活地使用募集资金，允许募集资金用于偿还有息债务、补充营运资金等；创业投资公司必须将募集资金专项投资于种子期、初创期、成长期的双创公司股权	可以选择发行大公募公司债、小公募公司债、非公开发行公司债等多个品种，同时还可以在符合监管规定的前提下选择非公开发行附可转换成股份条款的双创公司债券
双创孵化专项债	发改委	《双创孵化专项债券发行指引》	提供"双创孵化"服务的产业类企业或园区经营公司、创业投资企业、股权投资企业、双创孵化投资基金及其股东或有限合伙人等	园区经营公司可用于涉及双创孵化服务的新建基础设施、扩容改造、系统提升、建立分园、收购现有设施并改造等，在偿债保障较完善的情况下使用不超过50%的募集资金偿还银行贷款和补充营运资金；创业投资企业、股权投资企业、双创孵化投资基金应将募集资金专项用于投资双创孵化项目	对具有稳定偿债资金来源的双创孵化项目，可发行项目收益债券；对投资回收期较长的项目，可发行可续期或超长期债券
双创专项债务融资工具	交易商协会	《双创专项债务融资工具信息披露表》	注册或主要经营地在国家"双创"示范基地、国家高新技术产业园区和国家自主创新示范区等创业创新资源集聚区域内的园区经营企业	偿还银行贷款、补充企业营运资金、园区项目建设等常规用途，同时要求不超过30%的资金需以股权投资或委托贷款的形式投入园区内的创新型企业	应优先选择中期票据、定向工具这两个品种，债券期限可设计为3年及以上，若募集资金拟以委托贷款的形式投放给多个双创公司，最好应确保委托贷款期限小于债券存续期限

资料来源：Wind 资讯。

二、发行情况

（一）发行方式：双创债步入常态化发行，私募发行为主

自 2016 年 3 月首批双创债发行以来，双创债逐步进入常态化发行，2016~2018 年共计有 40 家发行人发行双创债 49 只，合计金额 85.23 亿元，当前存量余额为 84.13 亿元（见表 6-9）。其中，2016 年共发行 6 只双创

债，合计金额 1.35 亿元，2017 年共发行 20 只双创债，合计金额 41.53 亿元，2018 年共发行 23 只双创债，合计金额 42.35 亿元。随着证监会、证券自律组织建立专项审核、绿色通道、统一标识等创新创业债配套机制，双创债承销情况纳入证券公司经营业绩排名体系和履行社会责任评价体系以及鼓励相关部门和地方政府通过多种方式提供政策支持、将双创债纳入地方金融财税支持体系等支持政策的落实和推进，双创债发行速度有望稳步提升。

表 6-9　双创债历年发行情况

类别	2016 年发行只数	2016 年发行金额（亿元）	2017 年发行只数	2017 年发行金额（亿元）	2018 年发行只数	2018 年发行金额（亿元）
私募债	6	1.35	11	9.33	12	9.45
一般公司债	—	—	7	31.90	8	30.20
可转债	—	—	2	0.31	3	2.70
合计	6	1.35	20	41.53	23	42.35

资料来源：Wind 资讯。

双创债以私募发行为主，2016 年发行的 6 只双创债全部为私募债，2017 年及 2018 年以私募形式发行的双创债数量占比均在 50%以上。私募发行的双创债金额普遍较小，单只债券金额不足 1 亿元，受此影响，双创债存量金额中一般公司债的金额占比最大，达近 74%。2017 年 9 月 22 日沪深交易所、全国股转公司、中国结算制定并发布了《创新创业公司非公开发行可转换公司债券业务实施细则（试行）》(以下简称《实施细则》)，明确了新三板挂牌的创新层公司可以私募方式发行创新创业可转债。自《实施细则》颁布以来，蓝天环保、旭杰科技等共计发行 5 只可转债，合计金融 3.01亿元。

（二）发行主体：新三板企业为发行主力，创投公司发行增多

新三板挂牌企业为双创债的发行主力。2016~2018 年双创债的 40 家发行人中，新三板挂牌企业有 27 家（按双创债发行时企业状态进行统计，当前广厦网络、胄天科技等发行人已于新三板退市），占全部发行人的比

重近 70%，其中有 17 家是新三板创新层企业。新三板企业发行双创债的
融资金额较小，单只债券融资额多集中在 1000 万~3000 万元，2016~2018
年新三板企业发行的双创债共 30 只，但规模仅有 29.5 亿元，占比不足
35%（见图 6-40）。

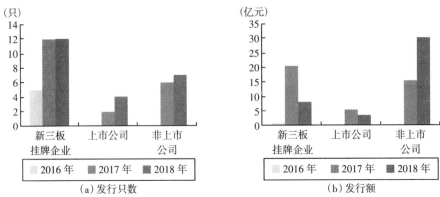

（a）发行只数　　　　　　　　　（b）发行额

图 6-40　2016~2018 年双创债发行主体分布

资料来源：Wind 资讯。

创投公司发行双创债逐年增加。作为双创债发行主体之一的创投公司
在 2016 年未有双创债发行，2017 年仅天图投资和深创投两家创投公司发
行 3 只合计规模为 23 亿元的双创债。进入 2018 年以来，创投公司发行双
创债明显提速，深创投、元禾控股、基石资本、信中利资本四家创投公司
共发行了 6 只双创债，合计金额 33 亿元，占到了 2018 年双创债发行额的
近 78%，创投公司的单只债券融资额多在 5 亿元以上，融资能力强于创新
创业公司。

（三）发行期限：双创债发行期限以 3Y 和 5Y 为主

双创债的发行期限多为 3Y 和 5Y。2017 年 3Y 和 5Y 双创债分别发行
了 6 只（3.76 亿元）和 8 只（36.9 亿元），占当前发行额的比重分别为 9%
和 89%；2018 年 3Y 和 5Y 双创债分别发行 10 只（7.45 亿元）和 7 只
（31.4 亿元），占当前发行额的比重分别为 18% 和 74%。由于融资能力较
强的上市公司及创投类企业多集中于发行 5 年期双创债，双创债中 5Y 期
品种金额占比最大（见图 6-41）。

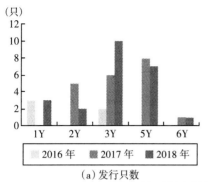

（a）发行只数

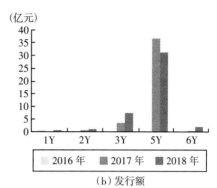

（b）发行额

图 6-41 2016~2018 年双创债发行期限分布

资料来源：Wind 资讯。

（四）发行利率：担保增信下发行利率存优势

由于双创债的发行企业多为新三板挂牌或非上市的创新创业企业，经营及盈利具有较大的不确定性，信用资质相对较差，故多采用担保增信的模式进行发行，担保发行的比重高于其他类公司债。2016~2017 年发行的 49 只双创债中，通过担保增信进行发行的有 33 只，比例达 67%，担保人多为发行人母公司或专业的担保机构（如广东省融资再担保公司、深圳市高新投集团等）。通过担保增信进行发行的模式下，双创债的发行利率具备一定的优势，如 2017 年 5 月发行了 10 亿元规模 3 年期双创债的民营企业璞泰来，主体评级为 AA-，通过北京中关村科技融资担保有限公司进行担保增信后债项评级为 AA+，发行利率 5.30%，而同期主体评级 AA 的地方国有企业江苏大丰海港控股集团有限公司发行的 3 年期公司债利率为 6.5%；2018 年 12 月发行了 1.2 亿元规模 3 年期双创债的民营企业航新科技主体评级为 AA-，通过广东省融资再担保有限公司担保增信后债项评级为 AAA，发行利率为 6.3%，而同期主体评级 AA 的地方国有企业华远地产发行的 3 年期公司债利率为 7.5%。

（五）评级情况：债项评级多与担保方信用资质相关

双创债的发行不要求评级，仅有不足 43% 的双创债拥有主体及债项评级，且有评级的双创债发行方多为上市公司及创投企业。2016~2018 年发

行的 49 只双创债中，有 21 只债券拥有评级信息。主体评级方面，多集中
在 AA 及 AA−，占比达 58%，且存在 A、BB+ 及 B 等低评级主体；债项评
级方面，双创债的债项评级分布在 AAA、AA+ 及 AA 三类，其中 AAA 占
比达 67%（见图 6−42）。由于双创债多通过担保增信以保障顺利发行，债
项评级与担保方信用资质高度相关，双创债的债项评级普遍高于主体评级。

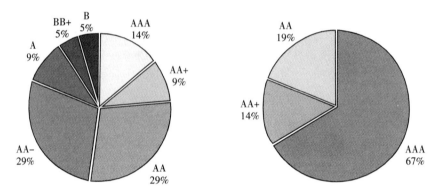

图 6−42　2016~2018 年双创债主体评级（左）及债项评级（右）分布

资料来源：Wind 资讯。

（六）承销情况：东吴证券承销数量居前，国信证券承销额居前

2016~2018 年发行的 49 只双创债涉及 19 家承销方。发行数量方面，
东吴证券、国信证券、国泰君安等几家券商的双创债承销数量居前，东吴
证券共计承销 17 只双创债，其中 13 只债券的发行人为新三板挂牌企业，
发行人多分布于江苏、浙江、北京、广东等民营经济较为发达的地区，受
新三板挂牌企业单只双创债融资额较低的影响，17 只债券累计金额仅有
7.46 亿元。发行额方面，浙商证券、国信证券、国泰君安的双创债承销额
居前，多是由于承销了创投公司发行的双创债，其中浙商证券承销了创投
企业天图投资发行的两只双创债，合计金额 18 亿元；国信证券承销了深
创投、基石资本、信中利资本三家创投企业发行的 5 只双创债，合计金额
14.8 亿元，占其承销双创债总额的比重达 98.34%（见表 6−10）。证券业
协会定期公布证券公司债券承销业务专项统计数据，将证券公司承销双创
债情况纳入证券公司经营业绩排名体系和履行社会责任评价体系中，以鼓

励证券公司承销双创债，承销双创债有利于证券公司在分类评级中得分。

表6-10　2016~2018年双创债承销情况统计

序号	证券公司	承销数量（只）	承销金额（亿元）
1	东吴证券股份有限公司	17	7.46
2	国信证券股份有限公司	6	15.05
3	国泰君安证券股份有限公司	5	11.00
4	中国国际金融股份有限公司	4	9.80
5	海通证券股份有限公司	3	3.90
6	华福证券有限责任公司	3	3.20
7	九州证券股份有限公司	2	0.55
8	英大证券有限责任公司	2	6.00
9	浙商证券股份有限公司	2	18.00
10	中山证券有限责任公司	2	0.60
11	中信建投证券股份有限公司	2	3.30
12	财通证券股份有限公司	1	0.12
13	广发证券股份有限公司	1	1.20
14	华安证券股份有限公司	1	0.20
15	华创证券有限责任公司	1	0.30
16	联讯证券股份有限公司	1	1.70
17	南京证券股份有限公司	1	2.00
18	平安证券股份有限公司	1	0.45
19	首创证券有限责任公司	1	0.40

注：其中联合主承债券各计一只，金额按分摊比例计入。
资料来源：Wind资讯。

三、双创债市场发展建议

双创债是证监会面向新三板挂牌企业和创新创业中小企业，尤其是新三板创新层推出的一种新兴公司债券品种，旨在拓宽创新创业企业融资渠道、降低融资成本，从而进一步提升债券市场服务实体经济的能力。但由于双创债的发行主体多是经营与盈利尚带有不确定性的创新创业中小企业，发行主体大多信用资质不高，当前双创债发行仍存在发行难度大但融资金额不大、对投资者吸引力不足等问题。通过明确创业创新企业认定规则，完善双创可转债发行制度和探索双创债增信与偿债保障机制，能够更好助力双创债市场发展。

（一）明确创业创新企业认定规则

从《指导意见》来看，双创债的发行人主要为创新创业公司和创业投资公司，对于创新创业公司，债券承销机构需要就发行人是否具有创新创业特征发表明确意见，主要参考文件包括：国家战略性新兴产业相关发展规划、《国务院关于印发〈中国制造 2025〉的通知》、国务院及相关部委出台的大众创业万众创新政策文件、国家及地方高新技术企业认定标准、其他创新创业相关政策文件。承销机构既收取承销费用又出具认定结果存在利益冲突，使得此种"双创"资质认定程序存在一定的不规范性，易导致双创资质不受投资者认可。进一步明确创业创新企业认定规则，严格双创债发行企业的资质审查以及信息披露要求，有助于增强投资者信心，确保双创债市场健康发展。

（二）完善双创可转债发行政策，推进双创可转债发行

2017 年 9 月 22 日沪深交易所、全国股转公司、中国结算制定并发布了《创新创业公司非公开发行可转换公司债券业务实施细则（试行）》（以下简称《实施细则》）。《实施细则》明确了新三板挂牌的创新层公司可以私募方式发行创新创业可转债，为新三板创新层企业带来了首个分层差异化制度红利。对于发行人而言，发行双创可转债融资有助于降低融资成本，对于投资者而言，投资双创可转债这类固收产品相较股权投资而言风险相对小，同时未来可以获得转股权带来的期权价值、分享公司增长带来的红利，自《实施意见》发布以来共有五家新三板公司发行双创可转债融资。然而当前双创可转债发行的相关配套政策尚待完善，一是可转换债券转股后股东人数不得超过 200 人，申报转股时，发行人股东人数超过 200 人的，债券持有人均不得申报转股。这一规定使不满足条件的新三板公司难以享受发行双创可转债融资这一政策红利,同时转股的不确定性降低了双创可转债对投资者的吸引力。二是对拟 IPO 企业的可转债政策尚不明晰。双创可转债的转股权利使得发行人未来的股权结构存在不确定性。依据发审委对股权架构稳定、明晰的要求,带有可转债的发行人在 IPO 审核时很可能不被认可。适当放开新三板创新层企业股东人数标准,明确对拟 IPO 企业的可转债政策有助于扩大双创可转债市场,助力新三板企业融资。

(三)探索双创债增信和偿债保障机制

由于双创债的发行主体信用资质较弱,故需依赖增信措施以确保顺利发行,当前的双创债发行的增信模式较为单一,多采用担保增信的模式,且受制于资产规模和盈利水平等因素,部分发行人难以寻找有效的担保方,制约了双创债市场的发展。通过探索多种双创债增信和偿债保障机制,有助于双创债市场的扩容。一是拓宽抵押、质押品范围,研究以发行人合法拥有的依法可以转让的股权,或者注册商标专用权、专利权、著作权等知识产权为创新创业公司债提供增信等措施。二是探索市场化手段有效防范和分散创新创业公司债信用风险。研究设置多样化的偿债保障条款,保持发行人偿债能力,包括控制权变更限制条款、核心资产划转限制条款、交叉违约条款、新增债务限制条款、支出限制条款等。

第七章　2017~2020 年债券市场的走势研究[1]

市场走势分析是债券市场投资的重要内容，也是市场参与者最关心的内容。从整体来看，中国债券市场牛长熊短，但自 2017 年以来债券市场走势波澜壮阔，短短两年时间经历了比较完整的熊牛市，期间出现了如新周期之争、美林时钟之争等著名的争论，具有较高的研究价值。为此，本章从宏观经济形势和政策演变等角度着手，对 2017~2020 年以来的债券市场走势和违约情况进行全面分析。

第一节　2017 年债券市场走势分析

2017 年债券市场全年呈下行走势。10 年期国债收益率上行 87BP，中债综合净价指数下跌 4.16%。2017 年的债券市场下行走势有多方面的原因，如经济逐渐显现的上行走势；金融严监管导致银行委外规模减少；央行货币政策收紧，公开市场 7 日逆回购利率从年初的 2.25% 上行至年末的 2.50%；海外主要市场进入加息轨道，美国 2017 年加息三次共计 75BP 等。但在 2016 年末至 2017 年上半年，市场对 2017 年经济形势和债券市场走势仍有很大分歧并爆发了多次论战，如新周期之争，美林时钟之争以及大

----

① 感谢曹萍老师的数据收集与整理。

宗商品价格上涨背后原因之争等。

一、新周期是经济波动的结果

自 2016 年下半年开始，大宗商品和周期股出现大幅上涨，市场上掀起了一场参与者众多的新周期之争。新周期之争反映了市场参与者对 2017 年宏观经济形势和资本市场走势的不同判断，支持者认为中国经济已站在新一轮上行周期的起点，资产配置应该向权益类资产倾斜，减配固定收益类资产；反对者则认为，受政策或人口等因素影响，中国经济仍面临下行局面，资产配置应增配固定收益率资产，减配权益类资产。从 2017 年的经济走势和资产价格走势来看，持经济上行观点的市场人士获得了胜利，2017 年中国经济复苏势头日趋明显，以大盘蓝筹为代表的股票市场走出了较好行情，债券市场则进入熊市。如何提前把握 2017 年的宏观经济走势和债券市场走势？新周期之争提供了一个较好的分析视角。

（一）新周期是经济波动的结果

从经济运行规律和中国经济走势来看，新周期是经济波动的结果，不以政策变动为转移、不受人口因素影响。在经济波动分析框架下，种种微观证据表明中国经济在 2017 年开始了新一轮的上行。如果从经济波动角度对中国经济进行分析，就可以帮助投资者避开 2017 年的债市熊市，抓住相应的资产配置机会。

新周期是经济运行 L 型下经济波动的结果，这是研究新周期的逻辑起点。关于中国经济，决策层有着清醒的认识，即经济运行 L 型：中国经济从过去两位数的高速增长转变为中高速增长。需要注意的是，经济运行 L 型是决策层关于经济增长的判断，经济波动和经济增长并非一回事。经济波动受政策影响较大，但各国历史已经表明经济波动无法被财政货币政策完全熨平。因此，经济运行 L 型下依然会有经济波动，经济波动进而导致大宗商品、大类资产价格出现周期性波动，此即为新周期。

正因为经济增长和经济波动不是一回事，基于经济增长的分析框架对新周期进行研究往往会带来错误结论，如人口因素。人口是影响一国经济增长的主要因素，但却是影响经济波动的次要因素。人口既不能解释中国高速增长时期的历次经济波动，也无法解释经济运行 L 型时期的经济波动，因此对新周期的解释能力比较弱。至于 2012 年经济周期下行拐点与人口周期拐点的重合，不过是因为人口拐点持续时间较长导致的"偶然"。

（二）早在 2016 年经济波动已出谷底，经济上行势头逐渐显现

新周期来源于经济波动，新周期研究必须基于经济波动进行。从 2011 年起，PPI 同比增速即从高位持续下行，并于 2012 年 3 月进入负增长区间，此后 PPI 同比增速一直停留在负增长区间长达 54 个月。经过了数年的经济下行，种种微观证据表明经济波动已在 2016 年进入"摆脱波动谷底、获得上升动能"的新阶段，新周期已经来临。

一是大宗商品价格和 PPI 出现拐点。大宗商品价格由下跌转为上涨、PPI 出现拐点意味着企业生产经营从收缩转为持平或扩张，是经济回暖的先导指标。从数据来看，大宗商品的价格拐点出现在 2015 年末，于 2016 年取得较大涨幅。中国 PPI 数据在 2016 年第一季度环比转正，并于 2016 年中实现同比转正。正如大宗商品价格上涨、PPI 出现拐点所预示，2017 年起经济数据全面回暖，GDP 增速回升至 6.9%，较 2016 年增速回升 0.2 个百分点，结束了 2010 年以来 GDP 增速逐渐回落的趋势；股市虽经波折但向上走势不变，2017 年第一季度沪深 300 指数涨幅约 5%。在新周期之争中，新周期反对者的论据之一是 2016 年下半年未见 PPI 的显著上行，因此认为中国经济仍在下行。这一观点忽视了宏观经济数据存在时滞。就自 2016 年下半年以来的周期股异动而言，大宗商品的价格上涨领先周期股上涨约 1 个月时间，但由于宏观数据有其滞后性，大宗商品价格上涨的影响需要更长时间才能反映至 PPI 数据中，直至 2016 年 11 月之后，PPI 同比数据才出现明显的上行走势（见图 7–1）。

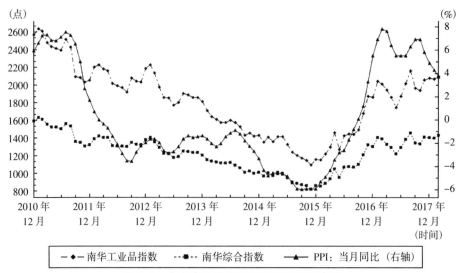

图 7-1　大宗商品价格和 PPI 同比数据走势

资料来源：Wind 资讯。

　　二是企业产能利用率出现拐点。经济回暖必然会导致企业产能利用率改善和提高，有市场人士[①] 通过上市非金融企业的财务数据研究发现，自 2011 年以来反映上市企业产能利用率的固定资产周转率不断下滑，至 2015 年产能利用率达到最低点，2016 年的产能利用率较 2015 年出现小幅回升（见图 7-2）。虽然 2016 年上市非金融企业的产能利用率触底回升，但仍处于较低水平，有较大提升空间。产能利用率出现拐点表明自 2016 年以来已进入新一轮产能周期，产能周期将驱动中国经济进入上行通道。

　　三是企业盈利出现拐点。企业盈利是反映经济波动阶段的直接证据，经济回暖与企业盈利改善互为因果。从统计局公布的规模以上工业企业盈利数据来看，从 2014 年中开始，规模以上工业企业利润增速明显下滑，且 2015 年出现工业企业利润负增长的罕见局面。工业企业盈利的拐点出现于 2016 年初。2016 年，工业企业盈利实现正增长且缓慢攀升，全年利润增速保持在略低于 10% 的较低水平，摆脱此前负增长的不利情形。进入

[①] 中信建投基金投研总监王琦。

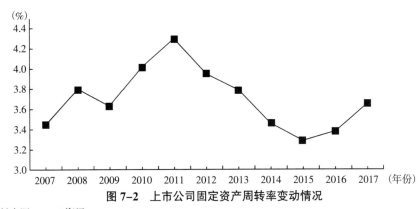

图 7-2 上市公司固定资产周转率变动情况

资料来源：Wind 资讯。

2017 年后，工业企业盈利表现显著好转，利润增速迎来了高达 20%的快速增长。企业盈利的快速增长为中国经济上行打下了牢固的基础。

（三）市场对于新周期的分歧何解

为何市场关于新周期是否到来出现较大争论？综合来看主要原因如下：一是忽视了经济波动的客观性，也因此忽视了新周期到来的必然性。经济波动具有客观性，财政货币政策可以对经济波动形成干扰，但不会完全取代经济波动，因此对新周期的研究不能仅限于政策分析。一些市场人士无视经济数据、市场走势对经济上行的支持，根据经济去杠杆、金融降杠杆等政策取向得出"新周期难现"的结论，踏空了 2017 年"股强债弱"的资本市场行情。二是混淆了经济增长和经济波动。决策层关于经济运行 L 型的判断是针对经济增长，人口影响经济增长但对经济波动影响较小，基于经济增长的框架研究经济波动自然会得出南辕北辙的结论。三是关注的数据不同。例如，同样是经济上行走势的印证，大宗商品价格是日数据，PPI 则是月度数据，上市企业产能利用率更是季度数据，大宗商品价格连涨多日但可能仍未在 PPI 中反映，反映在上市企业产能利用率上则需更长的时间。

在经济运行 L 型下经济波动依然存在，新周期是中国经济波动的结果。多项微观证据都表明，中国经济已于 2016 年逐渐摆脱经济下行压力，企业盈利改善、生产经营活动回暖表明 2017 年中国经济出现了新一次上行，准确理解新周期之争可以帮助投资者更好地进行资产配置。

二、美林时钟指针之响渐近

美林时钟是资产配置领域的重要理论。自 2014 年以来，中国市场上包括股票、债券和商品在内的大类资产走势经历了快速而剧烈的调整。在股票市场方面，创业板指数从 2014 年初的 1300 点飞涨至 2015 年中的 4000 点，此后快速下跌，三个月时间跌幅接近 50%；在债券市场方面，中债综合净价指数从 2014 年初的 107 一路上涨至 2016 年 10 月的 120，但随后两个月时间跌去全年涨幅；在大宗商品方面，螺纹钢吨钢价格从 2015 年底 1618 元的低位起步，至 2016 年 4 月已上行至 2787 元的高位，但一个月后再次跌至 2000 元以下。一些市场人士调侃美林时钟在中国转成了电风扇，认为美林时钟理论在中国市场并不适用。

理论不会犯错，犯错的永远是用理论的人。从美林时钟基本分析框架出发，可以做出中国经济在 2017 年正处于美林时钟复苏阶段的判断。自 2016 年以来虽经波折，但整体上股票、商品均有不俗的市场表现，这正是美林时钟复苏阶段的大类资产走势特征。因此，不管是从美林时钟的分析框架还是从大类资产的现实走势来看，2017 年正处于美林时钟的复苏阶段，从这一点出发也可以指导投资者进行资产配置。

（一）从美林时钟分析框架来看，2017 年中国经济正处于复苏阶段

美林时钟的分析框架基于经济周期构建，当前处于经济周期哪个阶段，这是使用美林时钟理论作为投资参考的首要问题。为什么过去在中国市场使用美林时钟少有效果，一些市场人士得出"美林时钟在中国转成电风扇"结论，其重要原因就是因为没有就这一问题进行重点分析，或是没有对这一问题做出准确判断。例如，自 2014 年以来大类资产价格出现快速、剧烈的调整，更多和货币政策、经济数据与市场预期之间的耦合背离有关，而非经济周期运转的结果。"美林时钟转成电风扇"的调侃实际上是

误用美林时钟分析框架的结果。

从经济周期角度来看，已有多项证据表明 2017 年的中国经济已摆脱萧条，处于新一轮的扩张周期之中。

一是 GDP 增速。从 GDP 增速来看，2012 年第四季度 GDP 增速创下 8.1% 的阶段高点后不断下滑，至 2016 年创下 6.7% 的低位。此后 GDP 增速于 2016 年第四季度反弹，此后 GDP 增速停留于回升通道中逾三个季度。

二是企业盈利情况。工业企业累计利润增速于 2014 年下半年进入下降通道，2015 年全年处于负增长状态。2016 年，工业企业累计利润增速摆脱此前两年的疲软局面，实现小幅正增长。2017 年，工业企业累计利润增速全面爆发，实现 20% 以上的大幅增长。

三是价格数据。2012 年 3 月，PPI 出现 2010 年以来的首次同比负增长，并于此后处于负增长区间长达 54 个月。2016 年 9 月，PPI 首次实现同比正增长，此后 PPI 同比增速持续上行直至 2017 年第三季度。

基于美林时钟的分析框架，以及综合宏观数据（GDP 增速）及微观数据（企业盈利、PPI 数据）来看，中国经济约于 2012 年进入衰退阶段，于 2014 年进入萧条阶段，并于 2016 年下半年开启新一轮的经济复苏，工业企业利润增速大幅回升、PPI 同比数据稳步上行（见图 7-3）。从 2017 年

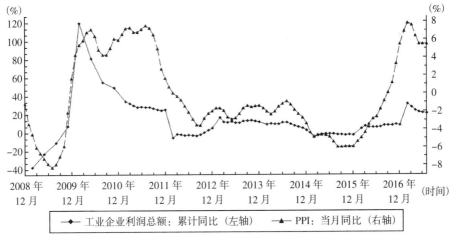

图 7-3 自 2008 年以来工业企业利润增速、PPI 同比数据走势

资料来源：Wind 资讯。

初的经济数据来看，经济复苏仍在路上，距离经济周期下一站"过热"仍有较长距离。

（二）大类资产走势证实中国经济正处于美林时钟复苏阶段

从上文关于经济周期的分析可知，2016年下半年是萧条阶段与复苏阶段的转折点。根据美林时钟理论，在复苏阶段，股票、商品会有优异的市场表现，债券则会进入熊市阶段（见表7-1）。

表7-1 2016年以来大类资产的市场表现

大类资产		2016年1~6月（%）	2016年6~12月（%）	2017年1~3月（%）
股票	上证综指	-17.22	5.94	3.83
	沪深300	-15.47	4.95	4.41
	深证成指	-17.17	-2.98	2.47
商品	南华综合指数	24.63	21.43	2.14
	南华工业品指数	23.31	30.47	4.62
债券	中债综合净价指数	-0.71	-3.22	-1.46

资料来源：Wind资讯。

从表7-1可以看出，2016年上半年，股票市场仍处于跌势之中，但商品市场已经取得了惊人涨幅，南华综合指数和南华工业品指数分别取得24.63%、23.31%的涨幅。2016年下半年，经济复苏势头趋于明朗，商品、股票（除深证成指外）都取得了正收益，债券市场则出现了大跌。上证综指、沪深300指数分别取得5.94%和4.95%的涨幅，南华综合指数、南华工业品指数则继续取得两位数涨幅，债券市场发生债灾，出现了3.22%的大跌。由于证监会出台多项抑制投机炒作的政策，以中小市值股票为主的深市全年下跌，深证成指全年跌幅达到20.15%。2017年第一季度，股票市场取得了正收益，其中沪深300指数单季涨幅达4.41%，深证成指和上证综指也取得了正收益，商品市场涨幅为4.62%，债券市场小幅下跌1.46%。

从大类资产走势来看，除2016年上半年受经济复苏尚不明朗、证监会新主席上任掀起监管风暴影响，导致股票市场出现大幅下跌之外，自

2016年以来的大类资产走势基本符合美林时钟理论的判断：股票、商品取得了不俗的市场表现，债券市场则进入熊市状态。大类资产走势证实中国经济已于2017年处于美林时钟的复苏阶段。

（三）2017年中国经济正处于复苏阶段，股票、商品会有较好表现

一是从经济周期的性质来看。作为经济周期的一个阶段，复苏不会是一天两天、一个月两个月的事情，而是会持续一段时间。就上轮经济周期而言，衰退和萧条各持续约两年时间，2016年下半年至2017年上半年的经济复苏仅持续了一年时间，从时间长度来看还可以持续一段时间。此外，复苏之后将是高涨，彼时企业生产、证券交易将日趋火热，而企业在2017年上半年仍处于犹豫阶段，尚未对生产活动进行大举扩张，因此高涨阶段仍未到来。

二是从经济内生动力来看。①企业利润保持快速增长。自2017年以来，规模以上工业企业利润增速持续保持在20%以上的高位，为2012年以来首次出现。利润的快速增长为企业后续扩大生产提供了坚实的经济基础。②市场预期持续向好。自2016年下半年以来，制造业采购经理指数连续多月位于临界点以上且小幅上行，非制造业商务活动指数也有类似走势且连续多月保持在53%及以上的较高景气区间。除企业信心外，以消费者信心指数衡量的消费者信心也持续走高。2017年7月，消费者信心指数为114.6，比上月提高1.3，处于近年来较高水平。③经济结构趋于合理。随着供给侧结构性改革及扶贫、提高居民收入等政策的推行，消费日渐成为经济增长的主动力。自2017年上半年，最终消费支出对经济增长的贡献率为63.4%，远高于资本形成的32.7%和净出口的3.9%。

三是从外部经济环境来看。美欧经济复苏可圈可点，带动全球贸易明显回暖。截至2017年8月，BDI指数已反弹至1200点的位置，较2015年的历史低位上涨了136%。2017年1~7月，中国以人民币计价的出口金额累计增长14.4%。海外经济复苏、全球经济回暖为中国经济持续复苏提供了良好的外部经济环境。

因此，基于美林时钟的分析框架，同样可以判断出中国经济已于2016

年下半年进入复苏阶段，并将在未来一段时间内继续处于复苏阶段，同时逐步向高涨阶段迈进。根据美林时钟理论，在经济复苏阶段，商品、股票将会有优异的市场表现，自 2016 年以来的大类资产走势完美地证实了这一点。关于 2017 年的资本市场走势，市场上已有关于新周期是否到来的争论，新周期正是经济上行的反映，与之对应，股票、商品走牛，债券市场进入熊市，这些也是美林时钟指针之响渐近的结果。

三、大宗商品价格上涨背后的经济复苏和需求回暖

自 2016 年起，大宗商品价格扭转之前的多年跌势出现大幅上涨，但价格上涨背后的原因究竟是什么，市场上有较大争议。有一些市场人士认为大宗商品价格上涨背后更多是经济复苏导致的市场力量；但也有不少市场人士认为大宗商品价格上涨背后更多是去产能、环保政策趋严等政策性力量。这两种观点实际上代表了截然不同的经济判断：前者对经济持乐观态度，认为经济正处于复苏之中；后者对经济持悲观态度，认为经济难改跌势，大宗商品价格上涨不是经济复苏的预示。宏观分析需要对各类经济数据进行交叉验证，不能仅凭单一数据或先入为主的判断而做出结论。对大宗商品价格、企业盈利数据、工业生产者出厂价格和工业生产者购进价格等数据进行交叉验证后可以发现，大宗商品价格上涨的背后有着清晰的需求拉动证据。

（一）交叉验证大宗商品价格和企业盈利数据可发现中下游行业出现有力的需求复苏

大宗商品价格的拐点出现在 2015 年末。随着 4 万亿大规模刺激政策效果消退，大宗商品价格于 2011 年 2 月进入下行通道，至 2015 年末南华工业品指数跌幅达 57%。与 PPI 拐点出现时间一致，大宗商品价格拐点于 2015 年末出现，至 2017 年 9 月南华工业品指数涨幅接近 90%，特别是自 2017 年 6 月以来，短短三个月时间南华工业品指数价格上涨 23%，涨幅颇为可观。

大宗商品价格的大幅上涨会影响中下游产业利润。大宗商品生产部门主要包括原料和原料加工行业，根据统计局编制的反映各部门联系的投入产出表，其下游产业主要包括七大行业：①金属制品业；②通用设备制造；③专用设备制造；④汽车制造；⑤电气机械和器材制造；⑥非金属矿物制品；⑦电力、热力生产和供应（见图7-4）。这七大行业每千元产出普遍需投入大宗商品150元以上，合计创造了约15%的GDP，均是国民经济中举足轻重的行业（见表7-2）。由于大宗商品是这七大行业的主要投入品，大宗商品价格上涨将直接导致生产成本提高，影响行业经济效益。例如，电力和热力生产行业每千元产出可实现增加值258元、创造利润52元，但过程中需直接使用大宗商品投入233元，如果其他因素不变，大宗商品价格上涨90%将导致电力行业成本增加约210元，导致行业亏损157.7元。

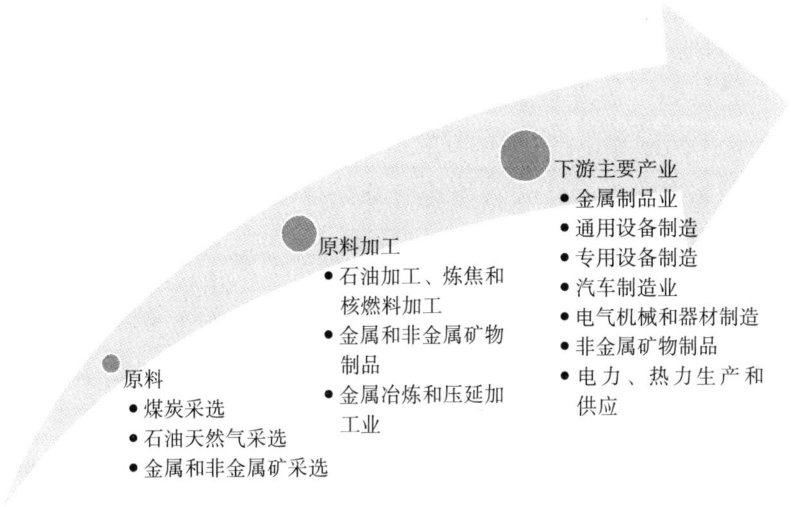

下游主要产业
● 金属制品业
● 通用设备制造
● 专用设备制造
● 汽车制造业
● 电气机械和器材制造
● 非金属矿物制品
● 电力、热力生产和供应

原料加工
● 石油加工、炼焦和核燃料加工
● 金属和非金属矿物制品
● 金属冶炼和压延加工业

原料
● 煤炭采选
● 石油天然气采选
● 金属和非金属矿采选

图7-4 大宗商品上下游产业链

表7-2 大宗商品主要中下游行业情况

	每千元产出中大宗商品投入（元）	行业增加值/GDP（%）	每千元产出行业盈利（元）	大宗商品价格上涨90%行业盈利情况（元）
金属制品业	375	1.19	52	−285.5
通用设备制造	203	1.66	50	−132.7

续表

	每千元产出中大宗商品投入（元）	行业增加值/GDP（%）	每千元产出行业盈利（元）	大宗商品价格上涨90%行业盈利情况（元）
专用设备制造	179	1.25	55	−106.1
汽车制造	136	2.40	51	−71.4
电气机械和器材制造	293	1.55	57	−206.7
非金属矿物制品	389	2.19	57	−293.1
电力、热力生产和供应	233	2.34	52	−157.7
全行业均值	172	2.38	80	−74.8

注：根据投入产出表（2012年）计算；每千元产出中大宗商品投入通过加总原料和原料加工行业的直接消耗系数计算；汽车制造业数据由交通运输设备行业数据近似；全行业平均通过中间使用合计栏目计算。

但从现实数据来看，自2016年以来除电力和热力行业利润出现显著下降外，其他大宗商品中下游行业普遍实现盈利转好或盈利保持稳定。在七大下游行业中，汽车制造、通用设备制造、专用设备制造和非金属矿物制品行业于2015年末彻底扭转自2014年以来出现的利润增速下滑趋势，自2016年以来行业经济效益快速回升并持续至2017年末（见图7-5）。金属制品业和电气机械及器材制造业的利润增速整体保持稳定，其中电气

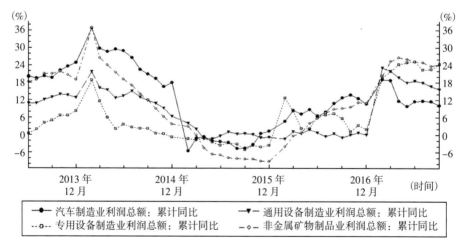

图7-5　汽车制造、通用设备制造业、专用设备制造业和非金属矿物制品业利润增速
资料来源：Wind资讯。

机械及器材制造业 2016 年以来出现了利润增速下滑，但电气机械及器材制造业早在 2015 年中即出现了盈利回升，自 2016 年以来出现的利润增速下滑可能仅仅是行业经营效益波动的结果（见图 7-6）。与其他大宗商品下游行业不同，自 2016 年以来电力和热力行业的利润出现大幅下滑，截至 2017 年末仍处于下滑通道中（见图 7-7）。

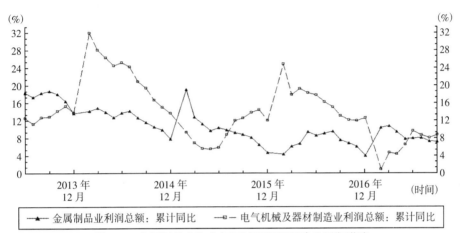

图 7-6 金属制品业和电气机械及器材制造业利润增速

资料来源：Wind 资讯。

图 7-7 电力、热力的生产和供应业利润增速

资料来源：Wind 资讯。

交叉验证大宗商品价格和企业盈利数据可发现大宗商品下游行业出现了有力的需求复苏。自 2016 年以来大宗商品价格上涨高达 90%，下游行业的生产成本快速上涨，但汽车制造、通用设备制造、专用设备制造和非金属矿物制品行业非但未出现盈利下降，反而实现了盈利数据的好转。这意味着中下游行业出现了需求复苏，并且需求复苏带来的盈利回升超过了大宗商品价格上涨的负面影响。与汽车制造、通用设备制造等行业不同，电力、热力的需求具有非常高的稳定性，并且电力、热力价格被高度管制，电力和热力行业很难将成本上涨转移给终端消费者，因此受大宗商品价格上涨的影响较大，自 2016 年以来电力和热力行业的利润出现了大幅下滑。

（二）为什么从总量数据观察不到需求复苏

许多市场分析人士对反映经济内需的总量指标进行了研究，如 M2 增速、社会融资总量、贷款增速、社会消费品零售总额增速、投资增速，但没有发现确切的需求回升证据。从上文分析来看，大宗商品价格上涨与中下游行业的需求复苏以及中下游行业对大宗商品的需求复苏有着密切联系，为什么无法从反映经济内需的总量数据中观察到需求复苏？总量数据如 M2 增速、社会消费品零售总额增速、固定资产投资完成额增速和社会融资规模数据始终未见上行势头，部分总量数据，如 M2 增速、固定资产增速等指标甚至受金融严监管、供给侧结构性改革等因素影响出现了下滑势头（见图 7-8）。这是不是意味着需求在下降呢？

"从总量数据观察不到需求复苏"问题主要和总量数据的"内在缺陷"有关。事实上，需求复苏更多体现在经济指标的边际变化上，而边际变化往往较难观测。以投资需求为例，某行业原有固定资产投资规模 100 亿元，为扩大生产规模，该行业增加 5 亿元投资，同时由于数据扰动，该行业投资规模减少 3 亿元，最终该行业投资规模为 102 亿元，仅增长 2%。但实际上，该行业的固定资产投资规模增长了 5%，实现大幅回升。由于边际变化一般规模较小、宏观总量数据为低频数据等原因，很难通过技术手段将反映趋势变化的边际变动（5 亿元）和数据扰动（–3 亿元）分离。

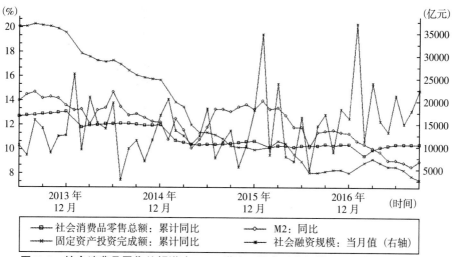

图 7-8 社会消费品零售总额增速、M2 增速、社会融资规模和固定资产投资完成
额增速变化情况

资料来源：Wind 资讯。

正是因为较难从总量经济数据中观察经济数据边际变化，而边际变化才是
需求复苏的真正证据，所以导致市场对大宗商品价格上涨背后的原因认识
存在分歧。

与"无法从总量数据观察需求复苏"不同，价格数据是观察边际变化
和需求复苏的直接窗口。在经济中可观察的价格类指标主要包括居民消费
价格（CPI）、工业生产者出厂价格指数（PPI）和工业生产者购进价格指数
（PPIRM）。三者分别处于经济产业链的不同位置，CPI 居于最下游，PPI 居
于次下游，PPIRM 则居于最上游。大宗商品价格波动信息更早、更多地反
映于 PPIRM 的变动中。这三个经济指标中，CPI 变动幅度小，其反映需求
变动的信息最少，而 PPI 和 PPIRM 波动较大，则反映需求变动和经济周期
的指标较好，事实也证明了这一点（见图 7-9）。一是当 PPIRM 同比曲线
显著位于 PPI 曲线之上时，表明经济处于上行通道中。包括：1997 年金融
危机之后的经济复苏（1999~2001 年）、2003 年后开启的全球性经济复苏及
过热（2003~2007 年）、4 万亿元刺激导致的经济复苏（2009~2011 年）以
及自 2017 年以来的新一轮经济复苏（2016~2017 年）。二是当 PPIRM 同比

曲线与 PPI 曲线重合甚至位于其下方时，表明经济处于下行通道中。包括：1997 年金融危机导致的经济下行、2002 年的短暂衰退、次贷危机导致的大衰退（2009 年）以及上一轮长达 5 年的大衰退（2011~2016 年）。

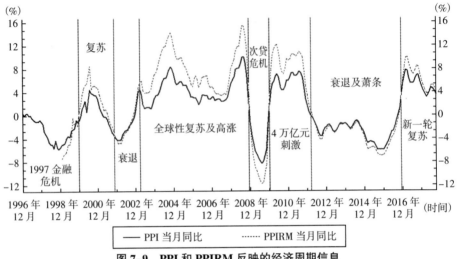

图 7-9　PPI 和 PPIRM 反映的经济周期信息

资料来源：Wind 资讯。

四、"全球加息"及其背后的灰犀牛风险

2017 年的中国债市熊市并非孤立事件，而是和"全球加息"的灰犀牛风险有着密切联系。自 2016 年以来全球经济渐次复苏，至 2017 年末全球主要经济体中已有美国、中国、加拿大、英国、韩国开始加息，欧洲、日本也都表示将逐渐退出宽松货币政策。2008 年国际金融危机之后各国非常规宽松货币政策带来的低利率趋于终结，全球主要经济体陆续进入加息轨道，成为影响债券市场走势的重要因素。由于全球经济复苏处于初期、各国加息步伐较慢，债市参与者对"全球加息"带来的冲击多有忽视，不时仍有债牛呼声出现，对"全球加息"灰犀牛风险多有忽视。

（一）2016 年以来中国债市下跌和中国货币政策转向密切相关

2016 年末债灾发生的根本原因是中国经济于 2016 年中企稳，货币政策随之转向。2011 年以来，中国经济增速出现下滑，为稳定经济增长，央行实行了降准、降息等一系列宽松货币政策，债券市场迎来大牛市。经济下行势头终结于 2016 年：2015 年末大宗商品扭转跌势开始上涨；PPI 同比数据于 2016 年初扭转 2012 年后出现的下跌走势转而上行，并于 9 月正式摆脱长达 54 个月的负增长进入正值区间；2015 年工业企业利润总额为同比负增长，2016 年起工业企业利润总额开始小幅回升。随着经济下行压力趋缓、上行动力显现，2016 年 7 月政治局会议提出"防范和化解金融风险隐患""抑制资产泡沫"，央行于 8 月下旬和 9 月中旬先后增加了 14 天期和 28 天期逆回购品种，开启了抬高金融体系资金成本的序幕。受货币政策转向影响，2016 年 10 月债券市场快速下跌形成债灾，最后两个月时间跌去全年涨幅，10 年期国债收益率全年上行 19BP，中债综合净价指数全年下跌 1.4%（见图 7-10）。

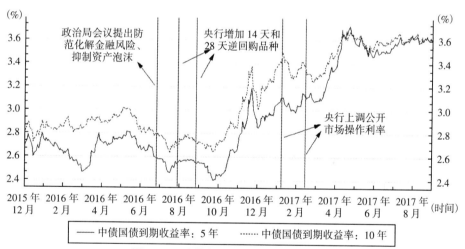

图 7-10　政策变动与债券市场利率走势

资料来源：Wind 资讯。

进入 2017 年后中国货币政策继续收紧。2017 年 2 月和 3 月，央行分两次上调各期限公开市场操作利率各 10BP。此后，虽然央行未再上调货币市场操作利率，但整体上采用了中性偏紧的货币政策：市场降准预期不断落空，银行体系超储率始终处于低位；启用 63 天期逆回购操作，再次抬高资金投放成本。此外，工业企业利润增速、PMI 数据、GDP 增速、进出口增速等经济指标屡屡优于市场预期，货币政策紧缩预期逐渐强化，叠加金融严监管的影响，债券市场全年呈下行走势。

（二）中国货币政策转向是全球货币政策转向的组成部分

2016 年不仅是中国货币政策转向的转折点，也是海外主要经济体货币政策转向的重要节点。在美国方面，2015 年 12 月美国进行了次贷危机后的首次加息，开启退出非常规宽松货币政策序幕。受英国脱欧和美国大选等因素影响，2016 年 12 月美联储才进行第二次加息。此后，美联储货币政策转向步伐日趋稳定，2017 年共加息三次并启动缩表工作。在欧洲方面，自 2016 年起欧洲央行内部关于退出宽松货币政策的争论趋于热烈，欧洲央行管理委员会委员、德国时任央行行长魏德曼认为货币政策调节力度不应超过必要的程度；进入 2017 年后，欧洲央行逐渐对外释放退出宽松政策信号，并于 10 月正式宣布削减每月购债规模至 300 亿欧元。与美国、欧洲退出宽松货币政策的步伐保持一致，越来越多的国家进入加息周期。加拿大于 2017 年 7 月首次加息，并于 9 月再次加息；英国于 2017 年 11 月加息，此次加息距离上次已有十年；韩国于 2017 年 11 月 30 日加息 25BP，为六年来首次加息。

2016 年之所以成为全球货币政策转向的节点，是因为中国、欧洲同时出现明显的经济复苏，带动全球经济进入复苏轨道。美国是主要发达国家中最早走出次贷危机的国家，自 2011 年之后美国失业率即稳步下滑，经济复苏势头越来越明显（见图 7-11）。但由于 2011 年欧债危机爆发和中国经济出现下行，美国的经济复苏始终未能点燃全球经济复苏引擎。2016 年，中国、欧洲经济同时迎来拐点，中国 PPI 同比数据、欧洲 PPI 同比数据和欧洲 PMI 同步回升，全球经济复苏真正到来了（见图 7-12）。与中国类似，欧洲经济周期拐点也出现在 2016 年，但比中国稍晚几个月：2016 年 4 月，欧盟 PPI 同比数据结束长达 60 个月的下行转而上行，10 月，PPI 同比数据正式进入正增长区间；2016 年 9 月之后，欧元区制造业 PMI 数据快速上行，至 2017 年 1 月已突破 55%，此后仍继续向上攀升。受全球经济复苏驱动，BDI 指数、各国对外进出口数据等均出现明显好转。

图 7-11　2008~2017 年美国失业率变动情况

资料来源：Wind 资讯。

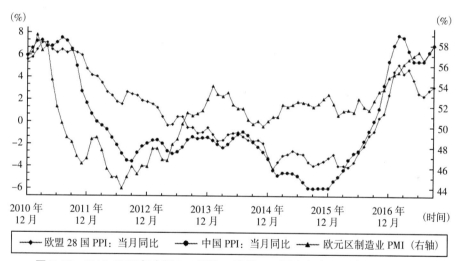

| —◆— 欧盟 28 国 PPI：当月同比 | —●— 中国 PPI：当月同比 | —▲— 欧元区制造业 PMI（右轴） |

图 7-12　2010~2017 年中国 PPI 同比、欧洲 PPI 同比和欧洲制造业 PMI 数据

资料来源：Wind 资讯。

（三）非常规货币政策并非货币政策的常态，债市面临"全球加息"灰犀牛风险

非常规宽松货币政策并非货币政策常态，而是百年一遇金融危机的产物。次贷危机被认为是引发了自 20 世纪大萧条以来最为严重的经济危机，为应对危机，美国、欧洲等主要经济体纷纷采用"零利率+量化宽松"的非常规货币政策，公开市场操作利率被下调至零利率附近（见图7-13）。受非常规货币政策驱动，全球金融市场迎来史无前例的低利率，欧美主要经济体国债收益率大幅下行，特别是仍深陷于零利率中的欧洲，至2017年末10年期德国国债收益率仅有0.5%（见图7-14）。

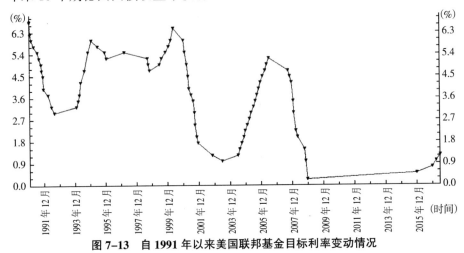

图7-13 自1991年以来美国联邦基金目标利率变动情况

资料来源：Wind资讯。

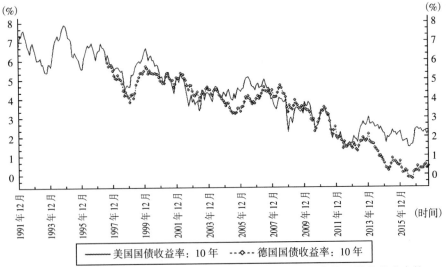

图7-14 自1991年以来美国10年期国债收益率和德国10年期国债收益率走势

资料来源：Wind资讯。

非常规货币政策是国际金融危机的产物，不是货币政策的常态。随着各国经济逐渐摆脱次贷危机、欧债危机等经济危机的影响，各国货币政策不可避免地将要退出非常规货币政策，进入加息周期。2017年已有中国、美国、加拿大、英国、韩国等正式开启加息之门，其中美国加息4次，加拿大加息2次，欧洲、日本则准备退出非常规宽松货币政策。加息周期一旦启动，货币政策即会在加息轨道中持续较长时间。美国始于2003年的加息周期长达3年，共加息18次，利率上行幅度达425BP；始于1992年的加息周期也长达3年，共加息9次，利率上行幅度达275BP。

全球加息是债市面临的灰犀牛风险。2017年，各国仍处于退出宽松货币政策的早期阶段，全球利率仍处于历史性低位，债券市场投资者对债市走势仍较为乐观，市场上不时有债牛观点出现。但在全球加息背景下，全球债市利率将不可避免地随之上行，尤其需要关注的是美国加息。2017年美联储共加息3次，并且在2017年时预期2018年将再加息3次。两年时间共加息6次将导致短端货币市场利率上行150BP，如果利率期限曲线平行上行，那么美国债券市场利率也将上行150BP，而一旦利率期限曲线陡峭化上移，那么美国债券市场利率上行幅度将高于150BP。虽然2017年中国加息步伐显著慢于美国，但也处于加息轨道之中，中国债市将不可避免地受到全球加息灰犀牛风险的影响。

五、债券市场违约情况分析

（一）违约特征

1. 2017年债券市场违约情况好于市场预期

一是债券违约单数少于2016年，扭转了自2015年以来违约增加势头。剔除在地方性交易所交易的债券之后，2017年债券市场共有违约个券46只，较2016年减少9只（见图7-15）。违约主体18家，较2016年减少9家；涉及金额392.7亿元，较2016年增加1.4亿元。

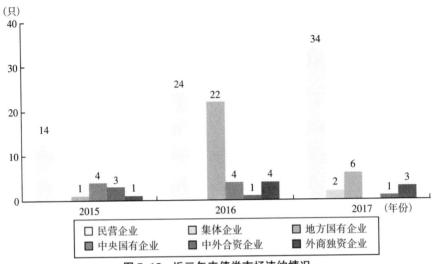

图 7-15　近三年来债券市场违约情况

资料来源：Wind 资讯。

二是 2017 年债券违约中约一半为过去两年债券违约的延续，实际新增违约较少（见表 7-3）。在 2017 年发生违约的 18 家债券主体中，有 10 家主体在 2015 年、2016 年即发生违约，2017 年继续违约是存续期债券到期和历史违约延续的结果，如山东山水水泥集团有限公司于 2015 年即出现违约，东北特殊钢集团有限责任公司于 2016 年即出现违约。2017 年新增违约仅有 8 家，表明债券市场信用风险得到较好缓解。

表 7-3　2017 年违约主体汇总[①]

序号	发行主体	公司属性	2016 年是否违约	2015 年是否违约
1	珠海中富实业股份有限公司	民营企业		√
2	中国城市建设控股集团有限公司	民营企业	√	
3	大连机床集团有限责任公司	民营企业	√	
4	春和集团有限公司	民营企业	√	

①亿阳债的风险事件虽然于 2017 年爆发，但亿阳债实质性违约发生于 2018 年，因此未将亿阳集团归为 2017 年违约主体。

续表

序号	发行主体	公司属性	2016 年是否违约	2015 年是否违约
5	东北特殊钢集团有限责任公司	地方国有企业	√	
6	四川省煤炭产业集团有限责任公司	地方国有企业	√	
7	上海市建设机电安装有限公司	民营企业		√
8	山东山水水泥集团有限公司	外商独资企业	√	√
9	内蒙古奈伦集团股份有限公司	民营企业	√	√
10	内蒙古博源控股集团有限公司	民营企业	√	
11	亿利资源集团有限公司	民营企业		
12	信阳市弘昌管道燃气工程有限责任公司	民营企业		
13	五洋建设集团股份有限公司	民营企业		
14	山东玖龙海洋产业股份有限公司	民营企业		
15	江苏保千里视像科技集团股份有限公司	民营企业		
16	华盛江泉集团有限公司	集体企业		
17	湖州厉华妤婕联合纺织有限公司	外商独资企业		
18	丹东港集团有限公司	中外合资企业		

资料来源：Wind 资讯。

2. 受民营企业盈利回升速度相对较慢和中国金融市场融资成本上行等因素影响，民企债券的违约比重大幅提升

2017 年，违约个券中由民营企业发行的占比为 74%，较 2016 年提高 30 个百分点。地方国有企业发行债券违约占比从 2016 年的 40% 降至 2017 年的 13%。2017 年出现了第一家债券违约的集体企业，即华盛江泉集团有限公司，其主要是受产能过剩影响，导致公司经营困难，加上其再融资能力不足，最终使其无力支付回售本金。

民营企业发行债券违约比重提高主要有两方面原因：一是 2017 年经济复苏中民营企业盈利回升速度相对较慢。2017 年，私营企业利润增长 11.7%，较股份制企业利润增速低 11.8 个百分点，较国有企业利润增速低 33.4 个百分点，是各经济类型中利润增速最慢的。二是 2017 年中国金融

市场融资成本快速上行，受限于民营经济身份，民营企业易受融资成本上行影响，面临融资难、融资贵等困难，进而引发资金链断裂、债券违约。

3. 违约集中发生于辽宁、内蒙古、河北等经济转型压力较大的省份

如果仅从债券违约数量来看，辽宁、北京、上海是发生债券违约最多的省份，但如果将债券发行规模考虑在内，就债券违约率而言，辽宁、内蒙古、河北是债券违约主要发生的地区（见图7-16、图7-17）。辽宁、内蒙古、河北同属于经济转型压力较大的省份，其中受贿选案和GDP挤水分的影响，辽宁经济下行压力较大；内蒙古经济结构较为单一，并且也爆

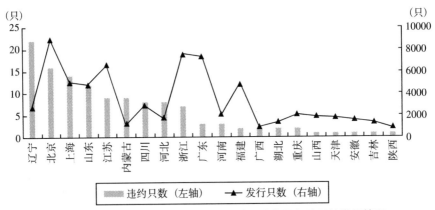

图7-16　2015~2017年违约个券的地区分布及各地区的发行情况

资料来源：Wind资讯。

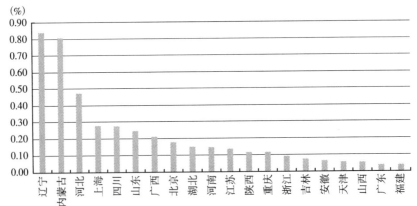

图7-17　2015~2017年各地区发行信用债券中违约个券的占比情况

资料来源：Wind资讯。

出 GDP 挤水分新闻；河北则是过剩产能集中的典型省份。

4. 因行业不景气导致的债券违约减少，新增违约原因主要集中于公司治理层面

2017 年，中国经济各行业盈利普遍回升。在工业企业方面，41 个工业大类行业中，37 个行业利润比 2016 年增加，比 2016 年多 8 个行业。产能过剩行业如钢铁、煤炭行业利润快速增长，黑色金属冶炼和压延加工业利润比 2016 年增长 1.8 倍，煤炭开采和洗选业增长 2.9 倍。在服务业企业方面，服务业生产经营效益摆脱了近年来低迷的状况。2017 年，服务业 10 个行业门类中有 8 个行业营业利润实现了两位数增长；扣除投资收益后，规模以上服务业企业经营性利润同比增长 43.5%。受各行业盈利回升的影响，2017 年受行业整体景气度下行而发生债券违约的案例较少，新增违约原因主要集中于公司治理层面，包括对外担保比例过高、公司实际控制人出事、恶性违约。

5. 违约个券主要分布在低附加值、竞争激烈和产能过剩的行业，如建筑工程、机械和钢铁，其中过剩产能行业债券违约呈减少趋势

从行业分布来看，2017 年违约个券主要分布在建筑工程、机械、钢铁等行业（见图 7-18）。这三个行业的违约数占总违约数的 58.7%，2015 年、2016 年该占比分别为 21.7% 和 30.9%，且呈逐年上升的趋势（见图 7-19）。建

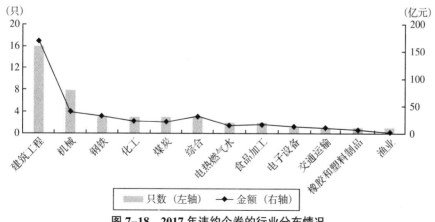

图 7-18 2017 年违约个券的行业分布情况

资料来源：Wind 资讯。

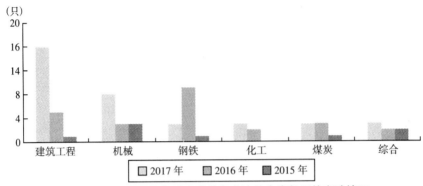

图 7-19　2015~2017 年重点关注行业违约个券数目的变动情况
资料来源：Wind 资讯。

筑工程和机械行业属于附加值较低、行业门槛低、竞争激烈的行业，易受经济周期和资金面政策的影响。钢铁行业虽属过剩产能行业，但 2017 年钢铁行业利润大幅增长，2017 年钢铁行业的债券违约较 2016 年已经大幅减少。

6. 债券违约在事前大都出现了负面市场新闻

从债券违约过程来看，大部分债券违约在事前均出现了负面市场新闻，如高管失联、财务造假、列入失信名单、面临诉讼等。如保千里在借壳上市之时，市场即有关于该公司"虚假协议虚增估值""经营数据有问题"的怀疑。普遍而言，债券违约在事前会有征兆，较少是突然发生违约的。

（二）经济复苏、企业盈利回升是 2017 年债券市场违约情况好于预期的主要原因，但金融市场资金成本上行则对债券违约形成了压力

2017 年，中国经济复苏态势明显，企业盈利回升较快是债券市场违约情况好于预期的主要原因。2017 年中国经济 GDP 增速为 6.9%，较 2016 年回升 0.2 个百分点，扭转了自 2010 年以来持续下行的势头。企业盈利快速增长，其中规模以上工业企业利润增速为 21%，较 2016 年加快 12.5 个百分点；规模以上服务业企业实现营业利润同比增长 24.5%，比 2016 年提高 25.6 个百分点。从经济类型看，国有控股企业实现利润 16651 亿元，比 2016 年增长 45.1%；股份制企业 52404 亿元，增长 23.5%；私营企业 23753 亿元,增长 11.7%。企业盈利快速回升、企业经营状况显著好转致使债市违约好于各方年初预期。

2017 年,金融严监管导致金融市场资金成本快速上行,成为引致债券违约(特别是民营企业债券)的重要原因。2017 年全年,中国 10 年期国债收益率从 3.01%上行至 3.88%,上行 87BP。相比于国有企业,民营企业更容易受到融资收紧、资金成本上行的影响,更容易面临融资难、融资贵等困难,进而引发债券违约。2017 年,民企债券违约比重达 74%,较 2016 年提高 30 个百分点,这和金融市场资金成本快速上行有着密切联系。

第二节 2018 年债券市场分析

2017 年末和 2018 年初,市场对经济的主流看法更多是 2017 年经济复苏延续,对资本市场的主流看法则是与经济复苏相联系的"股强债弱"格局。显然,最后的经济走势和资本市场走势与市场主流看法完全相反。至 2018 年第三季度,中国国内生产总值(GDP)增速为 6.5%,较 2017 年同期下滑 0.3 个百分点,创自 2010 年以来新低,多项反映生产和需求的经济指标持续下滑,经济下行压力显现无疑。至 2018 年 11 月末,沪深主要股指跌幅超过 20%,中小板指数跌幅超过 30%,10 年期国债收益率较年初下行近 60BP,中债综合净价指数较 2017 年上涨约 3.5%,资本市场呈与经济下行相对应的股弱债强格局。2017 年中国经济复苏态势明显,但为何自 2017 年以来的经济上行在短短一年之后就趋于终结?在 2018 年美联储连续加息三次、10 年期美债收益率上行约 70BP 的背景下,中国债券市场为什么走出牛市行情,市场上甚至出现降息预期?这背后既有政府"有形之手"操作失当导致经济下行的原因,也有中国经济外部环境发生变化的原因。

一、政府"有形之手"操作失当打断复苏进程导致经济下行

（一）政府"有形之手"操作失当导致投资不稳和金融不稳

2018年1~10月，全国固定资产投资（不含农户）547567亿元，同比增长5.7%，增速比1~9月回升0.3个百分点，但比2017年同期回落1.6个百分点。固定资产投资增速下滑和以基础设施投资增速急剧下滑为代表的投资不稳密切相关。2018年1~10月，基础设施投资（不含电力、热力、燃气及水生产和供应业）同比增长3.7%，增速比2017年同期回落约16个百分点。基础设施投资约占固定资产投资总规模的20%，基础设施投资增速回落16个百分点将导致固定资产投资增速回落约3个百分点。由此来看，基础设施投资增速出现急剧下滑是投资下滑的根本原因。由于自2018年以来民间投资和制造业投资均保持了快速增长，2018年1~10月，民间投资和制造业投资累计同比增速分别较2017年同期回升了3个和5个百分点，缓和了基础设施投资增速急剧萎缩对固定资产投资的影响，使得1~10月固定资产投资增速仅下滑1.6个百分点。

与基础设施投资增速出现急剧下行类似，自2018年以来反映金融体系信用创造能力的社会融资规模也出现急剧下行，金融不稳。2018年1~10月，社会融资规模为16.1万亿元，较2017年同期减少约15%，除2018年2月、4月和8月数据实现同比正增长外，其余各月社会融资数据均出现负增长，特别是受监管层"拆解影子银行"的影响，影子银行体系的融资功能几乎完全消失。2018年1~10月，在社会融资规模中新增委托贷款累计规模为−1.3万亿元，较2017年同期下降约1.9万亿元；新增信托贷款累计规模为−0.6万亿元，较2017年同期下降约2.5万亿元。受社会融资规模大幅萎缩影响，自2018年以来中小企业、民营企业融资渠道大幅收紧，债市违约大幅增多，债市违约规模创历史新高。

投资不稳和金融不稳是政府"有形之手"操作失当的结果。地方政府

是基础设施投资的重要投资主体，投资不稳和防控地方债务风险过程中"堵偏门"与"开正门"衔接不到位有关。近年来，中央政府多管齐下防控地方债务风险，如清理PPP入库项目、对地方违规举债案例进行通报批评并处理相关责任人、禁止银行向地方政府违规提供资金等。在中央政府通过高压政策关上地方政府举债"偏门"的同时，地方政府举债的"正门"却未能及时扩容。2018年1~6月，地方政府债的发行金额仅有1.4万亿元，较2017年同期减少24%，地方政府举债"正门"似乎还有缩小的趋势。同时，受禁止银行向地方政府违规提供资金等政策影响，基础设施投资增速大幅减少，一些投资项目因资金不足而停工，成为"半拉子工程"。

此外，地方政府对稳投资、稳增长的重视程度相对降低也是投资不稳的原因之一。党的十八大以来，GDP不再是地方政府考核的唯一标准，扶贫、污染防控、风险防控等均成为地方政府考核的重要内容，督查、巡视成为中央监督地方的重要方式。由于考核内容增多、考核压力增大，央地关系出现显著变化，部分地方政府对经济增长的重视程度相对降低，举债推动经济增长的积极性也相应减弱，一些省份出现基础设施投资增速大幅下滑。2018年1~10月，江苏省基础设施投资增速为-6.7%，较2017年同期下滑约20个百分点。虽然江苏基础设施投资增速大幅下滑，但2018年以来的江苏省政府常务会议议题主要集中于绿色发展、脱贫攻坚、安全生产、双创、督查整改等内容，对稳增长、稳投资关注较少。相比之下，2018年1~9月，湖北基础设施投资增速为12.6%，较2017年同期下滑不足5个百分点，其表现优于全国平均水平。湖北基建投资增速保持在较高水平和湖北省重视经济增长、重视投资拉动有着密切联系。2018年5月29日，在议题为生态文明建设的常务会议上，湖北省政府指出"项目是发展的依托和载体""要牢固树立新发展理念，紧盯重大产业项目、基础设施项目、生态环保项目、民生项目"，扎实推进一批大项目、好项目。2018年7月30日，湖北省政府常务会议提出，要"敏锐把握宏观经济政策风向标"，"牢牢把握经济工作主动权"，"更大力度扩投资、强消费、抓项目"。2018年8月16日的常务会议进一步指出"要抢抓宏观经济政策机遇"，"尽快开工一批、建设一批、竣工一批大项目、好项目，为高质量发展增添新动能。"2018 年 9 月 17 日，湖北省省长赴北京拜会国家有关部委和央企，积极谋划推动重大项目建设。

金融不稳则主要是金融监管"政策制定考虑不周、缺乏协调、执行偏离，强监管政策效应叠加导致信用紧缩"的结果，[①] 银保监会拆解影子银行是其中典型代表。在 2018 年 8 月 29 日的电视电话会议上，银保监会总结自 2018 年以来工作成果之一就是"坚定不移拆解影子银行"，但影子银行已经是中国金融体系信用创造的重要组成。根据央行货政司司长孙国峰在《中国影子银行界定及其规模测算——基于信用货币创造的视角》一文中的测算，影子银行在信用货币创造中占比为 20.43%。同时，影子银行和商业银行的风险偏好也存在较大差异，影子银行恰好可以补足商业银行对民企服务能力不足的现实，提高金融可及性水平。在现实中，商业银行更偏好为国有企业以及实力较强的民营企业提供融资服务，在商业银行面前，实力弱、担保物不足的中小企业即使愿意承担较高的融资成本，也往往面临融资无门的境地。相比之下，影子银行的风险偏好更高，实力弱、担保物不足的中小企业在付出较高融资成本之后可以从影子银行体系获得融资。因此，金融监管层对影子银行的"一刀切"拆解更多属于政策制定考虑不周的结果，其结果是金融体系信用创造能力大幅萎缩，依赖影子银行进行融资的民营经济面临更加困难的融资局面。

影子银行遭遇"拆解式"监管可能和监管层对"影子银行"的误解有关。一是仅从金融风险的角度看待影子银行。没有意识到影子银行的存在也提高了金融体系的信用创造能力，并且已经是中国金融体系信用创造的重要组成，影子银行并非"百害而无一利"。至于影子银行是弊大于利还是利大于弊，则需要具体情况具体分析，但"一刀切"的拆解并不合适。拆解影子银行导致金融体系信用创造功能大幅萎缩，而监控、管理金融体

[①] 2018 年 11 月 6 日，人民银行行长易纲在接受新华社采访时表示，"前期一些政策制定考虑不周、缺乏协调、执行偏离，强监管政策效应叠加，导致了一定的信用紧缩，加大了民营企业融资困难"。

系信用创造过程本属于央行宏观审慎管理职能，拆解影子银行对央行宏观审慎管理形成较大干扰，特别是当时央行始终保持货币政策操作利率稳定，并无收紧货币政策的意图。二是误认为影子银行提升了实体经济的融资成本。例如，2018年11月9日，银保监会负责人在就"金融支持民营企业"回答"企业融资贵"问题时表示，要"清理不必要的'通道'和'过桥'环节，合理管控民营企业贷款利率水平，带动降低总体融资成本"。一般来说，"通道""过桥"等概念常和影子银行相联系，这表明金融监管层可能认为影子银行提高了企业融资成本。虽然有些"通道"和"过桥"环节会推升企业融资成本，但有些影子银行的"通道"和"过桥"由于规避了监管成本，反而会降低企业融资成本，提高金融可及性。

（二）投资不稳和金融不稳影响巨大，足以中断自2017年以来的经济上行走势，导致经济下行

一是从基础设施投资少增规模来看。2017年全年固定资产投资中基础设施投资规模为14万亿元，按2018年基础设施投资全年下滑16个百分点来算，基础设施投资2018年全年将少增约2.2万亿元。相比之下，在吸引舆论大量注意力的中美贸易冲突中，2017年全年中国对美出口金额也仅有3万亿元。基础设施投资少增金额相当于中国对美国出口减少2/3。

二是从对GDP增速的影响来看。近年来资本形成对GDP累计同比的贡献率在30%左右，而固定资产投资是资本形成的主要构成部分，资本形成增速回落2个百分点将导致GDP增速下滑0.6个百分点。即使假设固定资产投资变化对资本形成变动的影响仅有50%，那么固定资产投资增速回落2个百分点将拖累GDP增速回落0.3个百分点。从数据来看，2018年第三季度GDP增速为6.5%，较2017年同期下滑了0.3个百分点。

三是从对企业盈利的影响来看。GDP增速的微小变化也会带来企业盈利能力的巨大变化，2017年GDP增速为6.9%，较2016年回升0.2个百分点，但2017年工业企业利润增速超20%，较2016年回升超10个百分点。自2018年以来GDP增速逐渐下滑，第二季度GDP增速为6.7%，同比下滑0.2个百分点，第三季度GDP增速仅有6.5%，环比下滑0.2个百分点，同比下滑 0.3 个百分点，GDP 增速持续下滑表明企业盈利能力也出现了大幅恶化。自 2018 年以来，规模以上工业企业利润增速快速下滑，当月同比增速从上半年的超过 20% 快速下滑至下半年的不足 4%，累计同比增速从 2018 年 6 月的 17.2% 下滑至 2018 年 10 月的 13.6%（见图 7-20）。

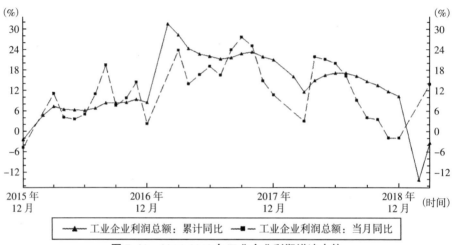

图 7-20　2016~2018 年工业企业利润增速走势

资料来源：Wind 资讯。

四是从对金融体系信用创造能力的影响来看。根据相关研究测算，影子银行在信用货币创造中占比为 20.43%，影子银行被拆解导致金融体系信用创造能力在短时间内出现大幅萎缩。一般来说，金融体系信用创造能力在短时间内大幅萎缩仅仅会在银行危机时才会出现，并且常常会引发经济危机。

五是从对民营企业的影响来看。由于影子银行和商业银行具有不同的风险偏好和客户群体，融资更依赖影子银行的中小企业、民营企业会面临更大的融资压力。自 2018 年以来债券市场违约创历史新高，新增违约主体以民营企业为主，并且向民营上市公司蔓延，如永泰能源、雏鹰农牧。民营上市公司之前被市场认为是低风险的优质发债主体。同时，民营企业普遍处于产业链下游，基础设施投资增速下滑导致终端需求减少，直接影响民营企业经营效益。例如，受地方政府投资减少影响，东方园林等 PPP

概念股普遍出现营收和利润增速大幅下滑。2018 年 1~10 月，在规模以上工业企业中，国有企业利润增速为 20.6%，私营企业利润增速仅有 9.3%。去杠杆、严监管、防风险等政策共振叠加导致信用紧缩，民营经济经营困难，中央在 2018 年 11 月 1 日组织召开"民营企业座谈会"，释放出"鼓励支持引导非公有制经济发展、支持民营企业发展"的信号。

从以上五点分析来看，去杠杆、严监管、防风险等政策共振叠加对信用紧缩的经济影响较大，足以中断自 2017 年以来的经济上行走势。特别是基础设施投资增速下滑和拆解影子银行，前者或导致 GDP 增速下滑多达 0.3 个百分点，极大影响企业盈利能力；后者导致金融体系信用创造能力在短时间内萎缩 20%，而这往往仅在银行危机的时候出现。

从中央和相关部委的表态来看，政府也意识到并且承认"有形之手"是导致经济下行压力加大的重要原因。习近平总书记在民营企业座谈会上将民营企业面临的困难归结为四个方面的原因：一是国际经济环境变化的结果；二是我国经济由高速增长阶段转向高质量发展阶段的结果；三是政策落实不到位的结果；四是企业自身的原因。从总结的四个原因来看，第一个原因是不可控的外因，但中美双方均认为中美贸易冲突影响仍主要反映在预期层面，对经济影响尚待观察。第二个和第四个原因都是长期原因，一直存在，并非企业面临困难的主要原因。显然，第三个原因"政策落实不到位"是导致 2018 年民营企业面临困难的主要原因。2018 年 11 月 3 日，全国政协常务委员、央行货币政策委员会原委员、清华大学教授李稻葵在"第 27 届中外管理官产学恳谈会"组织的会议上表示，"至少上半年金融政策搞错了，方向搞反了，力量使反了，重点放在了'机械地、粗暴地、一刀切地去杠杆'"，"金融不紧张才怪"。2018 年 11 月 6 日，人民银行行长易纲在接受新华社记者采访时表示，"前期一些政策制定考虑不周、缺乏协调、执行偏离，强监管政策效应叠加，导致了一定的信用紧缩，加大了民营企业融资困难"。

二、中美贸易冲突引发市场恐慌助推债市利率下行

2018 年 3 月以来爆发并逐渐升级的中美贸易冲突给资本市场情绪带来较大负面冲击，引发市场恐慌。一方面，中美之间贸易体量巨大，贸易冲突金额从"232 措施"的 30 亿美元上升至"301 调查"的 500 亿美元，在中国连续对等反制后，美国又增加对 2000 亿美元的中国进口商品加征关税，螺旋升级的贸易摩擦金额给市场情绪带来持续冲击。另一方面，特朗普政府 2018 年面临中期选举，该选举对特朗普政府和共和党非常关键。为此，特朗普多次采用极限试压、恫吓讹诈式的谈判风格，打造维护美国利益的形象，给市场情绪带来巨大压力。此外，恐慌、谣言、耸人听闻等负面信息在新媒体时代得到更广更快的传播也成为中美贸易战悲观预期在中国市场被放大的重要原因。中美贸易冲突引发的市场恐慌情绪成为助推债券市场利率下行的另一个原因。

三、全球经济复苏势头显著放缓

除中国经济受有形之手影响复苏势头放缓外，海外主要经济体也出现了复苏势头放缓的迹象。在欧洲方面，自 2018 年以来欧盟制造业和非制造业 PMI 持续下滑（见图 7-21）。2018 年初，欧盟制造业和非制造业 PMI 分别为 59.6% 和 58%，均处于接近 60% 的高景气位置，至 2018 年 11 月制造业和非制造业 PMI 已分别下滑至 51.5% 和 53.1%。欧洲经济火车头德国经济增长显著放缓，2018 年第三季度季调后 GDP 季环比终值为 –0.2%，自 2015 年第一季度以来首次出现负增长。在美国方面，市场普遍担心受贸易冲突和税改刺激效应消退影响，美国经济上行势头将趋于停滞，自 2018 年 9 月以来，美国主要股指均出现显著回调，结束了 2016 年特朗普胜选美国大选以来股市节节上涨的局面。受中国、欧洲经济增长放缓等因素影响，自 2016 年以来的全球经济复苏势头显著放缓，IMF 等国际组织

多次下调各国经济增长预期。

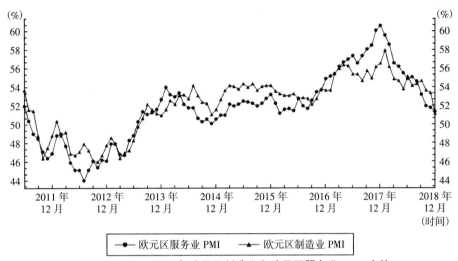

图 7-21 2011~2018 年欧元区制造业和欧元区服务业 PMI 走势

资料来源：Wind 资讯。

四、后期债市走势影响因素分析

（一）中国经济下行压力仍大，扭转经济下行需政策发力

自 2018 年下半年以来，中国经济下行压力逐渐显现并不断增强，至 2018 年第三季度，中国经济已面临需求下滑和生产萎缩的双重困境，社会消费品零售总额增速和制造业 PMI 呈快速下行走势（见图 7-22）。在需求方面，2018 年 10 月的社会消费品零售总额同比增速为 8.6%，较上月下滑 0.6 个百分点，累计增速为 9.2%，较 2017 年同期下滑 1.1 个百分点。需求下滑在汽车消费领域表现尤其明显，乘用车市场信息联席会发布的销量数据显示，2018 年 10 月全国狭义乘用车批发销量 202.2 万辆，同比下降 12.6%。其中，轿车批发销量 100.4 万辆，同比下降 9.0%；SUV 批发销量 87.4 万辆，同比下降 15.2%；MPV 批发销量 14.4 万辆，同比下降 20.6%。在生产方面，至 2018 年 10 月，PPI 同比数据已连续 4 个月下滑，更高频的流通领域重要生产资料市场价格变动情况显示此后大宗商品价格

仍在下跌，预示后期 PPI 恐将继续下行。制造业 PMI 也持续 3 个月出现下行，2018 年 10 月制造业 PMI 已跌至荣枯分位数。

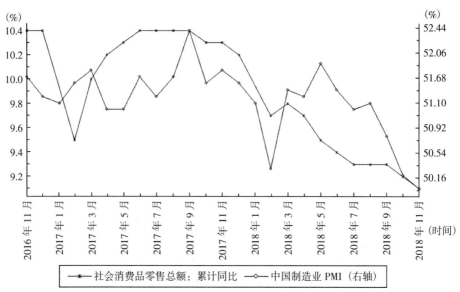

图 7-22　2016~2018 年制造业 PMI 和社会消费品零售总额增速
资料来源：Wind 资讯。

　　投资不稳和金融不稳是导致经济下行的重要原因，至 2018 年末经过政策纠偏，投资不稳的局面已有所改善。2018 年 9 月 18 日，国务院常务会议部署加大关键领域和薄弱环节有效投资，提出要"按照既不过度依赖投资，也不能不要投资、防止大起大落的要求，稳住投资保持正常增长"。2018 年 1~10 月，基础设施投资同比增长 3.7%，增速比前三季度提高 0.4 个百分点，实现了自 2018 年以来的首次回升；全国完成固定资产投资（不含农户）547567 亿元，同比增长 5.7%，增速比前三季度提高 0.3 个百分点，继 9 月增速企稳后继续回升。

　　虽然投资不稳的现象出现改善势头，但金融不稳的势头却在恶化。2018 年 10 月，M2、社会融资规模等金融数据大幅不及预期，M2 同比增 8%，预期 8.4%；新增人民币贷款 6970 亿元，创 2017 年 12 月以来最低，预期 9000 亿元；2018 年 10 月社会融资规模增量 7288 亿元，创 2016 年 7

月以来新低，预期1.3万亿元。自2018年11月1日民营企业座谈会召开以来，央行、银保监会未对金融监管政策作出显著调整，金融稳定发展委员会之前做出的"调动金融机构积极性""开展地方督导"等决策主要针对金融体系表内业务，而影子银行被拆解留下的信用缺口很难通过信贷、债券等业务填补。受信用紧张局面影响，经济下行压力暂时难以缓解。真正扭转经济下行压力需调整金融监管政策。

（二）资本流动压力制约中国央行货币政策操作空间和利率下行空间

自2018年以来，为缓解经济下行压力、改善金融不稳的局面，中国央行已三次降准。截至2018年11月，大型存款类金融机构的存款准备金率为14.5%，仍有较大降准空间。随着后续经济下行压力进一步显现，预计央行降准将是大概率事件。同时，针对越来越明显的经济下行压力，市场上逐渐出现央行降息的预期。但从资本流动压力来看，央行降息的可能性较小，资本流动压力对央行货币政策操作空间和利率债收益率下行空间形成制约。

2017年7月，内地与香港债券市场互联互通合作（"债券通"）正式上线运行，中国债券市场对外开放步伐加快。由于2017年以来中国经济形势较好、债券市场收益率水平较高，自债券通上线以来，海外资本快速流入中国债券市场，成为稳定中国资本流动的重要边际力量。中债登数据显示，截至2018年11月，境外机构持有债券规模为1.42万亿元，较上年同期的0.94万亿元增加约0.5万亿元。2018年10月，中国官方外汇储备规模为3.05万亿美元，较上年同期小幅减少500亿美元。显然，中国债券市场吸引的海外资本流动已经成为稳定中国外汇储备的重要力量。但自2018年第三季度以来，中国债市收益率快速下行，中美债市收益率大幅收窄甚至出现倒挂。截至11月末，中国1年期国债收益率低于美国1年期国债收益率22BP，为2008年以来首次出现倒挂；中国10年期国债收益率仅高于美国10年期国债收益率35BP，为近8年来新低。受收益率下行的影响，中国债市对海外资本的吸引力大幅降低，海外资本对中国债市的流入大幅放缓，10月境外投资者持有的境内债券托管量仅增加2.53亿元，而在此前的月份里，月度增量往往为数百亿元，11 月境外投资者持有的境内债券规模更是出现环比萎缩。受资本流动影响，近期中国外汇储备已经出现了不稳迹象，外汇储备规模连续小幅下行（见图 7-23）。截至 2018 年 10 月末，中国外汇储备规模为 30531 亿美元，较 9 月末下降 339 亿美元，连续三月下降。如果中国央行降息导致债市利率进一步下行，中美利差倒挂将更趋严重，影响中国资本流动的稳定性以及外汇储备规模的稳定性。

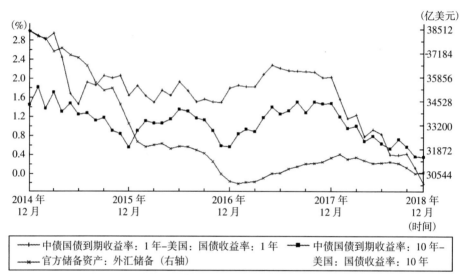

图 7-23 2014~2018 年中美利差变动和中国外汇储备规模情况

资料来源：Wind 资讯。

（三）资本市场情绪趋于回暖

一方面，中美贸易冲突大概率趋于缓和。2018 年 12 月 2 日，中美两国领导人在 G20 会议期间进行会晤，商定暂时停止加征新的关税，并就贸易逆差、知识产权保护等问题开展为期 90 天的谈判。由于美国中期选举已经尘埃落定，中美贸易冲突大概率将走向缓和。但由于特朗普政府反复异变的谈判风格，预计中美贸易冲突的缓和不会一帆风顺，市场情绪波动将对债券市场走势形成阶段性影响。

另一方面，资本市场制度调整大踏步前进将缓和市场情绪。一是股权质押风险缓解。股权质押风险使股票市场面临"下跌—风险加大—再下跌"的负反馈循环，成为导致 2018 年股票市场大幅下跌的重要原因。在监管层多次出台政策缓释股权质押风险后，股权质押风险已逐渐减小，其对股市的负面冲击也将趋于缓和。二是证监会出台多项利好政策，包括回购制度调整，放松对交易的监管约束，股指期货恢复常态化交易等。值得一提的是回购制度调整。自 2018 年以来，受影子银行被拆解、严监管下银行信贷投放意愿不足、违约多发导致债券市场融资功能萎缩等因素影响，货币政策传导不畅，资金无法流入实体经济，这又进一步导致经济下行压力增大、股票市场大幅下跌。修改后的股份回购办法显著降低了上市公司回购股份的门槛及操作难度，有可能形成银行—股票市场（回购）—实体经济的新货币政策传导渠道，有利于疏通货币政策传导渠道，降低社会融资成本，驱动债券市场和股票市场同时走牛。三是监管层出手缓释债市违约风险。在 2018 年第三季度之前，监管层更多认为债市违约是打破刚兑的结果，因此采取置身事外的态度，但在第三季度之后，监管层认识到债市大规模违约可能带来负向循环增大经济下行压力，因此出手介入缓释债市违约，举措包括发声稳定市场，开发信用风险缓释工具等。整体来看，各项因素都有利于资本市场的情绪回暖。

（四）全球经济复苏面临较大政策和政治不确定性，海外主要经济体货币政策仍处于收紧通道

全球经济放缓有可能是暂时现象。一方面，欧洲的经济放缓和自 2018 年 9 月起欧盟实施的汽车业新排放程序测试有着密切联系。受新排放程序测试影响，德国汽车企业销售的一部分新车尚未通过新的尾气检测标准认证，因而 2018 年第三季度德国汽车销量出现明显回落。德国汽车工业协会的统计数据显示，2018 年 9 月德国汽车产量较 2017 年同期下降 24%，新的乘用车登记量为 20.01 万辆，同比下降 31%。另一方面，全球经济放缓和政治不确定性有着很大关系，在短期内政治不确定性对经济增长有较大影响。在欧洲方面，英国脱欧僵局难解、意大利财政预算之争、德国政局动荡，都对欧洲经济复苏势头形成抑制。在美国方面，2018 年中期选举尘埃落定，共和党、民主党分掌参众两院，对特朗普执政形成更大掣

肘，特朗普大选时承诺的基础设施改善计划能否通过，以何种形式通过面临更大不确定性。此外，中美贸易冲突、欧美贸易冲突如何收场也面临较大不确定性。

虽然全球经济复苏面临不确定性，但整体来看，仍是上行动力强于下行压力。因此，海外主要经济体货币政策仍处于收紧通道，但收紧速度有所放缓。例如，美联储 2018 年 12 月加息概率仍在 50%以上，预计 2019 年也可能会有 2 次加息。韩国在 2017 年 11 月首次加息之后，于 2018 年 11 月 30 日再次加息 25BP。2018 年 11 月的欧洲央行会议记录显示，即使市场人士认为经济面临的风险增加，但仍有需要确认缩减货币刺激政策的计划。

五、债券市场违约情况分析

自 2018 年以来，信用债违约的集中爆发程度创历史纪录。新增的信用债违约主体数量和所涉金额均较前期显著攀升。2018 年 1~11 月，有 47 家[①]信用债发行主体共计 139 只债券发生违约，涉及金额 1280 亿元，其中新增违约主体 38 家，2018 年 9 月底仅一周时间就有 5 家发行主体首现信用债违约。自 2018 年以来，信用债违约呈现出集中在民营企业、开始向上市公司扩散且违约所涉及的行业增多的特征。金融严监管导致的融资环境收紧是引发信用债大规模违约的主要原因。在稳增长和支持民营企业融资政策的持续推进下，7 月以后信用风险边际改善。但受经济下行压力增大、金融监管政策未有明显调整的情况下，企业业绩分化加剧，仅信用紧缩格局难在短期内扭转，债市违约风险短时间内很难得到有效缓释。

（一）2018 年信用债市场违约特征

1. 违约主体数量和违约涉及金额均创历史纪录

2018 年，信用债的违约主体数量和违约涉及金额均创历史纪录。截至

---

① 仅统计在交易所及银行间市场发行并转让的信用债。

2018 年 11 月末已有 47 家发行人发生债务违约，涉及 139 只债券，合计金额 1280 亿元，远超上一轮违约高峰：2016 年全年 56 只债券，共计 392 亿元的违约额（见图 7-24）。其中，新增的违约主体有 38 家，9~10 月两个月内累计新增违约主体 15 家，9 月底仅一周时间就有 5 家发行主体首现信用债违约。部分主体由于拥有较大规模的存量债券，发生债务违约对市场产生的影响巨大。例如，2018 年 5 月首发违约的上海华信已有 10 只债券发生违约，涉及金额 251 亿元；2018 年 7 月首发违约的永泰能源由于触发交叉违约条款，已有 26 只债券合计金额 244 亿元发生违约。这类企业后续仍有存量债券集中到期而面临兑付困难，对市场造成严重的冲击。受违约大幅增加，信用债的违约率也较前期出现大幅攀升，2018 年信用债违约率约是 2016 年和 2017 年的 3 倍（见图 7-25）。

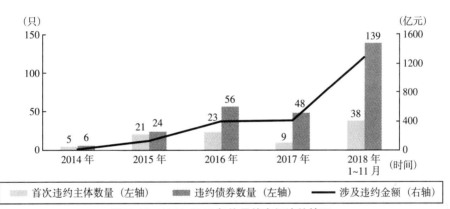

图 7-24 2014~2018 年信用债市场违约情况

资料来源：Wind 资讯。

2. 违约主要集中在民营企业

自 2017 年以来，信用债市场的违约开始呈现出向民营企业集中的特征。一是新增的国有企业违约主体减少。2017 年国有企业无新增违约主体，截至 2018 年 11 月末共新增 6 家国有企业违约主体，其中美兰机场和兵团六师均在违约后一周内完成兑付，未构成实质性违约，新增国有企业违约主体数量少于 2016 年。二是民企违约所涉金额占比增大。2015~2016

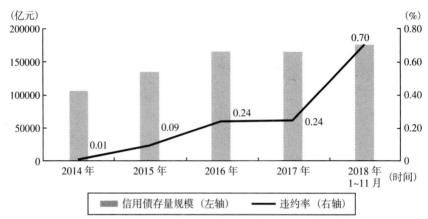

图7-25 2014~2018年信用债存量规模和违约率变动情况①

资料来源：Wind资讯。

年民营企业发生违约所涉金额占当年全部违约金额的比重在50%左右，而2017年则达到83%，截至2018年11月末民营企业发生违约所涉金额占比已超过当年全部违约金额的89%（见图7-26）。

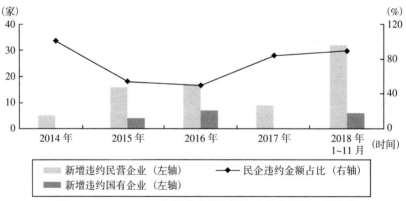

图7-26 2014~2018年民营企业和国有企业违约情况及占比

资料来源：Wind资讯。

---

① 违约率计算仅统计在交易所及银行间市场发行的公司债、企业债、中期票据、短期融资券和定向工具。

3. 违约向上市公司主体扩散

违约向上市公司主体扩散是 2018 年信用债市场的突出特征。2018 年以前，爆发债务违约的信用债发行主体多为非上市公司。自 2014 年"11 超日债"发生违约以来，2014~2017 年仅有 4 家上市公司发生债务违约，占发生债务违约的企业比重仅仅有 7%。然而进入 2018 年以来，上市公司债券违约事件大幅增加，截至 11 月末已有 13 家上市公司首现信用债违约，占当年新增违约主体的比重达 38%，所涉违约金额占比达 30%（见图 7-27）。由于上市公司在资本市场影响力较大，这类主体发生债务违约往往会加速其股价下跌，进一步增大其流动性压力。

图 7-27　2014~2018 年上市公司债券市场违约情况

资料来源：Wind 资讯。

4. 违约企业所涉及的行业增多

2018 年违约企业所涉及的行业较多。2015~2016 年信用债违约主要发生在钢铁、煤炭、光伏行业等产能过剩行业，行业景气度持续走低导致行业内部分效率低下的企业盈利大幅下滑，进而导致了大规模债务违约的爆发。例如，钢铁行业的中国中钢、东北特钢，煤炭行业的川煤集团，光伏行业的协鑫集成、天威英利以及造船行业的国裕物流、春和集团等。然而自 2018 年以来，新增的 38 个违约主体共涉及 14 个行业（申万一级），除传统的商业贸易、采掘等行业内企业发生信用债违约之外，传媒、电子、房地产等行业均为首次出现信用债违约主体（见图 7-28）。

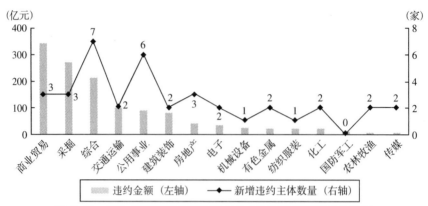

图 7-28　2018 年信用债主要违约行业分布及新增违约主体数量

资料来源：Wind 资讯。

（二）金融严监管导致的融资环境收紧是自 2018 年以来企业大规模违约的主要原因，但经营不佳、过度举债扩张也是违约企业的共性

金融严监管导致的融资环境收紧是引发自 2018 年以来企业大规模违约的主要原因，这与 2014~2016 年钢铁、煤炭、光伏等产能过剩行业景气度下滑引发行业内效率低下的企业盈利大幅下滑所导致的违约潮有所不同。一是 2018 年违约的企业涉及文化传媒、煤炭与消费用燃料、房地产开发、鞋类、新能源等多个行业，违约并未集中在某一类行业且多数行业不存在景气度严重下滑的情况，如广告行业和房地产行业的上市公司平均毛利率自 2016 年以来均处于近 30% 的高位。煤炭行业的盈利能力持续改善，A 股上市的煤炭企业平均 ROA 已由 2015 年的 0.10% 提升到 2017 年的 5.88%，行业整体盈利能力显著回升。二是 2018 年新增的违约主体多数为民营企业且普遍对外部融资的依赖程度较高。2017 年以前长时间的宽松货币政策使得许多民营企业激进经营，通过加杠杆的方式盲目多元化，埋下了违约的风险隐患。自 2018 年以来，金融严监管导致融资环境全面收紧，导致债市违约集中爆发。一是影子银行萎缩，2018 年 1~11 月信托贷款、委托贷款及未贴现银行承兑汇票规模萎缩 2.57 万亿元。二是股权融资受到限制，证监会发布的系列新规对定向增发和股权质押融资作出了限制。三是债券市场融资结构性恶化，自 2018 年以来除 11 月以外 AA 及以下评级民营主体净融资额持续为负，大量低评级债券取消发行。加之2018年是债券到期和回售的高峰年，信用债全年的到期额是2015年的1.4倍，截至11月末发生的回售额已超过2017年全年的3倍。融资环境收紧叠加大量信用债到期和回售，导致企业再融资困难，引发严重依赖外部融资的企业大规模发生债务违约。

虽然金融严监管导致的融资环境收紧是自2018年以来企业大规模发生债务违约的主要原因，但个体企业发生债务违约却与其自身经营有着密切关系。一是自身主营业务不强，经营利润大幅下滑或出现亏损。例如，上海华信2017年前三季度及2016年的营业净利率仅为1.51%和1.81%，印纪传媒2018年上半年净利润不足上年同期的10%，凯迪生态2017年及2018年上半年分别亏损21.83亿元和9.36亿元。二是盲目快速扩张，过度依赖外部融资。近年来主营煤炭与电力的永泰能源通过兼并收购的方式将业务板块延伸至石化贸易、金融等领域，2018年6月末带息负债规模增长到2014年末的2.09倍，占总资产的比重高达60%，财务费用对利润造成了严重的侵蚀。金鸿控股仅2017年纳入合并范围的子公司就多达11家，2018年6月末资本固定化率高达260.47%，日常营运资金严重依赖外部融资。三是负债结构不合理，短债长投。快速扩张的企业多通过短期融资来实现长期投资，对再融资的依存度高，金鸿控股、盛运环保2018年6月末的短期有息负债占总有息负债的比重分别高达46.37%、49.71%。在外部融资环境收紧的情况下，市场的风险偏好较低，此类自身经营状况不佳且严重依赖外部融资的企业更易面临再融资困境和资金链断裂引发的债务危机。

（三）紧信用格局难扭转，短期内债市违约风险仍高

自2018年7月以来，监管层采取了多项举措稳增长和支持民营企业融资，政策托底下信用风险边际改善，但2018年下半年经济下行压力不断增大，企业间分化加剧，叠加金融严监管持续，紧信用格局难扭转，短期内债市违约风险仍高。一是企业的盈利能力弱化。自2018年第三季度以来，上游工业品价格跌势明显，PPI指数连续回落，表明经济动能将持续向下，企业盈利承压。二是市场对经济走势的悲观预期增强，金融机构的风险偏好难以提升。自 2018 年以来，央行共实施四次定向降准释放流动性，以鼓励商业银行进行信贷投放。2018 年新增信贷同比增多，但结构失衡明显，自 3 月以来新增信贷主要集中在短期借款和票据融资，表明金融机构的风险偏好仍低。三是金融严监管持续。资管新规及其细则的发布，虽然在具体操作层面对政策进行了边际放松，但压缩非标融资、消除多层嵌套、打破刚性兑付的大方向不改，表外融资规模还在持续收缩，表内信贷规模的扩张难以弥补表外融资的剧烈收缩，企业融资环境将持续偏紧。

（四）政策建议

1. 明确信用风险缓释工具的资本缓释规则

2018 年 10 月 22 日，国务院常务会议决定设立民营企业债券融资支持工具，以市场化方式支持民营企业债券融资。在监管层的推动下，信用风险缓释凭证（CRMW）的创设提速，2018 年 10~11 月累计有 30 只 CRMW 完成创设，起到了缓解民营企业融资难、融资贵问题的积极作用，自 2018 年 11 月以来中低评级主体的信用债净融资额明显增加。我国的信用风险缓释工具早在 2010 年就已诞生，但在 2010 年 11 月至 2011 年 3 月共计发行了 9 个 CRMW 产品后创设陷入了停滞，主要是受当时国内债券市场刚兑的环境和风险资本管理的相关要求并未完全明确的影响。明确信用风险缓释工具的资本缓释规则有助于增强 CRMW 对民企融资的支持力度。我国现行的《商业银行资本管理办法（试行）》（以下简称《办法》）并未对信用风险缓释工具资本缓释的规则进行明确，商业银行进行 CRMW 投资不能起到缓释资本的作用。一是投资债券以交易为目的时，标的债券与对应的 CRMW 均记入交易账户。CRMW 可以对冲标的债券部分的一般市场风险，但在计量特定风险时由于 CRMW 不能被认定为合格证券，持有 CRMW 所需计提的风险资本远高于其所能对冲的一般市场风险资本，购买 CRMW 不能起到资本缓释的目的。二是购买债券以持有至到期为目的时，标的债券与对应的 CRMW 均记入银行账户。CRMW 仅在内部评级法下可被认定为合格缓释物，权重法下不能认定为合格缓释物。但当前我国除几家大型商业银行以外，多数银行资本计量仍在使用权重法，CRMW 的资本缓释作用难以实现，而美国、英国等国际成熟市场已经认定在权重法下合格信用衍生工具的资本缓释作用，并且对内评法下合格信用衍生工具实现资本缓释的操作要求都有明确的规定。明确信用风险缓释工具资本缓释的相关制度和具体操作要求，可以使信用债主要投资方商业银行通过购买 CRMW 实现资本缓释、提高投资收益，提高了商业银行购买 CRMW 及其标的债券的积极性，从而能够更大程度发挥信用风险缓释工具解决民营企业融资难、融资贵问题的作用。

2. 鼓励商业银行进行信贷投放

商业银行的信贷投放普遍具有逆周期性，2018 年在经济下行压力加大的情况下商业银行的风险偏好降低，放贷意愿不强，定向降准释放的流动性滞留在金融机构体系内。可通过加强对商业银行信贷投放的窗口指导、适度修订监管考核指标的方式引导商业银行向需要重点支持的领域和企业进行信贷投放，在一定程度上缓解企业的融资压力，疏通货币政策的传导机制。

3. 继续减税降费以减轻实体企业负担

在 2018 年经济下行压力加大、市场激烈竞争的情况下，税务负担过重增大了企业的经营压力，通过减税降费可切实改善企业的经营环境。一方面，减税降费能够降低企业税费负担，降低企业经营成本，缓释企业因自身盈利能力下滑导致资金链断裂引发债务违约的风险。另一方面，减税降费可增强企业的获得感，稳定企业发展预期，推动企业进行转型升级以持续改善企业盈利能力、激发市场活力。据税务总局统计，自 2018 年 5 月 1 日增值税改革三项减税举措实施以来，前 10 个月增值税减税 2980 亿元，切实减轻了企业的负担。下一阶段有必要施行更大规模的减税降费，更大力度地施行鼓励研发创新、支持小微企业发展的税收优惠政策，以改善企业经营环境，激发企业活力，促进实体经济的稳步发展。

第三节 2019 年债券市场走势分析

2019 年利率走势一波三折，整体呈震荡格局。受益于 2018 年末以来"六稳"政策的集中发力，2019 年第一季度中国经济实现小阳春，经济下行压力超预期缓解，2019 年初期债市利率呈上行走势。至 2019 年 4 月末，10 年期国债收益率和 10 年期国开债收益率分别较年初上行 16BP 和 17BP。此后，随着中美贸易冲突加剧以及贸易冲突给中国经济带来的下行压力显现，债市利率转而下行。至 2019 年 8 月末，10 年期国债收益率和 10 年期国开债收益率分别为 3.06% 和 3.47%，均较前期年内高位下行约 40BP。2019 年 9 月起，中美贸易谈判向积极的方向发展，同时在猪肉等食品价格大幅上涨带动下，CPI 快速攀升，对债券市场情绪造成较大压制，10 年期国债利率和 10 年期国开债收益率在两个月的时间内上行了 30~40BP。2019 年 11 月后，陆续公布的经济金融数据表明中国经济下行压力有增大迹象，央行货币政策趋于宽松，债市利率再次呈下行格局。从整体来看，2019 年债市利率走势在一波三折中呈震荡格局，10 年期国债利率始终在 3%~3.4% 内波动。

避险情绪降温，信用利差收窄。在金融供给侧结构性改革的推动下，金融服务实体经济能力增强，市场对中小企业违约的担忧缓解，自 2019 年以来信用利差整体呈收窄趋势。截至 2019 年末，5 年期 AAA 中票与同期限国债收益率的差值为 82BP，较年初下行 27BP，较 2018 年的高位下行约 80BP；5 年期 AA 中票与同期限国债收益率的差值为 153BP，较年初下行 54BP，较 2018 年的高位下行约 80BP。虽然自 2019 年第三季度以来中国经济下行压力再次显现，但信用利差仍保持稳定，未有明显的上行迹象。从整体来看，2018 年末以来稳增长政策发力、金融供给侧结构性改革推进扭转金融体系信用紧缩局面以及中美贸易冲突导致中国经济外需下滑是2019年债市走势的主导性因素。

一、稳增长发力和金融供给侧结构性改革推进扭转金融体系信用紧缩局面，经济下行压力缓解

针对2018年开始显现并持续增大的经济下行压力，自2018年末以来中央和政府对稳增长的重视程度不断提高。2018年11月，习近平总书记主持召开民营企业座谈会时，强调要通过减轻企业税费负担、解决民营企业融资难融资贵问题、完善政策执行方式等途径"为民营经济营造更好发展环境，帮助民营经济解决发展中的困难，支持民营企业改革发展"。2018年12月的中央经济工作会议指出，"宏观政策要强化逆周期调节，继续实施积极的财政政策和稳健的货币政策，适时预调微调，稳定总需求"。2019年2月，以金融供给侧结构性改革为主题的政治局集体学习指出，"要注重在稳增长的基础上防风险，强化财政政策、货币政策的逆周期调节作用，确保经济运行在合理区间，坚持在推动高质量发展中防范化解风险"。这些政策出台有效修正了2018年的信用紧缩，经济下行压力得到快速缓解。

（一）金融政策调整信号

2019年1月21日，省部级主要领导干部坚持底线思维着力防范化解重大风险专题研讨班在中央党校开班，七常委共同出席开班式，习近平总书记发表重要讲话。在防风险攻坚战持续推进、经济下行压力不断增大的当下，此次研讨会成为理解后续政策动向和市场走向的重要窗口。从习近平总书记的讲话内容来看，中央对经济风险、金融风险的认识较前期出现重大变化，特别是金融风险定义生变，2018年以来视金融风险为经济风险主要内容、严监管下金融体系信用创造能力萎缩的情况有望纠偏。随着政策纠偏落至实处，金融市场活力增强，金融体系的信用创造能力会逐渐提高，宽信用可期。

第一，研讨班上的讲话将金融风险置于经济风险之内，金融风险仅是

经济风险的一部分。

在最高领导人研讨班上的讲话中，"风险"被划分为政治、意识形态、经济、科技、社会、外部环境、党的建设等领域的重大风险，金融风险没有被专门提及，而是被置于经济风险之内。① 具体来看，经济风险包括房地产风险（过快上涨或过快下行）、金融监管不当引发的金融风险、未被监测到的金融隐患引发的金融风险、中小企业经营困难和就业风险、国企改革（"僵尸企业"）滞后的风险。从这些内容来看，金融风险仅仅是经济风险的一部分，甚至是一小部分。相比之下，2017年末的中央经济工作会议指出，"打好防范化解重大风险攻坚战，重点是防控金融风险"，金融风险成为经济风险的代名词和主要内容。

第二，研讨班上的讲话将金融风险划分为监管政策引发的金融风险、未被监测到的金融隐患引发的金融风险，定义出现较大变化。

研讨班上的讲话对金融风险的表述主要是两句话："要加强市场心理分析，做好政策出台对金融市场影响的评估，善于引导预期。要加强市场监测，加强监管协调，及时消除隐患。"这两句话分别归纳了两种金融风险类型，即监管政策出台前评估不准确、预期引导不充分引发的金融风险，以及游离于市场监测之外的金融隐患引发的金融风险。在此之前，中央对金融风险的认识主要从金融领域出发，如影子银行风险、债券市场风险、汇率风险等，监管层针对各类金融风险出台政策加以治理。此次研讨

---

① 习近平在省部级主要领导干部坚持底线思维着力防范化解重大风险专题研讨班开班式上发表重要讲话（经济领域风险部分）。习近平指出，当前我国经济形势总体是好的，但经济发展面临的国际环境和国内条件都在发生深刻而复杂的变化，在推进供给侧结构性改革过程中不可避免会遇到一些困难和挑战，经济运行稳中有变、变中有忧，我们既要保持战略定力，推动我国经济发展沿着正确方向前进；又要增强忧患意识，未雨绸缪，精准研判、妥善应对经济领域可能出现的重大风险。各地区各部门要平衡好稳增长和防风险的关系，把握好节奏和力度。要稳妥实施房地产市场平稳健康发展长效机制方案。要加强市场心理分析，做好政策出台对金融市场影响的评估，善于引导预期。要加强市场监测，加强监管协调，及时消除隐患。要切实解决中小微企业融资难融资贵问题，加大援企稳岗力度，落实好就业优先政策。要加大力度妥善处理"僵尸企业"处置中启动难、实施难、人员安置难等问题，加快推动市场出清，释放大量沉淀资源。各地区各部门要采取有效措施，做好稳就业、稳金融、稳外贸、稳外资、稳投资、稳预期工作，保持经济运行在合理区间。

班上的讲话对金融风险的认识以及金融风险的定义出现显著调整，特别是新增了监管政策引发的金融风险。

第三，金融风险定义生变，政策纠偏下宽信用可期。

综合来看，最高领导人在研讨班上的讲话表明，中央对金融风险的认识以及对金融风险的定义出现了显著变化。一是以辩证联系的视角看待金融风险和经济风险。金融风险并非经济风险的代名词或主要内容，而仅是经济风险的一部分。如果因为治理金融风险而导致金融体系服务能力不足，进而导致企业经营困难和经济下行，也属于经济风险。二是对金融风险的定义更具实操性，更为全面。以金融领域划分金融风险（如影子银行风险、债券市场风险、信贷风险等）清晰明了，但此种分类的实操意义不强，并且有掩盖风险背后的真正原因、混淆矛盾焦点的缺点。许多时候，金融风险仅是表象，背后则是国企改革滞后、央地关系不协调财权事权不匹配等问题，治理金融风险需以改革为切入点，而非针对表面上的金融业务。此外，新的定义还将监管政策引发的金融风险包含在内，对金融风险的认识更加全面，对实践的指导意义也更强。

行动源于认识，中央对金融风险的认识发生变化，金融监管政策也将会有较大的调整，政策纠偏下宽信用可期。自2018年以来，为完成化解金融风险任务，金融监管层不断提高严监管力度，导致金融业务的合规成本急剧提高，金融市场活力不足、金融体系信用创造能力萎缩，成为了2018年经济下行压力的重要来源。这背后的主要原因是将金融风险视为经济风险的代名词，认为化解金融风险即是化解经济风险（因此严监管力度越强越好），同时对监管政策引发的金融风险多有忽视，监管协调不足、政策出台前的分析评估不到位。在此次研讨会上，最高领导人的讲话表明中央对金融风险的认识发生变化，后续金融监管将会出现较大调整，金融监管将更加注重预期引导、事前分析和监测，而非监管政策的急剧调整。随着政策纠偏逐渐落实到位，金融市场活力增强，金融体系的信用创造能力会逐渐提高，真正出现宽信用的局面。宽信用局面一旦打开，距离经济下行压力扭转就不会远。

(二) 金融政策调整效果

至 2019 年 10 月，M2 同比增速和社会融资存量增速分别为 8.4% 和 10.73%，较 2018 年同期提高 0.4 个和 0.45 个百分点，稳金融、宽信用政策落到实处，扭转了 2018 年 M2 增速和社会融资存量增速节节下滑的局面。特别是自 2019 年以来 GDP 增速快速下行，M2 增速和社会融资存量增速始终保持稳定甚至略有上行，M2 增速和社会融资存量增速与名义 GDP 增速的差值拉大。2019 年第三季度名义 GDP 增速为 7.21%，而同期 M2 增速和社会融资存量增速分别为 8.4% 和 10.82%，M2 增速和社会融资存量增速分别高于名义 GDP 同比增速 1.19 个和 3.61 个百分点。以 M2 增速和社会融资存量增速与名义 GDP 增速之差衡量，2019 年金融服务实体经济能力已经恢复自 2010 年以来的正常水平，但与上一轮货币政策宽松顶峰时期（2015 年）相比仍有一定距离。

二、中美贸易冲突负面影响持续显现，成为驱动中国经济下行压力增大的重要因素

自 2018 年 7 月起，美国分三次对 500 亿美元中国输美商品加征 25% 的关税、对 2000 亿美元中国输美商品加征 10% 的关税，中国对此做出针对性的反制措施。此后，中美贸易冲突继续升温，加征关税税率提升、加征商品规模扩大，中美进入全面经贸冲突状态。加征关税给双方出口带来重大负面冲击。以美元计，2019 年 1~10 月，中国对美出口金额同比减少 11.3%，较 2018 年同期下滑 24.6 个百分点；自美进口金额减少 25.4%，较 2018 年同期下滑 33.9 个百分点，双边经贸额大幅萎缩，美国从中国的第二大贸易伙伴变成第三大贸易伙伴。随着中美经贸磋商于 2019 年 10 月取得重要进展，中美经贸关系紧张局面有所好转。根据中国海关公布的信息，2019 年从 11 月、12 月开始，中国自美国进口已经有了恢复性增长，特别是 12 月进口了 788.3 亿元，增长了 9.1%，其中农产品进口 141 亿元，增长了 2 倍；汽车进口 2.3 万辆，增长了 1.5 倍。但整体来看，中美经贸

关系仍处于低位。中美贸易冲突给中国经济带来较大下行压力。中美贸易冲突导致中国经济外需下滑，以美元计，2019 年 1~10 月，中国出口总额同比增速为-0.2%，较 2018 年同期下滑 12.22 个百分点。外需下滑主要来源于美国。欧盟和东盟是中国第一大和第二大贸易伙伴，2019 年 1~10月，中国对欧盟和东盟的出口增速分别为 5.1%和 10.4%，较 2018 年同期下滑 6.9 个和 6.6 个百分点，小于中美之间贸易降幅，也小于中国整体出口的降幅。受影子银行被拆解、房地产调控、防范地方政府隐性债务等影响，逆周期调控下包括投资、消费在内的内需仅能维持平稳，外需下滑成为压倒骆驼的最后一根稻草，中国经济因此面临下行压力。

第四节　2020 年以来债券市场走势分析

一、经济下行压力叠加疫情黑天鹅，2020 年上半年债市利率下行

2019 年末债市利率已然处于下行通道之中。受中美贸易冲突导致外需下滑等因素影响，2019 年中国经济增速快速下台阶，GDP 增速从第一季度的 6.4%快速下滑至第三季度的 6.0%，第四季度末，由于经济下行压力没有得到有效缓解，市场上出现"保六之争"，即政府是否应该加大经济刺激力度，将经济增速维持在 6%以上。由于经济下行压力以及关于经济下行压力的争论增多，2019 年最后两个月债市利率整体处于下行通道，至 2019 年末，10 年期国债收益率收于 3.14%，较 2019 年 10 月下行17BP；5 年期 AAA 中票收益率收于 3.71%，较 2019 年 10 月下行 29BP。

突如其来的新冠肺炎疫情使经济下行压力增大，疫情形势变化也成为 2020 年上半年债市走势的主导因素。2020 年 1 月 20 日，钟南山院士在接

受采访时表示"新型冠状病毒肺炎'肯定人传人'",受此影响,资本市场紧张情绪升温,至 2020 年 1 月 23 日(春节假期前最后一个交易日),10 年期国债收益率收于 2.99%,跌至 3% 关口以下。随着疫情形势趋于严峻,受严格管控措施的影响,正常的经济社会秩序在很大程度上陷入停滞,经济下行压力急剧增大。自 2020 年 3 月起,新冠肺炎疫情在中国国内得到初步控制,但其在海外却快速蔓延扩散,包括欧洲、美国在内的全球经济受到重大负面冲击,各国政府也都推出刺激性的财政货币政策对冲疫情冲击。受疫情扩散和经济冲击的影响,债市利率大幅下行,后随着疫情形势好转、经济秩序恢复,债市利率转而上行,整体呈 V 型走势。至 2020 年 6 月末,10 年期国债收益率收于 2.82%,较春节前下行约 17BP。从整体来看,新冠肺炎疫情对债市利率的影响有以下三方面渠道(见图 7-29):

图 7-29 2020 年上半年债市利率呈 V 型走势

资料来源:Wind 资讯。

(一)恐慌情绪从急剧抬升到持续回落

在新冠肺炎疫情影响下,恐慌情绪先是急剧上行,后缓慢下行。为防控疫情,中国采取了关闭离汉通道、实施交通管制、要求全民居家隔离等"最全面最严格最彻底的防控措施",这些"最全面最严格最彻底的防控措施"取得了良好的疫情防控效果，但也在短期内导致恐慌情绪大幅升温。同时，新冠肺炎疫情是首次在人类世界出现，其特征如传染性、致死率、防治机理均不为人们所熟知，面对新增的死亡风险，人们的恐慌情绪升至较高的水平。债市利率初期的大幅下行，以及 2020 年 3 月欧美金融市场的大幅波动、美股数次熔断，均和疫情带来的恐慌情绪有着密切联系。随着 2020 年 3 月之后中国疫情形势好转，5 月之后欧美疫情出现好转的迹象，以及新冠肺炎疫情的传染性、致死率、防治机理等被人们认识和新冠肺炎疫情的疫苗研发取得进展，疫情带来的恐慌情绪持续降温，市场风险偏好抬升，给债市利率带来上行压力。

（二）经济形势从急剧恶化到触底回升

经济形势的变化主要受疫情防控政策影响。虽然中国现有确诊病例数自 2020 年 2 月以来就开始下行，但受 3 月海外疫情大规模暴发扩散、无症状感染者的存在等因素影响，中国严格的疫情防控政策仍持续了较长时间。直至 2020 年 4 月末 5 月初，湖北省突发公共卫生应急响应级别由一级响应调整为二级，中国两会时间确定，这两个代表性事件标志着中国疫情防控取得重要阶段性成果，严格的疫情防控政策趋于退出，全国进入常态化疫情防控阶段，经济秩序恢复速度加快。受疫情防控政策的影响，经济运行在一定程度上陷入停滞，而经济运行停滞时间越长，就业、消费减少就越多，经济下行压力也就越大。2020 年第一季度国内生产总值为206504 亿元，按可比价格计算，同比下降 6.8%，出现了罕见的负增长，经济形势急剧恶化。

2020 年 4~5 月以来，疫情形势有所好转，经济下行压力出现缓解迹象。特别是 5 月之后常态化疫情防控政策取代之前的全面严格疫情防控政策，经济下行压力缓解速度也在加快，经济触底回升迹象明显。例如，在工业数据方面，4 月工业增加值增速为 3.9%，同比增速转正，5 月工业增加值增速进一步回升至 4.4%。投资、消费等数据也有类似回升，但至2020 年 5 月同比增速仍处于零值以下，表明疫情带来的负面影响仍有延续（见图 7-30）。

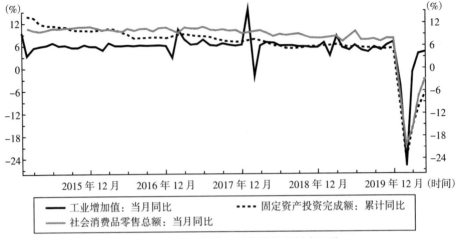

图 7-30　工业、投资、消费等数据触底回升

资料来源：Wind 资讯。

（三）货币政策从危机应对到防止资金"空转"套利

货币政策随疫情形势变化出现阶段性调整，对债市走势形成重大影响。在疫情大规模扩散时期，货币政策以危机应对为主，政策取向非常宽松积极。央行于 2020 年 2 月 2 日（春节假期最后一天）提前宣布超预期流动性投放措施，稳定市场预期。2020 年 2 月 3~4 日，央行在下调公开市场操作利率 10BP 的基础上开展 1.7 万亿元公开市场短期逆回购操作，支持节后金融市场平稳运行。3 月海外疫情大规模扩散，全球经济受到影响，央行货币政策宽松力度再次加码，3 月末央行将公开市场操作利率下调 20BP；4 月 3 日，央行决定对中小银行定向降准，并时隔 12 年首次下调超额存款准备金利率，传递稳定金融市场和经济形势的信号。在货币政策危机应对期间，货币市场利率持续处于低位，DR001 一度下探至 0.66% 的低位，DR007 则处于 1.5% 的下方，与央行 7 天逆回购利率形成倒挂。在央行宽松货币政策驱动下，债市利率整体维持下行走势。

自 2020 年 5 月以来，央行货币政策态度有了较为明显的变化。一方面，国内疫情形势明显好转，海外疫情也有好转迹象，且较高增速水平的社会融资、M2 等金融数据持续给经济注入动能，这使央行货币政策进一步宽松的必要性大幅减弱。另一方面，自疫情暴发以来央行货币政策宽松，市场上出现加杠杆和资金套利等现象，引起高层关注。2020 年 5 月，银行间人民币市场以拆借、现券和回购方式合计成交 122.92 万亿元，日均成交 6.47 万亿元，日均成交同比增长 31.6%；其中，同业拆借日均成交同比增长 8.7%，现券日均成交同比增长 29.4%，质押式回购日均成交同比增长 37.6%。债市活跃度大幅提升，特别是回购金额快速放大，这在一定程度上引起央行对债券市场加杠杆行为的关注。2020 年 5 月 22 日的政府工作报告明确指出，要"加强监管，防止资金'空转'套利"。为此，自 2020 年 5 月以来央行持续回笼资金，抬升货币市场资金成本，至 5 月末，DR001 和 DR007 均回升至 2% 以上。受此影响，整个 5 月债券市场利率大幅上行，1 年期国债收益率从 1.15% 上行 45BP 至 1.60%；5 年期国债收益率从 1.79% 上行 43BP 至 2.22%；10 年期国债收益率从 2.54% 上行 17BP 至 2.71%（见图 7–31）。

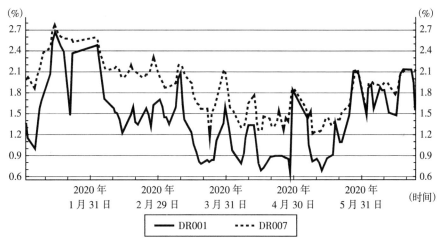

图 7–31 疫情暴发后货币市场利率持续下行，但自 2020 年 5 月以来货币市场利率明显抬升

资料来源：Wind 资讯。

在新冠肺炎疫情冲击下，货币政策从危机应对到防止资金"空转"套利，2020 年上半年债市利率经历了大幅下行后持续回升的过程。4 月末，

债市利率触及疫情暴发以来的低位，5年期国债收益率最低下行至1.79%，较春节前下行100BP；10年期国债收益率最低下行至2.50%左右，较春节前下行约50BP。自2020年5月以来，债市利率整体持续上行，至6月末，10年期国债收益率收于2.82%，仅较春节前下行17BP；5年期国债收益率收于2.55%，降幅收窄至24BP。

二、下半年疫情演变和债市走势存在较大不确定性，但经济复苏将给债市走势带来压力

（一）疫情演变存在不确定性，但不确定性将回落

鉴于目前的疫情形势，下半年疫情演变存在很大的不确定性。美国、南美洲、印度、非洲等地疫情能否得到控制，疫情对经济的负面冲击如何，这些都是未知数。此外，除疫情演变存在不确定性外，新冠肺炎病毒的传染性、致死率究竟是多少，无症状者的传染性如何，新冠感染者康复后的抗体能维持多长时间，新冠肺炎疫苗能否在2020年底顺利面世，病毒的变异是否会对疫情防控带来重大影响，这些问题也都没有明确的答案。新冠肺炎疫情是2020年上半年债市走势的主导性因素，新冠肺炎疫情走势的不确定性将给2020年下半年债市走势带来较大不确定性。

虽然疫情走势存在不确定性，但中国、德国、日本等已探索出多种可行的疫情防控模式。同时，随着时间推移和科研资源投入增加，人类社会在疫情面前将有越来越大的优势，疫情带来的不确定性和恐慌情绪将进一步消退，这或将给债市利率带来上行压力。

（二）经济走势触底回升

经济走势触底回升有两方面的原因。第一，2020年上半年的经济下行压力主要来源于新冠肺炎疫情导致的经济秩序中断，新冠肺炎疫情缓解之后，生产、消费活动趋于正常化，经济下行压力自然会逐步缓解。虽然湖北、武汉疫情控制之后，国内仍有局部疫情出现，但局部疫情一方面很快得到控制，另一方面也未对整体经济秩序带来较大冲击，全国层面生产、

消费活动正常化过程仍在持续。第二，为应对新冠肺炎疫情带来的经济下行压力，中国政府推出了一系列稳增长措施。在货币政策方面，央行通过专项再贷款、定向降准、普惠性再贷款再贴现等一系列货币信贷支持政策加大对冲力度，同时引导 LPR 利率下行。政府工作报告提出"支持企业扩大债券融资"。在鼓励性的货币政策引导下，自 2020 年以来社会融资存量增速和 M2 增速保持在较高水平，且"明显高于上年"（见图 7-32）。在财政政策方面，政府工作报告提出今年赤字率按 3.6% 以上安排，财政赤字规模比上年增加 1 万亿元，发行 1 万亿元抗疫特别国债，地方政府专项债券拟发行规模较上年增加 1.6 万亿元，加上调入资金及使用结转结余近3 万亿元，今年财政刺激力度不低于 6.6 万亿元，占 GDP 比重接近 7%。在"更加灵活适度"的货币政策和"更加积极有为"的财政政策作用下，经济上行动力将进一步提升。

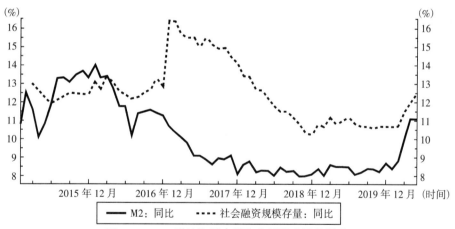

图 7-32　M2 增速和社会融资存量增速显著提升

资料来源：Wind 资讯。

（三）经济恢复的不平衡性突出，刺激性政策缓慢退出

新冠肺炎疫情对经济不同领域有着不同的影响。大概可以分为三类：一是部分领域受疫情冲击较小，甚至能从中受益，如必需品消费、互联网、医药等行业。疫情放大了对医药服务以及互联网相关需求，必需品消

费则受疫情影响相对较小，自疫情暴发以来这些领域的上市公司股价迭创新高。二是部分领域受疫情冲击较大，但随着疫情消退和稳增长政策出台，这些领域可以较快恢复。代表性是工业生产和制造业领域。2020年1~3月，规模以上工业企业营业收入同比减少15.1%，利润同比减少36.7%；1~5月，规模以上工业企业营业收入降幅已经收窄至7.4%，利润降幅收窄至19.3%，5月规模以上工业企业实现利润总额同比增长6.0%，年内首次实现增长。同时，工业生产和制造业领域内部也存在分化，有些领域恢复相对较快，如食品制造业、通用设备制造业、专用设备制造业、汽车制造业等，有些领域恢复相对较慢，如纺织业、家具制造业、化学纤维制造业等。三是部分领域受冲击非常强烈，并且恢复过程也将非常缓慢。代表性的是可选消费领域。2020年6月非制造业商务活动指数（PMI）为54.4%，比上月上升0.8个百分点，连续四个月回升，但租赁及商务服务业、居民服务业、文化体育娱乐业等行业商务活动指数仍位于临界点以下。

基于经济恢复过程的不平衡性，预计货币政策将维持现有力度较长时间，以支撑实体经济融资、支持实体经济从疫情打击中恢复。2020年6月，易纲行长在陆家嘴论坛上表示，"展望下半年，货币政策还将保持流动性合理充裕，预计带动全年人民币贷款新增近20万亿元，社会融资规模增量将超过30万亿元"。以此估算，2020年全年社会融资存量增速在12%左右，和上半年社会融资存量增速基本持平。

（四）通胀压力短期可控，但未来可能成为风险点

受疫情影响和经济下行压力驱动，2020年上半年通胀压力持续回落。2020年5月，PPI同比涨幅为-3.7%，较2019年末下行3.2个百分点，从趋势来看，PPI仍处于下行通道之中；CPI同比涨幅为2.4%，较2019年末下行2.1个百分点，其中畜肉类价格上涨57.4%，影响CPI上涨约2.55个百分点，CPI的涨幅仍主要由食品价格上涨驱动。经2019年下半年以来的鼓励性政策驱动，生猪存栏量已经于2019年第三季度触底，至2020年第一季度末能繁母猪存栏比2019年9月增长13.2%，食品价格上涨对CPI

的影响将逐渐减弱。由于 PPI 仍处于下行通道之中，扭转 PPI 至上行区间仍需时日，同时食品对 CPI 的影响趋弱，短期内通胀压力可控，通胀形势对货币政策的影响有限（见图 7–33）。

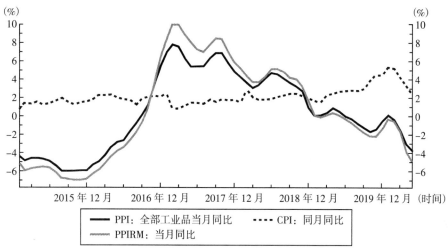

图 7–33　物价涨幅整体处于下行通道，通胀压力短期可控

资料来源：Wind 资讯。

　　从中长期来看，通胀形势可能成为影响货币政策和债市走势的重要风险变量，需要密切关注。为应对新冠肺炎疫情，各国央行均向金融系统注入大量流动性资本，美联储资产负债表规模大幅扩张。这些流动性由于恐慌情绪的剧烈变化而暂时主要停留于金融体系之内，随着不确定性回落，这些流动性将逐渐从金融体系扩散至经济体系，可能带来较为严峻的通胀压力。例如，至 2020 年 6 月末油价已经回升至 3 月时的价位水平，LME 铜价已经回升至 1 月时的价位水平（见图 7–34）。如果全球经济进一步恢复，包括石油在内的部分大宗商品价格大概率将进一步抬升，进而带来较大的通胀压力。

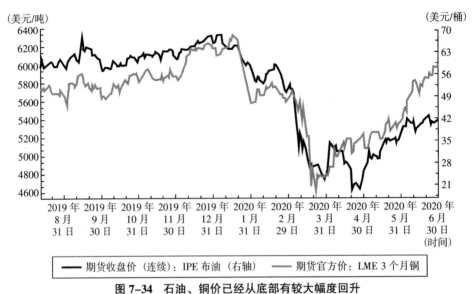

图7-34 石油、铜价已经从底部有较大幅度回升

注：IPE布油指伦敦国际石油交易所（International Petroleum Exchange，IPE）布伦特原油期货。
资料来源：Wind资讯。

三、不平衡下的经济复苏：下半年债市且战且退

经过近半年来的疫情防控，国内疫情大概率将逐渐消退，虽然会有零星、局部疫情出现和反复，但在成熟的疫情防控模式下，疫情已经很难再给经济形势带来大的冲击。由此来看，经济复苏已经启动，货币政策持续加码的必要性减弱，债市最好的投资时机已经过去。同时，由于经济复苏的不平衡性突出，刺激性政策缓慢退出，货币政策需要较长时间维持现有力度，以支撑实体经济融资、支持实体经济从疫情打击中恢复。针对不平衡性的经济复苏，2020年下半年债市投资应"且战且退"，把握波段机会的同时做好风险应对。

第五节　政策展望

政策是影响债券市场走势的重要变量。政策影响市场走势主要有两个方面的途径。一是政策变动影响市场预期，对债券市场形成直接影响。例如，2018 年 7 月 20 日，人民银行发布《关于进一步明确规范金融机构资产管理业务指导意见有关事项的通知》，根据银保监会发布的《商业银行理财业务监督管理办法（征求意见稿）》，证监会发布的《证券期货经营机构私募资产管理业务管理办法（征求意见稿）》及其配套细则，监管文件贯彻资管新规精神的同时在尊重市场实际的基础上进行微调，释放了金融严监管边际放缓信号，受此影响，当日国债期货市场大跌，10 年期国债期货跌幅达 0.7%。二是政策变动驱动经济走势出现变化，进而对债券市场走势形成影响。例如，自 2018 年以来受"去杠杆"、金融防风险等政策影响，M2 增速、社会融资规模等金融数据持续下行，经济因此出现较大下行压力，货币政策转向宽松并且力度不断提高，债券市场出现一波牛市。

2018 年末，中国经济金融政策出现了较大的调整，对债券市场将产生重大的影响。一是高层对经济形势判断出现变化，稳增长成为首要政策目标。2018 年 7 月，政治局会议分析经济形势认为，"经济运行稳中有变"，提出"要做好稳就业、稳金融、稳外贸、稳外资、稳投资、稳预期工作"，开始提及稳增长，此前 2017 年中国经济走势平稳向好，政策主要围绕三大攻坚战制定和执行；2018 年 10 月，政治局会议分析经济形势，定调为"当前经济运行稳中有变，经济下行压力有所加大"，正式提及经济下行压力；2018 年 12 月，中央经济工作会议指出，"经济运行稳中有变、变中有忧，外部环境复杂严峻，经济面临下行压力"，要"保持经济运行在合理区间，进一步稳就业、稳金融、稳外贸、稳外资、稳投资、稳预期"，同时中央经济工作会议强调"坚持把发展作为党执政兴国的第一要务，坚持以经济建设为中心"，"稳增长"事实上成为首要政策目标。二是"去杠杆"、防风险等政策出现较大调整。在"去杠杆"方面，政策制定者认为我国经济宏观杠杆率已经企稳，以"结构性去杠杆"的提法取代"去杠杆"的提法。在防风险方面，2019年1月21日，省部级主要领导干部坚持底线思维着力防范化解重大风险专题研讨班在中央党校开班，习近平总书记在开班式上的讲话中没有专门提及金融风险，而是将金融风险置于经济风险之内，经济风险则包括房地产风险（过快上涨或过快下行）、金融监管不当引发的金融风险、未被监测到的金融隐患引发的金融风险、中小企业经营困难和就业风险、国企改革（"僵尸企业"）滞后的风险。由此来看，金融风险被定义为"金融监管不当引发的金融风险和未被监测到的金融隐患引发的金融风险"，此前则是将金融风险分解为影子银行风险、债券市场风险等，金融风险的定义出现较大变化。三是金融监管政策向"激发市场活力"的方向调整。自2017年以来，金融监管政策以严监管为主基调，在打击金融市场乱象、化解金融风险的同时也导致了政府对资源配置的影响力增大过多、金融市场活力减弱的结果。自2018年末以来，金融监管政策逐渐向"激发市场活力"的方向调整，金融监管层逐步放开一些对市场交易的不必要的监管，特别是科创板改革从提出到方案落地不足3个月，进展之速超出市场预期，实施方案有着鲜明的问题导向和市场化取向，传递了中国资本市场以改革促发展的信号，表明资本市场的第一要务在于服务发展、服务经济建设。

受政策变化影响，自进入2019年以来债券市场已经出现调整的迹象，利率债收益率开始筑底，信用利差出现回落。2019年1月，M2增速和社会融资规模数据显著强于预期，宽信用政策效力显现，压制债市利率下行空间。由于"坚持把发展作为党执政兴国的第一要务，坚持以经济建设为中心"要求的存在，预计在经济下行压力显著缓解之前，财政政策和货币政策都会以稳健偏宽松为主基调，金融监管政策则在防控金融风险的同时继续向"激发市场活力"的方向调整。未来一段时间，该政策取向以及该政策取向带来的经济走势将成为影响债券市场走势的重要因素。

第八章 我国信用债违约处理机制研究[①]

　　2014 年，我国债券市场出现首次公募债违约事件。2014 年 2 月 28 日，*ST 超日发布 2013 年业绩快报，预计亏损 13.7 亿元，3 月 4 日，公司发布公告宣布债券"11 超日债"的利息无法按时支付，仅能够按期支付共计人民币 400 万元。自"11 超日债"违约以来，我国债券违约日趋常态化。自 2018 年以来，受经济下行压力增大和金融严监管导致企业融资环境收紧的影响，债券市场违约持续走高。

　　本章通过对我国已有债券违约事件处理方案进行分析，按照交易市场进行分类，银行间市场债券违约主要通过主承销商代理维权、担保公司承担偿债义务和由地方政府或银行最终兜底三种方式解决，执行力度强，但市场化程度不高；交易所市场债券违约主要通过担保公司承担偿债义务和第三方机构介入重组的方式解决。交易所解决方案更偏向市场化，但执行力度不高，解决时间长。基于以上分析，总结出我国债市问题和有针对性的解决措施。

---

① 感谢王静瑶的文献收集和整理。

第一节 我国债券市场违约概况

我国债券市场经过二十多年的发展，已经形成了银行间市场和交易所债券市场共同发展的格局。债券市场产品日渐多元，市场主体参与债券市场的热情不断高涨，市场规模得以迅速扩大。截至 2019 年底，我国债券市场存量合计 97.11 万亿元，占全年 GDP 的 98%。其中，信用类债券存量为 32.93 万亿元，占总存量的 33.23%，在世界排名第二，仅次于美国。中国信用债"零违约"的神话直到 2014 年超日债违约之后才被打破。

2014 年 3 月"11 超日债"的实质性违约成为我国债券市场首次公募债违约事件。2014 年，将以债券违约元年被载入中国债券市场史册；这一年，从公募债券到私募债券，从银行间市场到交易所市场，都未曾幸免。从 3 月"11 超日债"付息违约，到 4 月"13 中森债"兑付风波和"12 华特斯"发行人破产重组事件，到 7 月中旬江苏恒顺达与华通路桥双双预警债券兑付困难，再到 7 月下旬"12 金泰债"出现实质性违约，以及"12 津天联"爆出兑付危机，8 月下旬"13 华珠债"逾期未兑付利息，正式发生违约，"11 华锐债"出现违约风险预警，中国债券市场的违约年代开启。

根据 Wind 统计，2019 年全年 178 只公司债券涉及 1424 亿元发生违约，创历史新高。违约方式有本息违约、回售违约、破产重整违约、本息展期、场外兑付和技术性违约。庞大汽车、永泰能源等实质性违约事件以及包商银行因严重信用风险被接管对债券市场产生较大冲击。一方面，这暴露出前期宽松货币政策下部分公司过度举债、跃进发展导致经济周期下行、流动性承压时面临违约风险，特别是民企和中小银行；另一方面，反映出地方政府债务负担重，融资监管趋严和城投公司预算硬约束后偿债压力骤升。2020~2022 年是公司债券偿还高峰期，且面临严峻兑付风险。在此情况下，我国信用债的违约处理机制如何运作，怎样有效地保护债权人利益就是本章研究的核心内容。

第二节 债市违约代表性案例分析

一、亿阳集团

（一）亿阳债风险事件概况

亿阳集团是黑龙江最大的民营企业，于 2016 年发行了 4 只公募公司债和 2 只私募公司债。受资产管理计划逾期兑付触发交叉违约条款影响，亿阳集团发行的部分公募公司债于 2017 年 11 月被宣布构成违约，亿阳债出现风险事件。

1. 亿阳集团持有的上市公司股权被冻结

亿阳集团是上市公司亿阳信通（股票代码：600289.SH）的控股股东，这是亿阳集团受资本市场认可发行债券的重要原因。2017 年 9 月 21 日，因与大同证券出现债权转让纠纷，亿阳集团持有的亿阳信通股权被司法冻结，冻结数额为 2075.7 万股，占其持有亿阳信通股票的 100%。2017 年 9 月 25 日，亿阳信通发布公告，披露了上述事宜。2017 年 10 月 11 日，亿阳集团发布公告，向市场披露其持有的亿阳信通股票被司法冻结事宜。2017 年 10 月 12 日，亿阳集团再发公告，申请亿阳债于 10 月 13 日停牌。

2. 与亿阳集团相关的资产管理计划逾期兑付

2017 年 9 月 28 日，富国天启资本管理有限公司在官网进行信息披露，宣布"富国天启—亿阳集团流动资金贷款资产管理计划"第八期、第九期未能按期兑付。此后，"富国天启—亿阳集团流动资金贷款资产管理计划"第十期、第十一期、第十三期也出现了逾期兑付。

3. 亿阳债评级下调，价格快速下跌

受亿阳集团持有的亿阳信通股权被司法冻结及资产管理计划逾期兑付等负面事件影响，自 2017 年 9 月 27 日起，亿阳集团发行的部分公募公司债出现价格快速下跌、成交量放大等情形。10 月 16 日，联合信用评级有限公司将亿阳债纳入"可能降级观察名单"。11 月 2 日，联合信用评级将其债项评级由 AA 级降为 A 级，评级展望为负面。

4. 债券持有人召开会议并宣布亿阳债违约

亿阳集团在存续期内共发行有 6 只公司债，其中 4 只公募债，2 只私募债，存续期债券规模为 40 亿元（见表 8-1）。因出现亿阳集团持有的亿阳信通股权被冻结、资产管理计划逾期兑付等事件，"16 亿阳 01""16 亿阳 03""16 亿阳 04""16 亿阳 05"债券托管人召集召开了债券持有人会议，经会议投票表决，宣布"16 亿阳 03"已构成交叉违约，"16 亿阳 01""16 亿阳 04""16 亿阳 05"虽未构成违约，但通过了要求债券加速清偿等议案。至此，亿阳债风险事件正式爆发。

表 8-1　亿阳债存续期公司债的基本情况

债券名称	剩余期限（年）	发行规模（亿元）	票面利率（%）	发行方式
16 亿阳 01	0.21+2	2.09	7.10	公募
16 亿阳 03	1.31+2	7.55	7.10	公募
16 亿阳 04	1.44+2	12.10	7.10	公募
16 亿阳 05	1.67+2	3.26	7.10	公募
16 亿阳 06	0.84+1	11.00	8.00	私募
16 亿阳 07	1.84	4.00	8.00	私募

资料来源：Wind 资讯。

（二）亿阳债风险事件的原因分析

亿阳集团于 2016 年发行债券，2017 年即出现亿阳债风险事件，这背后既有实际控制人无法正常履职、地方政府支持力度有限等外部原因，也有公司盈利能力弱、治理不规范等内部原因。

1. 亿阳集团实际控制人无法正常履职

在亿阳债风险事件的处理过程中，亿阳集团实际控制人、法定代表人及董事长邓伟始终无法正常履职参与亿阳债风险事件的处理。[①] 从公开报道来看，邓伟作为全国政协委员参加了 2017 年 3 月的两会，但此后邓伟再未出现在公开报道中。可以推测，邓伟在亿阳债风险事件爆发前已经无法正常履职。作为公司实际控制人，邓伟无法履职对亿阳集团的生产经营、投融资、突发情况处理等造成重大负面影响。

2. 主要业务板块盈利能力弱，经营状况恶化，企业抗风险能力低

虽然亿阳集团的业务板块中包含如 IT 服务、智能交通等利润率和技术含量较高的业务，但低利润率、低技术含量的大宗商品贸易却是亿阳集团实际上的主要业务（见表 8-2）。根据亿阳集团年报，2015 年和 2016 年，大宗商品贸易业务收入占公司主营业务收入比重分别为 86.94% 和 90.42%，但该业务板块利润率不足 3%；IT 服务和智能交通虽然利润率高，但其业务收入占公司主营业务收入比重不超过 10%。2017 年上半年，大宗商品贸易业务的收入比重进一步上升至 93.11%，利润率则下降至 0.68%，表明亿阳集团经营状况出现恶化。从整体来看，亿阳集团主要业

表 8-2　亿阳集团主要业务收入占比和利润率

	业务板块	2015 年	2016 年	2017 年上半年
收入占比（%）	计算机与通信	7.13	5.51	4.66
	智能交通	2.89	2.2	0.88
	大宗商品贸易	86.94	90.42	93.11
业务利润率（%）	计算机与通信	75.61	80	68.05
	智能交通	21.95	27.71	27.08
	大宗商品贸易	2.28	2.24	0.68

注：业务利润率 =（业务收入 - 业务成本）÷业务收入。
资料来源：亿阳集团年报和半年报。

[①] 2018 年 2 月，政协第十二届全国委员会第七十一次主席会议在北京召开，会议审议通过了关于撤销邓伟政协第十二届全国委员会委员资格的决定。2018 年 6 月 30 日，亿阳集团旗下上市公司亿阳信通公告称，公司实际控制人因涉嫌单位（亿阳集团）行贿罪协助调查，不能完全履职。

务板块盈利能力比较弱，导致企业抗风险能力较低，经营状况的恶化进一步削弱了企业的抗风险能力。

3. 企业负债率高，债务结构不合理，融资成本高

从负债水平来看，虽然财务报表中 2016 年末和 2017 年中亿阳集团的资产负债率分别为 59.35% 和 59.29%，负债水平较为适宜。但实际上，亿阳集团有大量的表外借款，其资产负债率显然不止财务报表中披露的 59%。

从债务结构来看，亿阳集团缺乏获取稳定、长期融资的能力，融资几乎完全依赖短期负债。根据 2016 年年报，亿阳集团共负债 110.89 亿元，长期负债为 44.23 亿元，但在亿阳集团的长期负债中，仅 2016 年发行的公司债规模即达 40 亿元。因此，公司债基本成为亿阳集团获取长期融资的唯一渠道，一旦无法发行公司债，亿阳集团即基本丧失获取长期融资的能力。现实也正是如此，自 2017 年以来亿阳集团再未能通过发行公司债获得融资，其融资活动也不得不完全通过短期负债进行。

从融资成本来看，亿阳集团的融资成本显然不低。亿阳集团四只公募公司债均发行于 2016 年，并且都是在央行 8 月增加 14 天期和 28 天期逆回购品种、抬高金融体系资金成本之前发行的。当时债券市场发行利率普遍较低，但亿阳集团发行的四只公募公司债票面利率为 7.1%，远高于同期 AA 级信用债 4% 左右的发行成本。在公开市场发行债券的成本尚且如此之高，亿阳集团通过其他渠道进行融资的成本显然会更高。

4. 企业治理不规范

在亿阳债风险事件的处理过程中，亿阳集团被发现有一定规模的未并表借款，借款规模、到期情况等较难明确。此外，亿阳集团与其实际控制人邓伟之间存在财务关系混乱的情形。例如，邓伟向某典当行进行借款，由亿阳集团进行担保，后该借款出现法律纠纷，导致邓伟和亿阳集团均被申请强制执行。存在未并表借款、与实际控制人财务关系混乱均表明亿阳集团企业治理规范度较弱。

5. 企业管理层契约精神较差

在亿阳债风险事件的处理过程中，亿阳集团管理层还暴露出契约精神

较差的问题。一是在风险事件爆发后，受托管理人履行职责要求企业对市场传闻、违约信息等进行核实和公告，亿阳集团对此配合程度较低。此外，在受托管理人进行现场核查的过程中，亿阳集团也存在配合程度低的情形。二是筹备债券持有人会议过程中，亿阳集团主要负责人一开始并不愿参加债券持有人会议，后经多次沟通才最终参加。

虽然上述事件均发生于风险事件爆发后，但企业管理层契约精神较差不会是一朝一夕之事。从长远来看契约精神较差会影响企业客户、银行、资本市场等市场主体对亿阳集团的信心和支持力度。

6. 地方政府支持力度有限

受东北地区近些年经济状况不佳的影响，黑龙江和哈尔滨的政府财力有限，对亿阳债风险事件的参与程度和对亿阳集团的支持力度也较为有限。在亿阳债风险事件的处理过程中，地方金融办的参与仅限于前往亿阳集团了解企业情况、列席参加债券持有人会议等，对企业并无更多实质性支持。

（三）与同区域、同行业公司的比较

1. 同区域对比

亿阳集团是黑龙江规模较大的民企，在 2015 年度黑龙江省民企百强名单中排名第 37 位。但是，就整个黑龙江而言，自 2016 年以来发行信用债的民营企业仅有 8 家，其中仅亿阳集团和哈尔滨誉衡集团两家为非上市公司，其余 6 家民营发债企业均为上市公司。誉衡集团和亿阳集团都控股了一家上市公司：誉衡集团控股上市公司誉衡药业（股票代码：002437. SZ），持股比例为 42.63%，为第一大股东；亿阳集团则控股亿阳信通，持股比例为 32.89%，也是第一大股东。显然，誉衡集团和亿阳集团之所以能成为黑龙江唯二的发行信用债的非上市民营企业，关键原因是它们控股了一家上市公司。

从业绩对比来看，誉衡药业的经营情况好于亿阳信通，誉衡集团的经营情况也好于亿阳集团。在上市公司方面，从披露的 2017 年第三季度报表来看：誉衡药业实现营业收入 19.89 亿元，与 2016 年同期基本持平，净利润为 2.83 亿元，较 2016 年同期大幅减少，公司市值为 152.77 亿元[①]；亿阳信通实现营业收入 8.68 亿元，与 2016 年同期基本持平，净利润为-0.61 亿元，较 2016 年同期大幅减少，公司市值为 73.14 亿元。同属上市公司，誉衡药业的盈利情况好于亿阳信通。[②] 集团母公司方面：誉衡集团 2017 年第三季度报表显示公司净利润为 0.6 亿元，较 2016 年全年接近 6 亿元的净利润大幅减少；亿阳集团 2017 年半年报表显示公司净利润为 1.4 亿元，与 2016 年同期基本持平。虽然报表中誉衡集团净利润少于亿阳集团，但誉衡集团在长期负债中有长期借款 24.16 亿元，是应付债券的 2.4 倍，这表明誉衡集团的经营情况得到银行认可，拥有顺畅的长期贷款融资渠道，与亿阳集团无法获得银行体系长期融资形成了鲜明对比。

从整体来看，黑龙江地区民营企业较难通过信用债市场获得融资，亿阳集团和誉衡集团是唯二的两家非上市民营企业，并且它们都有控股的上市公司。虽然自 2016 年以来上市子公司和集团母公司都出现了利润下滑的情况，但誉衡集团和誉衡药业的经营情况显著好于亿阳集团和亿阳信通。

2. 同行业对比

亿阳集团以大宗商品贸易为主要业务，大宗商品贸易占其营业收入比重在 90% 左右。由于大宗商品贸易行业技术含量低、利润率低，因此大宗商品贸易行业很少有企业能登陆资本市场。从全国来看，自 2016 年以来大宗商品贸易行业[③]中发行债券的民营企业仅有七家，除有一家企业位于河南郑州外，其他企业都位于福建、山东、上海、浙江、北京等经济发达地区。在这七家发行了信用债的民营企业中，有一家为上市公司，其余六家为非上市公司（见表 8-3）。

---

① 市值为 2017 年 11 月 10 日收市后的数据。
② 亿阳信通于 2017 年 9 月 26 日停牌，市值根据 9 月 25 日收盘价格计算。
③ Wind 行业"贸易公司与工业品经销商"。

表 8-3　2016 年以来发行信用债的同行业非上市民营企业

企业名称	所在地	评级	控股上市公司	大宗商品贸易外的主要业务
海亮集团有限公司	浙江省	AA+	海亮股份	铜加工
盾安控股集团有限公司	浙江省	AA+	江南化工、盾安环境	装备制造
物美控股集团有限公司	北京市	AA+	新华百货	商业零售
郑州中瑞实业集团有限公司	河南省	AA+	瑞茂通	供应链管理
中融新大集团有限公司	山东省	AAA	—	能源化工、物流
保集控股集团有限公司	上海市	AA	—	房地产

资料来源：Wind 资讯。

从行业比较来看，发行了信用债的非上市民营企业除涉足大宗商品贸易外，一般都有盈利性较好的其他主营业务，并且大部分民营企业控股了和主营业务相关联的上市公司。例如，海亮集团主营业务还包括铜加工，盾安控股集团主营业务还包括装备制造，物美控股集团主营业务还包括商业零售。2016 年以来，中国经济迎来复苏，铜加工、装备制造和商业零售等业务利润出现回升，带动各公司经营状况向好发展。相比之下，亿阳集团主营业务盈利能力过于薄弱，抗风险能力较低，2016 年以来公司经营状况也未有向好走势。此外，盾安集团于 2018 年发生信用风险事件。

（四）亿阳债风险事件的总结分析

一是企业实际控制人无法履职是亿阳债风险事件的直接原因。民营企业受实际控制人影响极大，一旦实际控制人因突发情况无法正常履职，往往会在短时间内对企业生产经营和投融资活动造成重大冲击。因实际控制人无法履职引发债市风险事件的案例也屡见不鲜，如亚邦集团董事长被要求协助调查引发债券违约，南京雨润董事长被检察机关执行指定监视居住引发债券违约。即使是国有企业，一旦公司领导发生意外事件，也有可能引发债市风险事件，如东北特钢董事长意外身亡引发债券违约。在亿阳债风险事件中，亿阳集团实际控制人邓伟无法正常履职对企业生产经营、投融资活动形成重大负面冲击，是亿阳债风险事件爆发的直接原因。

二是企业"大而不强"是亿阳债风险事件的根本原因。虽然亿阳集团营收规模较大，但利润率低的大宗商品贸易却是亿阳集团实际上的主要收入来源，公司"大而不强"。自 2016 年以来，大宗商品贸易的收入比重持续攀升，而且在 2017 年该业务利润率出现急剧下滑，表明亿阳集团经营状况不断恶化。不管是从同区域对比来看，还是从同行业对比来看，亿阳集团的经营状况均显著弱于同区域、同行业企业。受经营状况不佳、"大而不强"的影响，亿阳集团缺乏获取稳定、长期融资的能力，融资几乎完全依赖价格高昂的短期负债。业务盈利能力弱、负债结构不合理、融资成本高，这些都意味着亿阳集团抗风险能力较低，容易引发债市风险事件。

三是企业治理不规范、企业管理层契约精神较差、地方政府支持力度有限是亿阳债风险事件的区域性因素。东北地区企业的市场经济意识普遍弱于经济发达的地区企业，东北地区企业的治理规范度、管理层的契约精神也相对弱于经济发达地区企业。亿阳集团治理不规范、管理层契约精神较差正是东北地区企业市场经济意识薄弱的一个缩影，长远来看影响了企业客户、银行、资本市场等市场主体对亿阳集团的信心和支持力度。此外，东北地区近些年经济状况不佳，地方政府财力有限，导致地方政府对亿阳集团的支持力度较为有限，也从侧面引发了亿阳债风险事件。

二、永泰能源

2018 年 7 月 5 日，永泰能源股份有限公司（600157.SH）公告称，其应于当日兑付的规模为 15 亿元的"17 永泰能源 CP004"未能筹集到期偿付资金，不能按期足额偿付，已构成实质性违约。与此同时，永泰能源控股股东永泰集团所持永泰能源无限售流通股 40.27 亿股（占公司总股本 31.41%）被冻结。联合资信及联合信用调整永泰能源主体评级由"AA+"至"CC"，下调其发行的尚在存续期债券债项评级。受此事件影响，公司股票及其所发行的 4 只公司债自 2018 年 7 月 6 日起停牌，永泰能源深陷债务危机。

（一）永泰能源债务危机原因分析

1. 频繁投资拓宽业务领域，盈利状况不佳

永泰能源是一家主营煤炭与电力的公司，近年来公司资本扩张的步伐加快。2016年永泰能源通过实施非公开发行收购华瀛石化100%股权，通过实施重大资产重组收购华兴电力53.125%的股权，使公司主营业务拓宽为电力、煤炭和石化贸易。同时，永泰能源还开始涉足非能源领域，投资辅助生殖医疗基金、上海润良泰物联网产业基金；参与股权投资基金；发起设立众惠财产相互保险总社、筹建设立"一带一路"财产保险股份有限公司（原名为中安财产保险股份有限公司）以及参股晋城银行股份有限公司（见表8-4）。此外，在风险事件爆发前永泰能源还拟投资新能源车及海南赛马运动两大项目，这两项投资尚未达成。

表8-4 近年来永泰能源主营业务范围持续拓宽

报告期	2017年报	2016年报	2015年报	2014年报	2013年报
电力					
收入（亿元）	82.40	66.88	50.04	—	—
成本（亿元）	67.09	48.39	31.51	—	—
毛利率（%）	18.57	27.65	37.03		
煤炭					
收入（亿元）	81.85	59.06	57.03	77.97	96.36
成本（亿元）	38.84	33.32	27.58	45.91	65.83
毛利率（%）	52.54	43.57	51.64	41.11	31.68
石化贸易					
收入（亿元）	54.30	9.99	—	—	—
成本（亿元）	54.08	9.97	—	—	—
毛利率（%）	0.40	0.16			
其他					
收入（亿元）	4.00	0.38			
成本（亿元）	0.98	0.27			
毛利率（%）	75.38	29.86			

资料来源：Wind资讯。

频繁的收购和投资使得永泰能源的资产规模快速增大，2018年第一季度末永泰能源总资产达1072亿元，是2014年末总资产规模的2.06倍，其中由于采购煤矿土地使用权、采矿权形成432亿元的无形资产。业务领域的拓宽短期内并未给永泰能源带来良好的盈利，2017年末永泰能源石化贸易模块实现营收54.30亿元，占总营收的比重为24.25%，但毛利率仅为0.40%，盈利贡献度不足。在2017年永泰能源224亿元的营收规模下仅实现净利润8.67亿元，ROA和ROE分别为2.47%和4.03%，远低于2017年沪深A股煤炭行业5.88%和11.95%的ROA和ROE平均水平。

2015~2016年，永泰能源加速资本扩张，2016年煤炭行业的景气度开始提升，但由于资本扩张带来了庞大债务，永泰能源的资产负债表未伴随行业景气度提升而修复，自由现金流状况处于较差的水平（见图8-1）。

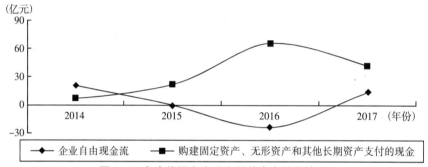

图8-1 永泰能源自由现金及其资本扩张情况

资料来源：Wind资讯。

2. 过度依赖外部融资，带息负债规模大

2017年末及2018年第一季度末，永泰能源资产负债率分别为73.14%和72.95%，远高于51.34%的2017年沪深A股煤炭行业资产负债率平均水平。截至2018年第一季度末，永泰能源的带息负债规模为630.29亿元，是公司净资产的2.17倍，其中短期借款及一年内到期的非流动负债合计达到310.94亿元，而公司同期流动资产仅有190.24亿元，占总资产的17.74%，面临较大的偿债压力（见图8-2）。过高的债务规模给企业带来了沉重的财务负担，2018年第一季度永泰能源财务费用率达到19.76%，远高于 2017 年沪深 A 股煤炭行业平均 2.83%的水平，财务费用对利润的侵蚀严重。

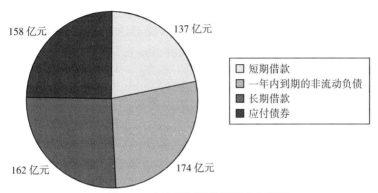

158 亿元　　137 亿元

□ 短期借款
□ 一年内到期的非流动负债
■ 长期借款
■ 应付债券

162 亿元　　174 亿元

图 8-2　永泰能源债务期限分布情况

资料来源：Wind 资讯。

3. 资本市场融资渠道收紧，再融资面临困境

资本市场融资是永泰能源获取资金的重要途径，永泰能源在资本市场主要通过发行债券以及定增—质押联动模式进行资本市场融资。在发行债券方面，除发生违约的"17 永泰能源 CP004"外，永泰能源尚在存续期的债券有 20 只，累计余额 206.20 亿元，其中公司债 75.90 亿元，有四只债券将于 2018 年到期，合计金额 63.90 亿元。庞大的债券规模使永泰能源长期以滚动发行借新偿旧的方式来维持其资金链，进入 2018 年 5 月以来，信用风险事件的大规模爆发使信用债市持续低迷，投资者对民营主体普遍保持谨慎态度，民营主体债券市场融资难，债市取消发行债券数量不断增加。永泰能源原定于 2018 年 7 月 5 日发行的 7 亿元短期融资券取消发行，成为压断永泰能源资金链、引发债券违约的最后一根稻草。

除严重依赖债券市场融资以外，永泰能源采用定增—质押联动模式进行融资。自上市以来，永泰能源通过定向增发的方式累计融资 222.40 亿元，其中 2015 年通过定增融资 98.64 亿元用于收购东瀛石化，2016 年通过定增融资 49 亿元用于投资建设燃煤发电机组项目，大股东认购部分全部用于股票质押融资。证监会于 2017 年发布的定增新规中规定，非公开发行必须间隔 18 个月且融资额不得高于市值的 20%，企业通过非公开发行股票进行融资的路径受到一定的限制。

永泰能源的股权质押比例居高。一是控股股东质押比例过高，截至 2018 年 7 月 5 日，控股股东永泰集团共计持有永泰能源 4027292382 股，占总股本比例为 32.41%，质押比例高达 99.92%。二是整体质押比例过高，截至 2018 年 7 月 5 日，根据中登公布的数据，永泰能源整体质押 93 笔，整体比例高达 60.96%。高质押率使控股股东面临控制权转移风险及股市下跌的强制平仓风险，影响企业在资本市场的声誉，进一步加重了企业资本市场融资难的问题。

（二）永泰能源债务危机后续演变

1. 永泰能源后续仍面临较大偿债压力

从永泰能源违约时的债务状况来看，截至 2018 年第一季度末，其短期借款及一年内到期的非流动负债合计达 390.14 亿元，除已发生违约的 15 亿元短期融资券外，尚有 4 只合计金额 63.90 亿元的债券将于 2018 年到期，其中 8 月有 45.9 亿元面临到期，仍旧面临较大的偿债压力。

此外，此次"17 永泰能源"CP004 发生实质性违约触发了公司尚在存续期 9 只债券的交叉违约条款，未来将面临多只债券加速清偿的风险，违约影响有进一步扩大的可能（见表 8-5）。

表 8-5　9 只永泰能源债券附交叉违约条款

债券代码	债券简称	起息日	到期日	剩余期限	发行规模（亿元）	当前余额（亿元）	票面利率（%）
101800342.IB	"18 永泰能源" MTN001	2018-04-04	2021-04-04	2.73 年	5.00	5.00	7.50
101778004.IB	"17 永泰能源" MTN002	2017-12-06	2020-12-06	2.41 年	10.00	10.00	7.50
101778002.IB	"17 永泰能源" MTN001	2017-11-16	2020-11-16	2.35 年	10.00	10.00	7.50
041800181.IB	"18 永泰能源" CP003	2018-04-26	2019-04-26	289 天	10.00	10.00	7.00

续表

债券代码	债券简称	起息日	到期日	剩余期限	发行规模（亿元）	当前余额（亿元）	票面利率（%）
041800101.IB	"18永泰能源" CP002	2018-03-19	2019-03-19	251天	10.00	10.00	7.00
041800022.IB	"18永泰能源" CP001	2018-01-22	2019-01-22	195天	10.00	10.00	7.00
041761019.IB	"17永泰能源" CP007	2017-12-15	2018-12-15	157天	10.00	10.00	7.00
041772016.IB	"17永泰能源" CP006	2017-10-23	2018-10-23	104天	8.00	8.00	6.78
041772013.IB	"17永泰能源" CP005	2017-08-25	2018-08-25	45天	10.00	10.00	7.00
合计	—	—	—	—	83.00	83.00	—

资料来源：Wind资讯。

2. 永泰能源拟处置150亿元资产及实施240亿元左右债转股以缓解债务危机

自"17永泰能源"CP004发生违约以后，永泰集团于2018年7月8日召开了新闻发布会，永泰能源实际控制人王广西称，永泰集团成立专门小组积极处置资产，拟出售150亿元资产。同时，永泰集团计划以永泰能源、海德股份为标的发行可转债，增加集团的现金流，并将在下属企业内实施240亿元左右的债转股。永泰能源资产及负债的后续处置进度有待进一步关注。

（三）永泰能源违约事项启示

从近些年的风险事件案例来看，许多违约主体均有涉足大宗商品贸易，如上海华信、盾安控股、亿阳集团以及永泰能源。其中，上海华信主要在石油、天然气、化工领域从事国际国内贸易，90%以上的主营业务收入来源于油品贸易；盾安控股经营利润主要来源于装备制造，同时也参与铜贸易，铜贸易收入占其营业收入的60%以上；亿阳集团业务范围涵盖IT应用服务、商品贸易、咨询服务及软件销售等诸多领域，而近年来其商品贸易的营收占比持续扩大，2016年亿阳集团商品贸易收入占比达到

90%以上。

涉足大宗商品贸易的企业违约概率较高，主要有两方面的逻辑原因：一方面，大宗商品贸易普遍收益较低且资金占用大，企业通过扩大债务规模的方式从事大宗商品贸易，业务收益难以覆盖财务费用的增长，为其债务违约埋下了隐患；另一方面，涉足大宗商品贸易可能反映了公司通过大宗商品贸易这一"取巧"手段做大公司规模的激进经营理念。例如，上海华信通过大宗商品贸易，在短时间内将自身打造为世界500强企业。第二点原因可能尤其重要，因为常规的分析手段（如财务分析）无法对公司的经营理念进行判断，而公司经营理念是否稳健对债券风险有着重大影响。

据梳理，在尚有信用债余额的民营企业中，主要有23家企业（见表8-6）将大宗商品贸易作为其主营业务的重要组成部分，其中上海华信、永泰能源、盾安控股、亿阳集团及洪业化工（2017年6月爆发债务危机）五家已经发生债务危机，出现债券违约的概率较高。

表8-6　23家大宗商品贸易主要参与企业

公司名称	债券余额（亿元）	所在地	主营范围	是否上市
上海华信国际集团有限公司（已违约）	256.00	上海	化工原料和油品贸易、农化、金属、煤炭贸易	否
永泰能源股份有限公司（已违约）	206.20	山西	煤炭、电力、石化贸易	是
中融新大集团有限公司	158.96	山东	物流清洁能源、能源化工、矿产资源综合运营	否
海亮集团有限公司	152.09	浙江	铜加工、有色金属贸易、基础教育	否
新华联控股有限公司	117.16	北京	化工、石油贸易、有色金属、房地产	否
盾安控股集团有限公司（已违约）	86.00	浙江	装备制造、民爆化工、铜贸易、新能源、新材料	否
亿阳集团股份有限公司（已违约）	37.91	黑龙江	IT应用服务、商品贸易、咨询服务、软件销售	否
宁夏晟晏实业集团有限公司	34.80	宁夏	锰铁金属矿深加工、开采、销售及矿石贸易	否
山东金茂纺织化工集团有限公司	25.00	山东	铝粉加工销售，氯碱生产销售，铝锭、铜贸易	否

续表

公司名称	债券余额（亿元）	所在地	主营范围	是否上市
岚桥集团有限公司	20.00	山东	石油化工贸易与深加工、港口物流、房地产开发	否
洪业化工集团股份有限公司（已违约）	20.00	山东	基础化工原料制造和化工贸易	否
洛阳栾川钼业集团股份有限公司	20.00	河南	钼、钨及黄金等贵稀金属采选、冶炼、深加工及贸易	是
盛屯矿业集团股份有限公司	18.52	福建	有色金属采选及综合贸易业务金属金融服务	是
宝塔石化集团有限公司	18.00	银川	石油炼化加工、油品贸易、化工生产及机械加工	否
同益实业集团有限公司	17.50	辽宁	石油碳四深加工、化工产品贸易	否
新奥生态控股股份有限公司	17.00	河北	能源化工产品生产、煤炭开采、销售与贸易	是
深圳正威（集团）有限公司	15.00	广东	金属新材料、有色金属贸易	否
山东齐成石油化工有限公司	7.00	山东	油品贸易、柴油、蜡油、汽油等	否
深圳盛屯集团有限公司	7.00	广东	有色金属采选、冶炼和压延加工、金属贸易	否
西安迈科金属国际集团有限公司	5.00	陕西	铜金属贸易、期货经纪、物流服务	否
美都能源股份有限公司	2.37	浙江	房地产开发、酒店、贸易及实业投资	是
上海沃金石油天然气有限公司	1.50	上海	天然气供应与销售、天然气贸易	否
新疆塔城国际资源有限公司	0.90	新疆	有色金属贸易、铅锌等有色金属的采选与销售	否

资料来源：Wind 资讯。

除已发生债务危机的企业外，中融新大、海亮集团、新华联控股、山东金茂、宝塔石化及新奥股份均存在大宗商品贸易营收占比较大且毛利率低的问题，严重拖累公司整体盈利水平，在其债务规模大且短期偿债承压的情况下，存在一定的偿债风险（见表8-7）。

中融新大：债券余额 158.96 亿元，资产负债率 42.33%，虽资产负债水平尚可，但其大宗商品贸易营收占比达到 68% 以上，毛利率仅为 2.5%，

表 8-7　盈利状况受大宗商品贸易影响较大的企业

公司	债券存量（亿元）	资产负债率（%）	短期借款+一年内到期的非流动负债（亿元）	带息负债（亿元）	ROA（%）	ROE（%）	净利润（亿元）	大宗商品贸易占营收比（%）	大宗商品贸易毛利率（%）
中融新大	158.96	42.33	99.30	351.71	4.48	2.36	35.15	68 以上	2.50
海亮集团	152.09	64.09	158.57	255.20	10.97	6.23	26.46	80 以上	0.03
新华联控股	117.16	69.61	142.62	462.05	5.20	4.92	24.94	32.71	−1.37
山东金茂	25.00	45.06	43.78	71.18	5.67	6.79	5.51	29.24	2.14
洪业化工	20.00	—	—	—	—	—	—	约 50	不足 4
宝塔石化	18.00	49.29	78.17	128.55	5.62	4.23	11.12	49	3.04
新奥股份	17.00	64.00	47.73	91.42	12.25	6.74	6.92	22.69	1.03

资料来源：Wind 资讯。

其 ROA 及 ROE 均处在较低水平，且短期内到期的债务规模较大，2018 年 7 月 10 日起中融新大相关债券连续多日发生大跌，债务违约风险较高。

海亮集团：大宗商品（有色金属）贸易营收占比达到 80% 以上，毛利率仅 0.03%，公司未来将逐步退出其毛利较高的房地产业务，有色金属贸易业务占比或将进一步提升，公司盈利能力将面临较大考验，且公司短期借款及 1 年内到期的非流动负债占总带息负债的比重较高，面临较大的偿债压力。

新华联控股：大宗商品（石油及有色金属）贸易的营收占比为 32.71%，而毛利率为 −1.37%，该板块形成了严重的亏损。虽然其他板块盈利能力尚可，但受其主营房地产的影响，资产负债率居高，带息债务规模较大，存在较大的偿债风险。

山东金茂：其大宗商品业务营收占比为 29.24%，毛利率仅有 2.14%，2017 年山东金茂净利润大幅减少且财务费用同比大幅上升，短期内债务偿付压力较大且对外担保产生的或有事项风险较大。2018 年 7 月 12 日山东金茂相关债券大幅下跌，有一定的债务违约风险。

洪业化工：大宗商品（化工）贸易的营收占比约为 50%，毛利率不足 4%。2017 年 6 月，受公司盈利能力持续下降的影响，洪业化工集团发布公告，因公司经营环境发生变化，公司经营业绩出现重大不确定性，申请三只债券于 2017 年 6 月 27 日起停牌，至 2018 年仍未复牌。洪业集团 2018 年存量债券有三只，分别是两只 5 亿元的私募公司债，一只 10 亿元的公募公司债，均在 2018 年进入回售期。洪山化工至 2018 年下半年未公布其 2017 年财务报告，有较大的偿债风险。

宝塔石化：大宗商品（油品）贸易营收占比约 49%，毛利率 3.04%，公司整体盈利水平不高，短期债务的规模较大，面临较大的短期偿债压力。

新奥股份：资产负债率 64%，公司 2018 年整体盈利水平尚可，但其大宗商品（油品）贸易营收占比 49%，毛利率仅 1.03%，大宗商品贸易严重拖累其整体盈利。

综合以上分析，大宗商品贸易在主营业务中占比较高的企业普遍盈利状况较差，偿债能力偏弱，债券承销等相关业务人员以及债券投资者需谨慎对待此类企业。

三、金鸿控股

金鸿控股集团股份有限公司（简称"金鸿控股"）未于 2018 年 8 月 27 日支付"15 金鸿债"已登记回售债券的本金和利息（合称回售款）以及未登记回售债券的利息，发生实质性违约。自此，金鸿控股成为 2018 年新增的第 15 家信用债违约主体，为 2018 年新增的第 7 家上市公司违约主体。此后，公司及其控股股东拟通过处置子公司股权及资产等方式继续为"15 金鸿债"兑付筹集资金，争取短期内尽快确定资金到位时间。

在违约发生前，金鸿控股就表示受多方面客观因素影响，流动性较为紧张，全部兑付投资者所持有的债券存在困难。公司于回售登记日前与持有机构签署协议，与持有人约定于 2018 年 8 月 27 日按期兑付"15 金鸿债"募集说明书项下投资者持有的债券到期利息及 50% 的债券本金，投资者继续持有 50% 的本金，持有期间债券票面年利率由 5% 上调至 6%，但回售减半后金鸿控股仍未能完成兑付，最终发生违约。

（一）金鸿控股债务违约原因分析

金鸿控股是一家主营天然气长输管道及城市燃气管网建设和运营的民营上市企业。违约发生时金鸿控股总市值约为 40 亿元，总资产约 130 亿元，主营业务主要由其全资子公司中油金鸿实施。中油金鸿成立于 2004 年 7 月，2012 年中海金鸿通过与从事通信信息类业务的上市公司"领先科技"进行资产置换实现借壳上市，自此"领先科技"更名为"金鸿控股"，控股股东变更为陈义和控股的新能国际投资有限公司（简称"新能国际"），金鸿控股前十大股东中并无实力雄厚的法人。上市之后，金鸿控股通过频繁设立和并购的方式实现快速扩张，导致近年来公司资金支出压力不断增大、过度依赖于外部融资且短期债务的占比过重。自 2018 年以来，金鸿控股深陷股票质押平仓和关联法人违约的负面舆情中，导致其再融资出现困难，最终发生债务违约。

1. 负债结构不合理，短期债务占比过重

金鸿控股短期债务占比过重，账面资金不足导致流动性紧张。截至 2018 年第二季度末，金鸿控股的短期借款及一年内到期的非流动负债合计规模为 27.18 亿元，占有息负债的比重为 46.37%，流动比率仅有 0.36，流动资产对短期债务的覆盖能力较弱。与此同时，金鸿控股在与投资者协议减半支付"15 金鸿债"的回售款后，尚需兑付 4.14 亿元的回售款和利息，这对货币资金仅有 2.90 亿元，其中 1.25 亿元为受限资产的金鸿控股而言，偿债压力巨大。

2. 投资扩张速度过快，资金支出压力大

近年来金鸿控股的投资扩张速度过快，资金支出压力大且过度依赖外部融资。金鸿控股仅 2017 年新纳入合并范围的子公司就多达 11 家，此前收购的多家子公司业绩未达承诺，2017 年全年仅实现净利润 2.90 亿元。2018 年第二季度末公司的资本固定化比率达 260.47%，远高于行业平均水平，意味着公司固定资产的投入已超过自身能力，日常营运资金必然过度依赖于外部融资。自 2017 年以来，公司的经营活动现金流净额与筹资活动现金流净额难以覆盖其投资活动产生的现金净流出，导致公司的现金流状况较差，2018 年第二季度末货币资金较年初减少 65%，难以为其偿还债务提供支持（见图 8-3）。

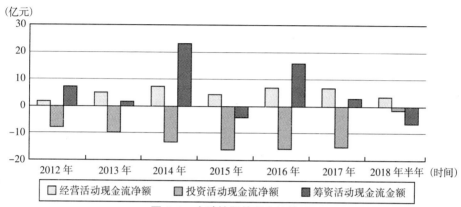

图 8-3　金鸿控股的现金流情况

资料来源：Wind 资讯。

3. 陷关联法人违约和股票质押平仓负面舆情中，再融资面临困境

自 2018 年以来，金鸿控股深陷关联法人违约和股票质押平仓的负面舆情中。金鸿控股的实际控制人陈义和同时也是中国国储能源化工集团股份有限公司（简称国储能源）的法定代表人。早在 2018 年 5 月，金鸿控股就因关联法人国储能源未能按时赎回于 5 月 11 日到期的一笔 3.5 亿美元、票息 5.25% 的离岸美元债致 "15 金鸿债" 连续两天暴跌，大量机构在二级市场上抛售，公司股票于 5 月 17 日起因重大资产重组事项停牌。公司股票于 2018 年 8 月 6 日复牌后当天即跌停，控股股东新能国际所持公司 21.5% 的股份此前全部用于质押并已触及平仓线。伴随股价的进一步下跌，公司于 2018 年 8 月 10 日发布资金告急公告，因公司控股股东新能国际、实际控制人陈义和未能按时追加信用增强资金 508 万元，2018 年 2 月完成的通过信托计划实施耗资过亿的员工持股计划被强制平仓。控股股东新能国际承诺承担参与本次员工持股计划的员工合计 3900 万元的损失。

公司此前停牌筹划的重大资产重组事项也于 2018 年 8 月 17 日公告中止。

负面舆情频发导致金鸿控股所发债券回售需求大，再融资出现困难。金鸿控股在与投资者协议减半支付"15 金鸿债"的回售款后，尚需兑付 4.14 亿元的回售款和利息。在资金紧张的情况下，金鸿控股拟出售子公司股权和寻求金融租赁公司融资以缓解其债务偿付压力，但截至"15 金鸿债"兑付日该事项尚无进展，导致企业资金链断裂。

（二）启示：重点关注股票质押率过高的发债企业

自 2018 年以来发生债券违约的上市公司大多存在高股票质押率的情况，如神雾环保、凯迪生态、永泰能源以及此次发生违约的金鸿控股。其中，神雾环保控股股东神雾集团年初持有公司 42.67% 的股权，质押率为 99.78%。公司于 2018 年 2 月 1 日公告称该质押已触及平仓线，此后神雾环保发行的"16 环保债"于 2018 年 3 月 14 日发生违约。

高股票质押率遇上股市暴跌，加大了上市公司及其关联企业的债务违约风险。一方面，控股股东所持公司股票质押率过高通常表明控股股东的资金较为紧张，股价下跌之下需频繁追加保证金和担保对控股股东流动性造成进一步冲击，致使公司发生债务危机时控股股东难以施以援手。另一方面，股价暴跌之下控股股东所持公司股票的高质押率使股票质押面临平仓，公司面临控制权转移风险，评级往往跟随控股股东评级发生下调，市场声誉受损下公司所发债券面临较大的投资者回售需求，企业再融资出现困难。

2018 年以来，A 股市场整体走势低迷，部分股票跌幅过半。Wind 数据库统计，截至 2018 年 8 月 31 日 A 股市场控股股东疑似触及平仓的市值约 3.04 万亿元，占控股股东质押总市值的 67%。在发债企业中，整体股票质押率在 50% 以上的企业有 28 家，控股股东股票质押率在 90% 以上的企业有 89 家。其中，阳光城、海航控股、鹏博士、金鸿控股、刚泰控股等 19 家发行人的控股股东所持公司股票质押率达 100%。上述企业中，永泰能源、*ST 凯迪、*ST 保千、神雾环保、金鸿控股五家企业所发债券已发生实质性违约（见表 8-8）。中弘控股、誉衡药业、刚泰控股、印纪传媒、东方金钰、雏鹰农牧等多家企业均陷债务危机中且评级多次发生下调。

表 8-8　自 2018 年以来发生债券违约的高质押率发行人

公司简称	首次违约债券	首次违约时间	评级	控股股东质押率（%）	控股股东	股价变动（%）①
金鸿控股	"15 金鸿债"	2018-08-23	C	98.90	庄敏	-87.23
永泰能源	"17 永泰能源" CP004	2018-07-05	CC	91.95	神雾科技集团股份有限公司	-76.90
*ST 凯迪	"16 凯迪债"	2018-06-01	C	97.94	阳光凯迪新能源集团有限公司	-74.35
神雾环保	"16 环保债"	2018-03-14	BBB+	100.00	新能国际投资有限公司	-64.57
*ST 保千	"16 千里 01"	2017-12-01	C	99.92	永泰集团有限公司	-50.30

资料来源：Wind 资讯。

第三节　事前分析：不同监管机制对债券违约的影响

　　我国债券交易目前主要集中在银行间债券市场和交易所债券市场。通过综合分析近期债券市场的信用事件发现，已经违约或者存在违约风险的债券多数发生在交易所市场，而银行间债券市场违约事件相对发生较少。究其原因，在于不同交易场所的债券有着不同的监管机制，债券市场的风险状况也有所不同，接下来将针对不同交易场所不同监管机制，对债券违约风险进行分析。

---

① 至 2018 年 11 月末。

一、银行间债券市场

银行间债券市场作为场外市场的主体和核心，具有市场容量大、债券品种多、流动性强等特点。银行间债券市场的交易以回购为主，金融机构利用银行间债券市场管理资金头寸、调整资产负债结构和进行投资理财。此外，银行间债券市场也是央行进行公开市场操作、传导货币政策的场所。银行间债券市场的投资者主要是各机构投资者，包括商业银行及其授权分行、证券公司、基金公司、保险公司、信托投资公司、金融租赁公司、财务公司等。银行间债券市场的监管机构为中国人民银行（交易商协会）。

银行间债券市场出现违约的情况较少，主要有两方面的原因：一是由于银行间债券市场的参与者主要是各金融类机构投资者，其作为债券市场的主力具备较强的理性定价能力、风险管理能力和内控能力，如银行等金融机构具有很强的融资能力，在面对财务危机时能够通过短期过桥贷款等方式走出困境；二是央行对于银行间债券市场的约束较多，行政干预力度较强，银行间同业拆借中心和债券托管登记机构对于交易有着非常严格的登记备案制度，并对债券交易、清算及结算进行严格的日常监测和管理，银行间市场交易商协会作为自律组织，也对市场参与者的交易行为进行约束和引导，故可以更好地将信用风险扼杀于萌芽之中。因此，在银行间债券市场鲜少出现债券违约情况。

二、交易所债券市场

交易所市场主要面向中小投资者，其交易方式适合小额交易。然而场内市场，即交易所债券市场的主要监管者为证监会，证监会负责对上市公司进行监管，对上市公司在交易所市场发行可转债和公司债负责审批。

从当前发展趋势来看，证监会对于交易所债券市场的监管方式日益向着"市场起决定作用"的方向迈进。截至 2016 年 6 月，沪深两市总市值加上全国股份转让系统（新三板）约为 48.29 万亿元，同期的债券市场存量规模合计为 57.59 万亿元，债券市场存量是股票市场市值的 1.19 倍，而在国外的成熟资本市场，如美国，过去 25 年里债市的规模平均而言是股市的 1.8 倍。从 1.19 倍到 1.8 倍，中国债券市场仍大有可为，尤其在市场参与主体不断成熟、创新融资渠道和融资工具需求渐强的背景下，债券市场作为资本市场融资主体渠道的作用日益显现，可扩大的空间也充满想象，这使监管机构越来越关注交易所债券市场。2014 年 7 月底，证监会向各大券商就资产证券化审批转备案制执行负面清单管理征求意见，引导资产证券化进入交易所发行力道十足。此外，证监会也在考虑突破发行主体范围，将交易所公司债发行主体扩展至所有公司制法人，推出并购重组债券、项目收益公司债券、可交换债券等创新品种，允许全国中小企业股转系统挂牌公司发行中小企业私募债等内容。这均表明证监会正致力于扩大交易所债券市场份额，推动交易所债券市场自由化。

监管者减少对市场的干预，更多地用市场化机制来推动交易所债券市场发展的趋势，使交易所债券市场更加自由，市场作为看不见的手发挥调控作用，由于经营管理不善无法按时偿还本息的债券自然无法避免违约的风险。可以预见，债券违约将成为今后一段时期常态化的现象，过去债券违约政府兜底在一定程度上使债券定价与信用评估体系相对扭曲，而违约开启之后对于提高市场参与者的风险意识、促进债券市场信用评级深化有着积极意义，有助于债券市场制度完善。

三、地方政府融资平台

发改委作为我国固定资产投资项目的审批机关被赋予了对地方政府融资平台发债进行审批的职责。对于被银监会纳入监管类平台名单的发行人，发改委原则上不再审批其发债申请，而被列为监测类平台的，则可继续发债。由于地方政府的融资项目需要发改委审批通过，所以发改委对于城投债的行政约束力度较强，因而此类型债券也较少出现违约情况。

第四节　事后分析：我国信用债市场债券违约处理方案

表8-9罗列了中国债券市场2014年发生的17起信用事件，除"11超日债""12金泰债""12津天联"以及"13华珠债"以外，其余事件中债券虽然出现了短期的偿债困难，但最后均通过各种手段获得了兑付，并未发生实质性违约。这些信用事件的处理方案大致可以分为三类：①主承销商代理维权，以福禧短期融资券为代表；②担保公司承担偿债义务，如10中关村债、13中森债、10京经开债、10黑龙江债和11常州债；③由地方政府或银行最终兜底，如11海龙CP01债、13华通路桥短融、11江西赛维债和11新中基债。

接下来，本章将分别选取福禧CP01债、10中关村债、13中森债、11海龙债、13华通路桥短融、11华锐，以及发生了实质性违约的11超日债、12金泰债、12津天联、13华珠债进行详细分析。

一、银行间市场债券违约处理事件

银行间债券违约处理执行力较强，主要通过主承销商代理维权、担保公司承担偿债义务、由地方政府或银行最终兜底三种方式解决，市场化程度有限。

（一）由主承销商代理维权的案例——福禧短融违约事件

（1）福禧信用事件演变过程。福禧投资控股有限公司（福禧）是首家获得短期融资券发行资格的非上市民营企业，2006年3月发行了10亿元一年期短期融资券，主承销商为中国工商银行，上海远东国际资信评估公

表 8-9 中国债券市场 2014 年主要信用事件

交易地点	时间	事件	涉事债券	债券类型	事件主体	解决方案
银行间市场	2006年7月至2007年3月	福禧投资涉嫌违规借贷，主要财产遭法院冻结，福禧CP01债券被降为C级	06福禧CP01	短期融资券	福禧投资	主承销商工商银行牵头化解了福禧短融的偿债危机，全部本息如期兑付
	2011年9月至2012年4月	山东海龙连续降级	11海龙CP01	短期融资券	山东海龙	疑由银行提供过渡资金，同时潍坊市政府为资金提供担保
	2012年1月	地杰通信偿债困难	10中关村债	企业集合债	地杰通信	中关村担保提前代偿全部本息4414万元
	2012年4月至2012年10月	江西赛维连续降级	11江西赛维CP001	短期融资券	江西赛维	疑由地方政府救助或银行贷款兑付
	2012年9月至2012年10月	新中基降级	11新中基CP001	短期融资券	新中基	疑由新疆生产建设兵团救助进行兑付
	2012年1月	康特荣宝偿债困难	10京经开SMECN1	企业集合票据	康特荣宝	首创担保代偿本息2053万元
	2012年12月	惠佳贝偿债困难	10黑龙江SMECN1	企业集合票据	惠佳贝	深圳担保代偿本息708万元
	2012年12月	高力彩钢资产被查封	11常州SMECN II 001	企业集合票据	高力彩钢	中债增信承诺高力彩钢违约将代偿全部本息
	2014年7月	贷款出现逾期目处于停产状态，无法按期兑付本息	江苏省中小企业2011年度第一期集合票据	中小企业集合票据	江苏恒顺达	公司未在规定时间内将本息资金足额支付至偿债专户，已由担保公司代偿
	2014年7月	华通路桥公司董事长王国瑞遭有关部门调查无法返回企业主持工作，兑付存在不确定性	13华通路桥CP001	短期融资券	华通路桥	本息在资金系统正常关闭前的最后关头如期兑付，款项来源主要是公司自身应收账款，相关主承销商和地方政府参与催收

续表

交易地点	时间	事件	涉事债券	债券类型	事件主体	解决方案
交易所市场	2014年3月	超日太阳公告无法按期全额支付利息,正式宣告违约	11 超日债	公司债	超日太阳	目前延期利息尚未兑付
	2014年4月	产能过剩、资金周转困难,现利息违约	13 中森债	企业债	中森通浩	担保方中海信达出具承诺函,称将履行担保义务,但最终发行人自行筹资完成利息支付
	2014年4月	发行人浙江华特斯进入破产重组,增添兑付不确定性	12 华特斯	私募债	浙江华特斯	2015年1月到期,担保措施较多,完成兑付尚需沟通成本
	2014年7月	债券持有人选择于今年全额回售本次债券,金泰科技按时足额偿付本息,发生实质性违约	12 金泰债	私募债	金泰科技	实质性兑付违约
	2014年7月	董事长失联多日,公司面临大量诉讼,经营难以为继	12 津天联	私募债	天津复材	首例国有担保违约
	2014年8月	发行人流动资金紧张,无法按时付息,已构成违约	13 华珠债	私募债	华珠(泉州)鞋业	实质性兑付违约
	2014年9月	华锐风电公布13年报,公司已连续两年亏损,公司股票被实施退市风险警示,其发行债券11华锐风电暂停上市交易,2014年9月29日,华锐风电意欲折价回购,最终被持有人大会否决	11 华锐01 11 华锐02	公司债	华锐风电	公司积极应对,通过出售应收账款、资本公积金转增股本和股份让渡等多种方式筹措偿债资金,最终未发生违约情况

司给予 A-1 评级（见表 8-10）。福禧核心业务为高速公路的投资建设和运营，拥有沪杭高速公路上海段 30 年收费经营权、嘉金高速公路 25 年收费经营权、苏嘉杭高速 30 年收费经营权。

表 8-10　福禧短融基本信息

发行人	福禧投资控股有限公司
债券类型	短期融资券
发行规模	10 亿元
票面利率	3.6%
起息日/到期日	2006 年 3 月 7 日/2007 年 3 月 7 日
增信方式	无
债券评级	首次评级：A-1；2006 年 8 月降级为 C 级
主承销商	中国工商银行

2006 年 7 月上海社保基金案爆发，福禧投资涉嫌从上海社保基金违规借贷 32 亿元巨额资金，用于收购沪杭高速公路股权。此后福禧主要资产被法院冻结，董事长张荣坤被逮捕。8 月 21 日上海远东国际资信评估公司直接将该债券降为 C 级。事件爆发后，福禧短融成为机构争相抛售的对象，但由于缺乏买盘，流动性迅速枯竭。

（2）信用危机处理程序回顾。自"福禧事件"发生以后，福禧短融的主承销商工商银行牵头化解了这场偿债危机。2006 年 8 月 29 日，工商银行在上海召开持有人会议，就成立"福禧融资券债权人委员会"达成共识，持有人一致同意委托工商银行代理维权工作；9 月 8 日，福禧融资券债权人委员会第一次会议召开，正式启动维权工作。

经过福禧融资券债权人委员会和维权代表工商银行的努力，在金融主管部门和上海市政府的大力推动下，福禧公司资产处置工作顺利进行。2007 年 3 月 7 日，福禧短融如期足额兑付了全部本息，如图 8-4 所示。

在此过程中，福禧融资券债权人委员会积极加强与监管部门和地方政府的沟通协商，督请上海市政府积极开展资产处置工作，保证持有人的合

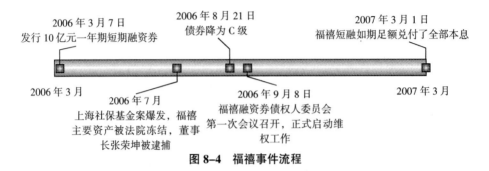

图8-4 福禧事件流程

法权益；与此同时，债权人委员会认真落实法律诉讼的准备和相关筹备工作，委托工商银行开展具体工作。由于"福禧事件"的特殊性及主管部门资产处置和重组的高效性，最终并未启动实质性的法律诉讼程序。

（3）福禧信用事件的启示。我们可以看到，在偿债危机发生之后，主承销商工商银行成功召集福禧短融持有人召开了持有人会议，并就维权事宜达成了共识，这对之后维权的成功起到了关键性的作用。这是以市场化手段解决该类事件的一次经典案例，债市参与者首次直面信用危机并最终予以成功解决。福禧事件给我们的启示是，债券发行、流通到违约处理都应坚持市场化原则，发生信用事件时，要杜绝由主管部门或主承销商包揽风险、息事宁人的现象。由主承销商代理维权，可以有效解决持有人分散、联系不畅等问题，充分发挥主承销商在熟悉企业、与主管部门沟通等方面的优势。

（二）由担保公司承担偿付义务的案例——"10中关村债"信用事件

（1）"10中关村债"偿债危机演变。2010年8月26日，包括北京地杰通信、京北方、百奥药业在内的共13家发行人集合发行"10中关村债"，发行规模3.83亿元，期限6年，票面利率5.18%。其中，地杰通信发债金额为4000万元，京北方和百奥药业均为2000万元。根据担保协议，中关村担保对"10中关村债"续期前3年应付本息提供全额无条件不可撤销的连带责任保证担保，由北京再担保公司提供再担保。债券发行时，债券评级为AA+级，担保人评级为AA-级，如表8-11所示。

表8-11　"10中关村债"基本信息

发行人	北京地杰通信设备股份有限公司、北京佳讯飞鸿电气股份有限公司等13家企业
债券类型	集合企业债
发行规模	3.83亿元
票面利率	5.18%
起息日/到期日	2010年8月26日/2016年8月26日
增信方式	不可撤销连带责任担保
担保/再担保人	北京中关村科技融资担保有限公司/北京市中小企业信用再担保有限公司
债券评级	AA+（首次）；AA+（最新）
担保人评级	AA−（首次）；AA（最新）
主承销商	中信建投证券

2012年1月4日，地杰通信在中国债券信息网公告称，公司目前经营状况恶化，自主偿债能力较低，已向中关村担保申请，请其履行担保责任，确保本金及利息按时全额兑付。1月9日，大公国际资信评估公司公告称，下调"10中关村债"3家发行人的评级，其中地杰通信由BBB+降至CC级，京北方科技股份有限公司由BBB+下调至BBB−，北京百奥药业有限责任公司由BBB下调至BBB−；维持其他发行人信用等级不变，如图8-5所示。

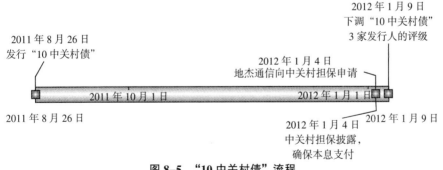

图8-5　"10中关村债"流程

（2）"10中关村债"偿付危机应对程序。虽然3家发行人被降级，但大公国际仍然维持"10中关村债"信用等级为AA+，原因是担保人中关村科技担保有限公司代偿能力与代偿意愿较强，并且再担保人北京中小企业信用再担保公司综合实力强大。

中关村担保在 2012 年 1 月 4 日也披露，其已于 2011 年 11 月 28 日向北京市长安公证处提存资金 4414.42 万元，包含了地杰通信需到期兑付的全部本金和至 2013 年债券所需支付的利息，以确保本息兑付。

（3）"10 中关村债"事件的启示。"10 中关村债"偿债危机是中国债券市场发生的首例担保代偿事件。因为担保人偿付能力和偿付意愿均较为强烈，因而并未发生实质性违约。此后，10 京经开债、10 黑龙江债和 11 常州债在发生偿债危机时也均由担保公司承担了偿债义务。

对于发债时引入了担保机制作为增信机制的债券，担保公司可以作为在发生偿债危机时的最后一道保障，但是债券持有人也要警惕担保公司是否具有偿债意愿和偿债能力，如"13 中森债"在未能如期支付利息后，曾传出担保公司拒绝承担代偿责任的传闻，给市场信心带来了极大的冲击。

（三）由地方政府或银行最终兜底的案例

（1）"11 海龙债"信用事件。

1）"11 海龙债"偿债危机演变。山东海龙股份有限公司为深交所上市公司，实际控制人为潍坊市国资委，主要从事粘胶短丝、粘胶长丝、棉浆粕、帘帆布的生产与销售。2011 年 4 月 15 日，公司发行一期 1 年期短融，发行规模为 4 亿元，由恒丰银行担任主承销商。联合资信评估给予债券初始评级为 A-1 级，发行主体初始评级为 A+级，如表 8-12 所示。

表 8-12 "11 海龙债"基本信息

发行人	山东海龙股份有限公司
债券类型	短期融资券
发行规模	4 亿元
票面利率	5.8%
起息日/到期日	2011 年 4 月 14 日/2012 年 4 月 15 日
增信方式	无
债券评级	A-1（首次），之后多次下调评级
主承销商	恒丰银行

2011 年 6 月 1 日，海龙发布公告称因涉嫌违反证券法律法规被中国证监会立案调查。9 月 15 日，联合将公司主体评级由 A+ 下调至 A–/负面。12 月 9 日海龙披露了 2008~2010 年会计差错更正公告，显示公司历史会计信息披露质量存在重大瑕疵，更正后所有者权益–2.46 亿元，资不抵债。因此，联合于 12 月 19 日进一步下调公司主体评级至 BB+/负面。

2012 年 3 月 2~12 日，公司因资金紧张，新增逾期贷款 1.49 亿元，使逾期贷款总计达到 7.21 亿元，占最近一期经审计净资产的 456.64%。考虑到海龙资金链紧张、偿付能力严重下降的情况，联合资信于 2 月 15 日将其主体评级进一步下调至 CCC 负面，债项评级下调至 C。

2）"11 海龙债"偿付危机应对程序。2012 年 4 月 15 日为 "11 海龙债"的最后偿付日，因此在债券被下调至 C 级后，市场纷纷猜测潍坊市政府是否会容忍 "11 海龙债"违约，但大多数市场人士仍然对 "11 海龙债"的顺利兑付持乐观态度。

2012 年 3 月底，主承销商恒丰银行董事会秘书在接受媒体采访时表示，可能的解决方案是由银行提供一笔过渡资金暂时解决海龙短期融资券的兑付问题，同时潍坊市政府为这笔资金提供担保。

2012 年 4 月 9 日，山东海龙发布了 11 海龙 CP01 的兑付公告，意味着逾 4 亿元的本息将于 4 月 15 日如期兑付，如图 8-6 所示。

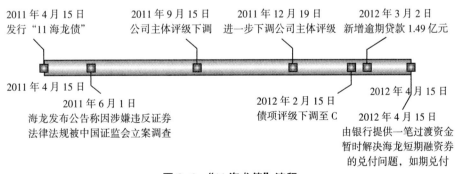

图 8-6　"11 海龙债"流程

"11 海龙债"依靠政府的兜底顺利化解了兑付危机,但是这次事件无疑进一步强化了政府对债券违约零容忍的市场预期,使中国债券市场丧失了一个经历信用债真正市场化违约的机会,而这次机会等到两年之后才真正降临。

3)"11 海龙债"信用事件分析。"11 海龙债"最终依靠政府的兜底顺利化解了兑付危机,政府协调下的解决方式强化了市场对于政府无法容忍债券违约的预期。在短期内,市场对高收益债的违约风险担忧大大缓解,推动高收益品种继续上涨,短期受益最大的将是政府背景最强的国有企业,如城投债,或是一些实力强劲银行承销的品种。在长期内,中国债券市场丧失了一个经历信用债真正市场化违约的机会,而这次机会等到两年之后才真正降临。如果当时海龙短融最终违约,尽管其规模很小,但会打破市场对政府或银行隐性兜底的传统理念,将市场的关注点重新引导到对信用风险的担忧上来,从而引发高收益债尤其是周期性行业债券出现回调。

(2)华通路桥信用事件。

1)华通路桥信用事件演变过程。华通路桥集团有限公司系国家公路工程施工和房屋建筑工程施工总承包一级资质企业,经营范围涉及高等级公路、桥梁工程施工、房屋建筑工程施工、市政公用工程施工等。公司于2013年发行一年期短期融资券,发行金额为 4 亿元,到期兑付日为 2014年 7 月 23 日,债券利息为 7.3%,到期应偿付本息合计 4.292 亿元。本期短融广发银行和国泰君安为联席主承销商,银行间市场清算所为登记托管机构,如表 8-13 所示。2014 年 7 月 16 日,评级机构联合资信将华通路桥的信用等级由 AA 下调至 BB+,评级展望为负面,并将 13 华通路桥CP001 的信用等级由 A-1 下调至 B,以反映其还本付息能力很低,违约风险较高的信用状况。

2014 年 7 月 10 日,山西省政协撤销了华通路桥董事长王国瑞的政协委员资格,华通路桥表示,由于企业董事长王国瑞仍在协助有关部门进行调查,尚未返回企业主持工作,13 华通路桥 CP001 到期兑付存在不确定性。王国瑞作为公司实际控制人,持有公司股权 60.25%,是公司经营决

表 8-13 华通路桥短融基本信息

发行人	华通路桥集团有限公司
债券类型	短期融资券
发行规模	4 亿元
票面利率	7.3%
起息日/到期日	2013 年 7 月 23 日/2014 年 7 月 23 日
增信方式	无
债券评级	首次评级：A-1；2014 年 7 月降级为 B 级
主承销商	广发银行股份有限公司，国泰君安证券股份有限公司（联席主承）

策、资金筹措及资金调度的总负责人，王国瑞协助调查后，公司对外应收款项回收及短期内资金筹措难度加大，且目前公司账面可自由调剂的货币资金规模小，对 13 华通路桥 CP001 本息保障能力很弱。

2）华通路桥信用危机处理过程。在该公司截至 2013 年末应收账款中，前五名均为政府相关单位，共计拖欠近 7 亿元人民币账款，占全部应收账款的 39.85%。面对可能出现的本息兑付危机，主承销商广发银行和国泰君安证券积极组织人员追讨欠款，山西省和阳泉市各级地方政府也出面协调筹集资金。故最终的兑付资金主要来自两方面：一是当地政府协调筹集的资金；二是发行人自行筹集的部分。此外，山西省政府在保兑付方面也做了协调工作，以免此事祸及本已严峻的企业融资环境。最终在 2014年 7 月 23 日银行间市场资金系统正常关闭前，华通路桥短融券的本息顺利兑付至债权人机构账户之中，如图 8-7 所示。

图 8-7 "13 华通路桥 CP001"流程

比较遗憾的是，13 华通路桥 CP001 的兑付金主要来源依然由当地政府出面协调筹集，作为公募债，社会波及面较广，还是会有政府背书尽量避免违约。然而私募债的风险释放则提前进入市场化的节奏，最为典型的案例即"11 超日债"利息违约事件打破了信用债"零违约"的神话。

3）华通路桥信用事件的启示。华通路桥短融最终全额按期兑付，缓解了市场前期担忧，但仍有值得市场警醒和关注的地方。华通路桥并不是一个内部现金流自然枯竭的违约案例，而是由于突发事件导致公司各项资金接续渠道同时收紧引致违约，反映出实际控制人风险对于民营企业的特殊重要性。然而这种重要性，对于建筑、地产和贸易等杠杆率高、债务期限结构短期化、高度依赖周转及缺乏足额固定资产支撑、对外部流动性高度敏感的行业而言则更为突出。此外，华通路桥大量资产在之前获取贷款时已被质押，出现应急情况时，已拿不出任何额外资产进行再融资，而资质相对良好的资产已被贷款行控制，再次体现出债券投资者在违约求偿方面的相对弱势。

总体而言，华通短融的安全兑付短期有利于缓解市场的违约担忧情绪，甚至进一步强化涉及政府背景债券的刚性兑付预期。但华通路桥事件折射出对于治理不完善、运作不规范、对实际控制人或某一高管严重依赖的民企，其潜在风险隐患之大，这将推动投资者在今后的风险甄别和投资决策中做出更为全面的考虑。

二、交易所市场债券违约处理事件

除 13 中森债通过担保公司偿付债务的方式解决违约，11 超日债以第三方企业介入重组解决，12 金泰债以公司申请破产重整解决外，12 津天联、13 华珠债皆发生实质性违约，目前还未得到有效解决。由此，我们不难得出交易所市场债券违约解决力度不强，主要依靠市场化手段，同时执行力度有待提高。

（一）"13 中森债"信用事件

（1）"13 中森债"信用事件演变过程。徐州中森通浩新型板材有限公司是高新技术企业，主要生产高科技新型环保节能板材产品，在同类产品中技术含量最高、生产规模最大。中森通浩新型板材有限公司隶属于中森通浩集团公司，集团业务覆盖建材、房地产、物流等多个领域。公司于2013 年发行一款 3 年期固息私募债——"13 中森债"，该期债券总额 1.8亿元，票面利率 10%，每年付息一次，首次付息日为 2013 年 3 月 28 日，由中海信达提供全额无条件不可撤销的连带责任担保，如表 8-14 所示。

表 8-14　"13 中森债"基本信息

发行人	徐州中森通浩新型板材有限公司
债券类型	普通企业债
发行规模	1.8 亿元
票面利率	10%
起息日/到期日	2013 年 3 月 28 日/2016 年 3 月 27 日
增信方式	第三方担保
债券评级	AA
主承销商	华龙证券有限责任公司

在首次付息日 2013 年 3 月 28 日，"13 中森债"出现利息违约，未能如期兑付首期利息，而且有消息称担保方中海信达担保有限公司拒绝为该笔债券承担代偿责任。中海信达拒绝为该债券履行代偿义务的原因并非是没有能力兑付，而是其内部协调出现了矛盾，原因是当地分公司私下做了担保，但中海信达并不认可。这意味着，"13 中森债"的利息兑付或无从着落，有可能成为私募债市场首例违约。

（2）"13 中森债"信用危机处理程序回顾。2014 年 4 月 4 日，证监会相关负责人表示，"13 中森债"的发行人徐州中森通浩新型板材有限公司已披露相关信息，受托管理人华龙证券已要求增信机构中海信达担保有限公司代付利息，中海信达担保已向债券持有人出具承诺函，承诺将尽快履行担保义务，在 30 个工作日内安排资金代付首期 1800 万元的利息，如图 8-8 所示。

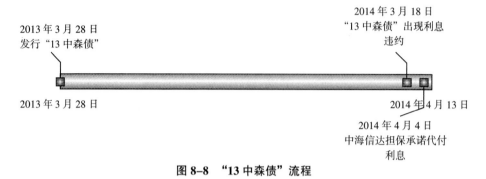

图 8-8 "13 中森债"流程

最终"13 中森债"完成利息支付，但据相关人士透露，中海信达并未履行担保义务，是发行人自己想办法筹集资金偿付。

在此过程中，证券交易所积极敦促发行人、受托管理人、增信机构等中介机构切实履行职责，维护投资者合法权益。证监会也遵循市场化原则依法处置，积极维护投资者合法权益，引导各相关市场主体依照法律规定和债券契约处理利益诉求。

（3）"13 中森债"信用事件的警示。"13 中森债"出现付息违约，为继超日债违约之后债券市场的第二例违约事件，也是首单私募违约案例。"13 中森债"信用事件为中小企业私募债拉响危险警报，也引发对发行公司财务数据真实性和担保公司担保效应有效性的质疑。

"13 中森债"发行企业为中森通浩，公司所属板材行业本身严重产能过剩，且下游需求严重依赖房地产，在行业不景气和市场需求疲软的情况下，公司经营严重困难，难以还本付息实属正常。但在"13 中森债"发行之前，公司净资产仅 2.95 亿元，较往年同期大幅增加，而同期应收和净利润增速也高达 92.41% 和 134.26%，公司财务数据真实性堪疑。此外，本次违约凸显担保公司担保压力。违约事件之后，有媒体对担保方中海信达拒绝代偿做出调查，并对其信用诚信进行质疑。暂且不论公司诚信问题，仅从公司财务上看，2012 年中海信达总资产和净资产分别为 20.8 亿

元和 20.13 亿元，流动比率为 44.18%，担保放大率为 3.74%，显示公司担
保压力巨大。

从 2013 年开始，担保行业进入风险期，监管部门开始对担保行业进
行整顿。此次违约事件牵扯出担保机构，成为对整个担保行业进行清理的
一次契机。

（二）"11 超日债"违约事件

（1）"11 超日债"违约事件演变。2012 年 3 月 7 日，超日太阳发行 10
亿元公司债，票面利率为 8.98%，由中信建投证券担任主承销商，债券及
发行主体初始评级均为 AA 级，如表 8-15 所示。4 月 16 日，公司发布业
绩修正公告称 2011 年亏损 5800 余万元，与债券发行之前预计的净利润相
差约 1.42 亿元。

表 8-15 "11 超日债"发行基本信息

发行方	上海超日太阳能科技股份有限公司
发行规模	10 亿元
票面利率	8.98%
起息日/到期日	2012 年 3 月 7 日/2017 年 3 月 7 日
增信方式	无
主体信用评级	AA
债项信用评级	AA
主承销商/受托管理人	中信建投证券

2013 年 4 月 26 日，超日太阳发布 2012 年年报，亏损 16.76 亿元，因
连续两年净利润为负，公司股票被停牌一天。

2013 年 5 月 2 日，因 2011 年、2012 年连续亏损，"11 超日债"于
2013 年 5 月 2 日起停牌，5 月 22 日，鹏元资信将 *ST 超日发行主体及债
券信用等级下调为 CCC。

2014 年 2 月 28 日，*ST 超日发布 2013 年业绩快报，预计亏损 13.7 亿
元，3 月 4 日，公司发布公告宣布债券利息无法按时支付，仅能够按期支

付共计人民币 400 万元。至此，"11 超日债"正式宣告违约，并成为国内首例违约债券。

（2）"11 超日债"违约处理进程。自 2014 年 2 月 28 日 "11 超日债"违约以来，债券持有人维权之路走得极其艰难。

作为 "11 超日债"的主承销商和受托管理人，中信建投于 2014 年 3 月 11 日发出了召开债券持有人会议的公告，定于 2014 年 3 月 26 日在上海市奉贤区碧海金沙召开债券持有人会议。但是，中信建投在 3 月 22 日突然发出公告宣布，由于截至 3 月 20 日登记参加会议的债券面值总额只有 18.34%，为避免出现因参会债券持有人过少、持债数量不足而未能形成有效决议的情况，决定延期召开本次会议。

截至 2014 年 4 月 29 日 17 时，中信建投通知会议筹备组，由于登记参加会议的债券面值总额只占未偿还债券面值总额的 21.19%，其决定继续顺延会议的参会登记时间，会议的具体召开时间和地点将另行通知。

5 月 5 日，"11 超日债"债券持有人自发组织召开债权人会议。但中信建投代表以没有适合开会的场地为由拒绝开债权人会议，债券持有人会议继续被拖延。

5 月 22 日，*ST 超日公告称，根据深交所的决定，公司发行的公司债券 "11 超日债"将于 2014 年 5 月 30 日起终止上市。同日，中信建投发布临时公告决定继续顺延本次债券持有人会议的参会登记时间。

6 月 27 日，在超日债违约事件进一步恶化之后，上市公司 *ST 超日发布公告称，26 日公司收到上海市第一中级人民法院《民事裁定书》及《决定书》，裁定受理申请人上海毅华金属材料有限公司对超日公司的重整申请。上述公告特别提示，即使公司的破产重整计划得到通过并执行完毕，"11 超日债"持有人也存在不能全额受偿的可能。根据《企业破产法》第四十六条的规定，自法院受理破产重整申请之日起，"11 超日债"被视为到期，并同时停止计息。然而在此之前，"11 超日债"主承销商发布公告称，经与发行人及其相关子公司核实，个别作为担保物的机器设备因被发行人擅自作为实物出资正在追回中、部分担保物因涉及发行人与其他债权人的法律纠纷而被采取查封等司法保全措施。在本次破产重整的裁定之后，相关债券持有人将不得不面对发行人资产担保可能无效、企业所有资产债务面临破产清算的恶劣局面。一旦发债主体进入破产重组，公司破产重组流程耗时将至少在半年以上，而投资者在面临长期消耗战的同时，本息大概率不会得到全额兑付。对于相关持有人而言，破产重组将是最后的退路。

7月5日，*ST超日发布公告称，"11超日债"于2014年7月8日起正式在集中竞价系统和综合协议交易平台暂停上市，考虑到周末闭市因素，"11超日债"从6日起已暂停上市，而在此之后，"11超日债"还可能面临终止上市的风险。

7月15日，"11超日债"2014年第一次债券持有人会议将正式召开。"关于提请债券持有人会议授权受托管理人就逾期付息对超日太阳提起民事诉讼等的议案"获同意比例为25.95%；"关于提请债券持有人会议授权受托管理人有权依法处置'11超日债'担保物用于付息的议案"同意比例为26.78%；"关于提请债券持有人会议授权受托管理人有权代表债券持有人参与超日太阳整顿、和解、重组或者破产的法律程序的议案"同意比例仅占15.91%；"关于'11超日债'再次召开债券持有人会议的会议召开形式及投票表决方式的议案"同意比例为24.89%。由于表决票数不够，会议审议的各项议案无法形成有效决议，此次会议无效。

7月21日，管理人收到公司转来的天龙光电解除合作生产经营协议的通知，因为天龙光电认为超日太阳进入重整程序、协议无法继续履行。这份提前终止的合约，对于已经陷入重整程序的*ST超日来说无疑是"雪上加霜"。

8月7日，*ST超日管理人发布关于重整进展及风险提示的公告称，截至2014年8月6日，共有2245家债权人向管理人申报债权，申报金额合计345259万元。8月11日为债权申报期限截止日。

8月18日，*ST超日召开第一次债权人会议，74%的债权人表决通过了管理人提出的框架性重组提案《上海超日太阳能科技股份有限公司重整案财产管理方案》。且据悉，超日太阳已经于 7 月底在潜在重组方的帮助下复产，潜在重组方实力强大，超日今年实现盈利保壳有望。

9 月 1 日，*ST 超日公布子公司股权处置结果。根据超日太阳重整案第一次债权人会议表决通过的公司重整案财产管理方案，管理人委托上海国际商品拍卖有限公司公开拍卖超日太阳持有的上海超日（洛阳）太阳能有限公司 100% 股权、洛阳银电光伏材料有限公司 65% 股权。

9 月 3 日，*ST 超日公告称，鉴于公司已无能力通过自身完成重整并恢复持续经营能力和盈利能力，管理人决定通过公开招标方式遴选投资人。根据招标文件，投标人参与 *ST 超日重整的投标保证金不低于 2 亿元。投标人应最迟于 2014 年 9 月 14 日前将投标保证金汇入指定银行账户。

10 月 7 日，*ST 超日披露了一系列公告，其中包括了一份 *ST 超日股民以及债民等待已久的重整计划草案，以及两家公司为 "11 超日债" 提供合计 8.8 亿元的担保，致使 "11 超日债" 本息全额偿付成为可能。其中重整草案显示，光伏龙头企业协鑫集团旗下的江苏协鑫能源有限公司等 9家单位组成的联合体将作为重整案的投资人，其中江苏协鑫担任牵头人，并将在完成投资后成为 *ST 超日的控股股东。此外，计划草案称，"职工债权、税款债权以及 20 万元及以下的普通债权将全额受偿，有财产担保债权按照担保物评估价值优先受偿；普通债权超过 20 万元部分按照 20%的比例受偿。按草案计算，普通债权受偿率约 3.95%，且实际破产清算的清偿比例可能低于预估。

10 月 23 日，*ST 超日第二次债权人会议在上海市奉贤区人民法院召开。大会上，超日太阳重组方案被通过。其中，此前反对声音最大的普通债权人组以 69.89% 的比例通过方案，赞成比例接近七成，债券额度达到31.5 亿元。重组方案获得通过后，重组方与 *ST 超日管理人将按照法定顺序对相关债权进行偿付，如图 8-9 所示。10 月 28 日，上海第一中级人民法院裁定批准重整计划，并终止重整程序。12 月 18 日，上海超日发布公司债券兑付公告，标志着超日债违约危机的结束。

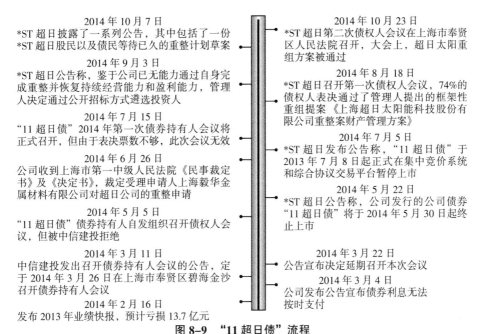

2014 年 10 月 7 日
*ST 超日披露了一系列公告，其中包括了一份 *ST 超日股民以及债民等待已久的重整计划草案

2014 年 9 月 3 日
*ST 超日公告称，鉴于公司已无能力通过自身完成重整并恢复持续经营能力和盈利能力，管理人决定通过公开招标方式遴选投资人

2014 年 7 月 15 日
"11 超日债" 2014 年第一次债券持有人会议将正式召开，但由于表决票数不够，此次会议无效

2014 年 6 月 26 日
公司收到上海市第一中级人民法院《民事裁定书》及《决定书》，裁定受理申请人上海毅华金属材料有限公司对超日公司的重整申请

2014 年 5 月 5 日
"11 超日债" 债券持有人自发组织召开债权人会议，但被中信建投拒绝

2014 年 3 月 11 日
中信建投发出召开债券持有人会议的公告，定于 2014 年 3 月 26 日在上海市奉贤区碧海金沙召开债券持有人会议

2014 年 2 月 16 日
发布 2013 年业绩快报，预计亏损 13.7 亿元

2014 年 10 月 23 日
*ST 超日第二次债权人会议在上海市奉贤区人民法院召开，大会上，超日太阳重组方案被通过

2014 年 8 月 18 日
*ST 超日召开第一次债权人会议，74% 的债权人表决通过了管理人提出的框架性重组提案《上海超日太阳能科技股份有限公司重整案财产管理方案》

2014 年 7 月 5 日
*ST 超日发布公告称，"11 超日债" 于 2013 年 7 月 8 日起正式在集中竞价系统和综合协议交易平台暂停上市

2014 年 5 月 22 日
*ST 超日公告称，公司发行的公司债券 "11 超日债" 将于 2014 年 5 月 30 日起终止上市

2014 年 3 月 22 日
公告宣布决定延期召开本次会议

2014 年 3 月 4 日
公司发布公告宣布债券利息无法按时支付

图 8-9　"11 超日债" 流程

虽然由于江苏协鑫等 9 家单位的联合投资，重组方案的顺利通过，使 "11 超日债" 利息违约终获圆满解决。但对 *ST 超日而言，未来管理层是否出现大换血，认为 "11 超日债" 欺诈上市的债民是否终止上诉，都是其必须要面对的困局。

（3）"11 超日债" 暴露出我国债券违约处理机制困境。首先，债券受托管理人权责不明晰。《公司债券发行试点办法》规定公司应当为债券持有人聘请债券受托管理人，并订立债券受托管理协议；在债券存续期限内，由债券受托管理人依照协议的约定维护债券持有人的利益。对于受托管理人的任职资格，《公司债券发行试点办法》中规定债券受托管理人由该次发行的保荐人或者其他经中国证监会认可的机构担任。但是保荐人和发行人在一定程度上存在利益捆绑关系，保荐人兼受托管理人的双重角色显然难以将债券持有人的利益放在首位，不利于保护公司债券持有人的利益。在此次超日债违约之后，中信建投作为保荐人和债券受托管理人并未有效地协助债权人进行维权，因而将自己摆在了债权人的对立面，债权人对受托管理人的不信任加剧了维权的难度。

其次，债券持有人大会制度不健全。"11 超日债"的债券持有人会议并不是中国债券市场的首次持有人会议。事实上，在 2006 年发生的福禧信用事件中，债券持有人会议在主承销商工商银行的牵头下成功地举行并取得了实质性的成果。但"11 超日债"的情况显然有所不同。一方面，作为一家在交易所上市的民营企业公司债，"11 超日债"的投资者包括为数不少的个人投资者，这给会议的召集增加了不少难度。另一方面，"11 超日债"的违约开创了因不能按期支付债券利息而触发召开债券持有人会议的先河，同时也开了债券持有人作为召集人来自发组织会议的先例，很显然，在这方面，我国债券市场缺乏必要的经验和规定。目前，仅有银行间市场在 2010 年发布了《非金融企业债务融资工具持有人会议规程持有人会议议程》，而公司债持有人大会的法律依据主要还是《公司债券发行试点办法》，但《公司债券发行试点办法》的规定过于原则，对发行人缺乏应有的约束力，很难发挥对投资人的保护作用。同时，《公司债券发行试点办法》仅规定了召集债券持有人大会的情形，但对债券持有人大会如何召开、决议效力等均没有规定，更没有规定当债券受托管理人不被债券持有人信任，或者当债券受托管理人不勤勉尽责或侵犯债券持有人权益时，持有人如何进行自我救济，这使得超日债持有人自发组织持有人会议的行为无法可依。

（4）"11 超日债"信用事件的分析。"11 超日债"违约是中国公募债券市场首单违约事件，可以说具有里程碑和划时代意义，其对于债券市场的影响深远。

从短期来看，将在某种程度上影响市场对各类信用债的偏好程度，偏好高信用评级短久期债券，避开低评级信用债，从而导致信用利差扩大，收益率上升。但实际上超日债违约事件历时过长，债市投资者已有所预期，市场相对有所消化，总体上对债市冲击并不如预期的大。

从长期来看，超日债违约对中国债券市场发展的影响是积极的。一是"不破不立"，风险释放有利于市场出清，信用违约引发的"融资挤兑"加大企业展期压力，促使机构投资者在债券投资中更加重视安全而非利益；二是债券市场零违约的打破促使债券市场评级的深化，有助于债券市场制度完善和投资者树立风险意识，推动债券市场信用评级、监督机制、信用风险量化等进一步发展，更有助于促使信用违约工具等金融创新产品拥有发展空间。

对于承销商以及受托管理人而言，"11 超日债"违约事件也为其未来应对债券偿付危机提供了三点经验。一是做好预期管理。危机出现后的风险应当充分暴露，并给予市场充分的时间消化风险，避免风险的突然爆发。在市场对危机的发展方向已经具有明显预期的情况下，风险的影响程度将相对可控。本次偿付危机在 2012 年末出现，到 2014 年进入破产重整阶段时，市场的情绪已经相对平稳。二是建立顺畅的外部沟通机制。超日债违约的利益相关方包括相关监管机构、地方政府、银行、供应商等多方，他们都代表了不同类型的利益诉求。只有在处理危机的过程中与各方进行充分积极的沟通，才有利于各方按照有利于将风险降至最低的方向统一行动，避免造成不必要的利益冲突。三是承销商及受托管理人内部各部门通力配合。对于证券公司而言，此次超日危机处理不是普通的投行业务，工作内容涉及危机处理方案设计、重整及重组方案设计、受托管理人履职、投资者安抚等，需要投行、法律、经管等多个业务线的通力合作，发挥公司各方面的资源，才能充分应对，确保工作有条不紊地推进。

"11 超日债"违约事件最终以 *ST 超日重组方案通过告终。"11 超日债"的重组处理体现了监管层对公募债券监管的思路。超日债重组方案中对"11 超日债"提供了额外的连带责任担保，相对于其他普通债权，对于公募债券持有人提供了最大的保护，由此可以看出监管层处理违约尤其是公募债券违约的思路。此外，此次破产重组成功体现了上市公司壳资源价值对于债权人的隐性保护，同时破产重组结果亦进一步强化债券市场的保刚兑预期，总体上刺激市场风险偏好继续提升。

（三）"12 金泰债"违约事件

（1）"12 金泰债"违约事件演变。"12 金泰债"是国内首例违约的中小企业私募债，"12金泰债"包括两只产品，即"12金泰01"和"12金泰02"，由湖州金泰科技股份有限公司于2012年7月10日发行。金泰科技是一家以金属及非金属材料表面处理技术研发、生产和销售为主的高新技术企业。公司主营业务包括汽车零部件、塑胶制品、铝合金轮毂电镀、塑料电镀、五金电镀等。其曾拟于2009年向证监会申请IPO并在深圳中小板上市，但并未成行。

两只产品期限均为三年，募集金额各1500万元，其中"12金泰01"利率为9%，"12金泰02"利率为11%，承销商为浙商证券，如表8-16和表8-17所示。2014年7月10日，虽然仍有一年时间才到期，但债券持有人选择于今年"全额回售本次债券"，而金泰科技未能按时足额偿付本金及利息共计3300万元，成为债券市场首单实质性违约的私募债。

表8-16 "12金泰01"发行基本信息

发行方	湖州金泰科技股份有限公司
发行规模	1500万元
票面利率	9%
起息日/到期日	2012年7月10日/2015年7月10日
增信方式	无
主承销商/受托管理人	浙商证券

表8-17 "12金泰02"发行基本信息

发行方	湖州金泰科技股份有限公司
发行规模	1500万元
票面利率	11%
起息日/到期日	2012年7月10日/2015年7月10日
增信方式	无
主承销商/受托管理人	浙商证券

（2）"12金泰债"违约原因。金泰科技的危机主要来源于联保互保。源头则是茂兴化纤重组失败。当地政府介入也是由于事件的牵涉面太广。

湖州市茂兴化纤公司是金泰科技的联保互保单位，茂兴化纤筹建期间主要依靠信贷资金和民间借贷，由于财务成本居高不下，利润无法覆盖高额利息，茂兴化纤于 2012 年 2 月停产，作为其联保互保单位，茂兴化纤的资金链断裂导致了一系列连锁的担保责任追溯及银行压贷问题，使得金泰科技也面临停产风险，由于资金链出现问题，最终引发了"12 金泰债"无法兑付的状况。

（3）"12 金泰债"违约处理进程。金泰科技是首只引入转股条款的私募债券，设计了 2+1 条款，相对于三年的发行期限，债权人可选择两年回售或再转股。该债券的担保人金泰科技的控股股东和实际控制人潘建华提供全额无条件不可撤销的连带责任保证担保。

在 2013 年 10 月召开了 2012 年度股东大会之后，中国节能和富海银涛作为代表的机构股东方联合迫使潘建华交出企业经营权并接管了公司，组成临时管理委员会。

在 2014 年 3 月召开的债权人会议上，"12 金泰债"多位持有人才知悉金泰科技资金链断裂存在无法兑付预期的风险，股东方代表曾提出延期兑付方案，对"12 金泰债"进行延期四年兑付，即每年偿还 25%的本金和约 10%的利息。但由于没有额外担保，利息无法保证，这一提议未获得债权持有人的认同。鉴于对金泰科技前景的不看好，"12 金泰债"持有人在行权期限内放弃转股。

2014 年 3 月，主承销商浙商证券曾尝试找信达资产管理公司作为第三方接手相关债权人债权，不过由于找到的第三方公司要求预先提供一定数额的保证金而作罢。

2014 年 7 月 10 日，"12 金泰债"发生实质性违约。当日，"12 金泰债"持有人选择全额回售债券。发行方湖州金泰科技本应于当日支付 300 万元利息，并支付债券持有人全额回售的 3000 万元本金，共计 3300 万元，但金泰科技并未足额偿付本金及利息，造成违约。

由于相关债权人认为中介机构的不作为导致他们在信息不对称的情况下买入"12 金泰债"，因此违约发生后，涉事各方对偿债方式分歧较大，

"12 金泰债"的违约处理一度陷入僵局，如图 8-10 所示。

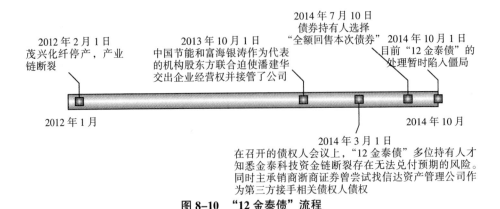

图 8-10 "12 金泰债"流程

在协调各方利益无果的情况下，因无力偿付债务，湖州金泰科技股份有限公司向湖州市吴兴区人民法院申请了破产重整，法院于 2015 年 3 月 12 日同意受理，并于 6 月 27 日上午召开了金泰科技破产重整的第一次债权人会议。金泰科技的破产清算使得债权人得到的补偿极其有限。

纵观"12 金泰债"事件，除了"12 金泰债"大量联保互保导致违约不能按时兑付，相关中介机构的信息披露也极不到位，最终导致了债券违约事件的发生。

（4）"12 金泰债"信用事件的分析。"12 金泰债"违约事件发生后，在 2014 年 7 月 25 日，证监会相关人士曾表态称："这是面向合格投资者发行的债券，主张市场化解决。"此外，其建议投资者依照债券发行契约，积极寻求仲裁、民事诉讼等维护自身合法权益。此次频发的私募债违约事件，让证监会重新审视市场，表明将继续完善投资者保护机制，包括进一步督促市场中介机构归位尽责、推动健全违约的司法救济机制、完善债券信用信息体系建设，鼓励诚信、惩戒失信。同时，此次政府最终没有为"12 金泰债"兜底，预示着政府在慢慢放开，让市场消化债券违约事件，推动债券市场市场化的发展。

此外，在此次违约事件中，和金泰科技同处风口浪尖的还有该期私募

债的承销商浙商证券。浙商证券未能获悉金泰科技其他企业有一系列债务
互保问题，也未告知投资人，潘建华曾在 2012 年 5 月被民生银行起诉，
他持有的金泰科技 37.13% 股权曾被冻结。此次违约事件的发生，承销商
未尽职也是一大问题。由此，券商是否在承销过程中起到应尽义务也引起
了市场的高度关注，增强了市场对债券承销商进行共同监督的意识。

（四）"12 津天联"违约事件

（1）"12 津天联"违约事件演变。"12 津天联"于 2013 年 1 月 28 日在
上海证券交易所挂牌，是由天联滨海复合材料有限公司发行的一笔中小企
业私募债，债券金额 5000 万元，票面利率 9%，期限为两年。并于第 18
个月末附投资者回售选择权，如表 8-18 所示。投资者自发行之日起第 18
个月末有权选择在回售登记期内将所持的全部或部分债券按面值回售给发
行人，或选择继续持有。由天津海泰投资担保有限责任公司承担不可撤销
连带担保责任。

表 8-18　"12 津天联"发行基本信息

发行方	天津市天联滨海复合材料有限公司
发行规模	5000 万元
票面利率	9%
起息日/到期日	2013 年 1 月 29 日/2015 年 1 月 29 日
增信方式	天津海泰投资担保有限责任公司承担不可撤销连带担保责任
主承销商/受托管理人	中信建投证券

2014 年 7 月下旬，由于投资者选择执行回售权，原本发行期限为两年
的"12 津天联"在 7 月 28 日到期，但发行人逾期未付本息，"12 津天联"
出现事实违约。

（2）"12 津天联"违约处理进程。2013 年下半年，天津民营企业家翟
家华因涉嫌经济犯罪被拘捕，海泰担保则被发现在对翟家华等的担保贷款
管理上存在严重问题，与海泰担保合作的多家银行要求其提前还贷，使海
泰担保资金链骤然绷紧。在"翟家华案件"的多米诺骨牌效应下，天联集

· 373 ·

团资金链随即断裂。

2014 年 7 月下旬，"12 津天联"的发行人天津市天联滨海符合材料有限公司及其控股方天津滨海天联集团有限公司董事长王吉群失联多日，该公司面临大量诉讼，经营或难以为继，原有核心技术人员及管理层几乎全部离职。

2014 年 7 月 29 日，中小企业私募债"12 津天联"的发行人出现实质性违约，发行人天联复材因资金链断裂而无法支付本息。债券持有人仅收到海泰担保代偿的 225 万元利息款。根据海泰担保出具的《担保函》约定，海泰担保在债券持有人或债券受托管理人发出"索赔通知"后七个银行工作日内须履行代偿义务。

如图 8-11 所示，2014 年 7 月 30 日，债券受托管理人中信建投向海泰担保发出"索赔通知"。但是，海泰担保与天联复材签署的《担保函》及《委托担保合同》在其"反担保措施"后被证实为"一纸空文"。

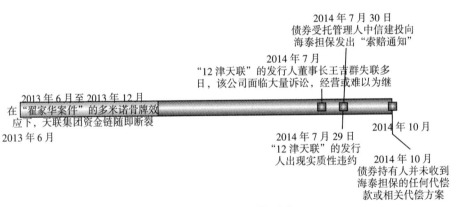

图 8-11 "12 津天联"流程

违约事件发生后，中信建投曾起草《中信建投关于"12 津天联"中小企业私募债券的解决方案》并提交至天津市政府金融服务办公室。但天津市相关主管部门以本案件纯属海泰担保前任负责人的个人违规行为为由，认定"12 津天联"的违约是纯商业行为，应由天联公司自身承担偿债义务，海泰担保明确表示无法承担相关的代偿责任。

在债券到期日前数月，债券持有人及债券受托管理人即通过天津市金融办与海泰担保及相关政府部门进行多次沟通，希望海泰担保及其上级主管部门就此债券的代偿事宜给予明确答复。

债券到期前，在天津市金融办的协调下，天津市滨海新区金融局、天津市高新区管委会、天津市高新区金融局、海泰集团及海泰担保代表与债券持有人进行了正式沟通，但债券持有人仅得到"希望债券持有人无条件将债券延期半年"的答复。

到 2015 年 7 月，"12 津天联"违约的救助方案仍无下文。在投资人进行诉讼的过程中，海泰担保关于诉讼管辖权的异议，使案件的判决归属地迟迟未能确认，投资人与海泰担保之间的诉讼还处于进行阶段。

（五）"13 华珠债"违约事件

（1）"13 华珠债"违约事件演变。"13 华珠债"于 2013 年 10 月 25 日在深圳证券交易所挂牌，是由华珠（泉州）鞋业有限公司发行的一笔中小企业私募债，债券金额 8000 万元，票面利率 10%，期限为两年，并于第 24 个月末附投资者回售选择权，如表 8-19 所示。投资者自发行之日起第 24 个月末有权选择在回售登记期内将所持的全部或部分债券按面值回售给发行人，或选择继续持有。由中海信达担保有限公司承担不可撤销连带担保责任。

表 8-19 "13 华珠债"发行基本信息

发行方	华珠（泉州）鞋业有限公司
发行规模	8000 万元
票面利率	10%
起息日/到期日	2013 年 8 月 23 日/2015 年 8 月 23 日
增信方式	中海信达担保有限公司承担不可撤销连带担保责任
主承销商/受托管理人	信达证券股份有限公司

2014 年 8 月 23 日为债券第一期付息日，由于节假日顺延后应于 8 月 25 日支付，总共支付额度为 800 万元。但因资金流紧张、银行提前收回

贷款等因素，发行人未按期支付利息，已构成实质违约。

（2）"13 华珠债"违约处理进程。2013 年 3 月发行的"13 华珠债"发行人为民营小微企业，从事鞋制品代工业务，而且因信息披露不完全的问题，最后尽管通过中海信达担保的担保得以成功发行，但是票面利率高达10.0%。

发行人于 2015 年 8 月披露回售选择权实施公告，但债券持有人并未行使回售权利。截至 2016 年 6 月底，发行人未能偿还首期及第二期利息，经受托管理人信达证券调查了解，发行人为本期债券提供反担保的商铺已被法院冻结，发行人正常经营基本停滞。

"13 华珠债"的担保方为中海信达，中海信达因自身经营困难无法履行代偿义务。投资人拟采用诉讼手段维护自身利益，但截至目前尚未正式起诉。值得注意的是，中海信达同时是"13 中森债"的不可撤销连带责任担保方，据有关人士披露，虽然其在"13 中森债"违约后给投资者致以承诺函表示"承担代偿责任"，但最终却并未履行，最后是发行人自己想办法进行了偿付。中海信达由于失信已被列入国家失信被执行人名单中，且形象一直不太好，不被投资人认可。从"13 华珠债"违约事件中，我们得到警醒，担保方和发行人资质对于私募债的投资至关重要，尤其是担保对降低信用风险非常重要。

（六）"11 华锐债"违约风险预警事件

（1）"11 华锐债"事件。华锐是国内龙头风机整机生产商，2011 年 12 月公司发行无担保公司债 28 亿元，其中品种一为 5 年期 3 年可回售 26 亿元（证券代码：122115），如表 8-20 所示，品种二为 5 年期 2 亿元（证券代码：122116）。品种一应于 2014 年 12 月 26 日进入回售期，品种二应于 2016 年 12 月到期。受风机行业产能过剩、景气下行影响，自 2012 年以来公司连续亏损，经营现金流 10 年以来均为净流出，由于公司归属母公司净利润连续两年亏损，两个品种公司债均于 2014 年 5 月 12 日暂停上市。2014 年 8 月 29 日晚间，华锐风电公告全资子公司江苏华锐拟出资不超过 7 亿元购买部分"锐 01 暂停"的方案，待持有人大会通过后施行，但最终未通过持有人大会表决。此外，9 月 17 日债券持有人大会已通过了对两期公司债追加担保的议案，但直至目前距离"锐 01 暂停"回售仅 1 月时间，追加担保事项仍无进展。总的来说，公司经营已陷入困境难以扭转，且内外部流动性获取能力已近枯竭，后续偿债指标还有进一步恶化的可能。实际上，公司在 2014 年第三季度报表中也对债券回售进行了风险提示，称公司目前难以对债券回售"本息能否按期足额兑付作出准确判断"，且"提醒广大投资者注意投资风险"。

表 8–20　"11 华锐债"发行基本信息

发行方	华锐风电科技（集团）股份有限公司
发行规模	26 亿元
票面利率	6%
起息日/到期日	2012 年 1 月 18 日/2016 年 12 月 26 日
增信方式	无
主承销商/受托管理人	瑞银证券有限责任公司、安信证券股份有限公司、齐鲁证券有限公司

（2）"11 华锐债"事件分析。2014 年 8 月 29 日晚间，华锐风电公告全资子公司江苏华锐拟出资不超过 7 亿元购买部分"锐 01 暂停"的方案。公司购买价格低于面值，构成实质违约。虽然最终该方案遭否，但这意味着 26 亿元的公司债将在 2014 年 12 月集中回售。公司创造的违约新模式，可能被其他公司效仿，市场需警惕发行人恶意违约。华锐公司折价回购相当于绕开法律限制，直接从二级市场低价购买本公司债券，若操作成功，对发行人节约财务费用、调整融资结构、降低偿债风险都有积极的作用，极有可能被自身债券被低估或面临违约的公司效仿。

最终在债券持有人会议中，华锐风电公司债券折价兑付方案宣告失败，追加担保方案获通过，这意味着 26 亿元公司债将在 2014 年 12 月集中回售，债券违约风险较大。一方面公司目前资金缺口较大，现金流枯竭，已无力负担 26 亿元的回售，而且公司资产负债率达到 60%，资产主要以应收账款和存货为主，应收账款逾期现象严重，难以及时收回，而存货也面临价值波动风险，整体资产质量较差，债券足额有效抵押难以有效实施；另一方面公司股权分散，没有实际控股股东，导致股东偿债意愿较为懒散，难以达成一致意见。因而，如果"锐01暂停"在回售日出现违约，投资者可以通过提起民事诉讼或申请破产重组等方式进行求偿，但实际获得偿付的时间存在很大不确定性。如果届时没有第三方资源介入，公司很难依靠自身力量偿还债券本息，将很可能成为下一个"超日债"。

在面临可能发生违约危机的情况下，发行方和承销商积极应对，采取多种措施筹措偿付资金。发行方华锐风电科技拟定《通过出售应收账款、资本公积金转增股本和股份让渡解决公司债券兑付的方案》，由意向投资人收购公司部分应收款，公司用资本公积金转增股本，并由除全国社会保障基金理事会和社会公众股外的其他股东放弃转增股份并让渡给意向投资人的方式解决债券兑付危机。此外，公司董事会提出《关于启动公司应收账款快速处置的议案》，采取包括以低于账面原值快速处置应收账款在内的各种方式回收货款，用于补充回售所需资金。

在承销商方面，瑞银证券积极履行作为受托管理人的职责，持续关注华锐风电资信状况，及时召集债券持有人会议，于回售日前先后召开四次债券持有人会议。同时，瑞银持续敦促华锐风电追加担保，及时与债券持有人沟通，寻求债券持有人给予相关授权。在处理风险的过程中，瑞银证券定期发布偿债举措进展情况公告，让债券持有人能够获得债券偿付相关的重要信息。

最终，华锐风电科技在回售资金发放日足额偿债，避免了违约事件的发生。"11华锐债"违约风险的成功处置表明，在处置信用债违约风险的过程中，发行方和承销商的应对态度十分重要，本着对投资者负责的态度，积极主动地寻求应对措施，尽职尽责地履行应尽义务，是企业解决违约风险的基础。

三、债券违约事件对比分析

债券违约事件对比分析如表 8-21 所示。

表 8-21　债券违约事件对比（截至 2015 年底）

分类	违约事件	起因	解决方案	交易地点	解决情况
违约最终被偿付	"福禧事件"	上海社保基金案爆发	主承销商代理维权	银行间市场	已解决
	"10中关村债"	公司经营状况恶化	担保公司承担偿付义务，且代偿能力和意愿较强		
	"11海龙债"	公司流动性紧张	银行兜底，主承销商恒丰银行提供过渡资金		
	华通路桥	公司实质控制人出事引发公司短期资金筹措困难	政府兜底，政府协调筹集资金和发行人自行筹集资金兑付		
	"13中森债"	行业不景气和公司经营状况恶化	担保公司承担偿付义务，但代偿意愿不强，且一度传出拒绝代偿		
构成实质性违约	"11超日债"	行业不景气和公司经营状况恶化	构成实质性违约，最终通过第三方机构介入重组圆满解决	交易所市场	
	"12金泰债"	联保互保	构成实质性违约，公司申请破产重整，债权人受偿有限		
	"12津天联"	由"翟家华案件"最终引起公司资金链断裂	构成实质性违约，担保公司未完成代偿款或提出相关代偿方案		未解决
	"13华珠债"	公司流动性紧张	构成实质性违约，担保方未明确表示代偿		

第五节　中国企业海外债券违约

一、中国企业境外债券信用事件回顾

与境内债券"零违约"情况不同的是，中资公司在境外所发行债券违约的情况并不少见（见表 8-22）。例如：2012 年中国医疗技术公司的两笔美元可转债利息未能如期偿付，因而企业信用评级被标普下调至"违约"；2013 年尚德电力到期的美元可转债未能全额支付，因而对海外债权人构成实质性违约。然而企业信用评级被降的情况并不鲜见，沿海绿色家园、超大现代农业、盛高置地等企业的信用评级均遭到不同程度的调降。在这些信用事件中，影响最为广泛、最为境内投资者熟知的则为尚德电力违约带来的破产事件，因而本节将重点回顾尚德电力违约事件的演变过程以及尚德破产案的处理进程。

表 8-22　中国企业境外债券信用事件

时间	涉及公司	事件
2012 年 2 月	中国医疗技术公司（CMED.NASDAQ）	中国医疗两笔利息未如期偿付，标普先后将长期企业信用评级下调为"选择性违约"和"违约"
2012 年 2 月	沿海绿色家园有限公司（01124.HK）	标普将沿海家园的 1.5 亿美元优先无担保债券的评级和大中华区信用体系评级由 CCC+ 下调至 CCC
2012 年 2 月	中国超大现代农业（控股）有限公司（00682.HK）	超大现代农业未按时偿付已发行的 2 亿美元可转债本金，长期企业信用评级被标普从 CCC 下调至 CC
2013 年 3 月	无锡尚德电力（STP.NYSE）	尚德电力发布公告称 2013 年 3 月 15 日到期的可转债仍有 5.41 亿美元未支付，构成违约

二、尚德电力违约事件回顾

(一) 尚德电力违约事件演变

无锡尚德太阳能电力有限公司成立于 2001 年 1 月，公司于 2005 年 12 月登陆美国纽约股票交易所，发行价每股 15 美元，尚德的 IPO 不仅开创了中国内地民营企业赴美 IPO 直接登陆纽交所的先河，并创下内地民营企业在美国证券市场首次融资的最高纪录。到 2009 年，无锡尚德的太阳能电池和组件产能已经达到了 1GW，从 2010 年第二季度开始出货量超过美国同行。但正是这样一家全球领先的光伏企业却在接下来的两年内迅速"变脸"，最终走向了破产的边缘。2013 年 3 月 18 日，尚德电力发布公告称本将于 3 月 15 日到期的可转债仍有 5.14 亿美元的未支付金额，如表 8-23 所示。该笔美元可转债的违约也牵涉到境外债权人和国际金融公司及国内银行在内的国内债权人的交叉违约。据统计，尚德电力的本外币授信余额折合人民币达到 71 亿元。

表 8-23　尚德电力违约事件演变

时间	事件
2012 年 7 月 30 日	尚德公告称正在对环球太阳能基金管理公司（GSF）相关方提供的反担保展开调查。GSF 的管理者 GSF Capital 向尚德提供的 5.6 亿欧元等值的德国政府债券担保存在瑕疵，其可能系伪造而根本不存在
2012 年 8 月 1 日	美国投资机构 Maxim Group 下调尚德目标价至 0 美元
2012 年 9 月 24 日	尚德发布公告称，因收盘均价连续 30 天低于 1 美元，公司收到纽交所退市警告，尚德有 6 个月缓冲期用于提振股价
2013 年 1 月 14 日	尚德电力连续 30 个交易日平均收盘价高于 1 美元，在美退市风险解除
2013 年 3 月 11 日	尚德电力发布公告称，与超过 60% 的可转债券持有人签订了债务延期协议，获得两个月延缓时间
2013 年 3 月 12 日	40% 未与尚德签订延期协议的债券持有人表示，要求尚德必须在 3 月 15 日到期时，按时偿还可转债，否则将向法院起诉
2013 年 3 月 15 日	尚德发布公告承认债务违约：公司收到 3% 可转债托管人的通知，即 2013 年 3 月 15 日到期的可转债，仍有 5.41 亿美元的未支付金额，已经违约并要求尽快付款

（二）尚德电力违约处理进程回顾

从 2012 年开始，由于尚德电力的偿债能力已经受到市场的质疑，债务违约的担忧从未停止，因此在 3 月 15 日正式违约之前，公司就与美元可转债债权人就债务问题进行了多次协商。2012 年 11 月，尚德电力曾向债权人提供了三种可选择的方案：第一个是重组可转债，第二个是将可转债转股，第三个是引进战略投资者+上述方案之一。3 月 11 日，超过 60% 的可转换债券持有人与尚德电力签订了债务延期协议，同意暂不行使索债权。但尚德电力股价在接下来几个交易日的暴跌让另一部分债权人看不到希望，有 40% 的债券持有人要求尚德必须在到期时按时偿还可转债。

延长偿付期谈判的不完全成功使得尚德电力在 3 月 15 日不可避免地走向了违约。3 月 18 日，公司宣布，由 8 家中国银行组成的债权人委员会已向江苏省无锡市中级人民法院提交了对无锡尚德进行破产重整的申请。

3 月 20 日，无锡市中级人民法院依据《破产法》裁定，对尚德电力旗下子公司无锡尚德太阳能电力有限公司实施破产重整。

5 月 15 日，尚德电力两个月前协议延期的可转债再次到期，从目前情况看，尚德电力依旧是无力偿还，加之无人接手，再次违约已经注定。与此同时，尚德宣布，大多数持有人同意再次与尚德签署新的债务延期协议，除非有任何导致提前终止的事件发生，否则不会在 2013 年 6 月 28 日前行权。

5 月 22 日，无锡尚德申请破产重整后，第一次召开全体债权人会议。在这之前，无锡尚德破产重整管理人小组共计向 600 多位债权人发函，通知债权申报，会议当天，460 多家债权人参加了会议。在此次债权人会议上，无锡尚德还选举了 7 家债权人委员会成员，这 7 家成员将参与制定和表决尚德破产重整计划草案，并最后提交债权人会议表决。

经历了三度延期后，尚德电力债务重组终于以债权人无奈选择债权换股权迈开第一步。9 月 2 日，尚德电力透露，该公司已在 8 月 31 日与由 Clearwater CapitalPartners 和 Spinnaker CapitalLimited 牵头的债权人工作小组就重组尚德电力达成共识，重组方案主要包括保留关键资产、未偿还债务转换为公司股权、对下属公司最高债务水平的设置、引入新战略投资者等。

10 月 14 日，尚德电力美国债券持有人向纽约的一家法院提交请求书，要求法院责令在美国上市的尚德电力强制破产。债券持有人总计持有580000 美元尚德电力债券，占该公司 2008 年发行的 5.41 亿美元债券的一小部分。

10 月 30 日，无锡尚德宣布收到无锡市国联发展（集团）有限公司投资意向书。国联将以不少于 1.5 亿美元现金的形式对尚德进行股权投资，以支持全面重组和恢复尚德的财务和运营。

11 月 5 日，尚德电力向开曼群岛大法庭（Grand Court）申请让该公司进入临时清算程序。临时清算是一种紧急程序，一家公司只有在向法院提交清盘请求后才可以申请这一程序。尚德电力还表示，其将考虑根据美国破产法第 15 章而申请破产保护，以便美国法院可以阻止债权人扣押其美国资产。

11 月 11 日，尚德电力在开曼群岛提交的临时清盘申请获得批准。这将使公司获得保护和更多的时间，以最终达成协商并完成重组。

11 月 12 日，无锡尚德重整案召开第二次债权人大会，经到场的 504家债权人代表及股东投票决议，江苏顺风光电正式被确定为战略投资人，其重整方案亦于此间披露，顺风光电拟将投入不少于 60 亿元人民币用于收购无锡尚德股权、偿债及后续经营。11 月 18 日，重整计划获得无锡市中级人民法院批准。

2014 年 1 月 18 日，无锡市中级人民法院通报无锡尚德重整案基本执行到位，已分配完毕的偿债资金超过人民币 27.1 亿元，偿债率已达90.3%。

（三）尚德电力违约处理机制总结

根据前述内容，在发生 5.41 亿美元可转债违约后，违约主体尚德电力主要做了三方面的努力。一是与债权人就偿付期限进行协商，为公司债务重组争取时间。在违约发生的前后，尚德电力两次与债权人协商延长可转债的偿付期，并获得了大部分债权人的同意。这一举措一方面为公司处理债务问题争取了时间，另一方面也在违约之后稳定了债权人与公司之间的关系。二是在债券违约之后积极寻找债务重组办法，并就债转股等债务重组方式与债权人达成共识，虽然该方法因为尚德电力股票退市而折载，但在一定时间内稳定了债权人的情绪。三是通过向开曼群岛大法庭（Grand Court）申请进入临时清算程序来避免强制破产。

然而尚德电力的国内子公司无锡尚德则在交叉违约发生后即进入了破产程序，通过法院及无锡市政府的努力最终无锡尚德吸引了顺风光电作为接盘人从而完成了债券重组计划。

第六节　境外债券违约处理机制分析及启示

一、美国典型的债券违约处理机制分析

尚德电力美元可转债违约后的处理进程实际上代表了美国债券违约后的典型处理方式。如图 8-12 所示，债券违约之后，债务人与债权人可以就债券合约问题进行重新协商，比如延长偿付期限、豁免一定比例债务等；如果双方协商不成功或债务人对协议的违背比较严重，债权人有权迫使债券发行人破产。破产是一项正式的法律程序，由专门的破产法庭进行，公司自身和债权人都可以向法庭申请启动破产程序。在破产程序中，法庭对公司的资产实施保护，并委派人员管理公司以防止公司资产流失。破产法庭在破产程序中扮演着保障债权人权利的重要角色。

破产有两种可能的解决方法，第一，由法庭对公司进行清算，发债主体停止所有的经营活动，由法院指定管理人对破产公司进行清算，并将所得资金按照一定的清偿顺序偿还给债权人。一般的顺序是首先清偿拥有抵押品的债权人，其次是没有抵押品的债权人，最后才是公司的股东。第

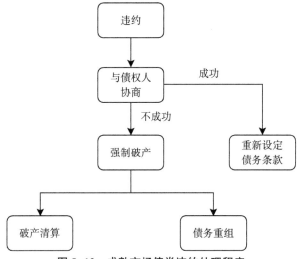

图 8-12　成熟市场债券违约处理程序

二，也是更普遍的，由法庭对公司进行重组，在重组中，公司的债权人同意将原有的索偿权替换成一套新的债权，重组后的公司在破产期间和破产后继续经营。常见的债务重组形式有三种：一是以资产清偿债务，包括以货币资金、存货、金融资产、固定资产、长期股权投资、无形资产等清偿债务；二是将债务转为资本，是指债务人将债务转为资本，同时债权人将债权转为股权；三是修改其他债务条件，包括减少债务本金、减少债务利息等。

二、完善的债券违约处理机制所含要素分析

在美国的违约处理程序中，要使每个环节能顺利进行下去，债权人的利益受到充分的保护，有三个要素是必须具备的：

（一）债权人能够与债务人平等协商

这个要素要能够具备意味着在债券违约之后，债务人必须召开债券持有人会议或其他债权人会议从而就债券偿付事宜进行交涉。在尚德电力违约案例中，无锡尚德的两次债券持有人会议的顺利召开为债务重组的顺利

进行起到了决定性的作用，正是通过平台，债券持有人能够对关乎自身利益的重要事项行使知情权和表决权。

（二）具有完善的司法救济和破产制度

这一要素的存在是确保在债券违约之后，债权人能够通过法律手段来维护自身的权益不受损害，同时完善的司法救济和破产制度也确保在违约处理过程中的每一步都有法可依、有据可循。在上文的案例中，尚德电力的海外债权人在对公司重组不抱希望时，可以向法院提交强制破产清算诉讼即是一个很好的例子。

（三）具有某一专业组织代理债权人行使权利

在尚德电力的案例中，尚德电力的海外债权人形成了由 Clearwater Capital Partners 和 Spinnaker Capital Limited 牵头的债权人工作小组，而无锡尚德也由无锡国联代为组织破产重组。这样专业组织的存在能够将分散的债权人集中起来，从而加大与违约主体的谈判能力，更有利于债权人维护权益。但是这样专业组织的存在又有赖于债券持有人会议的顺利召开。

以上三条要素的存在确保了在发生违约之后，债券持有人维权有法可依、利益诉求能够顺利传达，同时也能保证违约主体能够在有序的环境下进行违约补救，从而形成对债权人和债务人都有利的局面。

第七节 政策建议

伴随着信用债市场的快速发展，因发行人经营状况不佳而出现的违约等风险逐步显现，2014 年作为"债券违约年"更是给所有投资者、监管者和发行人敲响了警钟，其中以公司债和私募债违约为主，引起了市场的重点关注和警惕。

一、我国信用债市场存在的问题

(一) 发债主体和债券品种的逐步扩大增加信用风险出现的概率

2012 年，沪深交易所正式推出中小企业私募债。与其他标准债券相比，中小企业对发行人门槛要求很低，且交易所对发债采用非实质审核的备案制，其发行不强制要求担保或进行外部评级，旨在节约发行时间，拓展中小企业私募债的潜在发行需求，但同时也极大增加了投资者的风险。2014 年第四季度将有 62 亿元人民币（10 亿美元）的私募债到期，为 2012 年监管机构首次允许中小企业非公开发债以来的最高水平。中小企业作为高收益私募债发行主体，面临越来越高的违约风险，市场应引起高度重视。

(二) 债券市场体系和机制的不成熟放大信用风险的影响

我国信用债市场自 2005 年开始快速发展，主要得益于信用债品种的丰富和债券发行的市场化。虽然初步建立了相关的制度规则和管理体系，但在完善程度和执行力度上还存在不足，如信息披露不够充分，投资者保护机制不够健全，中介机构尽责意识不强等问题。这些问题既增加了债券信用风险爆发的概率，又导致信用风险一旦爆发，其影响程度较大。因此，为进一步推进信用债券市场的发展，必须同步建立完善有效的风险防范机制。

(三) 债券市场风险防范机制和投资者风险意识有待加强

在发行制度方面，《证券法》《公司债券发行试点办法》将公司债发行制度定位为核准制，规定了公司债的实质发行条件，但并未消除债券固有的信用风险，反而掩盖了不同资质企业所发债券的真实信用水平，不利于培养投资者风险识别和判断能力以及债券市场的市场化发展。在定价机制方面，市场化程度不足。《公司债券发行试点办法》规定，公司债由市场进行定价，但实际发行中，仍以簿记定价法为主，未能真正体现大多数市场主体的意志。在投资者方面，投资者结构有待改善，风险意识有待加强。个人投资者普遍对债券风险认识不足，易将公司债等同于到期保本付息的银行储蓄，投资时未充分考虑自身的风险承受能力。现阶段我国公司债券市场投资者主要是风险分析和承受能力较弱的个人和中小投资者，机构投资者在数量和比例上都与成熟市场存在一定差距。

（四）信用评级行业尚不适应公司债券市场发展要求

信用评级未能如实反映公司的风险状况，主要与信用评级付费模式有关。目前由发行人和承销商选择评级机构并支付评级费用，评级机构依附于发行人而生存，公司债的信用评级往往流于形式，不能真正揭示公司债的风险特征。不同类别甚至经营绩效和盈利预测差别较大的企业发行债券都可获得 AAA 级信用评级，掩盖了不同发行主体的信用风险差异。另外，信用评级机构缺乏统一规范，缺少持续跟踪评级制度，市场信用环境不成熟也是一大原因。

目前，在我国债券市场监管规则中以达到一定的信用评级作为准入标准，导致对信用评级结构的过度依赖和不当使用。在发行环节，要求债券信用级别良好；在上市环节，证券交易所根据其资信等级和其他指标对其上市交易实行分类管理，不能达到 AA 级债项评级的债券，只能通过固定收益证券综合电子平台进行上市交易；在投资交易环节，保监会明确保险机构投资一年期以上的非金融企业（公司）债券需国内信用评级机构评定为 AA 级以上，证监会规定货币市场基金不得投资信用等级在 AAA 级以下的企业债券。债券发行上市及投资规则与信用评级挂钩，在一定程度上助长了购买评级结果、"劣币驱逐良币"的情况。同时，监管机构、市场主体过分依赖外部信用评级将会提高其系统性影响力，一旦评级结果大范围调整容易引发"峭壁效应"，从而加剧债券市场的不稳定性。

（五）投资者保护机制不健全

（1）债券持有人大会制度不健全。《公司债券发行试点办法》中已经引入债券持有人会议制度，但其规定过于原则，对发行人缺乏应有的约束力，很难发挥对投资人的保护作用。

（2）债券受托管理人权责不明晰。《公司债券发行试点办法》规定公司应当为债券持有人聘请债券受托管理人，并订立债券受托管理协议；在债券存续期限内，由债券受托管理人依照协议的约定维护债券持有人的利益。对于受托管理人的任职资格，《公司债券发行试点办法》中规定债券受托管理人由该次发行的保荐人或者其他经中国证监会认可的机构担任。但是保荐人和发行人在一定程度上存在利益捆绑关系，保荐人兼受托管理人的双重角色显然难以将债券持有人的利益放在首位，不利于保护公司债券持有人的利益。

（3）尚未建立有效的公司债券增信机制。目前公司债券市场多为无担保债券，尤其是民营控股上市公司发行的公司债券无担保比例较高；有担保债券的担保方多为发行主体的控股股东及其关联方，且还存在部分低效甚至无效担保，如由核心资产为发行主体的母公司提供担保。这样的增信措施，在公司发生经营危机和偿付风险时形同虚设，投资者的利益难以得到保障。

（六）缺乏完善的司法救济和破产制度

目前，公司债相关的司法救济制度尚未明确。此外，在公司债券发行主体面临资不抵债的情况下，适时进入破产程序，有利于保护债权人的合法权益。但目前在具体实施过程中，上市公司的破产申请被法院受理的难度很大。在受理前需明确该上市公司的资产、负责状况、破产重整还是破产清算，在破产重整的情况下应有明确的重整方和重整方案，还应有具体的维稳方案（一般应由省级人民政府提出）等，破产受理时间长、要求高、难度大。

二、信用债市场风险防范制度建设

从中国债券市场的历次信用事件，特别是"11 超日债"的违约处理进程来看，中国债券市场违约处理机制存在诸多问题，主要表现为市场缺乏债券违约处理的经验、有关债券持有人大会的法律法规不健全以及对债券托管人义务界定不清晰。然而从国外的先进经验来看，健全的法律法规、权责明确的债务代理人等是一个完善的违约处理机制所必备的因素。

因此，随着债券市场不断成熟，未来债券违约逐渐增多，而建立完善的债券违约机制比担心债券违约更为重要。参考美国债券违约处理机制的经验，我们应该坚持市场化、法制化的原则，从制度入手，通过明确、细化公司债券市场的相关规则，建立完善债券市场投资者保护机制，从源头防范债券市场风险，同时在风险发生时能够有效化解处置。

（一）推进公司债券发行定价的市场化

从境外发达债券市场来看，公司债券的发行大多采用在强制信息披露基础上的注册制，证券监管部门不对公司债券发行进行实质性审查，由市场投资者自行判断公司债券风险。建议：一是鉴于我国公司债券主要发行主体为上市公司，透明度和信息披露基础较好，按照公开发行和非公开发行公司给对应投资人及时披露信息；二是完善询价制度，询价制度是一级市场发行的关键，核心在于报价与申购挂钩，增强询价的真实性。同时，提高市场询价的广度，债券发行前期需广泛路演，促进公司债发行利率与市场价格相符合。

（二）加强投资者教育，大力发展机构投资者

一是加大宣传，提高投资者对公司债风险、信用评级作用及其在揭示信用风险方面局限性的认识，加强风险警示教育。二是对不同特征和风险特性的债券交易品种做出分类，并区别不同产品认知和风险承受能力的投资者，引导其参与相应类型债券交易。鉴于无担保公司债券以公司信用为基础，最终能否偿付取决于发行人的经营及财务状况，风险相对较高，对无担保债券应设立合格投资者的制度安排。三是大力发展机构投资者。引入大量合格机构的投资者，培育多元化的机构投资者，发挥商业银行在公司债券市场中的作用；推动社保基金和养老基金大规模进入公司债券市场，增强公司债券市场的稳定性。

（三）完善信息披露要求，加大信息披露力度

一是完善信息披露相关法规。在《证券法》中单独规定公司债券发行人的信息披露义务，并制定公司债券信息披露配套规则，结合债券投资者信息需求，明确公司债相关信息披露的内容、时点，增加企业非财务信息披露要求，进一步严格发行人违反信息披露义务的法律责任。二是扩大信息披露主体的范围，将保荐人、信用评级机构、会计师事务所纳入信息披露主体。要求保荐人（或受托管理人）加大对发行人的现场检查力度，对发行人经营状况、财务信息、募集资金用途、信息披露情况及其他对公司有重大影响的信息等进行动态监测，并督促公司予以披露。要求信用评级机构持续关注发行人的信用风险情况，根据公司信用变化情况，及时对公司信用级别进行调整。

（四）加强信用评级机构管理，减少对信用评级依赖度

一是建立多方监控下的信用评级制度。由保荐人和发行人共同组成招标委员会来选择评级机构，并由此保证双方利益，弱化发行人和评级机构的道德风险链条。二是完善外部评级信息披露制度。在必须使用和参考外部评价结果的情形下，要求评级机构及时披露评级活动相关信息。三是建立定期评级回访制度，及时公布回访信息，定期公布各等级债券违约率，揭示债券风险，分析风险原因，最大限度地保护债券持有人。四是建立风险赔偿机制。要求债券评级机构对其在评级过程中的重大遗漏、虚假记载、误导性陈述给债权人造成的损失承担赔偿责任。五是引入评级机构竞争机制。可借鉴国际经验，尝试引入双评级和再评级制度，通过加强评级机构之间的竞争，提高评级结果之间的可比性；或者由独立公正的第三方对现有评级公司的评级方法或结果进行外部评价，形成合理的外部校验机制。六是监管部门根据监管掌握的信息，对信用评级机构进行非现场和现场检查，传导监管压力。建立严格的退出机制，将严重违反职业准则的评级机构逐出评级市场。此外，结合公司债券市场发展的实际情况，建议逐步取消监管规则对评级结果的使用，通过市场化方式由投资者去选择、使用和认可评级结果。

（五）积极采取多种措施，健全投资者保护机制

第一，进一步健全债券持有人大会制度。在公司债券持有人会议制度中，建议借鉴其他国家的立法经验，明确以下问题：一是债券持有人会议的组成。不同次发行的或不同种类的公司债券持有人利益基础可能不同，会议成员可限定为同次发行的同种类公司债券持有人。二是债券持有人会议的召集及权限。明确享有召集权的持有人持有债券比例，债券持有人会议可以作出的决议内容，如推迟、减少或者抵销债券本金、溢价或者利息，以及解除或者设立债券的保证或者担保等重大问题。三是公司债债权人会议决议的认可效力。包括债权人会议有效的出席人数、决议所需表决权比例、表决权行使方法、决议的认可等。四是为保障债券人的合法权益，遏制发行主体损害投资者利益的行为，建议进一步明确债券持有人大会对债券发行人的约束。例如：在债券存续期间，债券发行人发生减资、合并、分立或重大资产重组的，应通知受托管理人，受托管理人经债券持有人大会授权，有权要求债券发行人提前偿还全部债券本息、追加担保或指定某项核心资产的优先受益权。

第二，明确债券托管人义务。不管是国内发生的信用案例还是国外成熟市场经验，在债券违约处理过程中，债券托管人扮演着非常重要的角色。作为全体债权人的法定代表人，其有权代表债券持有人采取一切行动包括提起诉讼来强制债务人履行债务，享有不经过咨询债券持有人便可以使债券提前进入本息清偿期的加速偿还权，从而使全体债券持有人的利益得到维护。因此，对债券托管人权利和义务的明确规定尤为重要，建议一是为保证受托管理人的独立性，改由与债券发行人无直接利益关系的金融机构担任。二是明确受托管理人的权限。借鉴成熟市场的做法，明确受托管理人的权限，至少应包括调查权和加速追偿权。三是细化债券受托管理人履责规定，如明确出现可能影响债券持有人重大权益的事项时，召集债券持有人会议的时间；债券受托管理人未能尽职尽责时责任追究机制等。

第三，追加投资者保护性条件。建议将保护性条款作为标准惯例写入公司债契约中。保护性条款是为了保护公司债券持有人的利益免受侵害，而对公司管理者的行为进行限制。例如：在抵押公司债券中，为了保护这些抵押品，保护性条款可以规定，禁止出售这些抵押品或者进行再抵押；可对公司的红利分配进行限制，防止公司变卖资产并将其收入支付给股东，以保障债券持有人的利益不受侵害。保护性条款还可以包括限制附加债务发行和公司合并等条款。

第四，建立有效的增信机制。建议根据发行人信用等级的不同，设定偿债基金的提取比例。同时不断丰富公司债券的增信方式，除采用已有的保证担保和抵/质押担保之外，可以考虑探索建立公司债券保险制度，适时引入附担保公司债券信托以及优先/次级分层等成熟公司债券市场中较为流行的信用增级方式等，满足债券市场发展的需求，最大限度保护投资者利益。

（六）建立完善司法救济和破产制度

建议明确公司债券相关的司法救济制度，推动完善上市公司破产制度安排以及时化解债券风险，最大程度保护投资者利益。如果发行人难以在现有经营策略下还本付息，债权人应当有权要求向法院申请启动破产程序。在破产程序中，法庭对公司资产实施保护，保障债权人权益。在进入破产程序后，法庭可以根据情况对公司资产进行破产清算或者同意公司债务重组。

一是赋予受托管理人作为特殊诉讼主体代表全体债权人作为原告参与诉讼的法律效力，有利于解决信用债原告人数众多、权力分散的问题，提高诉讼效率。

二是明确《企业破产法》中的细节问题如债券申报、破产申请等，并做出进一步的司法解释。

三是推动最高人民法院针对信用债违约出台以下事项的司法解释：建议定性信用债违约诉讼为共同诉讼；建议对信用债诉讼中发生责任竞合的案件，允许投资人就两种责任可以同时提出诉讼请求，法院合并审理。建议撤销相关案件受理牵制程序。

（七）建立科学合理的公司债券风险基金

建立健全的公司债券风险基金制度，有利于防范公司债券违约可能引发的系统性、区域性金融风险，保护公司债券市场个人投资者利益，弥补现有债券信用评级，促进债券市场平稳发展。通过研究海外存款保险制度与债券保险业务，对我国建立公司债券风险基金提出以下建议：

（1）建立独特的运作模式。在赔偿额度方面，应从个人投资者保护角度出发，将上限定在 10 万元，从而有效保护大多数个人投资者的利益；在偿付对象方面，可参考海外存款保险制度，不区分个人投资者和机构投资者，统一赔偿额度；作为债券增信机构的补充，保持与其有效合作，当债券发行人与债券增信机构无法完成本息支付时，债券风险基金充当投资者的保护者，在赔偿额度内先行向投资者支付本息；在赔付认定方面，为有效控制市场参与方的道德风险，需经专家委员会对公司债券市场系统性风险做出判定，债券风险基金才可启动对投资者的赔付认定，且债券风险基金只对启动赔付认定后的债券违约向投资者赔偿，对启动赔付认定前发生的债券违约不再赔偿。

（2）明确管理与监管责任。借鉴期货投资者保障基金的模式，债券风险基金可以由证监会指定中国证券投资者保护基金有限公司作为基金的代管机构，负责基金资金的筹集、管理和使用，并对基金的管理遵循安全、稳健的原则，保证基金的安全。债券风险基金管理机构应当定期编报基金的筹集、管理、使用报告，报送证监会。

（3）确定基金的合理规模。在充分分析被保障债券的规模、损失程度和债券风险基金的运作方式等因素下，确定合理的基金规模，保障债券风险基金制度顺利运行。债券风险基金资金可来源于四个方面：①基金成立之初国家划拨初始资金；②基金成立后，向证券公司收取承销费的一定比例；③在允许范围内的投资收益；④管理机构追偿或接受的其他合法财产。

（4）建立风险管理机制。通过建立严格的事前、事中、事后风险管理流程，公司债券风险基金可较为有效防范债券违约引发的系统性和区域性金融风险。

（八）充分发挥综合监管体系在债券市场风险防范中的作用

综合监管体系在我国资本市场上市公司监管中发挥了重要的作用，公司债券市场不同于股票市场，有其特殊性，需有针对性地设计公司债券市场的综合监管体系，构建全方位的风险防范联动机制。

发展债券市场是完善我国资本市场结构、提高直接融资比重的重要战略措施。促进债券市场的发展，涉及主体建设、投资者引导、市场培育等多方面，其中，信用债券的风险防范事关投资者对债券市场的信心，也是影响债券市场长期健康发展的重要因素。完善和加强债券市场风险防范机制势在必行，必须引起监管者、发行者和市场投资人的高度重视。

第九章 研究结论和政策设计

第一节 研究结论

近年来中国债券市场发展迅速，其已成为金融市场的重要组成。当前，我国债券市场正面临交易制度有待进一步完善、市场规模快速增长的同时风险防控压力增大等问题，并且股债之间联动关系日趋复杂，债券创新品种发展迅速，市场走势波动较大，这引起了市场广泛关注。针对上述问题和现象，本书以做市商制度、公司债市场、债券品种创新、2017 年以来债券市场走势等为研究对象进行深入分析，并提出相关政策建议。

做市商制度是我国债券市场交易机制的重要组成。为改善债券市场流动性，我国银行间和交易所债券市场先后从交易平台建设、交易机制完善和做市商制度的构建等方面进行了探索和改进，但从整体上看，我国债券市场的流动性仍然欠佳，发现二级市场价格功能仍不完善，本书先对如何完善债券市场做市商制度进行研究。通过对境外债券市场的做市商制度进行深入分析，并结合我国现有做市商制度的运行经验和我国债券市场的发展实际，本书提出完善我国债券交易制度的建议，包括健全投资者适当性制度、完善做市激励机制、培育做市商群体、建立统一的监管体系。

债券市场快速发展的同时风险也在积聚，风险防范成为债券市场重要的课题，本书其后对公司债市场的风险预警与控制进行了研究。自 2015

年公司债发行与管理制度改革实施以来，公司债市场规模快速扩容。房地产相关行业、制造业等周期性行业的发债余额占据公司债存量余额的58.93%，周期性行业的集中度过高不利于公司债信用风险的控制。中国公司债换手率大幅低于海外市场，换手率过低导致流动性风险较高。交易所债券市场的加权平均杠杆和净杠杆持续下降，来自于回购市场的风险相对可控。从风险控制角度看，有必要继续着力改善公司债市场的流动性，对发债的行业集中度进行必要控制，确保公司债市场的杠杆风险保持在可控水平。

债券市场和股票市场共同构成了资本市场的主要部分，随着债券市场的快速发展，股债之间的联动关系也在发生变化。本书对自2006年以来的中国股债联动关系的分析表明，股债市场之间的长期相关性不高，可能存在着时变特征，且在股市平稳和非平稳时期，股债联动机制存在显著差异。进一步使用事件研究法和相应统计检验方法，对2007~2008年与2015年两次典型股市异常波动的分析表明，2007~2008年与2015年的股市波动不存在显著差异，但股债联动关系存在显著差异。相对于2007~2008年的股市异常波动，在2015年的股市异常波动期间，国债的避险功能十分突出，且信用债市场也起到一定程度的"资金避险池"作用。

债券品种创新是债券市场发展的重要方面，本书对近年来具有市场影响力的绿色债券、可转换债券、交易所地方债等债券创新品种进行了研究。2016年中国绿色债券市场启动，受政策利好驱动中国绿色债券发展迅速，市场规模跃居世界第二，发行主体增多，券种结构逐渐丰富，绿色非金融债发行利率较低，二级市场交易逐渐活跃。虽然存在认定标准不统一、监管内容不够细化等问题，但绿色债券市场未来仍有较大发展空间。2017年可转债吸引了市场的注意力，可转债的融资优势逐渐获得市场认可，发行规模处于历史高位。在2018年股票市场熊市的背景下，可转债抗跌性明显的特征使得市场日益重视可转债的投资价值，分享可转债市场发展红利可以从主题投资机会、条款博弈等方面着手。交易所地方政府债市场自2016年以来实现快速发展。交易所地方政府债具有在交易所发行、券商参与承销并直接向个人投资者分销等特征。中山证券从个人分销、改善市场流动性等角度入手，深度参与、积极服务交易所地方政府债市场的创新发展。双创债诞生于 2016 年，具有私募发行为主、新三板企业为发行主力等特征。双创债市场存在发行难度大但融资金额不大、对投资者吸引力不足等问题。通过明确双创企业认定规则，完善发行制度和探索增信与偿债保障机制，能够更好助力双创债市场发展。

市场走势分析是债券市场投资的重要内容，本书对自 2017 年以来的债券市场走势进行了研究。2017 年债券市场全年呈下行走势，10 年期国债收益率上行 87BP。2017 年债券市场走势和新周期之争、美林时钟之争以及大宗商品价格上涨背后原因之争与全球货币政策转向有关。2017 年中国经济出现周期性上行，处于美林时钟复苏阶段，因此债券市场走熊。交叉验证大宗商品价格和企业盈利数据可发现中下游行业出现有力的需求复苏。2017 年债市熊市也是"全球加息"的结果，2018 年债券市场为小牛市。投资不稳和金融不稳导致经济下行压力增大、中美贸易冲突引发市场恐慌和全球经济复苏势头显著放缓是债券市场走牛的原因。受金融严监管导致的融资环境收紧影响，2018 年信用债市场出现大量违约事件。2019 年受稳增长发力、金融供给侧结构性改革推进扭转金融体系信用紧缩局面和中美贸易冲突等因素影响，利率走势一波三折，整体呈震荡格局。新冠肺炎疫情成为影响 2020 年债市走势的主要因素，疫情的暴发和扩散导致债市利率快速、大幅下行，随着疫情得到控制、经济秩序恢复，债市利率转而上行。

第二节　债券市场监管的机制设计

当前，我国债券市场发展规模已居全球第二，信用债市场也已经成为企业重要的融资渠道。从 2018 年债券市场异常波动暴露出来的问题看，需进一步提升我国债券市场的法治化、市场化水平，提高债券市场应对风险事件的韧性，最终实现资本市场更好服务实体经济的目标。一是加快发展高收益债市场。市场和监管层应减少对债券评级的过度使用，提高对高收益债的接纳度，为高收益债市场提供公平的发展环境。鼓励银行理财子公司、保险公司、资管公司、私募基金等机构投资者增加对高收益债的投资规模，加快债券市场对外开放步伐，壮大投资者队伍。编制高收益债指数、发展高收益债券指数基金，提升投资高收益债的便利性。二是加快完善违约债的交易机制。当前沪深交易所已正式推出违约债交易服务，此前银行间市场也已尝试开展首笔违约债交易，要进一步完善违约债交易机制，则应尽快推出银行间市场违约债配套交易机制，明确可交易违约债券品种、合格投资人准入、交易方式、交易场所、信息披露等各项规定。同时，可引入专业中介机构，参与违约债的价值评估及处置方案设计，促进违约债实现高效处置。三是提升违约债券处置的法治化、市场化水平。统一公司信用债券的基本规则和制度，避免发行人进行监管套利。增强债券持有人会议的法律地位和约束效力，为债券投资者利益保护提供法律武器。同时，也要加强投资者的教育，避免投资者的非理性维权。对法治化、市场化处置风险造成不必要的干扰。正确处理政府和市场的关系，地方政府在债券违约处置中不越位、不缺位，平衡好维护企业生产经营秩序和保护债券投资人利益的关系。相关部门可以出台司法解释，加快修订破产法、担保法等法律及相关配套制度，简化企业破产司法程序，完善债券违约处置法律机制安排。

除债券违约处理机制的调整外，债券市场应抓住资本市场深化改革推进、新证券法实施的有利契机，全面提升债券市场的市场化、法治化水平，推动债券市场对实体经济的服务效能提升。

一、战略指导思想

坚持正确处理政府和市场关系。尊重市场经济一般规律，减少政府对市场资源的直接配置和对微观经济活动的直接干预，充分发挥市场在资源配置中的决定性作用，更好发挥政府作用，有效弥补市场失灵。坚持服务实体经济导向。优化融资结构和金融机构体系、市场体系、产品体系，建设一个规范、透明、开放、有活力、有韧性的资本市场，完善资本市场基础性制度，为实体经济发展提供更高质量、更有效率的金融服务。

二、发展路径选择

1. 公司债和企业债发行实施注册制，提升发行审核效率

修订后的《中华人民共和国证券法》（"新证券法"）自 2020 年 3 月 1 日起正式实施。为贯彻新证券法的实施，国务院办公厅于 2 月 29 日发布了《关于贯彻实施修订后的证券法有关工作的通知》（国办发〔2020〕5 号），要求稳步推进证券公开发行注册制，落实好公司债券公开发行注册制要求。随后，发改委发布了《关于企业债券发行实施注册制有关事项的通知》（发改财金〔2020〕298 号），指出企业债券发行由核准制改为注册制。证监会办公厅发布了《关于公开发行公司债券实施注册制有关事项的通知》（证监办发〔2020〕14 号），向沪深交易所明确公司债券公开发行注册制的具体工作纲要，沪深交易所也先后发布《关于公开发行公司债券实施注册制相关业务安排的通知》。自此，公司债和企业债的发行正式迈入注册制阶段。

按照新证券法及相关配套政策的规定，发行企业债由发改委依法注册，原有的两家预审机构中央国债登记结算有限责任公司和中国银行间市场交易商协会成为审核机构；公开发行公司债由中国证监会负责发行注册，证券交易所负责审核。公司债和企业债发行施行注册制是一种以信息披露为核心的发行上市审核制度，是深化资本市场改革的重要一步，能够提高债券发行的效率、提升债券市场的市场化程度。在证券法正式实施后的第一个工作日，沪深交易所合计受理了 5 个公开发行公司债项目，首批"注册制"公司债券快速获得受理，体现出注册制下债券发行效率的提升。

2. 债券发行政策放松，公司债和企业债市场扩容

新证券法及相关配套政策放松了公司债和企业债的发行要求。一是取消了企业债申报中省级转报环节，省级发改委只对项目本身负有监管责任，不再对资金端有任何干预。二是放开了对发行主体债券余额和净资产的限制。新证券法删除了公开发行公司债"股份有限公司的净资产不低于人民币3000万元，有限责任公司的净资产不低于人民币6000万元""累计债券余额不超过公司净资产的百分之四十"的规定。三是公司债券取消了大小公募的区分，公开发行公司债券均由交易所审核通过后报送履行发行注册程序，非公开发行公司债券仍按照现有规定执行。四是删去了筹集资金投向和债券利率的相关规定，减少了对债券融资行为的干预。

债券发行政策的放松扩大了合格发行主体的范围，未来公司债和企业债发行或将迎来扩容。截至2020年2月末，我国企业债存量余额为2.31万亿元，公募公司债存量余额为3.92万亿元。近年来，企业债发行持续走弱，自2017年起连续三年净融资额为负，债务规模整体萎缩。公募公司债受到到期额增大的影响，净融资额也出现了回落。根据可得数据的1669家债务发行主体的债务余额和净资产测算可得，债券余额（公司债+企业债）占净资产的比重在40%及以上的主体数量为198家，占全部发行主体的比重为11.65%，随着债券余额占净资产比重这一发行条件的取消，原债券余额接近或超过40%的这类发行主体或将扩大其融资规模。需注意的是，发行政策的放松只是减轻了发行主体融资的制度障碍，但受经济下行压力增大、企业债务规模偏高下融资需求不强、债券市场信用分层明显等因素的制约，企业债和公司债的扩容相对有限，作为评级下沉主力的城投债和地产债或将成为主要的受益方。

3. 公司债上市交易制度调整，提高市场流动性

新证券法及相关配套政策的颁布，除了放松债券发行条件以外，还对公司债上市交易的制度进行了调整。一是公司债券申请上市交易条件中删除了"公司债券的期限为一年以上"的要求，由证券交易所对公司债券上市条件作出具体规定。二是删除了上市交易的公司债券实际发行额不少于人民币 5000 万元的规定。三是自 2020 年 3 月 1 日起，沪深交易所均不再实施暂停上市制度，已暂停上市的公司债券按照各自交易所《关于调整债券上市期间交易方式有关事项的通知》相关规定进行交易。此外，沪深交易所表示，将根据《证券法》、国务院和中国证监会有关规定，尽快制定、修订公司债券公开发行上市审核规则、上市规则等配套规则，适时对外发布。

上市交易制度的调整提高了债券市场的流动性，进一步清除了高收益债市场的制度障碍。与美国发展成熟的高收益债市场相比，中国高收益债券市场发展缓慢，流动性严重不足。2019 年我国存量高收益债（以到期收益率在 8% 及以上为判定标准）中，超过半数的高收益债年内无成交，而有交易记录的高收益债平均成交天数不足 30 天，市场流动性严重不足，严重制约了高收益债市场的发展。交易所此前的公司债暂停上市制度，直接冻结了部分高收益债的流动性，导致高收益债的市场化定价和流转无法顺利实现。在新证券法下，沪深交易所不再实施暂停上市制度，为高收益债市场的发展进一步扫清了制度障碍，能够提升我国债券市场的市场化程度，促进我国高收益债市场的发展。

4. 强化信息披露要求和中介机构责任，提升债券市场制度建设

新证券法增加"信息披露"和"投资者保护"两个专章，发行人和中介机构将在信息披露方面承担更大的法律责任。一是明确了发行人为信息披露第一责任人，对信息披露的内容、形式和责任人进行了详细的规定。二是指出信息披露义务人未按照规定披露信息，或者公告的证券发行文件、定期报告、临时报告及其他信息披露资料存在虚假记载、误导性陈述或者重大遗漏，致使投资者在证券交易中遭受损失的，信息披露义务人应当承担赔偿责任。三是规定证券公司应根据投资者类型不同提供相应产品服务。对于债券，应设立债券持有人会议并说明相应运行规则等，同时聘请债券受托管理人行使包括在债券违约时代理诉讼等相关职责。四是指出中介机构应对债券发行人进行充分的尽职调查，协助做好信息披露等工作，对所出具的专业报告和专业意见负责承销的证券公司及其直接责任人

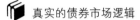

员，应当与发行人承担连带赔偿责任，但是能够证明自己没有过错的除外。

新证券法的施行强化了信息披露要求和中介机构责任，我国债券市场的制度建设得以不断健全。对比成熟的资本市场，我国资本市场的信息披露存在着准确性、及时性不足的问题，健全的信息披露制度和中介机构责任是市场得以发展的根本。从投资者的角度来看，健全的信息披露制度能够减少投资者与发行人之间的信息不对称，防止内部交易和证券欺诈行为，起到保护投资者的作用。对监管机构而言，信息披露的准确、高效、及时能够保障法律法规和监管指令有效的制定与实施。此外，对于发行人而言，完善的信息披露制度也能使发行人处于市场监督之下，强化企业自我约束，促进企业的健康发展。新证券法的修订健全了信息披露制度和投资者保护制度，强化了中介机构责任，能够提升我国债券市场的市场化程度，使债券市场取得长远、稳定的发展。

附录 1 比利时合格电子交易平台的选择过程

1. 合格平台

交易平台首先要申请成为合格平台，需要满足如下要求：

（1）受监管市场或满足 MiFID 要求的多边交易平台（Multilateral Trading Facilities，MTF）。

（2）向所有 PD 和 RD 公平开放，对于市场参与者不收取会员费。针对做市商的交易费用不得过高。

（3）收费政策需和财政部交流。

（4）同意遵循国债交易所委员会（Government Securities Dealers Committee，GSDC）设定的规则，以便做市商完成其做市义务。

（5）在交易时间，以合理价格向所有市场参与者连续公布当前买卖价格和市场流动性情况。免费向财政部提供上述市场信息。

（6）以财政部预设的文件格式向财政部提供市场统计信息，以便财政部监测和评估做市商的做市情况。

（7）向财政部提交申请并提交满足上述要求的证明。财政部基于上述标准进行审核。

2. 选择过程

交易平台满足上述要求成为合格平台之后，必须由一定数目的 PD 推荐并进行筛选。筛选过程如下：

（1）每家 PD 从合格平台中选择最多三家平台，并进行偏好排序。

（2）偏好排序第一位（最偏好）的赋予分值 3，第二位的分值 2，第三位的分值 1。PD 通过电子邮件向财政部沟通偏好排序结果。

（3）分值加总排名前三的平台被确定为电子交易平台。

（4）如果有多个平台得分并列第三，对并列得分的平台重复上述调查。

3. 电子交易平台

（1）电子交易平台的有效期为两年。两年之后重新进行上述选择过程。

（2）无须负责监督做市商的做市义务完成情况。该任务由财政部负责。

附录2 欧洲主要电子交易平台概览

一、BGC Partners

BGC Partners 由英国金融行为监管局（FCA）批准成为电子交易平台，负责所有通过 Euroclear 进行清算的欧洲国债的匹配交易（Matched Principal）[①]。电子交易平台运行时间为伦敦时间 07.00 a.m 至 6.00 p.m。语音做市时间为 07.00 a.m 至 6.00 p.m。

（一）市场交易

交易方式包括现券交易和基差交易。做市商和交易商（Market Taker）都可以进行电子化交易。语音交易采用如下形式：通过 BGC 交易员可以成为 PD 电子报价的对手方。语音交易为匿名交易，即 BGC 交易员无法知晓电子报价对手方的身份。基差交易采用 BGC Partners 设定的转换因子标准，该标准可在 http：//www.bgcpartners.com 网站查询。

（二）费用

仅收取交易相关费用。不收取入会费、会员费、线路费。

二、Eurex Bonds

在债券交易和基差交易上，Eurex Bonds 所有的市场参与者均享有同样

[①] 匹配交易是指买卖双方同时结算，交易平台不承担市场风险。

的权利，即向系统提供报价和订单。此外，一部分市场参与者扮演做市商角色，保证市场具有足够流动性。

（一）交易方式

Eurex Bonds 采用了集中交易的市场模型，因此提交的订单可能出现部分成交、全部成交或无法成交等情形。未成交订单将在交易日结束后自动从系统中清除。

在正常交易之外，Eurex Bonds 上具有"事先安排的交易设施"（Pre-arranged Trade Facility），即输入 OTC 市场中交易双方已经达成的交易订单。

（二）最小交易规模

除 Slimbos[①] 和公司债的最小报价和交易规模为 50 万欧元外，其他现券交易的最小报价和交易规模为 100 万欧元。基差交易和平衡交易（Break Even Trade）的最小规模为 500 万欧元。Bubill[②] 的最小交易规模为 100 万欧元，最小报价规模为 1000 万欧元。债券、基差交易和 Bubill 的结算周期为 T+2。

（三）交易时间

"事先安排的交易设施"的债券交易时间为中欧标准时间 7.25 a.m 至 7.00 p.m。基差交易时间为中欧标准时间 8.20 a.m 至 7.00 p.m。

债券连续交易和基差连续交易时间为中欧标准时间 8.30 a.m 至 5.30 p.m。

（四）费用

Eurex Bonds 的定价模型包括五种不同的费用，分别是年费、交易费、线路费、错误交易费和培训费。

年费：如果会员是 Eurex Bonds 股东，那么会员年费为 10 万欧元，如果会员不是 Eurex Bonds 股东，那么年费为 4 万欧元。

交易费：交易费取决于三方面因素。一是股东或非股东身份，股东的

---

① Slimbos 是指期限在 2 年以内的不记名债券。
② Bubill 为德国发行的贴现国债。

交易费较低。二是（每笔）交易的主导（Aggressor）或非主导方（Non-Aggressor），主导方是交易中接受现有报价的交易方。三是交易标的，不同的交易标的有不同的定价。

（五）参与资格

为进入 Eurex Bonds 市场，公司必须拥有至少 5 万欧元的资本金，或是满足 MIFid 法案或德国银行法规定的信贷机构、金融服务公司或证券公司，并且参与欧洲期货与期权交易所清算股份公司（Eurex Clearing AG）的清算。

附录3 2016年5月底银行间债券市场做市商名单

附表3-1 2016年5月底银行间债券市场做市商名单

中国工商银行	中国建设银行	南京银行	中国农业银行
中金公司	国开行	招商银行	中信银行
中信证券	民生银行	上海银行	光大银行
渣打银行	中国银行	浦发银行	杭州银行
国泰君安证券	恒丰银行	摩根大通银行	交通银行
花旗银行	汉口银行	北京银行	广发银行
兴业银行	江苏银行	广发证券	—
邮储银行	洛阳银行	第一创业证券	—

资料来源：交易商协会。

附录4 关于调整一级交易商国债做市有关事宜的通知

各固定收益证券综合电子平台交易商：

根据固定收益平台运行以来的市场情况和一级交易商的做市表现，为了更好地满足市场需求，本所将对国债做市有关事宜作如下调整：

调整目的

（一）加强对一级交易商的做市组织；

（二）为市场参与者提供更好的流动性管理支持；

（三）提高平台国债做市质量；

（四）明确国债做市基本原则。

调整后主要变化

（一）对平台挂牌国债做了明确分类；

（二）组织一级交易商集中对指定做市国债进行做市，提供强有力的流动性支持；

（三）国债做市排名方案的指标涵盖面更广，分值确定更趋合理。

具体内容

（一）挂牌国债类型

固定收益平台上的挂牌国债将分为3类：①指定做市国债；②选择做市国债；③非做市国债。其中，指定做市国债与选择做市国债统称为做市类国债。

（1）指定做市国债：指财政部关键期限（1年、3年、7年、10年）国债中，由本所指定，全部一级交易商均有义务对其做市的国债。如遇特殊情况，一级交易商拟终止对其做市的，须向本所书面申请，未经许可，一级交易商均不得终止对其做市。

根据市场意见，2008 年指定做市国债确认为以下 4 只国债：

A. 已在平台上市的 3 年期国债 07、国债 11；

B. 将于 2008 年 6 月 6 日招标的 1 年期国债；

C. 将于 2008 年 7 月 11 日招标的 3 年期国债；

D. 将于 2008 年 9 月 5 日招标的 1 年期国债。

今后，本所将根据市场情况和关键期限国债的发行状况，适时调整指定做市国债，并且提前至少一周公告以最终确认。

（2）选择做市国债：指除指定做市国债之外的，由一级交易商做市的国债。该类国债分成 3 种情况：

A. 新发行国债如未被指定为指定做市国债，本所将在国债招标前发布申报通知，一级交易商可自愿申报对其做市，经本所确认后，发布做市的一级交易商名单。

B. 未到期的指定做市国债如经调整后不再作为指定做市国债的，自动成为选择做市国债。原做市一级交易商选择继续对其做市的，无须向本所申请，自动成为选择做市国债的做市商。

C. 在平台挂牌并且无一级交易商对其做市的国债，即非做市国债，如一级交易商申请对其做市，经本所确认后，该国债即成为选择做市国债，同时公告对其做市的一级交易商名单。

如选择做市国债的做市商，拟终止对该国债做市，则须向本所提出申请。在获得本所书面同意前，须继续对该券进行做市。

（3）非做市国债：指无一级交易商对其做市的国债。

（二）国债做市规范

一级交易商须严格遵守《上海证券交易所固定收益证券综合电子平台交易试行办法》的相关规定，对做市类国债进行双边报价，履行做市义务。

（三）一级交易商每月国债做市综合排名方案

根据上述调整，在原有《固定收益证券综合电子平台一级交易商每月国债做市综合排名方案》的基础上，本所对排名方案修订如下：

（1）考核指标。

第一类：基础指标

做市持续时间

即一级交易商持续对指定做市国债提供双边报价的总时间长度，该项指标最高得分为 20 分。一级交易商该项得分=（该一级交易商做市持续时间/做市持续时间最长的一级交易商的做市持续时间）×20。做市持续时间越长，分值越高。

做市交易量

即一级交易商指定做市国债双边确定报价被点击成交的交易量，该项指标最高得分为 20 分。一级交易商该项得分=（该一级交易商的做市交易量/做市交易量最多的一级交易商的做市交易量）×20。做市交易量越高，分值越高。

组织交易量

即一级交易商与普通交易商间的所有类别国债询价成交的交易量，该项指标最高得分为 20 分。一级交易商该项得分=（该一级交易商的组织交易量/组织交易量最多的一级交易商的组织交易量）×20。组织交易量越高，分值越高。

市场动员能力

本指标分为并行的两类：A. 券商类；B. 非券商类。

A. 券商类，即交易商与客户间的所有类别国债协议交易量，该项指标最高得分为 20 分。一级交易商该项得分=（该一级交易商的协议交易量/协议交易量最多的一级交易商的协议交易量）×20。协议交易量越高，分值越高。

B. 非券商类，即交易商所辖非做市账户的所有类别国债的全部交易量，该项指标最高得分为 15 分。一级交易商该项得分=（该一级交易商的交易量/交易量最多的一级交易商的交易量）×15。交易量越高，分值越高。

第二类：调整指标

选择做市国债数量

除对指定做市国债做市以外，如一级交易商对选择做市国债做市的，每做市一只给予5分的奖励，累积计算，最高10分。

日均持仓总量

对一级交易商，其持有的所有挂牌国债，日均持仓总量在达到1亿元的基础上，如果超出部分在1亿元以上的，则每超过1亿元，给予5分的加分，累计计算，最高10分；对非券商类一级交易商，最高为15分。

做市中断时间

若一级交易商某交易日某做市类国债做市中断累计时间超出1小时，则记为中断1次。中断1~2次，则在前四项基础指标总分上扣减5分；中断3~4次，扣减10分；中断5~6次，扣减15分；中断7次以上的，扣减20分。

未尽做市义务

如遇特殊情况，一级交易商申请终止对某指定做市国债做市，并获得本所许可的，每终止一只，扣减15分，累积计算，最高45分。

（2）计算方法。

第一步，计算基础指标总分。

一级交易商基础指标总分值 = 做市持续时间分值 + 做市交易量分值 + 组织交易量分值 + 市场动员能力分值。

第二步，计算综合总评分。

在前四项基础指标总分值的基础上，使用调整指标进行调整，即

加上选择做市国债数量的加分；

加上日均持仓总量的加分；

减去做市中断时间的扣分；

减去未尽做市义务的扣分。

最后得出一级交易商综合总评分，以此为依据进行综合排名。

本所将于每月初在平台公布上个月"固定收益证券综合电子平台一级

交易商国债做市综合排名";同时在媒体公布总评分最高的 8 名一级交易商名单。上述排名将作为本所今后债券类及其他创新业务的重要参考依据。

（四）本平台原有规则与此次调整内容不符的，以此次调整内容为准。

（五）本通知内容生效后，所有一级交易商均自动成为指定做市国债的一级交易商，无须向本所申请对指定做市国债做市；同时，原先对非指定做市国债做市的一级交易商如拟终止对原国债做市，则须书面向本所申请，在获得本所同意后方可终止做市。

（六）上述调整于 2008 年 6 月 2 日起生效。

上海证券交易所

2008 年 5 月 15 日

附录5 超日债违约事件简述

一、事件回顾

上海超日太阳能科技股份有限公司于 2010 年 11 月 8 日登陆 A 股市场,是一家主营光伏组件的民营企业,其股票首发价格 36 元,募集资金 23.76 亿元。上市后,董事长倪开禄和倪娜父女合计持有上市公司股权达 43.89%。在 2010 年之前,公司受益于光伏产业的高增长,以及光伏组件价格的上涨,公司业绩增长较为稳定。但在 2011 年,由于光伏产业产能严重过剩,光伏组件价格大幅下降,超日太阳为了满足其经营需要,拓展海外市场,于是通过银行借款、债券融资、信托融资等进行资金募集。2012 年 3 月 7 日,超日太阳在公开市场发行债券,简称"11 超日债",证券代码"112061"。发行规模为 10 亿元,期限为 5 年,信用级别为 AA,债券为固定利率债券,票面利率为 8.98%,发行利率高于同期发行的其他公司债。在传统意义上,通常认为 BBB 以上级别的债券都是投资级别,违约的概率相对较低,AA 级债券意味着偿债不存在太大风险。

在超日太阳发行债券后不久,公司经营状况便出现了问题。2012 年 2 月 29 日,超日太阳预告,2011 年盈利超过 8200 万元。于是在一周之后发行的"11 超日债"受到了市场热烈的追捧。但之后,剧情发生了反转。2012 年 3 月 26 日,超日太阳公告推迟年报发布日期,2012 年 4 月 16 日,公司发布业绩修正公告,2011 年亏损 5800 余万元,修改前后,净利润相差约 1.42 亿元。除了公司盈利能力急剧下滑之外,公司的负债也大幅增加，公司的回款周期延长，在建项目后续所需的投资规模较大，债务压力巨大。随着公司经营状况的下滑，公司的债券评级也被多次下调，债券收益率大幅上行。2012 年 6 月，评级机构将"11 超日债"的评级展望由"稳定"调整为"负面"；2013 年 1 月，鹏元资信将公司的主体长期信用等级由 AA 级下调为 AA-级，评级展望维持为负面，"11 超日债"信用等级由 AA 级下调为 AA-级。同时，鹏元将公司主体长期信用等级和债务信用等级 AA-级列入信用评级观察名单。2013 年 3 月 7 日，超日太阳勉强支付了"11 超日债"首期利息 8980 万元，但公司仍未走出困境，而到了 2014 年 3 月 7 日，公司仅能够按期支付人民币约 400 万元，付息比例仅为 4.5%，无法按时支付"11 超日债"的 8980 万元利息。至此，超日太阳开始了资产重组之路。

据测算，公司应该偿还的债务有接近 60 亿元，而超日太阳全部资产评估价值仅为 4.76 亿元。2014 年 10 月 7 日，公司披露了管理人制定的重整计划草案，"职工债权、税款债权以及 20 万元及以下的普通债权将全额受偿，有财产担保债权按照担保物评估价值优先受偿；普通债权超过 20 万元部分按照 20% 的比例受偿。按草案计算，普通债权受偿率约 3.95%，且实际破产清算的清偿比例可能低于预估"。另外，公司还引入了其他投资人，投资人受让资本公积转增股份支付的 14.6 亿元，以及超日太阳通过处置境内外资产和借款等方式筹集的不低于 5 亿元，合计不低于 19.6 亿元将用于支付重整费用、清偿债务、提存初步确认债权和预计债权，作为超日太阳后续经营的流动资金。经测算，用于支付重整费用、清偿债务、提存初步确认债权和预计债权的资金约 18 亿元。在完成重整后，大股东将被更换，江苏协鑫成为第一大股东，控股 21%。

但实际上，在引入其他投资人的同时，公司还发了另外两个公告，那就是 2014 年 10 月 8 日公告的两个保函：长城资产为"11 超日债"出具保函，规模为 7.88 亿元，上海久阳投资为"11 超日债"出具保函，规模为 0.92 亿元，合计 8.8 亿元。长城资产管理公司和上海久阳将合计在人民币 8.8 亿元额度范围内为"11 超日债"提供连带责任保证。至此，在各方协助下，"11 超日债"本息终于全额受偿。

二、总结与启示

超日太阳公司情况较为特殊，在公司上市不久，就遇到行业低谷，光伏产业产能严重过剩，主营产品价格暴跌，导致公司经营出现严重问题，资不抵债。公司的资产负债率从 2010 年底开始呈现出逐季度递增的趋势，其负债主要源于银行借款、债券融资、信托融资等，而且公司大股东已经将个人持有的公司股份（多为限售流通股，无法及时进行变现）几乎全部质押，以拓展私人业务，导致股东方没有足够的资金对债券进行按时偿付。行业进入下行周期，公司资不抵债，这也是此次债券违约的处理难点所在。最终虽然最大限度地完成了"11 超日债"的兑付，但该解决方案具有一定的特殊性。公司通过引入新的投资者，新入股的大股东购买股权入驻并实施重组，而后来有"国家队"性质的长城资产的介入，为债券兑付提供了保障。

此次虽然在各方的协助下完成了兑付，但也是给投资者敲了警钟。在以后的投资中，对于行业处于下行周期，且财务状况恶化的企业，对其发行的债券依然要采取谨慎态度。

附录6 五洋债违约事件简述

一、事件回顾

五洋建设集团股份有限公司是浙江绍兴市上虞区一家主营建筑施工的民营企业，创立于1962年。前身为浙江上虞沥东手工业社，先后经历浙江上虞沥东建筑工程公司、浙江上虞第五建筑工程公司、浙江五洋建筑集团有限公司等发展阶段，1999年改制为五洋建设集团股份有限公司，注册资本37660万元，拥有房屋建筑工程施工总承包特级资质。在"15五洋债"和"15五洋02"债券发行之前具有AA的评级，经营范围涉及建筑、房产、酒店旅游、物资贸易、能源开发以及金融、高科技投资等多个领域。

公司在2015年8月和9月面向合格投资者公开发行了两期公司债券，简称"15五洋债"和"15五洋02"。发行总额分别为8亿元和5.6亿元，票面利率都是7.48%，债券期限分别为三年和五年，并都附有投资者回售选择权，两期债券发行时的债项评级为AA级。两期债券合计金额13.6亿元，均由德邦证券股份有限公司担任主承销商和受托管理人，并在上交所上市。相关统计显示，"15五洋债"投资者中个人投资者占比49.09%，机构投资者占比50.91%；"15五洋02"投资者中个人投资者占比57.68%，机构投资者占比42.32%。

2017年8月14日，"15五洋债"的受托管理人德邦证券公告称，浙江民营企业五洋建设集团股份有限公司未能按期完成回售和第二年利息的兑付，已构成"15五洋债"违约。同时，根据《募集说明书》条款，也触发了第二期债券"15 五洋 02"的交叉违约。实际上，在 2016 年底，五洋建设发行的一期私募债便出现了流动性风险。受托管理人德邦证券也及时对五洋建设发行的"15 五洋债"和"15 五洋 02"这两期债券提示风险，并表示五洋建设已于 2016 年 12 月被列入全国法院失信被执行人名单，但发行人并未就有关情况进行披露，而在募集资金的使用上，五洋建设也存在违规。五洋债在募集说明书中载明，募集资金可以用于偿还银行贷款和流动性需求；但是 2015 年募集资金一到账，就被划到非关联公司，以及实际控制人控制的五洋控股银行账户，这显然与募集资金的初衷不同。于是在五洋建设多次发生负面事件，包括募集资金用途违规、多次进出失信名单等之后，在 2016 年 12 月 28 日，上交所以五洋建设公司有重大事项没有公布为由，要求"15 五洋债"和"15 五洋 02"即刻停牌，而在 2017 年 7 月复牌后，债券价格暴跌，"15 五洋债"最低一度跌至 30 余元。与此同时，五洋建设的财报披露也出现了问题。在 2016 年 8 月以后，五洋建设便再也没有对外界发布新的财务报表。原本应于 2017 年 4 月 30 日公布的 2016 年度财报，也陷于无休止的拖延之中。根据此前 2016 年 8 月公布的财报，2016 年上半年，公司营收 78.35 亿元，实现归母净利润 1.57 亿元，同比增长 37.23%，截至期末的总资产为 93.04 亿元。根据最后发布的这份财务报表，五洋建设是有足够的资金去兑付债券利息的，但最终仍陷入了违约风波。

在五洋建设被上交所调查之后，大批投资者也意识到了事情的严重性，纷纷对"15 五洋债"行使回售权，要求向五洋建设回售债券。2017 年 7 月 24 日公布的回售登记结果显示，债券持有人登记的回售数量共计 79.89 万手，回售金额约 7.99 亿元，回售比例达到 99.88%。但是五洋建设并未按照募资协议如期回售，最终使得违约全面爆发。在五洋债违约事件爆发后，在事件迟迟未能得到实质性进展之后，债券持有人将怒火转向了受托管理人德邦证券。在 2017 年 9 月 1 日晚间，五洋债第二次债券持有人会议的决议结果公告。除去要求发行人公布财务状况等常规议案获得通过以外，颇为受人关注的一项议案——罢免德邦证券"15 五洋债"受托管理人资格，也以 50.33%的比例获得多数投票通过。这是债券市场难得一见的受托管理人被罢免资格的案例，也表现出了"15 五洋债"持有人对债券主承销商、受托管理人德邦证券的严重不满。

社会各界对五洋建设不披露年报、拒绝与中介机构沟通、不理会持有人的态度表示强烈不满，但现阶段公司的实际控制人也对此感到无奈，他表示目前公司日常经营虽然仍在继续，但公司目前的融资渠道受阻、应收账款回款较慢，使得公司现金流出现了很大问题，其目前正在努力寻找重组方以求化解困局。但目前，仍然未看到实质性的重组进展成果，而上交所也在 2017 年 9 月 22 日晚间对五洋建设公司债券出现回售付息违约的处置进展情况回应道，目前有关方面正在对发行人开展资产情况核查，强化对发行人日常运行的监督，预防逃废债情况的发生，督促其不放弃包括重组在内的任何机会。

二、总结与启示

虽然近年来公司债违约的情况偶有发生，但是像五洋债的发行人这般配合度极低的情况却较为少见，这也是本次五洋债处置的一个难点，而之后债券持有人希望通过破产程序来让地方政府获得足够重视，并能推动本次五洋债违约事件的发展，打破现在的僵局。另外，在进入破产程序后，所有执行中止，所有财产查封解除，这是保有发行人财产的必要措施，而且实践当中只有破产程序能够对发行人整体的债权债务情况、财务状况、资产状况等进行彻底的清查、梳理。因此，目前来看，可能需要尽早推动破产重组程序进行，才能最大限度地追回债务人的资产。

附录7 不同杠杆率水平下公司债市场波动的压力测试

附表7-1 杠杆投资者的压力测试——阶段性存量债券余额变权重加权收益率

净杠杆倍数	0.5	1	1.5	2	2.5	3	3.5	4	4.5	5
公司债指数下跌1%=收益率反弹 (%)	0.0512	0.0512	0.0512	0.0512	0.0512	0.0512	0.0512	0.0512	0.0512	0.0512
套息收益年化 (%)	6.08	8.10	10.13	12.15	14.18	16.20	18.23	20.26	22.28	24.31
指数下跌1%，损失 (%)	1.50	2.00	2.50	3.00	3.50	4.00	4.50	5.00	5.50	6.00
杠杆收益年化 (%)	4.58	6.10	7.63	9.15	10.68	12.20	13.73	15.26	16.78	18.31
杠杆升至	0.51	1.02	1.54	2.06	2.59	3.13	3.66	4.21	4.76	5.32
公司债指数下跌2%=收益率反弹 (%)	0.1024	0.1024	0.1024	0.1024	0.1024	0.1024	0.1024	0.1024	0.1024	0.1024
套息收益年化 (%)	6.15	8.20	10.26	12.31	14.36	16.41	18.46	20.51	22.56	24.61
指数下跌2%，损失 (%)	3.00	4.00	5.00	6.00	7.00	8.00	9.00	10.00	11.00	12.00
杠杆收益年化 (%)	3.15	4.20	5.26	6.31	7.36	8.41	9.46	10.51	11.56	12.61

续表

净杠杆倍数	0.5	1	1.5	2	2.5	3	3.5	4	4.5	5
杠杆升至	0.52	1.04	1.58	2.13	2.69	3.26	3.85	4.44	5.06	5.68
公司债指数下跌 5%=收益率反弹(%)	0.2560	0.2560	0.2560	0.2560	0.2560	0.2560	0.2560	0.2560	0.2560	0.2560
套息收益年化(%)	6.38	8.51	10.64	12.77	14.90	17.02	19.15	21.28	23.41	25.54
指数下跌5%，损失(%)	7.50	10.00	12.50	15.00	17.50	20.00	22.50	25.00	27.50	30.00
杠杆收益年化(%)	-1.12	-1.49	-1.86	-2.23	-2.60	-2.98	-3.35	-3.72	-4.09	-4.46
杠杆升至	0.54	1.11	1.71	2.35	3.03	3.75	4.52	5.33	6.21	7.14
公司债指数下跌 10%=收益率反弹(%)	0.5120	0.5120	0.5120	0.5120	0.5120	0.5120	0.5120	0.5120	0.5120	0.5120
套息收益年化(%)	6.77	9.02	11.28	13.54	15.79	18.05	20.30	22.56	24.82	27.07
指数下跌10%，损失(%)	15.0	20.0	25.0	30.0	35.0	40.0	45.0	50.0	55.0	60.0
杠杆收益年化(%)	-8.2	-11.0	-13.7	-16.5	-19.2	-22.0	-24.7	-27.4	-30.2	-32.9
杠杆升至	0.59	1.25	2.00	2.86	3.85	5.00	6.36	8.00	10.00	12.50
公司债指数下跌 20%=收益率反弹(%)	1.0240	1.0240	1.0240	1.0240	1.0240	1.0240	1.0240	1.0240	1.0240	1.0240
套息收益年化(%)	7.54	10.05	12.56	15.07	17.58	20.10	22.61	25.12	27.63	30.14
指数下跌20%，损失(%)	30.0	40.0	50.0	60.0	70.0	80.0	90.0	100.0	110.0	120.0
杠杆收益年化(%)	-22.5	-30.0	-37.4	-44.9	-52.4	-59.9	-67.4	-74.9	-82.4	-89.9
杠杆升至	0.71	1.67	3.00	5.00	8.33	15.00	35.00	—	—	—

附表7-2 杠杆投资者的压力测试——3~5年产品算术平均加权收益率

净杠杆倍数	0.5	1	1.5	2	2.5	3	3.5	4	4.5	5
公司债指数下跌1%=收益率反弹(%)	0.0497	0.0497	0.0497	0.0497	0.0497	0.0497	0.0497	0.0497	0.0497	0.0497
套息收益年化(%)	6.07	8.10	10.12	12.15	14.17	16.20	18.22	20.25	22.27	24.30
指数下跌1%,损失(%)	1.50	2.00	2.50	3.00	3.50	4.00	4.50	5.00	5.50	6.00
杠杆收益年化(%)	4.57	6.10	7.62	9.15	10.67	12.20	13.72	15.25	16.77	18.30
杠杆升至	0.51	1.02	1.54	2.06	2.59	3.13	3.66	4.21	4.76	5.32
公司债指数下跌2%=收益率反弹(%)	0.0994	0.0994	0.0994	0.0994	0.0994	0.0994	0.0994	0.0994	0.0994	0.0994
套息收益年化(%)	6.15	8.20	10.25	12.30	14.35	16.40	18.45	20.50	22.55	24.60
指数下跌2%,损失(%)	3.00	4.00	5.00	6.00	7.00	8.00	9.00	10.00	11.00	12.00
杠杆收益年化(%)	3.15	4.20	5.25	6.30	7.35	8.40	9.45	10.50	11.55	12.60
杠杆升至	0.52	1.04	1.58	2.13	2.69	3.26	3.85	4.44	5.06	5.68
公司债指数下跌5%=收益率反弹(%)	0.2485	0.2485	0.2485	0.2485	0.2485	0.2485	0.2485	0.2485	0.2485	0.2485
套息收益年化(%)	6.37	8.50	10.62	12.75	14.87	16.99	19.12	21.24	23.37	25.49
指数下跌5%,损失(%)	7.50	10.00	12.50	15.00	17.50	20.00	22.50	25.00	27.50	30.00
杠杆收益年化(%)	-1.13	-1.50	-1.88	-2.25	-2.63	-3.01	-3.38	-3.76	-4.13	-4.51
杠杆升至	0.54	1.11	1.71	2.35	3.03	3.75	4.52	5.33	6.21	7.14

续表

净杠杆倍数	0.5	1	1.5	2	2.5	3	3.5	4	4.5	5
公司债指数下跌10%=收益率反弹(%)	0.4970	0.4970	0.4970	0.4970	0.4970	0.4970	0.4970	0.4970	0.4970	0.4970
套息收益年化(%)	6.75	8.99	11.24	13.49	15.74	17.99	20.24	22.49	24.73	26.98
指数下跌10%，损失(%)	15.0	20.0	25.0	30.0	35.0	40.0	45.0	50.0	55.0	60.0
杠杆收益年化(%)	-8.3	-11.0	-13.8	-16.5	-19.3	-22.0	-24.8	-27.5	-30.3	-33.0
杠杆升至	0.59	1.25	2.00	2.86	3.85	5.00	6.36	8.00	10.00	12.50
公司债指数下跌20%=收益率反弹(%)	0.9940	0.9940	0.9940	0.9940	0.9940	0.9940	0.9940	0.9940	0.9940	0.9940
套息收益年化(%)	7.49	9.99	12.49	14.98	17.48	19.98	22.47	24.97	27.47	29.96
指数下跌20%，损失(%)	30.0	40.0	50.0	60.0	70.0	80.0	90.0	100.0	110.0	120.0
杠杆收益年化(%)	-22.5	-30.0	-37.5	-45.0	-52.5	-60.0	-67.5	-75.0	-82.5	-90.0
杠杆升至	0.71	1.67	3.00	5.00	8.33	15.00	35.00	—	—	—

附表 7-3　杠杆投资者的压力测试——6 月至 5 年产品算术平均加权收益率

净杠杆倍数	0.5	1	1.5	2	2.5	3	3.5	4	4.5	5
公司债指数下跌 1%＝收益率反弹（%）	0.0504	0.0504	0.0504	0.0504	0.0504	0.0504	0.0504	0.0504	0.0504	0.0504
套息收益年化（%）	6.08	8.10	10.13	12.15	14.18	16.20	18.23	20.25	22.28	24.30
指数下跌 1%，损失（%）	1.50	2.00	2.50	3.00	3.50	4.00	4.50	5.00	5.50	6.00
杠杆收益年化（%）	4.58	6.10	7.63	9.15	10.68	12.20	13.73	15.25	16.78	18.30
杠杆升至	0.51	1.02	1.54	2.06	2.59	3.13	3.66	4.21	4.76	5.32
公司债指数下跌 2%＝收益率反弹（%）	0.1008	0.1008	0.1008	0.1008	0.1008	0.1008	0.1008	0.1008	0.1008	0.1008
套息收益年化（%）	6.15	8.20	10.25	12.30	14.35	16.40	18.45	20.50	22.55	24.60
指数下跌 2%，损失（%）	3.00	4.00	5.00	6.00	7.00	8.00	9.00	10.00	11.00	12.00
杠杆收益年化（%）	3.15	4.20	5.25	6.30	7.35	8.40	9.45	10.50	11.55	12.60
杠杆升至	0.52	1.04	1.58	2.13	2.69	3.26	3.85	4.44	5.06	5.68
公司债指数下跌 5%＝收益率反弹（%）	0.2520	0.2520	0.2520	0.2520	0.2520	0.2520	0.2520	0.2520	0.2520	0.2520
套息收益年化（%）	6.38	8.50	10.63	12.76	14.88	17.01	19.13	21.26	23.39	25.51
指数下跌 5%，损失（%）	7.50	10.00	12.50	15.00	17.50	20.00	22.50	25.00	27.50	30.00
杠杆收益年化（%）	-1.12	-1.50	-1.87	-2.24	-2.62	-2.99	-3.37	-3.74	-4.11	-4.49
杠杆升至	0.54	1.11	1.71	2.35	3.03	3.75	4.52	5.33	6.21	7.14

续表

净杠杆倍数	0.5	1	1.5	2	2.5	3	3.5	4	4.5	5
公司债指数下跌10%=收益率反弹（%）	0.5040	0.5040	0.5040	0.5040	0.5040	0.5040	0.5040	0.5040	0.5040	0.5040
套息收益年化（%）	6.76	9.01	11.26	13.51	15.76	18.02	20.27	22.52	24.77	27.02
指数下跌10%，损失（%）	15.0	20.0	25.0	30.0	35.0	40.0	45.0	50.0	55.0	60.0
杠杆收益年化（%）	-8.2	-11.0	-13.7	-16.5	-19.2	-22.0	-24.7	-27.5	-30.2	-33.0
杠杆升至	0.59	1.25	2.00	2.86	3.85	5.00	6.36	8.00	10.00	12.50
公司债指数下跌20%=收益率反弹（%）	1.0080	1.0080	1.0080	1.0080	1.0080	1.0080	1.0080	1.0080	1.0080	1.0080
套息收益年化（%）	7.51	10.02	12.52	15.02	17.53	20.03	22.54	25.04	27.54	30.05
指数下跌20%，损失（%）	30.0	40.0	50.0	60.0	70.0	80.0	90.0	100.0	110.0	120.0
杠杆收益年化（%）	-22.5	-30.0	-37.5	-45.0	-52.5	-60.0	-67.5	-75.0	-82.5	-90.0
杠杆升至	0.71	1.67	3.00	5.00	8.33	15.00	35.00	—	—	—

参考文献

［1］Ahuja A. De-monopolization Toward Long-term Prosperity in China ［J］. Social Science Electronic Publishing, 2012, 12 (75).

［2］Albanesi S, Rindi B. The Quality of the Italian Treasury Bond Market, Asymmetric Information and Transaction Costs［J］. Annales d'Economie et de Statistique, 2000, 60: 1-19.

［3］Amihud Y, Mendelson H, Lauterbach B. Market Microstructure and Securities Values: Evidence from the Tel Aviv Stock Exchange ［J］. Journal of Financial Economics, 1997, 45 (3): 365-390.

［4］Amihud Y, Mendelson H, Murgia M. Stock Market Microstructure and Return Volatility: Evidence from Italy ［J］. Journal of Banking & Finance, 1990, 14 (2-3): 423-440.

［5］Amihud Y, Mendelson H. Trading Mechanisms and Stock Returns: An Empirical Investigation ［J］. The Journal of Finance, 1987, 42 (3): 533-553.

［6］Asami T, Mori J. Regional Cooperation in Developing Bond Markets ［C］//Actas Del Congreso Regional Financial Markets and Centres, 2001: 15-16.

［7］Backus D, Foresi S, Mozumdar A, et al. Predictable Changes in Yields and Forward Rates ［R］. NBER Working Paper 6379, 1998.

［8］Balduzzi P, Bertola G, Foresi S. A Model of Target Changes and the Term Structure of Interest Rates ［J］. Journal of Monetary Economics, 1997, 39

（2）：23-24.

[9] Bansal N, R A. Connolly, C. Stivers. The Stock-bond Return Relation, the Term Structure's Slope, and Asset-class Risk Dynamics [J]. Journal of Financial and Quantitative Analysis, 2014, 49 (3): 699-724.

[10] Berkaert G, Hodrick R, Marshal D. On Biases in the Tests of the Expectations Hypothesis of the Term Structure of Interest Rates [J]. Journal of Financial Economics, 1997, 44 (3): 309-348.

[11] Campbell J. A Dense of Traditional Hypothesis about the Term-structure of Interest Rates [J]. Journal of Finance, 1986, 41 (1): 183-193.

[12] Chang R P, Hsu S T, Huang N K, et al. The Effects of Trading Methods on Volatility and Liquidity: Evidence from the Taiwan Stock Exchange [J]. Journal of Business Finance & Accounting, 1999, 26 (1-2): 137-170.

[13] Chiang T C, J. Li, S Y. Yang. Dynamic Stock Bond Return Correlations and Financial Market Uncertainty [J]. Review of Quantitative Finance and Accounting, 2015, 45 (1): 59-88.

[14] Comerton-Forde C. Do Trading Rules Impact on Market Efficiency? A Comparison of Opening Procedures on the Australian and Jakarta Stock Exchanges [J]. Pacific-basin Finance Journal, 1999, 7 (5): 495-521.

[15] Dattels P. The Microstructure of Government Securities Markets [R]. IMF Working Paper 95/117, 1995.

[16] DeBondt M, Bange M. Inflation Forecast Errors and Time-variation in the Term Premia [J]. Journal of Financial and Quantitative Analysis, 1992, 27 (4): 358-373.

[17] Garbade K D. The Effect of Interdealer Brokerage on the Transactional Characteristics of Dealer Markets [J]. Journal of Business, 1978, 51 (3): 477-498.

[18] Glosten L R, Milgrom P R. Bid, Ask and Transaction Prices in a Specialist Market with Heterogeneously Informed Traders [J]. Journal of Finan-

cial Economics, 1985, 14 (1): 71-100.

[19] Glosten L R. Insider Trading, Liquidity, and the Role of the Monopolist Specialist [J]. Journal of Business, 1989, 62 (2): 211-235.

[20] Gordon R H, Li W. The Change in Productivity of Chinese State Enterprises, 1983-1987 [J]. Journal of Productivity Analysis, 1995, 6 (1): 5-26.

[21] Hansch O, Naik N Y, Viswanathan S. Do Inventories Matter in Dealership Markets? Evidence from the London Stock Exchange[J]. The Journal of Finance, 1998, 53 (5): 1623-1656.

[22] Inoue H. The Structure of Government Securities Markets in G10 Countries: Summary of Questionnaire Results[J]. CGFS Papers Chapters, 1999 (11): 1-22.

[23] James Laurenceson, Chai J C H. The Economic Performance of China's State-owned Industrial Enterprises [J]. Journal of Contemporary China, 2000, 9 (23): 21-39.

[24] Kyle A S. Continuous Auctions and Insider Trading [J]. Econometrica: Journal of the Econometric Society, 1985, 53 (6): 1315-1335.

[25] Li W. The Impact of Economic Reform on the Performance of Chinese State Enterprises, 1980-1989 [J]. Development & Comp Systems, 1994, 105 (5): 1080-1106.

[26] Ludvigson S, Ng S. Macro Factor in Bond Risk Premia [R]. NBER Working Paper W11703, 2005.

[27] Madhavan A, Sofianos G. An Empirical Analysis of NYSE Specialist Trading [J]. Journal of Financial Economics, 1998, 48 (2): 189-210.

[28] Madhavan A. Trading Mechanisms in Securities Markets [J]. The Journal of Finance, 1992, 47 (2): 607-641.

[29] Maug E. Large Shareholders as Monitors: Is There a Trade-off Between Liquidity and Control? [J]. The Journal of Finance, 1998, 53 (1): 65-

98.

[30] Rankin E, Idil M S. A Century of Stock-Bond Correlations [R]. RBA Bulletin, 2014: 67-74.

[31] S Ghon R. Further Reforms of the JGB Market for the Promotion of Regional Bond Markets [R]. Center for Economic Institutions, Institute of Economic Research, Hitotsubashi University, 2001.

[32] Theissen E. Market Structure, Informational Efficiency and Liquidity: An Experimental Comparison of Auction and Dealer Markets [J]. Journal of Financial Markets, 2000, 3 (4): 333-363.

[33] Viswanathan S, Wang J J D. Inter-dealer Trading in Financial Markets [J]. The Journal of Business, 2004, 77 (4): 987-1040.

[34] Vitale P. Two Months in the Life of Several Gilt-edged Market Makers on the London Stock Exchange [J]. Journal of International Financial Markets, Institutions and Money, 1998, 8 (3): 299-324.

[35] Wu, Chih-Chiang and Zih-Ying Lin, An Economic Evaluation of Stock Bond Return Comovements with Copula-based GARCH Models [J]. Quantitative Finance, 2014 (7): 1283-1296.

[36] 巴曙松. 债券市场快速发展更需关注市场风险管理体系建设 [J]. 经济, 2011 (6): 20-21.

[37] 白重恩, 路江涌, 陶志刚. 国有企业改制效果的实证研究 [J]. 经济研究, 2006 (8): 4-13.

[38] 曹萍. 交易所债券回购市场发展状况与风险防范 [J]. 农村金融研究, 2012 (12): 41-44.

[39] 陈晓莉, 孟艳. 香港人民币债券市场: 发展特征、存在风险及防范对策 [J]. 财政研究, 2014 (6): 65-69.

[40] 陈秀梅. 我国债券市场信用风险管理的现状及对策建议 [J]. 宏观经济研究, 2012 (2): 63-66.

[41] 范龙振, 张处. 中国债券市场债券风险溢酬的宏观因素影响分析

[J].管理科学学报，2009，12（6）：116-124.

[42]冯光华，孔燕，蔡国喜.完善做市商制度，提高市场流动性［J］.中国货币市场，2007（1）：39-42.

[43]冯光华.公司信用类债券市场创新发展与信用风险防范［J］.金融市场研究，2014（7）：3-5.

[44]冯用富.交易商制度与中国二板市场［J］.经济研究，2001（7）：74-82.

[45]龚亮.中国银行间债券市场做市商制度分析［D］.北京：人民银行研究生部，2004.

[46]贺聪，尤瑞章.中国不同所有制工业企业生产效率比较研究［J］.数量经济技术经济研究，2008，25（8）：29-42.

[47]侯县平，黄登仕，张虎，徐凯.交易所与银行间债券市场动态风险及差异性［J］.金融经济学研究，2013（5）：25-38.

[48]黄玮强，庄新田.中国证券交易所国债和银行间国债指数的关联性分析［J］.系统工程，2006，24（7）：62-66.

[49]姜雪伟.中国交易所债券市场发展模式研究［D］.上海：复旦大学，2013.

[50]孔东民，代昀昊，李阳.政策冲击、市场环境与国企生产效率：现状、趋势与发展［J］.管理世界，2014（8）：4-17.

[51]李扬.中国债券市场2015［M］.北京：社会科学文献出版社，2015：1-19.

[52]李远航，张强，乔煜峰.中美债券市场制度的国际比较及其启示［J］.海南金融，2011（4）：46-51.

[53]李志辉，王颖.中国金融市场间风险传染效应分析——基于VEC模型分析的视角［J］.现代财经（天津财经大学学报），2012（7）：20-27.

[54]刘纪学.我国银行间债券市场分析与问题研究［J］.经济研究参考，2013（69）：16-19.

[55]刘俊山，盛婉瑜，刘婷.中美债券市场流动性的比较及借鉴［J］.

金融市场研究，2015（1）：65–72.

［56］刘逖. 证券市场微观结构理论与实践［M］. 上海：复旦大学出版社，2002.

［57］刘翔峰. 中国债券市场风险分析及对策［J］. 中国经贸导刊，2015（36）：31–34.

［58］刘延斌，谷体峰，章龙. 欧美国债市场做市商制度的分析与比较［J］. 证券市场导报，2005（11）：44–49.

［59］马红，王元月. 去杠杆是否能提高企业的投资效率？——基于中国上市公司经验数据的实证分析［J］. 证券市场导报，2017（5）：13–20.

［60］马永波，郭牧炫. 做市商制度、双边价差与市场稳定性——基于银行间债券市场做市行为的研究［J］. 金融研究，2016（4）：50–65.

［61］马永波. 完善债券做市支持机制［J］. 银行家，2014（4）：23.

［62］乔涵. 金融风险内部传染效应分析——基于中国债券市场、股票市场、外汇市场的传染机制［J］. 金融经济，2013（16）：87–89.

［63］任泽平，冯赟. 供给侧改革去杠杆的现状、应对、风险与投资机会［J］. 发展研究，2016（3）：8–13.

［64］申世军，张骏超. 银行间市场与多层次债券市场建设［J］. 中国金融，2013（13）：68–71.

［65］沈炳熙，曹媛媛. 中国债券市场：30年改革与发展（第2版）［M］. 北京：北京大学出版社，2014：3–17.

［66］盛丰. 生产效率、创新效率与国企改革——微观企业数据的经验分析［J］. 产业经济研究，2012（4）：37–46.

［67］宋芳秀，王梓激. 制度规则、前提设定及至有效性比较：银行间与交易所债券市场［J］. 改革，2012（10）：124–129.

［68］苏大伟，朱婷，王望. 债券市场、利率波动及风险成因探究［J］. 首都经济贸易大学学报，2007，9（5）：15–20.

［69］孙国峰. 英国政府债券市场的管理体系和做市商制度［J］. 国际金融研究，2000（5）：30–33.

[70] 台航，孙瑞.财政分权和国有企业生产效率——基于省级工业企业数据的实证分析[J].财贸研究，2017（8）：95-110.

[71] 王斌会，郑辉，陈金飞.中国股市、汇市和债市间溢出效应的实证研究[J].暨南大学学报（哲学社会科学版），2010，32（4）：37-45.

[72] 王春峰，李晔，房振明.中国银行间债券市场回购交易动态行为研究——基于已实现跳跃风险的分析[J].管理学报，2010，7（7）：1097-1101.

[73] 王璐.股市和债市波动溢出马尔科夫体制转换特征的数量研究[J].经济数学，2013（2）：78-84.

[74] 王璐.中国股市和债市溢出效应影响因素的数量研究[J].金融理论与实践，2008（8）：34-39.

[75] 汪涛.国企改革背景下的我国天然气企业经营效率评价[J].软科学，2018（8）：68-72.

[76] 王万珺，刘小玄.为什么僵尸企业能够长期生存[J].中国工业经济，2018（10）：61-79.

[77] 王叙果，崔沁馨，沈红波.GDP挂钩债券与地方政府债务风险防范[J].财政研究，2014（6）：69-72.

[78] 王一萱，楚天舒，于延超.西方主要国家债券市场比较研究[R/OL].深圳证券交易所研究报告（深证综研字第0119号），深圳证券交易所网站（http：//www.szse.cn），2005.

[79] 王茵田，文志瑛.股票市场和债券市场的流动性溢出效应研究[J].金融研究，2010（3）：155-166.

[80] 温彬，张友先，汪川.我国债券市场分割问题研究[J].宏观经济研究，2010（11）：24-28.

[81] 吴蕾，周爱民，杨晓东.交易所与银行间债券市场交易机制效率研究[J].管理科学，2011，24（2）：113-120.

[82] 许罡，朱卫东，张子余.财政分权、企业寻租与地方政府补助——来自中国资本市场的经验证据[J].财经研究，2012，38（12）：120-127.

［83］谢瑶.去杠杆与国有企业债务结构优化［J］.现代国企研究，2017，126（24）：105-106.

［84］辛仁周.积极稳妥推进钢铁企业去杠杆［J］.中国国情国力，2017（12）：51-54.

［85］杨小静，张英杰.去杠杆、市场环境与国企债务化解［J］.改革，2017（4）：137-149.

［86］姚秦.债券市场微观结构与做市商制度：理论与中国的实证［M］.上海：复旦大学出版社，2007.

［87］袁晨，傅强.我国金融市场间投资转移和市场传染的阶段时变特征——股票与债券、黄金间关联性的实证分析［J］.系统工程，2010（5）：1-7.

［88］袁东，郭顺.交易所债券市场与银行间债券市场波动性比较研究［J］.经济研究参考，2004（55）：27-28.

［89］岳跃，邢昀.交易所债市高杠杆之忧［J］.财新周刊，2015（42）：72-75.

［90］张蓓.我国银行间债券市场与交易所债券市场的比较研究［D］.上海：复旦大学，2013.

［91］张勇.国有工业企业的效率究竟提高没有？——市场垄断、政府投资对国企效率的影响［J］.经济社会体制比较，2017（4）：21-31.

［92］张自力.美国垃圾债券市场违约风险监管的实践与政策改进［J］.金融理论与实践，2009（7）：91-97.

［93］中国国债协会赴英国培训考察团.英国债券市场管理与风险控制［J］.中国财政，2010（10）：67-68.

［94］钟宁桦，刘志阔，何嘉鑫，苏楚林.我国企业债务的结构性问题［J］.经济研究，2016（7）：102-117.

［95］周广翔，刘凡，李肖平.借鉴美国经验完善我国债券市场做市商制度［N］.金融时报，2013-10-10.